CentOS 7로 이해하는

리눅스 관리 및
시스템 보안

북스
홀릭
Publishing

CentOS 7로 이해하는
리눅스 관리 및 시스템 보안

초판 1쇄 발행일_ 2021년 2월 1일
초판 4쇄 발행일_ 2023년 3월 2일

지 은 이_ 정성재, 배유미, 이광용
펴 낸 이_ 조완용, 고영진
표지디자인_ 블루기획

Publishing

주소_ 서울시 금천구 시흥1동 992-12 영광빌딩 203호
문의전화_ 02-896-7846 / 02-3142-3600 **팩스_** 02-896-7852
홈페이지_ http://www.booksholic.co.kr

발행처_ 북스홀릭 퍼블리싱   **출판등록번호_** 제2012-000063호

© 정성재, 배유미, 이광용 2021(저작권자와 맺은 특약에 따라 검인을 생략합니다.)
ISBN_ 979-11-6289-032-5 [93000]

머리말

2016년에 CentOS 6 버전 기반으로 출판된 "리눅스 관리 및 시스템 보안"을 CentOS 7 버전 기반으로 다시 집필하였습니다. 기본이 되는 내용은 본 저자의 또 다른 저서인 "CentOS7으로 리눅스 핵심 이해하기"의 내용을 발췌하였고, 리눅스 관리 및 보안에 필요한 기초적인 내용을 추가하였습니다. CentOS 7 버전 책을 집필하면서 지면상의 이유로 제외된 내용, 보안과 관련된 사례 및 실습도 추가하였습니다. 특히 기존의 "리눅스 관리 및 시스템 보안"에 없었던 firewalld에 대한 내용을 추가하였습니다.

교재를 통해서 리눅스마스터 1급의 자격증 준비와 더불어 리눅스 서버 관리 및 보안에 대한 이해도를 향상시키는데 도움이 되리라고 판단됩니다.

교재 및 리눅스에 관련된 내용, 앞으로 수정될 정오표는 페이스북 그룹인 '리눅스마스터'에서 소통할 예정이고, 책 내용과 관련된 의견, 정보 교환, 문의 등은 매우 환영하오니 부담 없이 저자에게 직접 메일(posein@kakao.com)을 주셔도 됩니다.

리눅스와 관련된 훌륭한 책들이 많지만, 본 교재의 작은 정보 또는 적은 페이지라도 누군가에게는 큰 도움이 되기를 바랍니다.

저자 정성재, 배유미, 이광용

감사의 글

책이 출판되기까지 많은 격려와 도움을 주신 북스홀릭퍼블리싱 조완용 대표이사님과 고영진 이사님의 노고에 깊은 감사를 드립니다.

사랑하는 가족들, 특히 바쁘다는 핑계로 많이 못 놀아주는 아린, 아준이게도 미안한 마음을 전합니다. 마지막으로 책 쓰느라 고생한 배유미 박사님, 이광용 대표님에게도 고마운 마음을 전합니다.

대표저자 정성재

Chapter 02 사용자 생성 및 관리

시스템 보안을 위한 기초 이해

## Chapter 01

리눅스의 개요

1.1 운영체제의 개요

운영체제(OS: Operating System)는 컴퓨터 하드웨어와 컴퓨터 사용자 간의 매개체 역할을 하는 시스템 소프트웨어로 사용자가 프로그램을 수행할 수 있는 환경을 제공한다. 운영체제의 좁은 의미는 하드웨어와 응용 프로그램간의 다리 역할을 하는 커널(Kernel)을 의미하며, 넓은 의미에서는 커널, 미들웨어(Middleware), 응용 프로그램 실행 환경과 사용자 인터페이스 프레임워크를 모두 포괄하여 정의한다. 운영체제의 주목적은 컴퓨터 시스템을 편리하게 이용하는 것에 있고, 추가적인 목적은 CPU, 주기억장치, 입출력장치 등의 컴퓨터 하드웨어를 효율적으로 관리하는 데 있다. 컴퓨터 하드웨어의 편리한 이용과 효율적 관리를 위해서는 하드웨어 자원에 대한 파악과 관리가 필수이다. 따라서 초기의 운영체제는 사용자들이 컴퓨터의 하드웨어 자원에 접근하여 이용할 수 있도록 하는 것이 주된 역할이라 사용자의 편의성을 고려하지 않았다. 또한 컴퓨터를 사용하는 사람들이 대부분 관련 분야에서 전문성을 가지고 있는 사람들이어서 어려운 명령어들을 직접 입력하면, 운영체제는 이를 해석하여 하드웨어를 제어하거나 메시지를 전달하고, 효율적인 프로세스 관리, 자원 할당 등에 초점을 맞추었다. 그러나 컴퓨터를 이용하는 계층이 개발자 등 전문가층에서 일반 사용자로 대중화되면서 운영체제는 사용자에게 보다 편리하고 친근함을 줄 수 있는 형태로의 변화가 요구되었다. 이렇게 등장한 것이 GUI (Graphic User Interface) 기반의 윈도우 운영체제다. 초기의 운영체제는 예약된 명령어를 사용자가 습득하고 입력해야 하드웨어를 이용할 수 있었으나, GUI 기반의 윈도우형 운영체제는 아이콘(Icon)이라 부르는 그림이미지를 클릭함으로써 손쉽게 이용 가능하게 되었고, 현재 보편적으로 사용하는 운영체제의 기본 틀이 되었다. 컴퓨터의 핵심적 하드웨어 자원인 CPU, 메모리, 하드디스크 등의 성능적 향상은 다시금 운영체제의 변화를 요구하게 된다. 현재 가정용 PC의 자원 사용률은 10~15% 수준이고, 평균적으로 최대 20%를 이용하는 것으로 조사되고 있다. 대부분의 자원들이 유휴 자원(Idle Resource)으로 남게 되었고, 다수의 물리적 서버를 운영하는 서버실이나 다수의 사용자가 이용하는 PC실은 이렇게 남는 자원들을 효율적으로 이용할 수 있는 대안을 찾게 되었다. 최근의 운영체제는 유휴 자원의 효율적 활용을 위해 가상화 기술을 기본적으로 내장하거나 커널(Kernel)단에서 지원하고 있다. 현재 사용되는 운영체제는 다양한 가상화 기술을 지원하여 자원의 활용도를 극대화하는 것을 필수적인 요소로 생각하고 있다. 또한 스마트폰(Smartphone)과 태블릿(Tablet)의 등장은 모바일 운영체제도 탄생시키게 되었고, 웹 브라우저만 있으면 사용가능한 웹 OS도 사용하는 추세이다.

1 운영체제의 주요 역할

① 컴퓨터의 하드웨어를 제어한다.
② 작업의 순서를 정하며, 입출력 연산을 제어한다.
③ 프로그램의 실행을 제어하며, 데이터와 파일의 저장을 관리한다.
④ 사용자들 간의 하드웨어 자원을 공유할 수 있도록 한다.
⑤ 시스템 자원을 스케줄링하여 효율적으로 활용할 수 있게 한다.
⑥ 입출력을 쉽게 하는 기능을 제공한다.
⑦ 응용 프로그램의 작성과 실행을 편리하게 한다.
⑧ 오류의 발생을 막고 복구를 지원한다.
⑨ 데이터의 조직화, 네트워크 통신 처리 기능을 수행한다.
⑩ 편리한 사용자 인터페이스를 제공한다.

2 최근 운영체제의 주요 특징

① 다중 사용자 시스템(Multi-User System)
② 다중 작업 시스템(Multi-Tasking System)
③ 강력한 네트워크 지원
④ 편리한 사용자 인터페이스 제공
⑤ 계층적 파일 시스템 운영
⑥ 가상 메모리 지원
⑦ 고성능의 프로세서에 최적화
⑧ 개방형 운영체제화
⑨ 뛰어난 이식성 지원
⑩ 가상화 기술 지원

3 운영체제의 역사

세대	처리 방식	주요 내용
1940년대	초기전자식 디지털 컴퓨터	· 운영체제가 없음 · 단순한 기계적인 스위치에 의존
1950년대	단순 순차처리	· 한 번에 오직 하나의 작업만 수행 · 단일 흐름 일괄 처리
1960년대	다중 프로그래밍	· 멀티 프로그래밍, 멀티 프로세싱 개념 대두 · 시분할 처리 개념 대두 · 데이터 통신 지원
1970년대	다중 모드 시분할	· 일괄처리, 시분할 및 실시간처리의 보편화 · 범용 시스템 개념 도입

1980년대	분산네트워크	· 각종 응용 프로그램 개발 · 데이터베이스 활용 확대 · 네트워크 기반으로 한 서버/클라이언트 모델 확대 · 운영체제 기능들이 하드웨어에 포함된 펌웨어(Firmware) 개념 대두
1990년대	병렬계산과 분산계산	· 중앙집중식이 아닌 분산으로 발전 · PC용과 서버용 운영체제 보편화
2000년대 ~ 현재	모바일 및 임베디드	· 네트워크 기반의 분산 및 병렬 운영체제의 보편화 · 스마트폰, 태블릿 등의 모바일 장치와 가전제품을 위한 모바일 및 임베디드 운영체제의 보편화 · 다양한 기능, 확장성과 호환성 극대화 · 다양한 통신망의 확대와 개방형 시스템 발달

1.1.2 운영체제의 종류

1 운영체제의 분류

현재 운영체제는 사용 환경에 따라 크게 서버, 데스크톱, 모바일 및 임베디드, 기타 분야로 분류할 수 있다. 서버 운영체제는 하나의 서버에 다수가 접속하는 환경 기반으로 웹 서버, 메일 서버, DNS 서버 등에 이용되는 운영체제를 말한다. 데스크톱 운영체제는 개인용 컴퓨터(Personal Computer)에 탑재되는 운영체제로 한 명의 사용자에게 편리하고, 사용하기 쉽고, 다양한 응용 프로그램을 제공하는 것이 주된 특징이다. 모바일 운영체제는 휴대폰, PDA, 스마트폰, 태블릿 등과 같은 정보기기에 탑재되는 운영체제이다. 최근에는 안드로이드(Android)나 iOS와 같은 모바일 운영체제가 스마트 TV, 가전제품뿐만 아니라, 자동차에 내장되는 IVI(In-Vehicle Infotainment)까지 영역을 확대하면서 임베디드 운영체제 영역과의 경계가 모호해지고 있다. 기타 분야로는 웹 기반 운영체제(Web-based Operation System, 이하 Web OS)를 들 수 있다. 인터넷의 활성화와 클라우드 컴퓨팅 서비스의 확대는 구글의 크롬(Chrome) OS와 같은 웹 운영체제도 등장하게 되었다.

2 주요 서버 및 데스크톱 운영체제

● 유닉스(UNIX)

유닉스는 1969년 미국의 AT&T사의 벨(Bell) 연구소에서 연구원으로 근무하고 있던 켄 톰슨(Ken Tompson) 및 데니스 리치(Dennis Ritchie)에 의해 시작되었다. 1970년에 켄 톰슨이 직접 개발한 B 언어로 개발하였으나, 1971년에 데니스 리치가 B 언어를 발전시킨 C 언어를 개발하면서 유닉스 운영체제의 대부분이 C언어로 작성되게 되었다.

켄 톰슨은 DEC사에서 만든 PDP-7이라는 중형 컴퓨터에 프로그램을 개발하는 데 편리한 운영체제를 새로이 개발하면서 멀틱스(Multics)라는 대형 컴퓨터에 사용되었던 시분할 운영체제를 참고로 하였기 때문에 유닉스(UNIX)라는 이름을 붙여 주었다. 그 후 유닉스의 소유권을 가지고 있던 AT&T에서 무료로 여러 연구소 및 대학교 등에 OS를 소스(Source)와 함께 보급하면서 여러 버전의 유닉스가 등장하였고, 크게 System V 계열과 BSD 계열로 나뉘게 되었다. System V 계열은 주로 상업적인 목적은 가진 업체들인 IBM, HP(Hewlett-Packard), Sun Microsystem, SGI 등이 있다. BSD 계열에는 NetBSD, FreeBSD, OpenBSD, SunOS, NextStep, Mac OS X, GNU/Linux 등이 속한다.

유닉스의 특징으로는 다중 사용자(Multi-User) 및 다중 작업(Multi-Tasking) 지원, 강력한 네트워크 지원, 뛰어난 이식성 및 확장성, 계층적 파일 구조, 가상 메모리 및 공유 라이브러리 지원 등이 있다.

 유닉스 계열(unix-like) 운영체제의 이름

유닉스는 리눅스를 비롯하여 현존하는 많은 운영체제의 효시가 되는 운영체제라 할 수 있다. 그러나 유닉스라는 이름은 상표권이 설정되어 있어서 해당 이름을 임의로 사용할 수가 없었기 때문에 각 업체들은 독자적인 이름을 부여하였다.

> 예 IBM의 AIX, HP의 HP-UX, Sun Microsystems(현 Oracle)의 SunOS(현재는 Solaris로 통합), SGI의 IRIX 등

윈도우(Windows)

1975년 빌 게이츠(Bill Gates)와 폴 앨런(Paul Allen)이 설립한 마이크로소프트(Microsoft, 이하 MS)사는 베이직(Basic) 프로그래밍 관련 개발 회사로 시작하였다. 1980년 IBM의 프로그래밍 언어 관련 제품을 개발하던 중에 추가로 운영체제 개발 의뢰를 받으면서 운영체제 개발에 착수하게 된다. 1981년 시애틀 컴퓨터시스템사로부터 86-DOS(Disk Operating System)를 사들여서 IBM PC용으로 수정한 뒤에 PC-DOS를 출시하게 된다. 1982년 MS-DOS라는 이름으로 IBM PC 호환 기종용으로 출시를 시작으로 1994년 MS-DOS 6.2 버전까지 출시된다. 1995년 본격적인 GUI 기반의 운영체제 시작인 Windows 95에도 7.0 버전으로 내장되었고 Windows 98을 거쳐 Windows ME에도 8.0 버전으로 내장되었지만, Windows NT 기반으로 만들어진 Windows XP 부터는 자취를 감추게 된다.

DOS는 키보드로 문자를 일일이 입력하여 작업을 수행하는 명령어를 직접 입력하는 방식(CLI: Command Line Interface)이었기 때문에 일반적인 사용자의 접근이 쉽지 않았다. 이에 마이크로소프트는 키보드 대신에 마우스로 아이콘(Icon) 및 메뉴 등을 클릭하여 작업을 수행하고 멀티태스킹을 지원하는 그래픽 사용자 인터페이스(GUI: Graphic User Interface) 기반의 운영체제 개발에 착수한다. 이 프로그램의 프로젝트는 '인터페이스 매니저(Interface Manager)'였는데, 추후 실행화면이 창문의 격자를 닮았다고 하여 마케팅 담당자가 이름을 '윈도우(Windows)'로 변경하게 된다. 1985년 '윈도우 1.0'이 공식 출시되는데 독립적인 운영체제라기보다는 MS-DOS에 구동되는 하나의 응용 프로그램이었다. 그림판, 워드 프로세서, 달력, 시계, 메모장, 클립보드 게임 등을 지원했는데 전체적인 디자인이 MAC OS와 유사하였다. 이는 당시 마이크로소프트가 초기 매킨토시(Macintosh) 소프트웨어 개발에 깊이 관여하고 있었고, 매킨토시용 소프트웨어를 업그레이드해주는 대신에 MAC OS 디자인 일부를 차용할 수 있는 라이선스 계약을 애플(Apple)사와 맺었기 때문이다. 1987년 윈도우 2.0 버전부터

'MS 워드'와 'MS 엑셀' 등 다양한 프로그램이 늘어나기 시작했지만 시장이 반응은 잠잠했다. 1990년 '윈도우 3.0'이 출시되고, 1992년 '윈도우 3.1'이 등장하게 되면서 MS는 상업적인 성공을 거두게 된다.

1993년 MS는 기업을 주요 대상으로 네트워크 기능, 보안성, 안정성을 강화한 32비트 운영체제인 '윈도우 NT 3.1'을 출시한다. 그 후 '윈도우 NT 3.5', '윈도우 NT 4.0'을 차례로 출시하는데, 기업이나 연구소에서 사용하는 고성능 PC를 위한 운영체제였지만 PC의 성능이 전반적으로 향상되면서 개인용으로도 사용하게 된다. 윈도우 NT는 기업용 버전으로 '윈도우 2000', '윈도우 서버 2003', '윈도우 서버 2008'을 차례로 출시하고, 일반 사용자를 위한 데스크톱 운영체제인 '윈도우 XP'의 뼈대가 되었다. 윈도우 NT 커널 기반의 '윈도우 XP' 이후에 'Windows Vista', 'Windows 7', 'Windows 8'이 등장하였고, 2021년 1월 현재 'Windows 10'이 사용되고 있다.

Mac OS X

1960년대까지의 컴퓨터는 연구소, 공공기관, 정부기관, 대기업, 대학교 등에서만 사용하는 특수한 기계로 인식되어졌지만, 1970년대 들어서면서 일반 대중들에게까지 파고들기 시작했다. 1974년 대학을 중퇴하고 컴퓨터 게임 회사인 아타리(ATARI)사에 근무하던 스티브 잡스(Steve Jobs)와 대형 컴퓨터 업체에서 근무하던 스티브 워즈니악(Steve Wozniak)은 직접 컴퓨터를 만들 계획을 세우고, 1976년 '애플 I(Apple I)'을 출시하게 된다. 1977년 '애플 컴퓨터'라는 정식 법인을 설립하고, '애플 II'를 출시하면서 상업적으로 대성공을 거두게 된다. 1981년 개인용 컴퓨터(Personal Computer, 이하 PC) 시장에 회의적인 반응을 보이던 세계 최대의 컴퓨터 업체인 IBM은 애플의 성공에 자극을 받아 'IBM PC'를 출시하게 된다. IBM의 PC 시장 합류에 위기를 느낀 애플은 1980년 '애플 III'을 출시했지만, 잦은 오류와 비싼 가격으로 인해 대중의 외면을 받게 된다. 새로운 컴퓨터 개발을 고심하던 스티브 잡스는 제록스(Xerox)사에서 처음 개발한 마우스를 사용하는 GUI 방식에 관심을 가지고 되고, '리사(Lisa) 프로젝트'를 진행한다. 1983년 개인용 컴퓨터 중에서 최초로 GUI 방식의 운영체제가 탑재된 '애플 리사'가 출시된다. 애플 리사는 본체와 모니터의 일체형 디자인, 확장 메모리 슬롯, 외장형 하드디스크 드라이브 등 획기적인 기능을 다수 갖췄지만, GUI 운영체제를 원활히 구동하기에는 CPU의 속도가 매우 느렸고, 비싼 가격으로 인해 큰 손실을 입게 된다. 비슷한 시기에 애플 회사 내에서는 제프 라스킨(Jef Laskin)이 주도하는 또 다른 GUI 운영체제 프로젝트인 '매킨토시(Macintosh) 프로젝트'가 진행 중이었다. 리사 프로젝트에서 밀려난 잡스가 합류하여 공동 책임자가 되지만 둘 간의 대립이 심화되어 라스킨이 중도에 애플을 퇴사하게 된다. 1984년 1월 우여곡절 끝에 매킨토시가 출시되면서 큰 성공을 거두었다고는 할 수 없지만, 애플의 방향성을 제시하는 계기가 되었다. 1985년 실적부진으로 애플에서 물러난 스티브 잡스는 '넥스트(NeXT)'라는 회사를 설립하여 독자적인 워크스테이션 컴퓨터 및 운영체제를 개발하면서 재기를 노리게 된다. 잡스가 물러난 뒤에도 여전히 실적 부진에 시달리던 애플은 잡스가 운영하던 넥스트사의 '넥스트스텝(NeXTSTEP)'이라는 운영체제를 주목하고, 1997년 넥스트사 인수를 통해 잡스를 다시 경영 일선으로 복귀시킨다. 1998년 '아이맥 G3'를 출시하면서 애플을 흑자로 전환시켰으며, 2000년 새로운 운영체제인 'Mac OS X'를 출시하게 된다. 그 이후에도 애플은 사업 영역을 확대하면서 2001년 아이팟(iPod) 출시, 2003년 온라인 음악 상점 '아이튠즈 스토어', 2007년 스마트폰 '아이폰 출시', 2010년 태블릿 컴퓨터 '아이패드 출시'하면서 세계 IT 문화를 선도하는 기업으로 자리 잡고 있다.

MAC OS X(맥 오에스 텐)은 MAC OS의 10번째 버전이라는 의미였지만, OS X가 하나의 상품 명으로 자리 잡게 된다. 특히, OS X는 기존의 'MAC OS 9'를 업그레이드 한 것이 아니라 BSD 유닉스 기반으로 만든 '넥스트스텝'을 확장하여 만든 것이다. 결국에는 MAC OS X도 유닉스에 기반을 둔 운영체제라고 볼 수 있다.

③ 모바일 운영체제

모바일 운영체제(Mobile Operating System)란 모바일 환경을 고려하여 설계된 모바일 장치나 정보기기에 탑재되는 운영체제를 말한다. 기본적으로는 데스크톱 컴퓨터나 노트북에 설치되는 윈도우, 맥, 리눅스와 같은 운영체제와 비슷하나 모바일 장치 및 환경적 특성에 적합하도록 설계되어 있다. 특히 배터리(Battery) 사용, PC(Personal Computer)에 비해 상대적으로 낮은 사양, 무선 기반으로 광대역 및 지역 연결, 다양한 멀티미디어 지원 등의 환경적 특성은 휴대폰, 개인 정보 단말기(PDA: Personal Digital Assistant), 태블릿(Tablet) 뿐만 아니라, TV나 자동차 영역까지 확대되고 있다. 현재의 모바일 운영체제는 넓은 의미의 운영체제로 커널과 하드웨어 드라이버, 미들웨어, 응용 프로그램 실행 환경, 사용자 인터페이스 프레임워크를 제공하고, 더 나아가 특정 운영체제에서만 제공하는 검색엔진, 클라우드 서비스 등을 포함하면서 차별화를 시도하고 있다.

④ 리눅스 기반 모바일 운영체제

⊛ 구글의 안드로이드(Android)

안드로이드는 휴대 전화를 비롯한 모바일 기기를 위한 운영체제, 미들웨어, 사용자 인터페이스, 응용 프로그램을 포함하고 있는 소프트웨어 스택이자 모바일 운영체제이다. 리눅스 커널 위에서 동작하며 다양한 안드로이드 시스템 구성 요소에 사용되는 C/C++ 라이브러리를 포함하고 있다. 안드로이드는 개발자들이 자바 언어로 응용 프로그램을 작성할 수 있게 하였으며, 기존의 자바 가상 머신과는 다른 가상머신인 달빅(Dalvik) 가상 머신을 통해 자바로 작성된 응용 프로그램을 별도의 프로세스로 실행하는 구조로 되어 있다. 달빅은 Oracle의 Java 표준 컴파일러를 사용하고 있고, 가상 머신이기 때문에 JIT(Just In Time) 컴파일러를 사용하여 실시간 컴파일을 통해 앱이 동작한다. 따라서 호환성이 좋은 장점은 있지만, CPU 사용량 증가하고 배터리 사용에도 영향을 미치는 단점이 존재한다. 안드로이드 4.4 킷캣(kitkat) 버전부터는 달빅을 대체할 수 있는 ART(Android RunTime)이라는 새로운 런타임을 제공하고, 5.0 롤리팝(Lolipop)부터는 완전히 대체했다. ART는 컴퓨터가 바로 해독 가능한 기계언어를 포함되어 있어 AOT(Ahead Of Time) 컴파일러를 사용한다. 기계언어가 포함되어 있어서 빠른 앱 실행이 가능하다는 장점이 있다. 그러나 앱의 용량이 1.5배에서 2배 가량 늘어나고, 설치 속도가 느리다. 또한 킷캣 버전까지 대부분의 앱이 달빅 기반으로 제작되어 호환성 문제가 발생한다. 안드로이드 7.0 누가(Nougat) 이후에서는 JIT와 AOT를 모두 탑재함으로써 유연하게 적용하도록 하였다.

현재 안드로이드가 모바일 운영체제 시장에서 점유율에서 선두가 될 수 있었던 계기는 2005년 7월에 구글이 안드로이드사를 인수하면서 시작되었다. 2007년 11월에 구글을 비롯하여 텍사스 인스트루먼트, 브로드컴 코퍼레이션, HTC, 인텔, LG전자, 삼성전자, 퀄컴, 마벨 테크놀로지 그룹, 모토로라, 엔비디아, 스프린트 넥스텔, T-모바일 등의 회사를 주축으로 오픈 핸드셋 얼라이언트(Open Handset Alliance, 이하 OHA)를 구성한다. OHA는 리눅스 커널 2.6에서 빌드된 첫 번째 모바일 기기 플랫폼인 안드로이드를 발표하였고, 2008년 10월 21일에 오픈 소스로 선언하였다. 2008년 12월 9일에 ARM 홀딩스, 아세로스, 아수스, 가르민, 소프트뱅크, 소니에릭스, 도시바, 보다폰으로 구성된 14개의 멤버가 안드로이드 프로젝트에 참여하였고, 현재 휴대전화 뿐만 아니라, 태블릿 PC 등에도 탑재되고 있다.

안드로이드는 아이폰의 iOS와 더불어 상당히 높은 편의성, 빠른 반응 속도를 제공하고 있으며, 50여만 개에 육박하는 다양한 애플리케이션을 제공한다. 또한, 구글 검색 엔진, 구글 맵, G-mail 등 막강한 구글의 다양한 서비스를 기본 탑재되어 있다는 점도 매우 큰 장점이다. 이러한 막강한 인프라를 바탕으로 개발자들에 의해 빠른 속도로 주변 기기와의 호환성이 높아지고 있으며, iOS에 비해 개발진입 장벽이 낮아 국내 정서에 맞는 다양한 애플리케이션이 쉽게 개발되고 있다. 4.1 버전인 젤리 빈(Jelly Bean)부터 스마트폰과 태블릿용 버전을 통합하면서 범용 OS로서의 형태를 갖추고 있다.

안드로이드의 단점으로는 오픈 소스로 인한 보안상의 취약점이 가장 큰 약점으로 지적되고 있으며, 아이폰과 달리 다수의 하드웨어 제조사에 의해 탑재되므로 통일성이 떨어지고 그에 따른 개발상의 어려움과 안정성 확보도 단점으로 지적되고 있다.

◉ 바다(Bada) OS

2009년 10월, 삼성전자는 멘토 그래픽스사의 Nucleus RTOS를 기반으로 바다(Bada) 플랫폼을 발표하였다. 중저가 스마트폰 시장을 주요 타깃으로 하여 피쳐폰의 스마트폰화를 주도하였으나 적은 앱이 가장 큰 약점으로 지적되었었다. 바다 OS는 삼성전자가 미고(MeeGo)와 리모(LiMo)가 통합된 타이젠(Tizen)을 출시하면서 2014년 12월에 개발이 종료되었다.

◉ 마에모(Maemo)

2005년 11월에 노키아가 스마트폰 및 인터넷 태블릿용으로 만든 리눅스 기반 소프트웨어 플랫폼이다. 2010년 2월경 마에모 프로젝트는 인텔의 모블린과 합병하여 미고(Meego)라는 프로젝트로 변경되었다.

모블린(Moblin)

모블린은 모바일 리눅스(Mobile Linux)의 약어로 MID(Mobile Internet Device), 넷북 등 임베디드 모바일 기기를 위해 2007년 7월에 인텔과 리눅스 재단이 리눅스 기반으로 개발한 오픈소스 운영체제이다. 2010년 2월에 인텔은 모블린 프로젝트를 노키아의 마에모와 합병하고 미고(MeeGo)라는 새로운 프로젝트를 진행하기로 결정하였다.

미고(MeeGo)

2010년 2월에 인텔의 모블린과 노키아의 마에모가 합병하여 만든 모바일 운영체제 프로젝트로 넷북 및 모바일용 등 2가지 버전이 있으며 리눅스 재단이 주관하고 있다. 2011년에 노키아가 윈도우 폰을 주력하겠다고 선언하고, 인텔도 삼성과 협력하여 타이젠(Tizen)을 개발하겠다고 선언하면서 주요 기업이 빠졌으나 프로젝트는 계속적으로 운영(Mer 프로젝트)이다. 넷북, 스마트폰, 태블릿뿐만 아니라, IVI(In-Vehicle Infotainment), 차량용 네비게이션, 스마트 TV 버전도 개발 예정이다.

리모(LiMo)

리모는 Linux Mobile의 약자로 2007년 1월에 삼성전자, NEC, 파나소닉, 보다폰 등이 참여하여 시작한 프로젝트이다. 2011년 9월에 프로젝트를 종료하여 MeeGo로 대체되었고, 2012년에 인텔과 삼성전자를 주축으로 리모 재단, MeeGO 개발자등과 협력하여 HTML 5와 웹 표준에 기반한 Tizen 프로젝트 시작하였다.

타이젠(Tizen)

인텔과 삼성을 주축으로 리눅스 재단, MeeGo 개발자등이 합류하여 만든 리눅스 기반의 무료 공개형 모바일 운영체제이다. 2012년 1월 SDK 발표하였고, 2012년 4월 "Lakspur"라는 코드명으로 Version 1.0 발표하였다. 웹 표준과 HTML 5를 지원하며 태블릿, 넷북, 스마트폰, 스마트 TV, IVI(In-vehicle infotainment) 지원이 목표이다.

5 스마트 TV(Smart TV)

스마트 TV의 정의

스마트 TV란 운영체제(OS)를 탑재하고, TV 본연의 기능인 실시간 방송 시청뿐만 아니라 인터넷 접속기능을 기반으로 웹 검색, VOD, 게임, SNS, 앱스토어 등의 기능이 가능한 TV를 뜻한다. 추가적으로 스마트 TV 분야를 선도하고 있는 구글은 "웹브라우저를 통해 TV 프로그램, 사진과 동영상, 음악과 게임, 그리고 다양한 애플리케이션의 검색 및 시청이 가능한 TV"라고 정의하고 있으며, 애플은 "저가의 셋톱박스를 통해 TV와 인터넷을 중계하는 Plug & Play 방식으로 TV 프로그램, VOD, 게임, 그리고 다양한 앱 등을 지원 및 시청이 가능한 TV"라고 정의하고 있다. 이들은 공통적으로 스마트 TV는 TV와 인터넷을 연결하는 일종의 엔터테인먼트 허브 (Entertainment Hub)라는 점을 강조하고 있다.

주요 스마트 TV의 운영체제

스마트 TV는 현재 애플을 비롯하여 구글, 삼성, LG 등에서 생산하고 있는데 모바일 기기와 동일한 운영체제를 탑재하여 클라우드 서비스나 N-Screen 서비스를 쉽게 제공하고 있으며, 더 나아가 앱도 공유하려는 시도를 하고 있다. 애플은 Mac OS 기반의 iOS를 애플 TV에 탑재하고 있으며, 구글은 리눅스 기반의 안드로이드를 구글 TV에 탑재하고 있다. 삼성전자는 초기에 리눅스 기반의 바다 OS를 탑재하였으나, 현재는 타이젠(Tizen)이 내장된 스마트 TV를 판매하고 있다. LG 전자도 초기에는 자체 개발한 리눅스 기반의 넷캐스트 OS를 스마트 TV에 탑재하였으나, HP(Hewlett-Packard)사가 보유하고 있던 리눅스 기반의 webOS를 인수하면서 webOS 기반의 스마트 TV를 출시하고 있다.

6 IVI(In-Vehicle Infotainment)

IVI의 개요

IVI(In-Vehicle Infotainment)란 자동차 내에서 CD 및 DVD 등의 재생을 비롯한 오디오와 비디오 콘텐츠 재생, TV 기능, 서라운드 사운드 시스템, 자동차 내비게이션 시스템 등을 제공하는 하드웨어 장치의 모음을 뜻한다. 다른 말로는 ICE(In-Car Entertainment)라고도 하는데, 말 그대로 자동차 내에서 다양한 편의 기능과 오락시설을 제공하는 것이 목적이다. 최근에는 LCD 모니터 등을 내장하여 비디오 게임 등을 즐길 수 있게 하고 있고, USB 연결을 통한 다양한 기기 연결을 제공하고, 무선망과 연결하여 인터넷도 사용가능하다. IVI는 IT기술을 자동차에 융합한 대표적인 사례로 다양하고 특색 있는 '스마트카'를 만들겠다는 자동차 회사의 의지와 더 많은 것을 원하는 사용자의 요구에 의해 탄생했다고 볼 수 있다.

주요 IVI의 종류와 특징

❶ MS의 Windows Embedded Automotive

MS의 Windows Embedded Automotive는 Windows CE 기반으로 만든 것으로 자동차에 내장되는 컴퓨터 시스템을 위한 운영체제이다. 예전에는 Microsoft Auto, Windows CE for Automotive, Windows Automotive, Windows Mobile for Automotive 등으로 출시하였으나, 현재는 Windows 7 플랫폼 기반으로 Windows Embedded Automotive 7이라는 이름으로 출시되고 있다.

Windows Embedded Automotive 7의 주요 기능으로는 애니메이션, 벡터 그래픽, 오디오 및 비디오 재생 등을 위한 Silverlight 내장, MS Tellme Speech Technology 내장, 핸즈프리 폰 연결 기능, iPod, Zune, MP3 플레이어 등의 모바일 장치 통합 제공 등이 있다.

② QNX

QNX는 QNX 소프트웨어 시스템에서 개발한 유닉스 형태의 RTOS(Real-Time Operating System)으로 임베디드 시스템에 내장되는 운영체제이다. 현재 QNX는 블랙베리 (Blackberry)로 유명한 리서치 인 모션(Research In Motion)사에 인수되었고, QNX CAR application platform을 가지고 IVI 시장을 공략하고 있다. QNX CAR appllication platform은 QNX Neutrino RTOS, 멀티미디어 프레임워크, HTML 5 기반의 HMI, 강력한 사운드 솔루션, 수백 개 이상의 다양한 애플리케이션을 제공한다.

현재 가장 최신 버전인 QNX CAR 2 Application platform의 주요 특징은 살펴보면 다음과 같다. 첫 번째는 모바일 및 표준 웹 환경에 적합하기 위해 HTML 5 기반의 플랫폼이다. 두 번째는 OEM환경에 맞게 드라이버나 개발환경을 다양하게 제공한다. 세 번째는 모바일 기 기인 애플, 안드로이드, 블랙베리 장치와 연동된다. 네 번째는 자연 언어 제어를 위해 ASR/TTS 통합 모듈을 지원한다. 다섯 번째는 스마트폰을 비롯하여 홈 네트워크와의 연동 을 위한 DLNA(Digital Living Network Alliance) 지원한다. 여섯 번째는 인터넷 라디오와 다양한 연결형 미디어를 지원하는 멀티미디어 서비스를 제공한다. 일곱 번째는 원격 소프 트웨어 업데이트를 지원한다. 여덟 번째는 Wi-Fi 등 다양한 네트워크 환경을 지원한다.

③ GENIVI

GENIVI 연합(GENIVI Alliance)는 공개형 리눅스 운영체제 기반의 표준화된 자동차용 IVI 플랫폼을 만들기 위해 설립한 비영리조직이다. 2009년 2월에 BMW 그룹, 델파이(Delphi), GM, 인텔, PSA 푸조 시트로엥, 윈드 리버 등이 설립하였고, 현재 자동차 제조업체, 반도체 제조업체, 장치 제조업체, 서비스 및 소프트웨어 업체 등 160 여개의 회원사들이 참여하고 있다.

GENIVI 플랫폼의 80%는 기존의 리눅스 커널을 그대로 사용하고, 15%는 기존의 코드를 수 정하거나 확장하고, 나머지 5% 정도만 자동차에 특화된 코드로 되어 있다. 2014년 이후로 GENIVI가 장착된 자동차가 판매되고 있다.

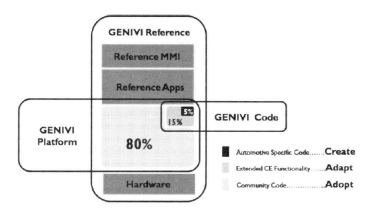

GENIVI 플랫폼의 구조

④ 안드로이드(Android)

스마트폰, 태블릿 같은 모바일 기기에 탑재되던 안드로이드가 스마트 TV에 이어 새롭게 진출한 분야가 IVI이다. 안드로이드는 리눅스 기반의 오픈 소스, 확장성과 유연성, 친근감 있는 UI(User Interface), 막강한 안드로이드 앱 마켓, 에코시스템(Ecosystem) 등의 장점을 가지고 있다. 현재 안드로이드 기반으로 개발된 IVI에는 Wind River의 Solution Accelerator for Android가 있다. 풍부한 멀티미디어 제공, 네비게이션, 아이팟/아이폰/아이 패드 도킹 시스템, 사용자가 수정할 수 있는 맞춤형 유저 인터페이스 제공, 음성 및 텍스트 상호 변환 기능, SD 및 USB 메모리를 비롯한 다양한 외부 저장장치 지원, 블루투스 등 다양한 무선 네트워크 지원을 한다. 구글 주도하에 있는 안드로이드를 장착했기 때문에 막강한 인터넷 인프라를 그대로 사용가능하고, 50만 개 이상의 풍부한 앱도 장점이다. 특히 다른 IVI에 비해 에코시스템 기능이 매우 강력하다. 현재 Saab의 IQon, SAIC(Shanghai Automotive Industry Corporation)의 Roewe 350, BMW의 Dynavin E45 네비게이션 시스템, Continental의 AutoLinQ 등에 장착되어 있다.

⑤ MeeGo/Tizen IVI

노키아의 마에모와 인텔의 모블린 등 2개의 모바일 운영체제 프로젝트가 통합하여 생성된 프로젝트인 MeeGo는 IVI용도 출시하였는데, 2011년 5월 19일에 배포된 1.2 버전이 가장 최신 버전이다. Tizen은 인텔과 삼성을 주축으로 리눅스 재단, MeeGo 개발자들이 합류하여 만든 모바일 운영체제이다. Tizen은 웹 표준과 HTML 5을 지원하며 태블릿, 넷북, 스마트폰, 스마트 TV, IVI 등을 다양한 기기를 지원하는 프로젝트이다. MeeGo나 Tizen은 IVI를 지원하기는 하나 참여하는 기업이 적고, 최적화를 위해서는 자체 기술력이 필요하다는 단점이 있다.

7 웹 운영체제

2000년대 초반의 Web OS는 "인터넷 기반의 운영체제로 인터넷 접속이 가능한 곳이라면 언제 어디서나 자신의 데스크톱을 사용하는 것과 같은 환경을 제공하는 서비스"를 의미하였다. 제1세대형 Web OS라고 볼 수 있는데 특정 서버에 사용자들이 접속할 수 있는 환경을 구축하고, 관련 서비스를 이용하기 위해서는 기존의 운영체제인 윈도우, 리눅스 등에서 웹 브라우저를 호출하여 인터넷 접속을 통해 개인 데스크톱 환경을 사용하는 형태이다. 이 영역에 속하는 운영체제로 eyeos, Xindesk, Glide OS 4.0, Goowy, YouOS, G.ho.st, Corneli OS 등이 있는데, Web OS 서비스를 제공하는 웹 페이지에 접속한 뒤에 로그인을 하면, 윈도우 운영체제와 유사한 바탕화면에서 파일을 생성, 이동, 삭제하는 것이 가능하며 다양한 응용 프로그램을 실행할 수 있다. 생성한 파일이나 애플리케이션은 유저의 하드웨어가 아닌 웹 서버에 저장되는 형태이다.
최근의 Web OS는 "웹 브라우저를 기반으로 동작하는 가상의 운영체제"의 개념으로 진화하였다. 제2세대형 Web OS라고 볼 수 있는데, 사용자는 별도의 OS 설치 과정 없이 경량화된 최소 크기의 커널 위에서 동작하는 웹 브라우저를 통해 서비스 제공자 웹사이트에 접속하여 다양한 서비스를 이용하는 형태이다. 기존의 OS가 다양한 하드웨어를 구성하고, 기기간의 호환성을 위해 부팅 (Booting)시 불필요한 프로세스를 처리하는 반면에 Web OS는 이러한 요소들을 배제하여 빠른 부팅시간을 보장하는 방식이다. Web OS는 기술적으로 보면 위에 열거한 것처럼 크게 두 가지 방식으로 나눌 수 있으나, 인터넷상에서 자신의 데스크톱 컴퓨터를 사용하는 것처럼 문서작성이나 일정 관리, 주소록, 이메일, 북마크, 가상 하드디스크 등을 구동시킬 수 있는 환경을 제공한다면 Web OS라고 정의할 수 있다. 최근에는 클라우드 컴퓨팅 서비스와 결합하여 데스크톱의 환경, 이동, 보안의 제약을 뛰어넘어 웹 브라우저 환경에서 모든 작업을 가능하게 하며, 자신의 데스크톱 지원은 물론 인터넷상에서 제공되는 각종 서비스와 프로그램, 데이터를 자신의 디렉터리로 구성할 수 있도록 하고 있다. 또한 인터넷 자원을 자신의 하드디스크에 저장하여 사용하는 것처럼 프로그램과 데이터를 관리하고 이용할 수 있도록 하고 있다. 이러한 특성으로 인해 개인용 웹 기반 데스크톱(Personal Web-Based Desktop)이라는 표현을 쓰기도 한다. 대표적인 OS로는 구글(Google)의 크롬 OS(Chrome OS)를 들 수 있다. 크롬 OS는 웹 브라우저 형태의 가상 운영체제로 대부분의 PC 이용자들이 웹 브라우저로 인터넷에서 90%정도의 시간을 보내는 것에 착안하여 만들어졌다. 대부분의 시간을 인터넷을 이용하는 사용자들에게 기존의 운영체제는 복잡한 애플리케이션으로 인해 편의성을 떨어뜨리고, 바이러스로 인한 위험성에 노출되어 있다. 이러한 문제점을 해결하기 위해 등장한 것이 크롬 OS이다. 크롬 OS는 오픈 소스 기반의 운영체제로 빠른 속도와 단순한 사용자 환경을 제공하면서 동시에 보안성이 강화된 웹 애플리케이션 이용 환경을 제공하는 것을 목표로 하고 있다. 크롬 OS의 특징은 첫 번째로 동일한 작업 환경을 어디서나 사용할 수 있다는 것이다. 모든 데이터가 구글의 서버에 저장되어 있으므로 어디서든지 같은 환경에서 작업을 할 수 있다. 두 번째로는 네트워크가 지원되는 환경이라면 빠르게 언제든지 사용할 수 있다. 현재 크롬 OS는 크롬북(Chromebook)이라는 넷북(Netbook) 형태의 장치와 크롬박스(Chromebox)라는 미니데스크톱 형태로 탑재되어 시판되고 있는데, 기존의 데스크톱 운영체제와는 다르게 부팅 프로세스의 불필요한 처리를 제거하여 빠른 부팅 시간을 제공한다. 호환성을 모두 끊어버리고 중복 처리를 제거하고, 하드웨어 구성을 고정시킴으로서 초기화 처리를 간략히 진행한다. 세 번째로 '크롬 웹스토어(Chrome Webstore)'를 통해 사용자가 일부 프로그램을 설치하도록 지원한다. 다른 웹 OS는 서비스 업체에서 제공하는 획일적인 프로그램만을 이용해나 하나, 애플이나 안드로이드의 앱 스토어(App Store)처럼 다양한 프로그램을 다운로드받아 설치할 수 있도록 제공한다. 네 번째는 높은 보안성을 제공한다. 실행되는 애플리케이션의 동작은 엄격하게 관리되고, 로컬의 저장소나 다른 애플리케이션의 접근은 허가되지 않는다. 사용자가 의식하지 않아도 발견된 취약점은 신속히 수정되고, PC 관리 지식이 전혀 없어도 누구나 안심하고 사용할 수 있다.

1.2.1 리눅스의 역사

1 리눅스의 탄생과 역사

1987년, 네덜란드의 암스테르담 자유대학교에 재직하던 앤드루 스튜어트 타넨바움(Andrew Stuart Tanenbaum) 교수는 운영체제 디자인을 가르치기 위해 만든 교육용 유닉스인 미닉스(Minix)를 개발하였다. 1991년, 핀란드 헬싱키 대학의 대학원생인 리누스 토발즈(Linus Torvalds)는 미닉스를 접하게 되었는데, 미닉스의 기능에 만족하지 못하고 새로운 운영체제를 개발하고자 했다. 토발즈는 포직스(POSIX)에 호환되는 운영체제 커널을 만들기로 하고, 리눅스의 첫 번째 버전인 0.01을 1991년 9월 17일에 인터넷에 공개하였다. 첫 공식 버전인 0.02는 같은 해 10월에 발표한 이후로 전 세계 많은 개발자와 전문가의 도움을 받아 지속적으로 개발을 진행하게 되었다. 그 후 개발자들은 몇 년 동안 리눅스를 GNU 프로그램에 적용시키는 작업을 수행하였다. 1994년에 리눅스 커널 버전 1.0을 발표하였고, 1996년 리눅스 커널 버전 2.0을 발표하였다. 1990년대 중반에 접어들면서 레드햇, 칼데라와 같은 리눅스 배포판들이 전 세계로 퍼져 나가기 시작했고, 그 이후 순수 비영리 배포판인 데비안이 GUI(Graphic User Interface)를 탑재하여 배포되기 시작했다. 1999년에 레드햇사에서 리눅스 커널 버전 2.2 기반의 서버를 제작 판매함으로써 순수 개인용이나 교육 및 학습용으로 사용되던 리눅스가 서버 시장에까지 진출하게 되었다. 2001년 리눅스 커널 버전 2.4가 발표되면서 리눅스가 본격적으로 엔터프라이즈 서버로 사용될 수 있는 면모를 보였고, 2003년 리눅스 커널 버전 2.6이 발표되면서 한층 더 높은 차원으로 발전하게 되었다. 2011년 7월에 리눅스 커널 3.0이 발표되었고, 2020년 12월 현재는 리눅스 커널 5.9.12가 배포되고 있다. 리눅스 커널은 소스가 공개되어 있고 누구나 커널을 수정할 수 있는 특징으로 약 300여개 이상의 리눅스 배포판이 만들어졌다. 현재 리눅스는 데스크톱이나 서버뿐만 아니라, 구글에서 만든 모바일 운영체제인 안드로이드에도 사용되고 있으며, 자동차에 장착되는 IVI(In-Vehicle Infotainment)에도 사용될 만큼 다양한 분야로 영역을 넓혀가고 있다.

2 리눅스 배포판

🔅 리눅스 배포판의 개요

초기 리눅스는 운영체제의 핵심인 커널(Kernel)을 지칭하였으나, 리눅스 커널과 GNU 프로젝트의 라이브러리와 도구들이 포함되면서 하나의 운영체제로 발전하게 되었다. 이렇게 탄생하게 된 운영체제를 GNU/Linux라고 한다. 리눅스 배포판은 리눅스 커널 이외의 핵심적인 부분을 GNU 정신을 바탕으로 만들어진 다양한 자유 소프트웨어와 공개 프로그램을 모아서 하나의 운영체제로 만든 것이다. 리눅스는 누구나 패키징하여 자유롭게 배포가 가능하기 때문에 매우 다양한 배포판이 존재한다. 기업 차원에서 배포하는 레드햇 리눅스, 수세 리눅스, 우분투 등이 있고, 커뮤니티 차원에서 배포하는 데비안, 젠투 리눅스 등 전 세계적으로 약 300여 가지 이상의 배포판이 존재한다.

최초의 리눅스 배포판

1992년 5월, 피터 맥도널드(Peter MacDonald)에 의해 만들어진 소프트랜딩 리눅스 시스템(Softlanding Linux System, 이하 SLS)이 리눅스 최초의 배포판이다. 리눅스 커널과 GNU의 프로그램, 기본적인 유틸리티, X 윈도 시스템 등을 포함하여 하나의 운영체제로 완성하였다. 출시 당시에는 가장 인기 있는 리눅스 배포판이었지만 사용자들에 의해 버그(bug)가 다소 존재하는 것으로 파악되었고, 이것은 곧 다른 리눅스 배포판의 등장을 알리는 계기가 되었다. 패트릭 볼커딩(Patrick Volkerding)은 SLS에 존재하는 버그를 잡기 시작했는데, 이 결과로 만들어진 리눅스 배포판이 슬랙웨어(Slackware)이다. 또한 Yggdrasil Linux가 등장하고, 이안 머독(Ian Murdock)에 의해 데비안 프로젝트가 등장하면서 SLS는 다른 리눅스 배포판에 의해 대체되었다.

리눅스 배포판의 분류

1992년 5월에 등장한 최초의 리눅스 배포판인 SLS는 리눅스 커널과 다양한 GNU 프로그램, 기본적인 유틸리티와 X 윈도 시스템까지 탑재하여 하나의 운영체제로 탄생하였지만 크고 작은 버그들이 존재하였다. 버그도 문제지만 사용자들이 운영체제를 사용함에 있어 필수요소라 할 수 있는 응용 프로그램의 설치 및 제거, 업데이트, 검증 등의 패키지 관리에 문제점이 있었다. 최초의 리눅스 배포판인 SLS 등장 이후에 수많은 리눅스 배포판들이 등장하고 있지만, 이러한 배포판들은 패키지 관리 기법에 따라 크게 슬랙웨어, 데비안, 레드햇과 같이 3종류로 분류할 수 있다.

슬랙웨어는 소프트웨어를 최상단(upstream)에서 최대한 수정되어 배포되는 형식으로 사용자들이 내장된 프로그램을 사용하기에는 편리하나 패키지를 새롭게 적용하거나 수정하기는 힘들다는 단점이 있다. 슬랙웨어 계열에 속하는 배포판에는 SuSE, Porteus, Vector Linux, Salix OS 등이 있다.

데비안은 dpkg 및 apt라는 독자적인 패키지 관리 도구를 사용한다. 이 계열에 속하는 리눅스에는 Knoppix, Corel, Lindows, Ubuntu, Linux Mint, Elementary OS 등이 있다. 또한 정보 보안을 테스트하기 위해 해킹과 관련된 도구와 설명서 등을 내장한 백트랙(BackTrack)과 칼리(Kali Linux)도 이 계열에 속한다. 백트랙은 2006년 2월에 베타 버전이 발표되었는데 초기에는 Knoppix를 기반으로 만들어졌다. 2012년 8월 13일에 우분투 기반으로 BackTrack 5 R3 버전이 마지막으로 출시된 이후로 현재는 지원이 종료되었고, 칼리 리눅스로 이어지고 있다. 칼리 리눅스는 백트랙의 후속 버전 형태로 데비안 기반으로 만들어진 배포판이다. 2020년 3월 기준으로 Armitage, nmap, Wireshark, John the Ripper, Burp suite 등 300개 이상의 해킹 및 보안 도구를 내장하고 있다.

레드햇 리눅스는 RPM 및 YUM이라는 패키지 관리 도구를 제공한다. 레드햇 계열 배포판에는 상용판인 RHEL(Red Hat Enterprise Linux)를 비롯하여 CentOS, Fedora, Oracle Linux, Scientific Linux, Asianux, Mandriva Linux, Mandrake 등이 있다.

🌑 새로운 계파의 리더(Leader)

위에서 제시한 리눅스 배포판의 3대 계보 분류에 속하지만, 특정 계파의 리더(Leader) 역할을 수행하는 배포판으로는 수세(SUSE)와 우분투를 손꼽을 수 있다. 수세의 최초 배포판은 슬랙웨어를 그대로 가져다가 언어만 수정해서 배포하는 형식이어서 패키지 관리에 문제점을 가지고 있었는데, 이러한 단점을 보완하기 위해 YaST 및 ZYpp이라는 독자적인 패키지 관리 도구를 사용하게 되었다. 수세 리눅스 계파에 속하는 배포판에는 SUSE Linux Enterprise, Open SUSE, Gecko Linux, Linkat 등이 있다.

우분투는 데비안의 패키지 관리 기법인 dpkg 및 apt를 그대로 사용한다. 따라서 패키지 관리 기법으로 하나의 계파를 형성한 것이 아니라 X 윈도의 기반이 되는 데스크톱 환경(Desktop Environment)과 관련이 있다. 우분투는 사용자의 편의성에 초점을 맞춰서 등장한 배포판이라 초기 버전에서는 GNOME 기반의 그래픽 셸인 유니티를 제공하였다. 개인용 데스크톱이나 노트북 사용자들에게 인기를 끌면서 다양한 데스크톱 환경을 내장한 우분투 변형판이 등장하기 시작하였다. GNOME 기반의 Ubuntu GNOME, GNOME 2 기반의 MATE를 탑재한 Ubuntu MATE, KDE 기반의 쿠분투(Kubuntu), Xfce 기반의 주분투(Xubuntu), LXDE 기반의 루분투(Lubuntu) 등이 있다. 우분투는 데스크톱 환경에 따른 변형판 이외에도 아키텍처(Architecture)를 다양하게 지원하면서 수많은 배포판이 등장하고 있다.

🌑 주요 리눅스 배포판의 특징

① 슬랙웨어(Slackware)

슬랙웨어는 1993년 7월에 패트릭 볼커딩(Patrick Volkerding)에 의해 만들어진 리눅스 배포판이다. 최초의 리눅스 배포판인 SLS를 기반으로 디자인의 안정성과 단순성을 목표로 만들어졌다. 내장되는 소프트웨어 패키지들은 최상단(upstream)에서 최대한 수정되어 배포되는 관계로 사용자가 패키지를 새롭게 적용하거나 수정하기 힘들다. 슬랙웨어는 최신의 다른 리눅스 배포판과 다르게 그래픽 기반의 설치 절차가 없고, 소프트웨어 패키지의 의존성도 자동으로 해결해주지 않는다. 또한 모든 설정이나 관리를 편집기를 이용해서 텍스트 파일을 직접 수정하는 형태로 이루어져 있다. 매우 보수적이고 단순한 기능으로 인해 리눅스에 친숙하고 숙달된 사용자를 위한 리눅스라고 할 수 있다. 현재까지도 계속적으로 업데이트 및 유지보수가 되고 있으며 가장 최신 버전은 2016년 6월에 발표된 slackware 14.2 버전이다.

② 데비안(Debian)

데비안은 전부 자유 소프트웨어로 구성된 유닉스 계열 운영체제로 대부분이 GNU GPL 라이선스 기반 하에 있고 데비안 프로젝트에서 1993년 9월에 최초 버전을 출시하였다. 데비안 프로젝트는 이안 머독(Ian Murdock)이 설립하고, 이 프로젝트 그룹에 참여한 개인들에 의해 패키지화되어 있다. 자유 소프트웨어를 추구하는 GNU 프로젝트에 동참하는 수많은 개발자들이 데비안 프로젝트에 같이 동참하면서 다양한 플랫폼을 지원한다. 또한 다양한 커널이 탑재된 운영체제도 선보였는데, 리눅스 커널을 탑재한 데비안 GNU/Linux, GNU 허드(Hurd) 커널을 탑재한 데비안 GNU/Hurd, FreeBSD 커널을 탑재한 데비안 GNU/KFreeBSD, NetBSD 커널을 탑재한 데비안 GNU/NetBSD 등으로 나뉘며 이 가운데 정식판으로 지원되는 버전은 데비안 GNU/Linux뿐이다.

초창기 리눅스 배포판에 속하는 데비안과 슬랙웨어는 모두 SLS 기반으로 만들어졌으나, 이두 배포판의 차이점은 패키지 관리에 있다. 슬랙웨어는 사용자가 패키지를 새롭게 추가하거나 수정하기 어려운 반면에 데비안은 패키지 설치 및 업그레이드 등 패키지 관리가 매우 편리하다. 초기에는 dpkg라는 패키지 관리 도구를 사용하였고, 최근에는 더욱 기능이 확장한 apt를 사용해서 설치나 업데이트할 경우에 다른 패키지와의 의존성 확인과 보안 관련 업데이트를 자동으로 수행한다. 이러한 특징으로 인해 수많은 사람들의 호응을 얻고, 데비안이 가장 영향력 있는 오픈소스 프로젝트 중에 하나로 자리잡는 계기가 되었다. 현재까지도 꾸준히 업데이트가 되고 있으며, 2020년 9월 기준으로 Debian 10.6 버전이 배포되고 있다.

❸ 레드햇(Red Hat)

가장 인기 있는 리눅스 배포판으로는 레드햇 소프트웨어사에서 제공하는 레드햇 리눅스를 손꼽을 수 있다. 레드햇은 1993년 밥 영(Bob Young)이 리눅스 및 유닉스 소프트웨어 액세서리를 판매하는 ACC Corporation을 설립하고, 1994년 마크 유잉(Marc Ewing)이 자신만의 독자적인 리눅스 배포판인 Red Hat Linux라는 이름으로 출시하게 된다. 1995년 밥 영이 마크 유잉의 사업을 인수하면서 Red Hat Software라고 회사명을 바꾸고, 본격적인 리눅스 배포판 회사로 탈바꿈하게 된다. 레드햇 리눅스가 사용자들에게 인기를 끌 수 있던 배경에는 쉬운 설치와 독자적인 패키지 관리에 있다. 레드햇 리눅스의 설치 과정은 텍스트 기반의 인터페이스뿐만 아니라 그래픽 사용자 인터페이스를 제공하여 초보자들도 손쉽게 설치할 수 있다. 또한 RPM(Red hat Package Management)과 YUM(Yellowdog Updater, Modified)이라는 패키지 관리 도구를 제공하여 손쉽게 설치, 관리, 업그레이드를 할 수 있다. 레드햇은 2003년에 배포된 Red Hat Linux 9 버전까지만 소스 공개를 포함하여 무상으로 배포하였고, 현재는 Red Hat Enterprise Linux(이하 RHEL)이라는 유료 배포판을 만들어 업데이트 등을 지원하고 있다. 2020년 12월 기준으로 RHEL 8.3 버전이 배포되고 있다. 추가적으로 일반 사용자를 위한 무료 배포판은 fedora라는 오픈 소스 프로젝트를 만들어 자유롭게 사용 가능하도록 하였다. 2014년 1월에는 RHEL의 복제판(Clone)으로 자체적인 커뮤니티에 의해 관리되던 CentOS도 흡수하였다. 2018년 10월에 IBM사가 레드햇을 인수하면서 현재는 IBM의 영향력 아래에 있다.

상용 리눅스 배포판 업체의 대명사인 레드햇은 2006년 미들웨어 오픈 소스 업체인 제이보스(JBOSS)를 인수하여 미들웨어까지 사업영역을 확장하였다. 현재는 RHEV(Red Hat Enterprise Virtualization), Red Hat Directory Server, Red Hat Enterprise Linux OpenStack Platform, Red Hat Storage Server, Red Hat OpenShift 등 클라우드 컴퓨팅 및 빅데이터의 인프라 전역으로 사업영역을 더욱 넓히고 있다.

④ 수세(SUSE)

1992년 9월 S.u.S.E라는 이름이 회사가 Roland Dyroff, Thomas Fehr, Burchard Steinbild, Hubert Mantel에 의해 독일에 설립되었다. S.u.S.E는 소프트웨어 및 시스템 개발(Software und System-Entwicklung)이라는 뜻의 독일어로 초기에는 유닉스 기반의 소프트웨어 개발이 목적이었다. 1994년 3월 슬랙웨어 기반의 상용 리눅스 배포판인 SuSE Linux를 출시하였고, 1996년 5월에는 리눅스 커널 2.0 기반으로 배포하였다. 이 시기부터는 배포판의 핵심은 슬랙웨어 기반으로 유지되었지만, 대부분은 Florian La Roche가 만든 Jurix 배포판을 기반으로 만들어졌다. SuSE Linux는 슬랙웨어의 단점인 패키지 관리 기법을 보완하기 위해 YaST(Yet another Setup Tool)라는 유틸리티를 제공하였다. 2003년 노벨(Novell)에 인수되면서 SUSE Linux로 변경되었고, 2005년 노벨은 openSUSE Project를 만들어서 외부 기여자와 함께하는 커뮤니티를 구성하고 openSUSE를 배포하기 시작하였다. 2011년 어태치메이트(Attachmate) 그룹에서 노벨을 인수하였고, 2014년 말 영국기업인 마이크로 포커스 인터내셔널(Micro Focus International)이 어태치메이트를 인수하면서 다시 소유권이 변경되었다. 여전히 서버 시장에서 강자로서의 입지를 다지고 있으며, 2020년 12월 기준으로 SUSE Linux Enterprise Server 15.2 버전이 배포되고 있다.

⑤ 우분투(Ubuntu)

2004년 10월에 처음 등장한 우분투는 데비안 GNU/Linux를 기반으로 만든 운영체제로 영국 회사인 캐노니컬(Canonical)의 CEO인 마크 셔틀워스(Mark Shuttleworth)가 처음 시작하였으나 개발의 주체는 우분투 커뮤니티이다. 우분투란 용어는 남아프리카 공화국의 건국 이념인 우분투 정신에서 가져온 용어로 매우 다양한 뜻이 있다. 우분투는 반투(bantu)어로 "네가 있으니 내가 있다"라는 의미로 사용되고 있는데 일반적으로 "다른 사람을 위한 인간애(humanity towards others)"로 해석된다. 우분투의 가장 큰 특징은 그놈 데스크톱 환경(GNOME desktop environment) 기반의 그래픽 셸인 유니티(Unity)를 사용하는데, 다른 리눅스 배포판에 비해 사용자의 편의성에 많은 초점을 맞추고 있다. 이러한 특징으로 인해 개인용 데스크톱이나 노트북에서 가장 인기 있는 리눅스 배포판으로 손꼽히고 있다. 최근에는 개인용 컴퓨터 시장뿐만 아니라 태블릿, 스마트폰과 같은 모바일 기기용도 배포하고 있다. 또한 엔터프라이즈 서버(Enterprise Server), 메인프레임 기반의 가상 서버, 도커(Docker)와 같은 경량화 가상 서버인 컨테이너(Container)도 지원하면서 시장을 점점 확대하고 있다. 관련 사이트는 http://www.ubuntu.com이고, 2020년 11월 안정 버전 기준으로 Ubuntu 20.10 버전이 배포되고 있다.

⑥ 기타 배포판

위에 열거된 배포판 이외에도 RHEL을 복제해서 운영하는 CentOS, 젠투 리눅스, 리눅스 민트 등 300여 가지의 배포판이 존재한다.

⑦ 국내 리눅스 배포판

와우리눅스, 알짜리눅스, 미지리눅스 등 2000년 초반까지는 많은 배포판들이 존재했으나, 현재에는 배포가 중단된 상태이다. 상용 배포판으로는 한글과 컴퓨터사에서 중국, 일본 등의 아시아 기업과 협력해서 만든 아시아눅스가 있고, ㈜에스유소프트(구 슈퍼유저코리아)에서 배포하는 SULinux가 있다. 개인이 만들어서 배포하는 대표적인 배포판으로는 서버 전용으로 패키지를 가볍게 만든 안녕 리눅스 등이 있다

1.2.2 리눅스의 철학

① 리눅스의 철학

상용 유닉스는 시스템의 설계부터 개발, 품질 보증, 버전 관리 등의 모든 과정이 기업의 엄격한 통제 및 계획 아래서 개발된다. 개발자는 임의로 새로운 기능을 추가하거나 코드의 중요 부분을 변경할 수 없으며, 버그 보고에 대한 수정 사항을 확인 받아야 하며 모든 변화를 소스 제어 시스템에서 확인해야 한다. 또한 유닉스 개발자는 자신이 프로그램을 개발하였다 하더라도 자신의 프로그램이 아닌 유닉스 회사의 제품이 되는 것이므로 완성되어 배포된 프로그램에 대해 일정한 권리를 행사할 수 없다.

리눅스는 상용 유닉스와 같은 엄격한 정책 하에서 이루어지는 작업도 아니고, 특별한 정책 하에 개발자가 분배해서 작업을 진행하지도 않는다. 인터넷을 통해 연결된 전 세계 개발자 그룹들의 개발 노력으로 이루어진다. 리눅스 시스템을 통합적으로 책임지고 개발하는 어떠한 조직이나 기업체가 존재하지 않으면서 하나의 잘 짜여진 틀에 의해 관리되는 조직 못지않게 유지되고 있다. 일명 리눅스 공동체는 리눅스와 관련된 다양한 소프트웨어의 개발을 위해서 다양한 메일링 리스트, 유즈넷 뉴스그룹 등을 통해 대화한다. 그러면서 자연스럽게 많은 관례들이 생겨났고, 리눅스 커널도 이러한 방식으로 발전하게 되었다. 현재 리눅스 커널은 처음 개발자인 리누스 토발즈의 주도하에 개발이 진행되는데, 본인이 개발한 소스를 메일로 보내면 토발즈가 이 소스를 테스트하여 유용하다고 판단되면 커널에 포함시키는 동시에 공식 버전을 만들어 배포한다. 리눅스 커널 이외에 많은 자유 소프트웨어와 공개 소프트웨어들도 최초 개발자가 중심이 되어 수많은 개발자들의 참여하에 개발이 이루어진다. 이런 개별 소프트웨어들은 그 소프트웨어를 기반으로 파생되어 다른 소프트웨어로 발전하기도 한다. 이렇게 리눅스와 관련된 개발은 수많은 변수를 가지고 있으면 자유롭게 이루어지고 있다.

② 리눅스 등장에 영향을 준 요소와 관련 용어

⦿ GNU

GNU란 재귀적 약어로 GNU's Not Unix 즉 "GNU는 유닉스가 아니다."라는 뜻으로 유닉스와 호환이 되면서 더 강력한 운영체제를 만들고자 하는 프로젝트(www.gnu.org)이다. 리처드 스톨먼(Richard Matthew Stallman)을 주축으로 자유로운 소프트웨어를 희망하던 공동체들이 가장 먼저 운영체제인 유닉스를 모태로 개발을 시작하면서 이 말이 탄생되었다. GNU는 유닉스와 호환이 되도록 만들어진 운영체제이기는 하지만 유닉스와는 다른 운영체제라는 의미를 내포시키기 위해서 만든 이름이라고 할 수 있다. 1983년에 시작된 프로젝트로 초기에는 이렇게 자유로운 유닉스를 만드는 데 목적이 있었으나 리눅스가 등장하면서 GNU C 컴파일러인 gcc, 문서편집기인 emacs, X 윈도 데스크톱 환경인 GNOME, tar를 개조한 GNU tar 등과 같은 응용 프로그램을 만들었다. GNU 프로젝트는 소프트웨어의 상업화에 반대해 소프트웨어를 자유롭게 사용하도록 하는데 목적이 있다.

⦿ FSF(Free Software Foundation)

1985년 리처드 스톨먼이 설립한 자유 소프트웨어 재단(Free Software Foundation, 이하 FSF)은 자유 소프트웨어의 생산, 보급, 발전을 목표로 만든 비영리 조직이다. 자유 소프트웨어라는 용어는 무료나 공짜라는 뜻은 아니다. 자유(Free)는 '구속되지 않는다'는 관점에서의 자유이다. 즉, 프로그램의 변경이나 수정의 자유를 말한다. 자유 소프트웨어는 사용자가 소프트웨어를 실행, 복제, 학습, 개작, 향상시킬 수 있는 자유가 보장되어야 하는데, 다음과 같은 4가지 자유가 보장되어야 한다.

 자유 소프트웨어

① 목적에 상관없이 프로그램을 실행시킬 수 있는 자유
② 프로그램이 어떻게 동작하는 지 학습하고, 필요에 따라서 프로그램을 개작할 수 있는 자유(이러한 자유가 실제로 보장되기 위해서는 소스코드를 이용할 수 있어야 한다.)
③ 무료 또는 유료로 프로그램을 재배포할 수 있는 자유
④ 프로그램을 개선시킬 수 있는 자유와 개선된 이점을 공동체 전체가 누릴 수 있도록 발표할 수 있는 자유

⦿ GNU GPL(General Public License)

GNU 프로젝트가 시작되고 FSF가 처음 설립된 시기에 자유 소프트웨어라는 표기 용어로 카피레프트(Copyleft)라는 단어를 만들어 사용하였다. 이 용어는 저작권을 뜻하는 Copyright의 반대를 뜻하는 의미로 사용하였다. 저작권법을 근간으로 하지만 저작권법이 갖고 있는 주된 목적을 반대로 이용해서 소프트웨어를 개인의 소유로 사유화시키는 대신 자유로운 상태로 유지시키는 수단으로 삼는 것이다. 카피레프트는 프로그램을 실행하고 복제할 수 있는 권리와 함께 개작된 프로그램에 대한 배포상의 제한조건을 별도로 설정하지 않는 한, 개작과 배포에 대한 권리 또한 모든 사람에게 허용하는 것이다. 이러한 방법을 통해서 "자유 소프트웨어"라는 용어

의 핵심인 "자유"를 모든 사람에게 보장할 수 있고 프로그램을 입수한 사람은 그 누구도 뺏을 수 없는 권리를 갖게 된다. 추후 리처드 스톨먼은 관련 라이선스를 GNU GPL로 명명하게 된다. GNU GPL(General Public License)은 GNU 소프트웨어에서 카피레프트를 실제로 구현한 라이선스를 뜻한다. GNU 정신에 입각하여 자유 소프트웨어를 보호하며 실제적으로 카피레프트를 담보할 수 있는 법률적 허가권이라고 할 수 있다. GNU GPL 라이선스는 다섯 가지의 의무를 저작권의 한 부분으로서 강제하는데, 관련 설명은 라이선스 영역에서 설명한다.

✸ 커널(Kernel)

커널은 운영체제의 핵심으로 사람으로 비유하면 뇌에 해당한다. 커널은 시스템이 부팅될 때 로드되는데, 주된 역할은 시스템의 하드웨어 제어이다. 메모리, CPU, 디스크, 단말기, 프린터 등의 시스템자원 활용도를 높이기 위한 스케줄링과 실행중인 프로그램 관리, 자료 관리 등을 수행한다.

리눅스 커널은 관련 사이트인 http://www.kernel.org에서 누구나 소스 파일 및 패치 파일을 다운로드하여 사용가능하고, 버전은 다음과 같이 표시된다.

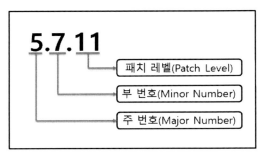

리눅스 커널 버전 표시 방법

주 번호는 커널에 매우 큰 변화가 생겼을 경우를 숫자가 증가하고, 부 번호는 작은 기능상의 변화가 생기거나 추가된 경우를 나타내며 이것들을 한꺼번에 모아서 주 번호를 올려서 발표되기도 한다. 패치 레벨은 버그가 수정되고 새로운 기능의 계획이 추가되면 커널의 패치 레벨이 증가한다. 커널 2 버전까지는 부 번호가 짝수인 커널은 안정 버전을 뜻하고 홀수인 커널은 개발 버전을 의미하였으나, 커널 3 버전부터는 구분이 없어지고 순차적으로 버전이 올라가면서 배포되고 있다.

③ 리눅스와 GNU/Linux

GNU에서는 하나의 완성된 시스템을 만들기 위해서 HURD라는 이름의 커널을 개발 중이었지만 하나의 제품으로 사용될 수 있을 말한 상태가 아니었다. 그러나 다행스럽게도 또 다른 커널이 사용 가능했는데, 1991년 리누스 토발스(Linus Torvalds)가 유닉스 커널과 호환가능하게 만든 리눅스라는 이름의 커널이었다. 1992년 GNU 시스템과 리눅스를 결합함으로써 하나의 완성된 자유 운영체제를 만들 수 있었다. 현재 사용되고 있는 GNU 시스템은 리눅스 덕분에 가능했던 것이라고 할 수 있다. 그래서 이 시스템을 GNU/Linux라고 부르는데, 이는 리눅스를 시스템 커널로 채용한 GNU 시스템을 지칭한다.

4 리눅스와 주요 라이선스(License)

GPL(General Public License)

리눅스는 GNU 프로젝트와 연계하여 발전해왔기 때문에 FSF(Free Software Foundation)의 GPL(General Public License)를 따른다. FSF의 창시자인 리처드 스톨먼은 GNU GPL에서 다섯 가지의 의무를 저작권의 한 부분으로서 강제한다.

① 컴퓨터 프로그램은 어떠한 목적으로든지 사용할 수 있다. 다만 법으로 제한하는 행위는 할 수 없다.
② 컴퓨터 프로그램의 실행 복사본은 언제나 프로그램의 소스 코드와 함께 판매하거나 소스코드를 무료로 배포해야 한다.
③ 컴퓨터 프로그램의 소스 코드를 용도에 따라 변경할 수 있다.
④ 변경된 컴퓨터 프로그램 역시 프로그램의 소스코드를 반드시 공개 배포해야 한다.
⑤ 변경된 컴퓨터 프로그램 역시 반드시 똑같은 라이선스인 GPL 라이선스를 적용해야 한다.

GPL 버전별 주요 특징

버전	설명
GPLv1	1989년 1월에 발표되었다. 프로그램의 소스 코드를 공개하지 않은 채 바이너리 파일만 배포하는 것을 막기 위해 GPLv1 프로그램을 배포할 때에는 사람이 이해하기 쉬운 코드를 같이 배포해야한다는 조건이 삽입되었다.
GPLv2	1991년 6월에 발표되었다. 특허로 인하여 추가적으로 돈을 지불해야 하거나 소스 코드의 공개가 불가능하여 실행 바이너리 프로그램만 배포할 경우에 소스 코드뿐만 아니라 실행 바이너리 프로그램까지 배포할 수 없도록 보완하였다.
GPLv3	2007년 6월에 발표되었다. 소프트웨어 특허 대처법, 다른 라이선스와의 호환성, 원시 코드 구성 부분, 디지털 제한 권리(DRM: Digital Restrictions Management) 관련 내용이 추가되었다.

LGPL(Library/Lesser General Public License)

1991년 6월, FSF의 리처드 스톨먼은 GPL 라이선스의 강력한 카피레프트 조건과 단순한 사용 허가를 위한 절충안으로 소프트웨어 라이브러리에 관한 라이선스인 LGPL(Library General Public License)를 발표하였다. LGPL은 독립적인 프로그램에도 사용되나, 대부분 소프트웨어 라이브러리에 주로 쓰인다. LGPL이 기존의 GPL과 다른 점은 GPL이 적용된 라이브러리는 자유 소프트웨어를 만들 때에만 사용해야 하나, LGPL이 적용된 라이브러리는 자유 소프트웨어뿐만 아니라 독점 소프트웨어에서도 사용가능하다는 점이다. 다만, LGPL 라이브러리의 소스 코드를 수정했을 경우에는 2차적 파생물 저작물에 해당하므로 라이브러리의 소스 코드를 제공해야 한다. LGPL를 사용해서 개발한 뒤에 GPL 라이선스로 변경은 가능하나, GPL를 임의로 LGPL로 변경할 수는 없다. 1999년, 리처드 스톨먼은 기존의 LGPL이 보완된 LGPL 2.1 버전을 발표하였고, 명칭도 LGPL(Lesser General Public License)로 변경하였다.

◉ BSD(Berkeley Software Distribution) 라이선스

버클리의 캘리포니아 대학에서 배포하는 공개 소프트웨어 라이선스로 해당 소프트웨어를 누구나 개작할 수 있고, 수정한 것을 제한 없이 배포할 수 있다. 다만 수정본의 재배포는 의무적인 사항이 아니므로, 2차적 파생물에 대한 원시 소스코드의 비공개를 허용한다. 즉, BSD 라이선스를 갖는 프로그램은 소스코드를 공개하지 않는 상용 소프트웨어에서도 사용가능하다.

◉ 아파치(Apache) 라이선스

아파치 라이선스는 아파치 소프트웨어 재단(Apache Software Foundation, ASF)에서 자체적으로 만든 소프트웨어에 대한 라이선스 규정이다. 아파치 라이선스 버전 2.0에 따르면 누구든 자유롭게 아파치 소프트웨어를 다운 받아 부분 혹은 전체를 개인적 또는 상업적 목적으로 이용할 수 있다. 또한 재배포시에도 소스코드 또는 수정한 소스 코드를 포함하여 반드시 공개할 필요가 없다. 다만 재배포할 경우에는 아파치 라이선스 2.0을 포함시키고 아파치 소프트웨어 재단에서 개발된 소프트웨어임을 명확히 밝혀야 한다.

아파치 소프트웨어 재단에서 관리되는 프로그램은 모두 이 라이선스를 적용받는데, 대표적인 프로그램에는 Apache HTTP Server, Hadoop, Hbase, Tomcat 등이 있다.

◉ MPL(Mozilla Public License) 라이선스

MPL 라이선스는 모질라 재단에서 규정한 라이선스로 BSD와 GPL 라이선스의 혼합적 성격을 띠고 있다. MPL 소스 코드 수정 시에는 소스 코드 공개는 필수 이지만, MPL 소스 코드와 다른 코드를 결합해서 만든 프로그램의 경우에는 MPL 코드를 제외한 다른 소스 코드는 공개하지 않아도 된다. MPL은 모질라 재단에서 만든 Firefox, 모질라 애플리케이션 스위트(Mozilla Application suite), 모질라 선더버드(Mozilla Thunderbird) 등에 적용되어 있으며, 썬 마이크로시스템즈(Sun Microsystems)에서 만든 라이선스인 CDDL(Common Development and Distribution License) 탄생에 영향을 주었다.

◉ MIT(Massachusetts Institute of Technology) 라이선스

미국 MIT 대학에서 해당 Software 공학도를 돕기 위해 개발한 라이선스로 BSD 라이선스를 기초로 작성되었다. 라이선스와 저작권 관련 명시만 지켜주면 되는데, 기본적인 조건은 BSD 라이선스와 매우 유사하다. 해당 소프트웨어를 누구나 개작할 수 있고, 수정본의 재배포 시에 소스코드 비공개가 가능하다. 이 라이선스가 적용된 소프트웨어에는 X Window System, JQuery, Node.js, Ruby on Rails 등이 있다.

● 공개 소프트웨어 라이선스 비교

라이선스	무료이용	배포	소스코드 취득 및 수정	2차적 저작물 소스코드 공개	독점 소프트웨어와 결합
GPL	무료	허용	가능	공개	불가능
LGPL	무료	허용	가능	공개	가능
BSD	무료	허용	가능	비공개 가능	가능
Apache	무료	허용	가능	비공개 가능	가능
MPL	무료	허용	가능	공개	가능
MIT	무료	허용	가능	비공개 가능	가능

1.2.3 리눅스의 특징

1 리눅스의 특징

● 다중 사용자 및 다중 처리 시스템

하나의 시스템에 다수의 사용자들이 동시에 접속하여 사용할 수 있고(Multi-User), 각 접속자들은 다수의 응용 프로그램을 실행할 수 있다(Multitasking).

● 완전히 공개된 시스템

운영체제의 핵심인 커널(Kernel)뿐만 아니라, 같이 내장되어 배포되는 대부분의 응용 프로그램이 소스(source)가 공개된 프로그램이다.

● 뛰어난 네트워크 환경

가장 널리 쓰이는 이더넷(Ethernet), SLIP, PPP, ATM 등의 다양한 네트워크 환경을 지원하며, TCP/IP, IPX, AppleTalk 등 대부분의 네트워크 프로토콜을 지원한다.

● 다양한 파일 시스템 지원

리눅스는 프로그램과 자료를 저장하기 위해 리눅스 고유의 파일 시스템인 ext2, ext3, ext4 등을 사용한다. 그러나 자기 고유의 파일 시스템만 지원하는 다른 운영체제와는 달리 다양한 파일 시스템을 지원한다. DOS의 FAT, Windows의 FAT32 및 NTFS, CD-ROM에 사용되는 ISO 9660, OS/2의 HPFS, SCO 및 제닉스 등의 상용 유닉스, 파일 시스템을 지원한다. ReiserFS, XFS, JFS 등 시스템이 다운되었을 때 이를 즉시 복구할 수 있는 저널링 (Journaling) 파일 시스템도 지원하고, SMB, CIFS, NFS, NCPFS 등의 네트워크 파일 시스템도 지원한다. 참고로 리눅스 고유의 파일 시스템은 ext3부터 저널링 파일 시스템을 지원한다.

◈ 뛰어난 이식성

리눅스는 약간의 어셈블리와 대부분의 C언어로 작성되어 있다. 따라서 C 언어를 컴파일할 수 있으면 어셈블리 부분만 새롭게 만들고 C 언어 부분을 다시 컴파일함으로써 쉽게 다른 시스템에 이식할 수 있다.

◈ 유연성과 확장성

리눅스는 상업용 유닉스(UNIX)의 모든 특성을 가지고 있으며, 유닉스의 표준인 포직스(POSIX)를 준수하고 있다. 따라서 공개용 유닉스 프로그램들은 큰 문제없이 컴파일해서 사용할 수 있고, 커널, 장치드라이버, 라이브러리, 응용 프로그램, 개발 도구 등 리눅스의 원시코드를 쉽게 접할 수 있다. 리눅스에서 설계하고 만들어진 프로그램은 다른 시스템에 이식이 쉽고 자유로운 배포가 가능하다. 특히 일반적인 유닉스 운영체제는 특정제품의 하드웨어만 동작하도록 만들어져 있으나, 리눅스는 커널 소스가 공개되어 있어서 다양한 채널을 통해 다양한 하드웨어 관련 지원을 받을 수 있다.

◈ 뛰어난 안정성과 보안성

리눅스는 커널 소스가 공개되어 있어서 Windows와 같은 폐쇄형 운영체제에 비해 보안상의 취약점이 쉽게 노출된 가능성은 있으나, 공개용 소프트웨어를 지지하는 수많은 전문 프로그래머들이 상용 운영체제보다 빠르게 오류 수정과 보안 관련된 패치를 발표하고 있다.

◈ 우수한 가격대 성능비

기업환경에서 서버로 사용되는 유닉스를 x86 시스템에 최적화시켜 효율적인 방식으로 설계하였기 때문에 PC급 서버에서도 엔터프라이즈 급의 성능을 발휘할 수 있다.

◈ 다양한 응용 프로그램의 제공

리눅스에는 운영체제의 핵심인 커널을 비롯하여 다양한 응용 프로그램을 제공한다. 셀(Shell)과 기본 명령어, X Window 시스템(Xorg, KDE, GNOME 등의 그래픽 유저 인터페이스), 편집기(vi, emacs 등), 서버 및 클라이언트 프로그램(웹, 메일, FTP 등), 개발 도구(C,C++, Java, Python 등), 보안 도구(nmap, tcpdump 등), 게임 등을 포함하여 배포하고 있다.

◈ 다양한 배포판의 존재

리눅스는 서버, 개발용, PC용 등 다양한 목적으로 사용가능하고, 이에 따른 다양한 배포판이 존재한다. 국외에는 레드햇(Red Hat), 데비안(Debian), 우분투(Ubuntu), 수세(SUSE) 등이 있고, 국내에는 한컴리눅스, SULinux 등이 있다. 이러한 배포판들은 같은 리눅스 커널을 사용하지만 시스템 도구, 관리 시스템, 응용 프로그램 등이 차이가 난다. 또한, 상용 배포판인 레드햇 엔터프라이즈 리눅스(Red Hat Enterprise Linux), 수세 리눅스 엔터프라이즈 서버(SUSE

Linux Enterprise Server) 등과 커뮤니티에서 무료로 배포와 지원을 받을 수 있는 CentOS, Fedora 등으로 나눌 수 있다.

2 리눅스의 단점

기술 지원의 부족

리눅스에서 사용되는 대부분의 응용 프로그램들이 비상업적인 제품이다. 따라서 전 세계에 흩어져 있는 개발자들이 일일이 기술 지원을 하는 것이 불가능하다. 이로 인해 사용하면서 발생하는 문제점들은 모두 사용자의 몫이다.

특정 하드웨어에 대한 지원이 부족

리눅스가 다른 운영체제에 비해 이식성, 확장성 등이 뛰어나지만, 여전히 특정한 하드웨어에 설치가 어렵고 모든 플랫폼에서 작동하지는 않는다.

사용자의 숙련된 기술이 요구

현재 리눅스에서는 X-Window 기반 환경이 보편화되면서 초기 텍스트 기반의 명령어를 입력하는 환경에 비해 쉬워졌지만, 아직도 중요한 설정은 명령어를 입력하거나 관련 환경 설정 파일을 편집기를 사용해서 수정해야 한다. 다른 운영체제에 비해 사용자의 숙련된 기술이 요구된다.

3 리눅스의 기술적인 특징

계층적인 파일 구조

리눅스의 파일 구조는 /(root)를 기준으로 그 하위 디렉터리에 usr, var, home 등이 존재하고 다시 usr 디렉터리 밑에는 local, src등의 디렉터리가 존재한다. 이러한 구조를 계층적 파일 구조라 하며, 거꾸로 뒤집어 놓으면 나무처럼 생겼다고 해서 트리(Tree) 구조라고도 한다.

장치의 파일화

장치(Device)란 하드디스크, 키보드, 프린트, 화면 출력 장치 등 시스템에 설치된 여러 가지 하드웨어적 자원을 말한다. 리눅스는 이러한 장치들을 모두 파일화하여 사용한다. 따라서 특정 하드웨어에게 명령을 수행하려면 해당하는 장치 파일에 명령을 내리면 된다.
예 eject /dev/cdrom

가상 메모리 사용

가상 메모리(Virtual Memory)란 하드디스크의 일부를 메모리처럼 사용되는 것을 말한다. 하드디스크는 데이터가 저장되는 공간이고, RAM(메모리)는 작업공간이라 할 수 있다. 프로그램을 실행시키면 작업공간에 해당하는 메모리로 공간이 이동되는 데, 메모리의 공간이 작으면 큰 프로그램은 실행시킬 수 없게 된다. 이러한 문제점을 극복하기 위해 사용되는 것이 가상 메모리이고, 리눅스에서는 이 영역을 스왑(SWAP)이라고 부른다.

스와핑(Swapping)

메모리에 프로그램들이 많이 올라와 공간이 꽉 찼다고 하더라도 가상 메모리를 설정하면 추가로 새로운 프로그램을 실행시킬 수 있게 된다. 이것은 메모리에 올라와 있지만 사용하지 않고 있는 프로그램을 하드디스크에 설정된 가상 메모리 공간으로 보내고 그 빈 공간에 새로운 프로그램을 로딩하기 때문이다. 또한 가상 메모리에 있는 내용을 사용하려면 다시 메모리로 올리고, 그 대신에 메모리에 있던 다른 내용이 하드디스크에 저장된다. 이처럼 메모리와 하드디스크사이의 데이터교환을 스와핑(swapping)이라고 한다.

스왑의 확인

설치 후 스왑 용량의 확인은 메모리 확인 명령어인 "free"를 사용하면 된다. 기본 블록단위로 출력되므로 -h 옵션을 사용하면 용량 단위(GB, MB 등)로 확인할 수 있다.

```
                                    posein@www:~                        -  □  x
파일(F)  편집(E)  보기(V)  검색(S)  터미널(T)  도움말(H)
[posein@www ~]$ free -h
              total        used        free      shared  buff/cache   available
Mem:           1.8G        936M         99M         11M        803M        680M
Swap:          3.7G          0B        3.7G
[posein@www ~]$
```

◉ 동적 라이브러리 지원

프로그램에서 특정한 기능을 하는 루틴(Routine)들을 모아 놓은 것을 라이브러리(Library)라 하여, 프로그램 개발 시 라이브러리중에서 필요한 루틴들을 받아서 링크(Link)시킨다. 이렇게 되면 같은 기능을 하는 루틴들이 실행 파일마다 들어가므로 실행 파일의 크기도 커지고 메모리도 낭비 된다. 그래서 같은 루틴들을 공유하는 것이 공유 라이브러리(Shared Library)라 한다. 정적 라이브러리는 컴파일할 때 이러한 라이브러리를 프로그램에 넣지만, 동적 공유 라이브러리(Dynamic Shared Library)는 실행 파일 내부에 넣어두지 않고 프로그램을 실행할 때 가져다 사용하므로 메모리의 효율성이 아주 높다.

◉ 가상 콘솔

가상 콘솔(Virtual Console)은 하나의 모니터를 장착한 시스템에 여러 개의 가상 화면을 제공해서 사용하게 하는 기능이다. 리눅스는 기본적으로 6개의 가상 콘솔을 제공한다. [CTRL]+[ALT]+[F1]을 기본 시작 창으로 해서 [CTRL]+[ALT]+[F6]까지 총 6개의 텍스트 기반의 로그인창을 제공한다. X 윈도(Window) 사용 시에도 순차적으로 적용된다. X 윈도를 부팅 모드로 사용하는 경우에 첫 번째 창인 [CTRL]+[ALT]+[F1]이 할당되고, 텍스트 모드로 로그인한 후에 startx를 실행하는 경우에는 해당 터미널에 X 윈도가 실행된다. 참고로 X 윈도 창이 아닌 가상 콘솔의 창전환은 [CTRL] 키 없이 [ALT] +[Fn]키 조합만으로도 가능하다. X-Window에서는

[ALT]키가 특수한 기능으로 사용되기 때문에 [CTRL]키와 조합하지 않으면 창 전환이 되지 않는다.

 가상 콘솔 사용 관련 TIP

> 텍스트 모드 기반의 가상 콘솔 사용 시에는 이미 지나간 작업의 내용을 볼 수 없다. 그러나 최근 리눅스 배포판은 그래픽카드 메모리를 활용하여 작업 내용을[SHIFT]+[PAGEUP]과 [SHIFT]+[PAGEDOWN]로 스크롤할 수 있다.

✸ 파이프(Pipe)

파이프는 프로세스의 통신을 위해 도입한 것으로 어떤 프로세스의 표준 출력이 다른 프로세스의 표준입력으로 쓰이게 하는 것을 말한다. 리눅스에서 파이프는 '|' 기호를 사용하고, 여러 개를 사용하면 파이프라인(Pipe-Line)을 구성하게 되면서 데이터들은 파이프라인을 따라 흐르게 된다. 결과적으로 파이프는 여러 명령을 조합할 때 사용하고 명령어와 명령어 사이에 | 기호를 사용한다.

◉ 사용 예

$ ls | more

  ⊙ ls 명령의 출력이 more라는 filter의 입력으로 사용되어 결과가 한 화면씩 출력된다.

$ ls | sort | more

  ⊙ ls의 결과인 자료들은 sort를 통해 정렬되고, 다시 more를 통해 한 화면씩 출력된다.

 표준 입출력(Standard Input/Output)

> 리눅스에서는 표준 입력과 표준 출력이라는 이름의 데이터 흐름을 사용한다. 입력은 특정 프로그램으로 들어오는 값을 말하고, 출력은 특정 프로그램에서 나오는 값이다. 입력 장치에는 키보드, 파일, 스캐너 등이 해당되고, 출력 장치에는 모니터, 프린터, 파일 등이 해당된다. 다양한 입출력장치 중에서 기준이 되는 입력을 표준 입력이라고 하는데 키보드를 말하고, 기준이 되는 출력을 표준 출력이라고 하며 화면(모니터)이 이에 해당한다.

✸ 리다이렉션(Redirection)

리다이렉션은 어떤 프로세스의 입/출력을 표준 입출력이 아닌 다른 입출력으로 변경할 때 사용한다. 출력 결과를 파일로 저장하거나 파일의 내용을 프로세스의 입력으로 사용하는 기법이다.

◉ 리다이렉션의 이용

종류	설명
〉	프로세스의 출력을 표준 출력에서 다른 출력으로 변경한다.
〉〉	프로세스의 출력을 지정한 출력(보통 파일)에 추가한다.
〈	프로세스의 입력을 표준 입력에서 다른 입력으로 변경한다.
〈〈	기호 뒤에 지정한 문자열이 입력으로 들어올 때까지 대기하고 있다가 입력으로 들어오면 해당 문자열이 나오기 전까지 대기하고 있던 표준 입력을 출력으로 보낸다.

4 리눅스 활용 분야

◉ 리눅스 동향

리눅스는 서버 운영체제인 유닉스를 기반으로 탄생하였고, 리눅스가 탄생한 1991년에는 데스크톱보다는 서버가 대세를 이루던 시기였기 때문에 초기에는 주로 서버로 이용되었다. 그러나 비용 부담이 없고 소스가 공개된 자유 소프트웨어라는 점이 많은 개발자들의 호응을 얻으면서 다양한 분야로 진출하는 계기가 되었다. 현재 리눅스 활용 분야는 크게 서버, 데스크톱 및 개발, 임베디드 분야로 나눌 수 있다. 서버 분야에서는 IBM, HP, Sun Microsystems(현 Oracle) 등이 주도하던 유닉스 시장을 대체하는 강력한 운영체제로 대두되었고, 슈퍼컴퓨팅 분야에서도 리눅스 시스템의 우수성이 증명되고 있다. 데스크톱 분야에서는 마이크로소프트사의 윈도우에 밀리고 있지만, 우분투같은 사용자의 편의성을 대폭 강화한 리눅스가 등장하면서 서서히 점유율을 높여가고 있다. 임베디드 분야에서는 스마트폰 및 태블릿 등의 모바일 분야, 스마트 TV, IVI(In-Vehicle Infortainment), 가전기기 등 상당 부분을 리눅스가 점유하고 있다. 특히, 리눅스 기반으로 만든 구글의 안드로이드는 모바일 운영체제 분야에서 점유율 1위를 달리고 있다. 리눅스는 전통적인 서버 및 데스크톱 분야뿐만 아니라 모바일 기기, 자동차, 가전기기 등 다양한 분야에 활용되고, 클라우드 컴퓨팅 인프라 구축과 빅데이터 및 사물인터넷(IoT: Internet of Things) 환경에서도 중추적인 역할을 수행하고 있다.

◉ 리눅스 클러스터링(Linux Clustering)

클러스터(Cluster)의 사전적인 의미는 무리, 송이 또는 한 덩어리라는 뜻으로 컴퓨터 데이터 통신 분야에서는 단말 제어 장치와 그에 접속된 복수 단말의 총칭을 일컫는다. 서버 분야에서의 클러스터는 여러 대의 컴퓨터를 연결하여 하나의 컴퓨터를 사용하는 것처럼 구성된 시스템을 말한다. 리눅스 클러스터는 사용하는 목적에 따라 크게 고계산용 클러스터(HPC: High Performance Computing Cluster), 부하분산 클러스터(LVS: Linux Virtual Server Cluster), 고가용성 클러스터(HA: High Availability Cluster) 등 3가지로 구분할 수 있다. HPC는 고성능의 계산 능력을 제공하기 위한 슈퍼컴퓨터 구성에 주로 사용하고, LVS와 HA는 보통 함께 구성하여 웹 서버를 비롯한 서버 분야에서 주로 사용된다.

① 고계산용 클러스터(HPC)

HPC 클러스터는 고성능의 계산 능력을 제공하기 위한 목적으로 제작되는데 주로 과학계산용으로 활용되고, 흔히 부르는 슈퍼컴퓨터가 HPC 클러스터로 구성하여 제작된다. HPC 클러스터는 다른 말로 베어울프(Beowulf) 클러스터라고도 부른다. 베어울프 클러스터는 1994년 NASA 산하연구소인 CESDIS(Center of Excellence in Space Data and Information Sciences)에서 슈퍼컴퓨터인 Cray의 임대 기간 종료에 대비하기 위해 병렬처리용 슈퍼컴퓨터의 개발을 시작하는 프로젝트에서 탄생하였다. 프로젝트 이름을 베어울프라 하여 개발을 시작하였고, 그 결과물로 채널본딩(Channel Bonding)한 16노드(Node) 병렬 컴퓨터를 만들어냈다. 이 병렬컴퓨터는 슈퍼컴퓨터와 비교하여 결코 성능이 뒤지지 않는다는 것을 보여주었고, 이후 이러한 머신들을 베어울프류 컴퓨터라 부르게 되었다. 최근에 CPU, Motherboard, Disk 등 하드웨어의 성능 개선, 저렴한 가격과 개발 도구인 GNU C Compiler, 관련 프로그램 툴, PVM(Parallel Virtual Machine) 및 MPI(Message Passing Interface)같은 메시지 패싱 라이브러리들이 등장하면서 더욱 더 높은 성능을 내고 있다.

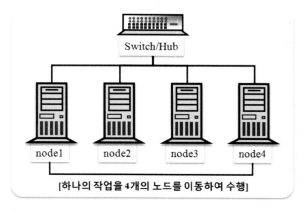

[하나의 작업을 4개의 노드를 이동하여 수행]

Beowulf Cluster의 개념

② 부하분산 클러스터(LVS)

부하분산 클러스터는 보통 LVS(Linux Virtual Sever)라고 부르는데, 대규모의 서비스를 제공하기 위한 목적으로 사용되는 클러스터 기법으로 이용자가 많은 웹 서비스 등에 활용가치가 높다. 보통 여러 대의 리얼 서버(Real Server)에 부하를 분산해주는 로드 밸런서(Load Balancer)를 두고 운영하는 방법이다.

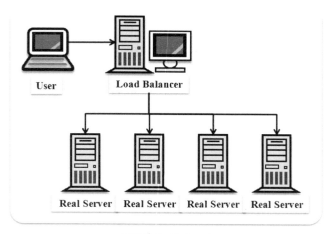

부하분산 클러스터

③ 고가용성 클러스터(HA)

지속적인 서비스 제공을 목적으로 하는 클러스터로 위에 열거된 부하분산 클러스터와 연동하여 많이 사용된다. 부하분산 클러스터에서 로드 밸런서에 오류가 발생하여 동작을 하지 않는다면 리얼 서버가 정상적인 동작을 하더라도 서비스를 제공하지 못하게 된다. 이러한 문제점을 해결하기 위해 하나의 Primary Node가 부하분산의 처리를 수행하고 다른 하나의 Backup Node(또는 Secondary Node)가 Primary Node의 상태를 체크하고 있다가 이상이 발생하면 서비스를 이어 받도록 구성하는 방법이다.

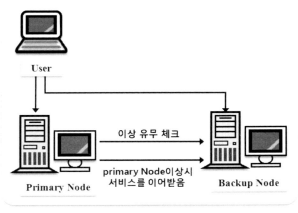

고가용성 클러스터

❋ 임베디드 시스템(Embedded System)

임베디드 시스템이란 마이크로컨트롤러(Microcontroller), 마이크로프로세서(Microprocessor), DSP(Digital Signal Processor) 등을 내장하여 특정한 기능을 반복적으로 수행하기 위해 하드웨어와 소프트웨어를 결합하여 만든 전자 제어 시스템을 일컫는다. 마이크로컨트롤러가 장착된 시스템은 규모가 작고 단순한 시스템에 사용되어 보통 운영체제를 포함하지 않는다. 규모가 크거나 다기능을 요구하는 경우에는 마이크로프로세서가 장착된 하드웨어에 리눅스나 윈도우 CE같은 운영체제를 내장하고, 특수한 기능을 수행하는 응용 프로그램을 장착하여 동작시킨다. 이러한 임베디드 시스템은 하나의 고성능 소형컴퓨터가 내장된 시스템이라 할 수 있다.

임베디드 리눅스란 휴대전화, 개인 정보 단말기(PDA), 미디어 플레이어, 셋톱 박스, 자동차, 의료기기 등과 같은 임베디드 컴퓨터 시스템에서 리눅스를 이용하는 것을 말한다. 현재 임베디드 리눅스는 휴대폰, PDA, 스마트폰, 홈네트워크, 스마트 TV, IVI(In-Vehicle Infortainment), MP3 플레이어, PMP, 셋톱박스, 네비게이션, 디지털 카메라, 냉장고 등 가전기기, DMB, 게임기, 라우터, 기계 제어, 의료 기기 등 다양한 분야에서 이용되고 있다. 최근에 모바일 분야의 선두 주자인 구글의 안드로이드(Android), 스마트 TV 분야의 바다 OS 및 넷캐스트 OS, IVI 분야의 GENIVI 등이 대표적인 임베디드 리눅스 시스템이다.

🔵 임베디드 리눅스의 장단점

구분	설명
장점	· 별도의 로열티(Royalty)나 라이선스 비용이 없다. · 리눅스를 사용한지 오래되었고, 커널이 안정적이다. · 관련 소프트웨어 개발 및 지원하는 업체가 많이 존재한다. · 소스가 공개되어 있어서, 변경하고 재배포가 용이하다.
단점	· 커널과 루트 파일 시스템 등에 상대적으로 많은 메모리를 차지한다. · 사용자 모드와 커널 모드 메모리 접근이 복잡하다. · 디바이스 드라이버 프레임워크가 복잡하다.

☀️ 클라우드 컴퓨팅(Cloud Computing)

1️⃣ 클라우드 컴퓨팅의 정의

클라우드(Cloud) 컴퓨팅은 말 그대로 '구름'이라는 의미에서 파생된 말로 컴퓨터나 서버 등의 자원들이 하나의 커다란 구름 모양의 집합을 이루고 있다고 하여 나온 말이다. 구름으로 표현되는 IT자원들은 어디엔가 존재하고, 사용자는 단지 필요할 때 활용하기만 하면 된다는 의미이다. 즉 사용자가 필요한 작업을 제시하면, 여기에 필요한 컴퓨팅 자원이 할당되어 작업하고 결과를 얻도록 해주는 것이다. 현재의 클라우드 컴퓨팅은 인터넷 기술을 기반으로 개인, 기업, 공공기관과 같은 외부 사용자에게 IT로 구현된 'as a service'로 제공되는 컴퓨팅 환경을 의미하며 새로운 기술이라기 보다는 기존의 그리드(Grid) 컴퓨팅, 분산 컴퓨팅, 유틸리티 컴퓨팅, 웹 서비스, 서버 및 스토리지 가상화 기술과 소프트웨어 등 기존의 기반 기술들을 융합하여 하나의 커다란 구름(Cloud)과 같은 컴퓨팅 환경을 만드는 기술이며, 서로 다른 물리적인 위치에 존재하는 컴퓨팅 자원을 가상화 기술로 통합하여 제공하는 기술 개념을 포함한다. 즉, 클라우드 컴퓨팅은 '인터넷을 이용한 IT자원의 주문형(On-demand) 아웃소싱 서비스'로 서버에 개별적으로 저장해 둔 프로그램이나 문서를 인터넷 접속이 가능한 곳이라면 다양한 단말을 통해 웹 브라우저 등 필요한 응용 소프트웨어를 구동하여 작업을 가능케 하는 이용자 중심의 컴퓨팅 환경을 말한다.

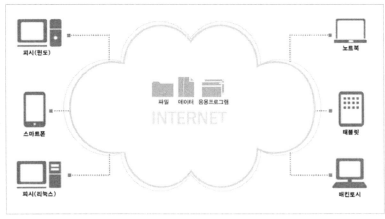

클라우드 컴퓨팅의 이용 예

② 클라우드 컴퓨팅에서 제공하는 서비스

클라우드 컴퓨팅이 발전하면서 모든 IT 자원을 서비스 형태로 제공할 수 있는 바뀌고 있다. 클라우드 컴퓨팅 서비스는 일정 부분 공통적인 요소를 가지고 있지만 IaaS(Infrastructure as a Service), PaaS(Platform as a Service), SaaS(Software as a Service) 등 크게 세 가지로 구분된다. IaaS는 업무 처리에 필요한 서버, 데스크톱 컴퓨터, 스토리지 같은 IT 하드웨어 자원을 클라우드 서비스로 빌려 쓰는 형태고, PaaS는 업무에 필요한 소프트웨어를 개발할 수 있는 환경(플랫폼)을 클라우드에서 제공받는다. SaaS는 기업에서 사용하는 소프트웨어를 통째로 클라우드 서비스 사업자에게 빌려 쓰는 개념이라고 볼 수 있다.

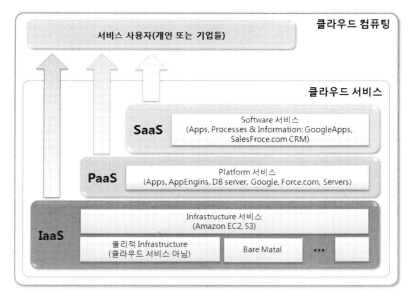

클라우드 컴퓨팅의 서비스

❋ 빅 데이터(Big Data)

① 빅 데이터의 정의

빅 데이터란 기존의 데이터베이스 관리 도구로 데이터를 수집, 저장, 관리, 분석할 수 있는 역량을 넘어서 대량의 정형 또는 비정형 데이터 집합 및 이러한 데이터로부터 가치를 추출하고 결과를 분석하는 기술을 말한다. 다양한 종류의 대규모 데이터에 대한 생성, 수집, 분석, 표현을 그 특징으로 하는 빅 데이터 기술의 발전은 다변화된 현대 사회를 더욱 정확하게 예측하여 효율적으로 작동하게 하고, 개인화된 현대 사회 구성원마다 맞춤형 정보를 제공, 관리, 분석 등을 가능하게 해준다.

② 빅 데이터의 관련 기술

빅 데이터를 분석하는 기술과 방법에는 기존의 통계학 및 전산학에서 사용되었던 데이터 마이닝, 기계 학습, 자연 언어 처리, 패턴 인식 등이 해당된다. 특히 소셜 미디어 등의 비정형 데이터의 증가로 인해 분석 기법들 중에서 텍스트 마이닝, 오피니언 마이닝, 소셜네트워크 분석, 군집분석 등이 주목받고 있다. 대규모의 정형 및 비정형 데이터를 처리하는 데 있어 가장 기본적인 분석 인프라는 하둡(Hadoop)이 있으며, 데이터를 유연하고 더욱 빠르게 처리하기 위해 NoSQL 기술이 활용되기도 한다. 또한 빅 데이터 분석 기술을 통해 분석된 데이터의 의미와 가치를 시각적으로 표현하는 기술로 R(프로그래밍 언어)이 있다.

사물인터넷(IoT: Internet of Things)

1 사물인터넷의 정의

사물인터넷은 생활 속 사물들을 유무선 네트워크로 연결해 정보를 공유하는 환경을 말한다. 가전제품, 모바일 장비, 웨어러블 컴퓨터 등의 다양한 임베디드 시스템뿐만 아니라 헬스케어, 스마트홈, 스마트카 등 다양한 분야에서 네트워크로 연결해 정보를 공유할 수 있다. 현재 다수의 IoT 기기들이 리눅스 운영체제를 기반으로 동작하고 있다.

2 사물인터넷 플랫폼(platform)

사물인터넷 플랫폼이란 사물 간에 인터넷을 할 수 있는 물적 기반인 통신 네트워크가 원활하게 작동하도록 하는 운영체제를 말한다. 기본적으로 서비스 생태계는 서비스에 대한 제공자와 서비스에 대한 사용자 간의 활동으로 구성되며, 서로 이해관계와 관점이 다른 이들 간에 복잡도를 추상화하고, 일관된 인터페이스를 제공함으로써 서비스 제공이 용이하고, 서비스 활용이 용이하도록 기능을 제공하는 것이 플랫폼이다. 이러한 플랫폼은 제공자와 사용자를 어떻게 정의하는가에 따라 다양하게 정의될 수 있다.

가. 우선, 디바이스가 제공하는 하드웨어 자원과 하드웨어 자원 기능을 이용하는 디바이스 응용 간의 운용 플랫폼이 존재할 수 있다. 이러한 플랫폼이 iOS, Windows, Linux, Android 등과 같은 디바이스 운영 체제이다.

나. 사용자가 센서 혹은 구동기 등을 추가하여 새로운 사물 프로토타입을 만들 수 있는 HW 와 SW를 제공하는 오픈소스 하드웨어 플랫폼의 경우가 또 다른 유형의 사물인터넷 플랫폼이다. 이러한 경우 제공자는 오픈소스 하드웨어 플랫폼과 여기에 연동되는 다양한 센서 혹은 구동기들이며, 이에 대한 사용자는 다양한 응용 서비스를 개발하는 개발자가 된다. 이 둘 간의 협의 공간을 제공하는 아두이노, 라즈베리파이와 같은 오픈소스 하드웨어 플랫폼 역시 독립적 사물인터넷 플랫폼이다.

다. 또한 디바이스와 디바이스 간 연결을 통한 서비스 제공 측면에서는 디바이스들이 서비스 제공자이고, 다른 디바이스의 기능을 이용하는 디바이스 응용이 사용자가 된다. 이러한 경우에는 사물들 간 연결을 지원하고, 사물을 검색하고, 접근하여 응용 서비스가 필요로 하는 서비스를 제공하는 사물 연결 플랫폼이 또 다른 유형의 사물인터넷 플랫폼으로 정의될 수 있다. 표준에서 정의하는 다양한 사물통신 프로토콜(MQTT, ETSI

M2M, oneM2M, AllJoyn 등)을 구현한 소프트웨어 플랫폼이 이러한 사물 연결 플랫폼이 된다.

라. 다양한 디바이스로부터 획득되는 엄청난 양의 데이터를 수집/저장/분석한 결과를 이용하는 응용 서비스 입장에서는 다양한 정보가 데이터 제공자가 되며, 분석 결과를 이용하는 응용 서비스가 사용자가 되며, 이러한 경우 대규모 분산 데이터 저장/검색/분석 플랫폼이 또 다른 유형의 사물인터넷 플랫폼(데이터 플랫폼, 데이터 분석 플랫폼)으로 정의될 수 있다.

마. 다양한 응용 서비스의 용이한 생성 및 실행을 지원하는 플랫폼 역시, 별도의 사물인터넷 플랫폼으로 분류될 수 있다. 다양한 매시업(mashup)을 지원하는 플랫폼이 이러한 사물인터넷 플랫폼으로 분류될 수 있다.

바. 다양한 사물인터넷 서비스 배포를 지원함으로써 사물인터넷 응용 서비스 개발자와 응용 서비스 사용자 간에 존재하는 앱스토어와 같은 응용 서비스 생태계 플랫폼이 또한 존재할 수 있다.

🪂 아두이노(Arduino)와 라즈베리 파이(Raspberry Pi)

1 아두이노(Arduino)
오픈 소스를 기반으로 한 단일 보드 마이크로컨트롤러(Single-board microcontroller)로 완성된 보드와 관련 개발 도구 및 환경을 말한다. 2005년 이탈리아의 IDII(Interaction Design Institute Ivera)에서 하드웨어에 익숙지 않은 학생들을 위해 개발되었다. 운영체제는 Linux, Windows, Mac OS를 지원하고, 개발 언어는 C, C++, Java를 사용한다.

2 라즈베리 파이(Raspberry Pi)
영국 잉글랜드의 라즈베리 파이 재단이 학교와 개발도상국에서 기초 컴퓨터 과학 교육을 증진시키기 위해 개발한 신용카드 크기의 싱글 보드 컴퓨터이다. 라즈베리 파이는 그래픽 성능이 뛰어나면서도 가격이 저렴한 것이 특징이다. 지원하는 운영체제에는 데비안 기반으로 만든 라즈비안(Raspbian)을 비롯하여 Debian, Ubuntu, Kali Linux, Slackware, Arch Linux ARM, Android Things, Windows 10 IoT Core 등이 있다.

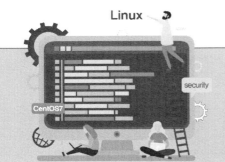

## Chapter 02

정보 보안과
암호화 알고리즘

2.1 정보 보안

2.1.1 보호 및 보안의 개요

보호(Protection)란 컴퓨터 시스템에 정의된 자원에 대하여 프로그램, 프로세스 또는 사용자의 접근을 제어하는 기법이다. 보안(Security)은 시스템과 해당 시스템의 자료들이 결함 없이 보전된다는 것을 의미하는 일종의 신뢰도로써 보안의 보장은 보호의 개념보다 더 넓은 주제라고 볼 수 있다. 좀 더 세밀하게 설명하면 보호는 컴퓨터 시스템에 저장된 프로그램 및 데이터에 통제된 접근 방법을 제공하는 내부적인 방법이라고 볼 수 있고, 보안은 적절한 시스템 보호뿐만 아니라, 시스템이 동작하는 외부 환경에 대해서도 고려해야 한다. 보안은 외부 보안, 내부 보안, 사용자 인터페이스 보안의 세 가지로 구분할 수 있다. 외부 보안은 외부의 침입자나 천재지변으로부터 컴퓨터 시스템을 보호하는 것이다. 내부 보안은 능숙한 불법 침입자가 시스템 내부로 들어왔을 때, 컴퓨터 하드웨어나 운영체제가 불법 침입자로부터 프로그램이나 데이터를 보호하기 위한 방법을 말한다. 사용자 인터페이스 보안은 사용자의 신원을 운영체제에서 먼저 확인한 후 시스템의 프로그램이나 데이터에 접근할 수 있도록 하는 방법을 말한다. 가장 보편적으로 사용하는 방법이 아이디와 패스워드를 통해 로그인한 후 인증된 사용자만 시스템에 접근하도록 하는 것이다.

한편 통신기술의 발달과 더불어 분산 시스템의 등장, 터미널 사용자와 컴퓨터간의 데이터 전송을 위한 네트워크 및 통신 시설의 광범위한 이용은 새로운 유형의 보안 문제를 야기하게 되었다. 특히 네트워크와 통신시설을 이용하여 전송중인 자료를 보호하기 위한 조치들을 네트워크 보안(Network Security)라고 부른다. 또한 상호 연결된 네트워크 집합을 인터넷(Internet)이라고 부르게 되면서 인터넷 보안(Internet Security)이라고도 한다. 이러한 추세에 맞춰서 보안을 크게 시스템 보안과 네트워크 보안으로 구분하지만, 명확하게 구분하기 점점 어려워지고 있다. 예를 들면, 정보 보호 시스템에 대한 가장 일반적인 공격 유형에 해당하는 컴퓨터 바이러스(Computer Virus)는 디스켓이나 USB와 같은 이동식 매체를 통해 감염될 수 있고, 인터넷을 통해서도 감염될 수 있다. 따라서 시스템 보안을 위해서는 기본적인 네트워크 보안에 대한 개념과 기술에 대한 이해도 요구된다.

1 기밀성(Confidentiality)

기밀성(Confidentiality)은 인가(Authorization)된 사용자만이 시스템 내의 정보에 접근할 수 있도록 하는 것을 의미하는데, 비밀성(Secrecy)이라고도 부른다. 접근에는 읽기, 쓰기, 실행 등이 해당되며, 비인가 된 사용자의 접근을 제어하는 기법이나 획득된 정보를 해독할 수 없도록 보호하는 암호화 기법 등을 통해 구현될 수 있다.

2 무결성(Integrity)

무결성(Integrity)은 인가된 사용자만이 시스템 내의 정보를 수정할 수 있도록 보장되어야 함을 의미한다. 수정에는 추가, 변경, 삭제 등의 권한을 포함한다. 단순 접근에 의한 정보노출과 같은 기밀성과 다르게 무결성 서비스는 고의적인 의도를 갖고 있는 적극적인 공격과 연관되기 때문에 예방보다는 탐지에 더 관심을 둔다. 무결성에 대한 침해가 탐지되었을 경우 서비스는 단지 그 침해 사항을 보고하며, 그 침해 사항을 복구하기 위해서는 소프트웨어의 다른 부분이나 사람의 개입이 필요할 수도 있다. 관련 서비스에는 특정 메시지 다이제스트를 부가하여 검출하는 해시(Hash) 알고리즘이나 전자서명 등의 기법을 통해 구현될 수 있다.

3 가용성(Availability)

가용성(Availability)은 사용자의 요구가 있을 경우에 시스템이 설계된 바에 따라 제공되는 서비스의 이용이 가능하도록 보장하는 것을 의미한다. 특정 공격에 대해서는 인증 및 암호화와 같이 자동화된 대응을 할 수 있으며, 다른 공격에 대해서는 분산 시스템을 이용해서 방어 또는 복구를 위한 물리적 조치를 사용할 수도 있다. 특히 서비스 거부 공격(DoS: Denial of Service)에 대한 대응책이 가용성에 해당한다. 가용성 서비스는 시스템 자원의 적절한 관리 및 제어에 달려 있으며, 접근 제어 서비스 및 기타 보안 서비스에 의존하여 복합적인 기법으로 구현될 수 있다.

2.2 암호화 및 해시 알고리즘

2.2.1 암호화(Encryption)의 개요

암호화(Encryption)는 특별한 지식을 소유한 사람을 제외하고 일반적인 사람들은 읽어도 데이터의 의미를 알 수 없도록 만드는 것이다. 보통 평문(Plain Text)을 암호화 키(Encryption Key)라고 부르는 특정한 규칙에 의거해서 암호문(Cipher Text)을 생성한다. 이 암호문은 복호화(Decryption) 작업을 통해 원래의 데이터를 읽을 수 있어야 한다.

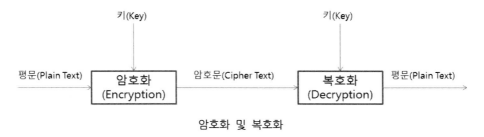

암호화 및 복호화

암호화의 원리를 이해하기 위해 가장 쉬운 예는 로마시대에 사용된 치환(substitution) 방식이 있다. 알파벳 순서를 3자씩 밀어내 대응되는 글자로 치환시키는 방법으로 알파벳을 3자씩 밀어서 대응시켰다는 내용을 알면 복호화가 가능하다. 여기서 '알파벳을 밀어서 대등되는 글자로 치환'하는 것이 암호화 알고리즘(Algorithm)에 해당하고, 3이라는 숫자는 암호화 키(key)가 된다.

알파벳을 3자씩 오른쪽으로 이동시킨 결과

a	b	c	d	e	f	g	h	i	j	k	l	m	n	o	p	q	r	s	t	u	v	w	x	y	z
x	y	z	a	b	c	d	e	f	g	h	i	j	k	l	m	n	o	p	q	r	s	t	u	v	w

만약 'i love linux'라는 문구를 암호화한다면 'f ilsb ifkru'가 된다.

2.2.2 암호화 알고리즘

암호화 알고리즘은 대칭 암호화 방식과 비대칭 암호화 방식으로 분류한다. 대칭 암호화 방식은 암호화 키와 복호화 키가 동일한 하나의 키를 이용하는 방법이고, 비대칭 암호화 방식은 암호화 키와 복호화 키가 하나의 쌍을 이루는 방식이다. 대칭 암호화 방식에는 DES(Data Encryption Standard), 트리플(Triple) DES, AES(Advanced Encryption Standard), SEED, ARIA, IDEA, RC5, Skipjack 등이 해당한다. 비대칭 암호화 방식에는 RSA, ElGamal 등이 있다.

1 DES(Data Encryption Standard)

1972년 미 상무부의 NBS(National Bureau of Standards, 현 NIST)에서 정보보호를 목적으로 표준적인 암호화 알고리즘을 개발하기로 하고 공모하였다. 1974년 8월에 IBM에서 루시퍼(Lucifer)라는 암호 알고리즘을 제안했고, 1975년 3월에 이를 수정해서 DES를 발표하였다. 1977년 1월에 NIST(National Institute of Standards and Technology)에서 암호화 표준으로 결정했다. DES는 64비트의 블록 암호화 알고리즘으로 56비트 크기의 암호화 키로 암호화된다. 56비트의 키 길이는 현재 컴퓨터 환경에서는 너무 짧고, DES에 백도어가 포함되어 있어 특수한 방법을 사용하면 쉽게 해독할 수 있는 주장도 제기되었다. 1998년에 전자 프론티어 재단(Electronic Frontier Foundation, EFF)에서 56시간 안에 암호를 해독하는 무차별 대입 공격 하드웨어를 만들었으며, 1999년에는 22시간 15분 안에 해독하는 하드웨어를 만들었다. 미국 정부에서는 DES 알고리즘의 사용을 중단했지만 일부 응용 프로그램에서는 아직도 사용 중이다.

2 트리플(Triple) DES

1998년에 DES 알고리즘이 무차별 대입 공격(Brute-force attack)에 취약점을 노출하게 되면서 키 사이즈를 168비트 및 112비트로 추가 선택할 수 있도록 만든 알고리즘이 트리플 DES이다. 트리플 DES는 암호화 및 복호화 과정에서 DES와 달리 2개의 암호화키를 이용해서 DES에 비해 높은 수준의 암호화 강도를 보여줬으나 만족할 만한 수준은 아니었다. 2001년 AES가 표준 알고리즘으로 선정되면서 대체되었다.

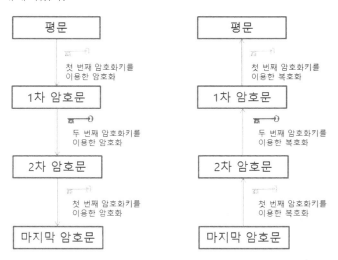

트리플 DES의 암호화 및 복호화 예

3 AES(Advanced Encryption Standard)

1997년 1월에 NIST는 DES를 대체할 목적으로 새로운 암호화 기법을 공모하였다. 기본적인 조건은 128비트 블록을 128비트, 192비트 또는 256비트의 키 길이로 처리할 수 있어야 하고 무료로 배포되도록 하는 것이었다. 마감일인 1998년 1월 15일까지 21개의 암호 알고리즘이 제안되었고,

그 중에 15개 암호 알고리즘을 후보로 선정하였다. 1999년 8월에 5개의 후보 알고리즘을 선정하였는데, 이 알고리즘이 MARS, RC6, Serpent, Twofish, Rijndael(레인달)이었다. 3번의 대회와 다양한 분야의 전문가들의 의견을 반영해서 2001년 10월에 Rijndael을 선정하였다. Rijndael은 벨기에의 개발자인 빈센트 라이먼(Vincent Rijmen)과 존 데이먼(Joan Daemon)이 개발한 블록 크기가 128비트인 알고리즘으로 NIST에 의해 2001년 11월에 DES를 대체하는 표준 알고리즘으로 채택되면서 AES(Advanced Encryption Standard)로 선정되었다.

④ SEED

SEED는 1999년 2월에 한국정보보호진흥원(현 한국인터넷진흥원)과 국내 암호전문가들이 개발한 128비트 블록 암호 알고리즘이다. 1999년에는 128비트 키를 지원하는 SEED 128을 개발하였으며, 암호 알고리즘 활용성 강화를 위해 2009년 256비트 키를 지원하는 SEED 256을 개발하였다. 개발하게 된 계기는 2000년까지 미국 정부는 미국 내에서 사용되는 웹 브라우저에서는 128비트 수준의 보안 접속을 허용했으나, 미국 외로 수출되는 웹 브라우저 보안 수준을 40비트로 제한하였다. 이에 국내의 전자상거래, 인터넷 뱅킹, 무선통신 등에서 전송되는 개인 정보와 같은 중요한 정보를 보호하기 위해 개발되었다.

⑤ 아리아(ARIA)

ARIA는 경량 환경 및 하드웨어에서의 효율성 향상을 위해 국가보안기술연구소(NSRI) 주도로 학계, 국가정보원 등의 암호전문가들이 함께 개발한 암호 알고리즘이다. AES와 동일하게 128비트 블록 암호 알고리즘으로 128비트/192비트/256비트의 암호화 키를 이용한다. ARIA라는 이름은 Academy(학계), Research Institute(연구소), Agency(정부기관)의 첫 글자를 딴 것으로 2004년에 국가표준(KS)으로 지정되었다.

⑥ IDEA(International Data Encryption Algorithm)

1991년에 Xuejia Lai와 James Massey가 DES 알고리즘을 대체하기 위해 PES(Proposed Encryption Standard) 발표하고, 추가적으로 성능을 개선하여 IPES(Improved Proposed Encryption Standard) 알고리즘을 발표했다. 1992년에 한 기업의 재단에서 IDEA라는 이름으로 특허를 등록하였지만, 비상업적인 용도인 경우에는 무료로 제공하였다. 2012년 특허권이 만료되어 현재는 완전히 무료로 사용 가능하다. IDEA는 64비트의 블록을 128비트의 키를 사용해 8라운드에 거쳐 암호문을 만든다. 모든 연산이 16비트 단위로 이루어져 있어서 16비트 프로세서에 구현이 용이하며 키 교환에 주로 사용된다. IDEA는 PGP(Pretty Good Privacy) 1 버전에 사용된 암호 알고리즘인 BassOmatic을 대체하여 PGP 2 버전에 사용되기 시작하였고, OpenPGP에도 사용되고 있다.

7 RC5

RC5 알고리즘은 1994년에 로날드 리베스트(Ronald Rivest)가 개발한 대칭키 암호 알고리즘이다. RC 5는 32비트, 64비트 128비트의 다양한 블록사이즈를 지원하고 암호 키는 0부터 2040비트, 라운드는 0부터 255까지 지원한다. RC는 Rivest Cipher 또는 Ron's Code를 의미한다. RC5는 RC6라는 이름으로 AES 선발대회에서 최종 후보로 선정되었다.

8 Skipjack

Skipjack 알고리즘은 1998년에 미 국가안보국(National Security Agency, NSA)에서 개발한 블록 알고리즘으로 Clipper 칩에 내장되어 하드웨어로 구현되었다. 64비트의 블록 사이즈, 80비트의 키, 32라운드를 가진다.

9 RSA

RSA는 1978년에 MIT 대학 소속의 로날드 리베스트(Ronald Rivest), 아디 샤미르(Adi Shamir), 레오나르드 애들먼(Leonard Adleman)이 개발한 공개키 암호 알고리즘이다. RSA 암호는 중요 정보를 2개의 소수로 표현한 후, 두 소수의 곱을 힌트와 함께 전송해 암호로 사용한다. 또한 공개키 (Public Key)와 개인키(Private key)라는 쌍이 되는 두 개의 키를 사용한다. 공개키는 메시지를 암호화할 때 쓰이고, 개인키는 암호화된 메시지를 복호화할 때 사용한다.

비대칭 암호화의 기능

1 기밀성(Confidentiality)
posein의 공개키로 암호화한 문서는 posein의 개인키로만 복호화할 수 있기 때문에 중간에 문서를 가로채더라도 내용을 확인할 수 없다.

2 부인방지(Non-Repudiation)
posein의 개인키로 암호화된 문서는 posein의 공개키로만 풀 수가 있다. 만약 yuloje가 posein의 공개키로 해당 문서를 풀었을 경우 풀었다는 것만으로도 posein이 작성한 문서임을 알 수가 있다.

2.2.3 해시(Hash)의 개요

해시(Hash)는 임의의 데이터부터 일종의 짧은 '전자 지문'을 만들어 내는 방법을 말한다. 보통 해시 함수를 이용하여 데이터를 자르고 치환하거나 위치를 바꾸는 등의 방법을 사용해서 결과를 만들고 이 결과 값을 해시 값(hash value)라고 한다. 해시 알고리즘에서 가장 중요한 것은 해시 값에서 원래의 데이터를 구하는 것이 불가능해야 한다는 것이다.

해시의 원리에 대해 살펴보면 여러 가지 방법이 사용이 있지만 가장 보편적인 방법은 나눗셈을 이용하는 것이다. 예를 들면 123456789라는 수와 한 자리 수만 다른 123486789라는 수가 있다고 가정했을 때 두 수를 다음 그림과 같이 가운데를 기준으로 둘로 분할하여 큰 수를 작은 수로 나눈다. 그 후 앞

6자리의 숫자를 버리고 7자리를 해시 값으로 취하는 것이다. 두 해시 값만으로 해시 전의 원래 수를 알아내는 것은 불가능에 가깝고, 로직을 알고 있을지라도 버려진 앞 6자리 수를 알 수 없기 때문에 원래 값을 추출하는 것은 어렵다. 특히 값이 조그만 다르더라도 결과 값이 무척 상이하게 생성된다.

$$\frac{12345}{6789} = 1.81838\;\boxed{2677861}\cdots$$

$$\frac{12348}{6789} = 1.81882\;\boxed{4569155}\cdots$$

해시의 예

2.2.4 해시 알고리즘

1 MD(Message Digest) 알고리즘

MD(Message Digest) 알고리즘은 RSA(Rivest Shamir Adleman)를 개발한 미국 MIT의 로날드 리베스트 교수가 개발한 해시 알고리즘이다. MD2, MD4, MD5, MD6와 같이 네 가지 종류가 존재한다. MD2는 1989년에 개발되었고, 8비트 컴퓨터에 최적화된 알고리즘이다. MD4는 1990년 개발되었고, 128비트(16byte)의 해시 값을 갖는다. MD5는 MD4의 확장판으로 1992년에 개발되었고, 신뢰성을 향상시켰다. MD6는 2009년에 개발되었고, 512비트의 해시 값을 갖는데 속도 문제 관련한 이슈가 존재한다. 리눅스는 초창기부터 MD5 알고리즘을 이용해서 사용자의 패스워드 정보를 숨겼으며 레드햇 계열 리눅스 기준으로 RHEL(Red Hat Enterprise Linux) 5 버전까지 사용되었다.

MD5 알고리즘 적용 예

2 SHA(Secure Hash Algorithm)

SHA 알고리즘은 1993년 미국 NIST(National Institute of Standards and Technology)에서 SHA-0으로 개발되었지만 비공개된 중요한 결함으로 인해 SHA-1으로 대체되었다. SHA-1은 미국 국가안보국인 NSA(National Security Agency)에 의해 개발된 160비트 해시 알고리즘이다. NSA에서는 추가로 SHA-2를 개발하였는데 대표적인 알고리즘에는 SHA-256과 SHA-512가 있다. SHA-256은 32 비트 워드(8*32=256비트)의 해시 함수를 사용하고, SHA-512는 64비트 워드(8*64=512비트)의 해시 함수를 사용한다. 2015년 8월에 NIST에서 SHA-3을 개발하였는데, 1600비트의 해시 함수를 사용한다. 최근 대부분의 리눅스 배포판에서는 사용자의 패스워드를 감추는데 SHA-512 해시 알고리즘을 사용하고 있다. 서버 분야에서 많이 사용되는 레드햇 계열 리눅스에서는 RHEL 6 버전부터 가장 최근 버전인 RHEL 7까지 SHA-512를 기본적으로 적용하고 있다.

SHA-512 알고리즘 적용 예

해시와 암호화 알고리즘의 비교

해시와 암호화 알고리즘 모두 원래의 데이터를 숨기는 기능을 제공한다. 그러나 해시 알고리즘은 해시 값에서 원래의 데이터를 구하는 것이 불가능해야 하고, 암호화 알고리즘은 복호화 작업을 통해 원래의 데이터를 읽을 수 있도록 해야 한다는 것이다. 또한 암호화 알고리즘은 키를 사용하지만, 해시 함수는 키를 사용하지 않으므로 같은 입력에 대해서는 항상 같은 값을 출력한다. 따라서 암호화 알고리즘은 도청된 메시지를 읽지 못하게 할 때 사용되고, 해시 알고리즘은 메시지의 변경이나 오류를 찾아낼 때 사용된다. 즉 해시 알고리즘은 주로 정보의 위변조를 확인하기 위해 사용되는데, 정보 보안의 요소 중에 무결성을 검증할 때 사용된다. 해시 알고리즘이 무결성 검증에 사용되기 위해서는 해시 값을 이용해 원래의 입력 값을 알 수 없어야하고, 같은 해시 값을 갖는 두 개의 다른 입력 값이 존재해서는 안된다.

해시와 암호화 알고리즘의 차이점

해시 함수(Hash Function)

해시 함수는 임의의 길이를 갖는 메시지(message)를 입력 받아 고정된 길이의 해시 값(Hash Value)을 출력해주는 함수이다. 해시 함수는 기본적으로 특별한 키(key)를 사용하지 않으므로 같은 입력에 대해서는 항상 같은 값을 출력한다. 가장 보편적인 해시 함수로는 입력과 출력이 각각 1개씩인 일방향 해시 함수(one-way hash function)를 들 수 있다.

메시지나 파일의 무결성 검증에 사용되는 일방향 해시 함수의 성질은 크게 4가지가 있다.

① 임의의 길이 메시지로부터 고정 길이의 해시 값을 계산해야 한다.
② 해시 값을 고속으로 계산할 수 있어야 한다.
③ 메시지가 다르면 해시 값도 달라져야 한다.
④ 해시 값으로부터 메시지를 역계산할 수 없도록 일방향성을 가져야 한다.

일방향 해시 함수의 응용 예는 다음과 같다.

① 소프트웨어의 변경 검출
② 패스워드를 기초로 한 암호화
③ 메시지 인증 코드
④ 디지털 서명
⑤ 의사난수 생성기
⑥ 일회용 패스워드

2.2.7 리눅스와 해시 함수

리눅스에서는 파일의 무결성 검증을 위해 md5sum, sha1sum, sha256sum, sha512sum 등 해시 알고리즘 기반의 다양한 명령어를 제공하고 있다. 파일의 무결성을 검증하는 방법은 간단하다. 파일을 생성한 후에 해당 명령어로 파일명을 입력하면 해시 값이 나타나게 되는데, 이 해시 값을 비교함으로서 파일의 무결성을 검증할 수 있다. 다음의 seq 명령으로 임의의 파일을 생성한 후에 md5sum 명령으로 해시 값을 출력하는 과정이다.

```
                            posein@www:~                          _  □  ×
파일(F)  편집(E)  보기(V)  검색(S)  터미널(T)  도움말(H)
[posein@www ~]$ seq 10 > vs.txt
[posein@www ~]$ ls
vs.txt
[posein@www ~]$ cat vs.txt
1
2
3
4
5
6
7
8
9
10
[posein@www ~]$ md5sum vs.txt
3b0332e02daabf31651a5a0d81ba830a  vs.txt
[posein@www ~]$
```

리눅스에서 파일의 무결성 검증 시에 주로 사용되는 해시 관련 명령어를 비교해보면 다음과 같다.

해시 관련 주요 명령어

명령어	해시 알고리즘	비트수	해시 값 글자수
md5sum	MD5	128 bit	32
sha1sum	SHA-1	160 bit	40
sha256sum	SHA-2	256 bit	64
sha512sum	SHA-2	512 bit	128

해시 관련 명령어의 해시 값 비교

공개 키 암호화 시스템

공개 키 암호화 시스템은 공개 키(Public Key)와 개인 키(Private Key)의 키 쌍을 이용해서 암호화하는 구조이다. 일반적으로 공개 키를 사용해서 암호화하고 개인 키로 복호화하는 작업을 수행한다.

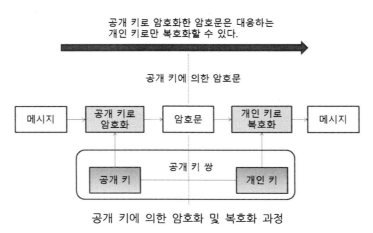

공개 키에 의한 암호화 및 복호화 과정

디지털 서명(Digital Signature)

디지털 서명(Digital Signature, 전자서명)은 일반적인 생활환경에서 사용되는 인감도장이나 서명(sign)처럼 개인의 고유성을 주장하고 인정받기 위해 전자적 문서에 서명하는 방법이다. 기술적으로 보면 디지털 서명도 공개 키와 개인 키의 쌍을 사용한다. 그러나 두 키의 사용 방법은 공개 키 암호화 시스템과는 반대가 된다. 메시지를 개인 키로 암호화하는 것이 서명 작성에 해당되고, 그 암호문을 공개 키로 복호화하는 것이 서명 검증에 해당된다.

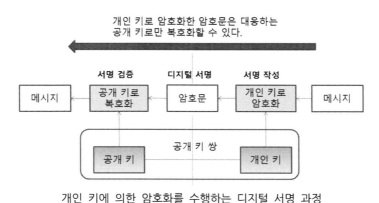

개인 키에 의한 암호화를 수행하는 디지털 서명 과정

디지털 서명에 사용되는 알고리즘에는 앞에서 설명한 RSA 이외에도 ElGamal 방식, DSA, Rabin 방식 등이 있다.

1 ElGamal 방식

ElGamal 방식은 Taher ElGamal에 의한 공개 키 알고리즘으로 mod N으로 이산대수를 구하는 것이 곤란하다는 점을 이용한다. ElGamal 방식은 공개 키 암호와 디지털 서명에 이용할 수 있고, 암호 소프트웨어인 GnuPG에서도 알고리즘의 하나로 사용된다.

2 DSA(Digital Signature Algorithm)

DSA는 디지털 서명 알고리즘의 일종으로 NIST(Nation Institute of Standards and Technology)가 1991년에 제정한 디지털 서명 규격(DSS)용으로 만들어진 것이다. DSA는 Schnorr의 알고리즘과 ElGamal 방식의 변종으로 디지털 서명에서만 이용할 수 있다.

3 Rabin 방식

Rabin 방식은 Michael Oser Rabin에 의한 공개 키 알고리즘으로 mod N으로 제곱근을 구하는 것이 곤란하다는 점을 이용한다. Rabin 방식은 공개 키 암호와 디지털 서명에 이용할 수 있다.

공개 키 암호와 디지털 서명의 키 사용 비교

방식	공개 키	개인 키
공개 키 암호	송신자들이 암호화에 사용	수신자가 복호화에 사용
디지털 서명	검증자들이 서명 검증에 사용	서명자가 서명 작성에 사용

Part 02

리눅스 운영 관리와 보안

Part02의 내용을 이해하기 위해서는 다음 명령어와 특징에 대한 선행 학습이 필요합니다.
① 텍스트 파일 처리 명령어: cat, head, tail, more, less, grep, wc, sort, cut
② 디렉터리 관련 명령어: pwd, cd, mkdir, rmdir
③ 파일 처리 명령어: ls, cp, mv, rm, file, find
④ vi 편집기
⑤ 간단한 정규표현식 기초
⑥ 간단한 gcc 사용법
⑦ pipe와 redirection
⑧ man 페이지 활용

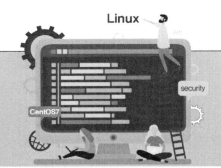

셸(Shell) 관리

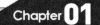

1.1 셸의 이해

1.1.1 셸의 개념 및 특징

1 셸(Shell)이란?

셸(Shell)은 커널(Kernel)과 사용자간의 다리역할을 하는 것으로 사용자로부터 명령을 받아 그것을 해석하고 프로그램을 실행하는 역할을 한다. 셸은 커널에서 분리된 별도의 프로그램이어서 다양한 종류의 셸이 존재하고 현재까지도 지속적으로 개발되고 있다. 셸은 사용자가 시스템에 로그인(login)을 하게 되면 각 사용자에게 설정된 셸이 부여되면서 다양한 명령을 수행할 수 있게 된다. 다르게 얘기하면 사용자에게 셸을 부여하지 않게 되면 시스템에 로그인하더라도 명령을 수행할 수 없게 되므로 로그인을 막는 효과와 동일하다고 볼 수 있다.

리눅스의 모태가 되는 유닉스 최초의 셸은 켄 톰프슨(Ken Thompson)이 멀틱스(Multics) 셸을 따라 모형화한 셸을 이용하였고, 그 후 스티븐 본(Stephen Bourne)이 유닉스 버전 7의 기본 셸이 되는 본 셸(Bourne Shell, sh)을 개발하였다. 본 셸은 강력한 셸이었지만 유용한 기능이 많지 않았다. 그 후 버클리 대학의 빌 조이(Bill Joy)가 개발한 C 셸(C shell, csh)이 등장하였다. 본 셸보다 사용하기 쉽고, 유용한 기능들이 많이 들어가 있는 셸이다. 현재는 bash, ksh, tcsh, zsh과 같은 다양한 셸이 되었고, 리눅스에는 sh을 기본으로 ksh와 csh 계열의 장점을 결합한 bash (Bourne Again shell)을 표준으로 하고 있다.

2 주요 셸의 특징

셸	설명
Bourne Shell	1977년 AT&T 벨 연구소에 근무하는 스티븐 본(Stephen Bourne)이 개발한 유닉스 버전 7의 기본 셸이다.
bash	1989년 브라이언 폭스(Brian Fox)가 GNU 프로젝트를 위해 개발한 배시셸(Bourne Again Shell, bash)은 본 셸을 기반으로 하여 만들어졌다. GNU 운영체제, 리눅스, 맥 OS X 등 다양한 운영체제에서 사용 중이며 현재 리눅스의 표준 셸이다. bash의 명령어 문법은 sh와 호환되고, ksh와 csh의 유용한 기능을 참고하여 명령 히스토리, 명령어 완성 기능, 히스토리 치환(history substitution), 명령행 편집(Command Line Edit) 등을 지원하고 POSIX와도 호환된다.

C 셸	C 셸(C shell, csh)은 1978년 버클리 대학의 빌 조이가 개발한 것으로 C 언어를 기반으로 만들어졌으면 강력한 프로그램 작성 기능을 가지고 있다. C 셸은 히스토리 기능, 별명(Alias) 기능, 작업 제어 등의 유용한 기능들을 포함하였다. 명령행 편집 기능은 지원하지 않는다.
tcsh	1975년 켄 그리어(Ken Greer)가 테넥스(TENEX)라는 운영체제에 명령행 완성 기능을 반영하게 되었고, 1981년 C Shell과 통합해서 탄생시킨 것이 tcsh이다. tcsh는 TENEX C shell 또는 The enhanced C shell을 뜻한다. csh의 기본 기능에 명령어 완성 기능(command-completion), 명령행 편집 기능 등을 추가로 지원한다.
ksh	콘 셸(Korn Shell, ksh)은 1983년 AT&T사의 벨연구소에서 근무하던 데이비드 콘(David Korn)이 개발하였다. 본 셸을 확장해서 만들어졌으며, 벨연구소 사용자들의 요청으로 C 셸의 많은 기능을 추가하였다. 작업 제어, 앨리어스, 히스토리 기능, Vi 및 Emacs 스타일의 명령행 편집 기능, 명령행 완성 기능 등을 제공한다.
dash	Dash(Debian Almquist shell)는 POSIX와 호환되는 /bin/sh를 가능한 작게 구현한 셸로 빠른 작업 수행이 특징이다. Dash는 NetBSD의 ash(Almquist Shell, 1989년에 Kenneth Almquist가 만든 유닉스용 셸)에서 파생된 것으로 1997년에 리눅스로 포팅되었다. 2002년에 DASH로 이름이 변경되었고, 현재 데비안 및 우분투 계열 리눅스의 기본 셸이다. Bash와 비교하여 소스 크기도 매우 작고 처리 속도도 빠르지만, history 명령 등은 지원하지 않는다.

1.1.2 셸의 확인과 변경

1 셸의 확인

시스템에 로그인한 후에 사용 중인 셸을 확인하려면 로그인 셸 관련 환경 변수 SHELL을 통해 가능하다. 명령 프롬프트 상에서 'echo $SHELL'이라고 실행하면 확인가능하다. 또한, 다른 셸을 사용하기 위해 변경 가능한 셸의 확인은 'chsh -l' 명령을 실행하거나 'cat /etc/shells'로 확인할 수 있다.

```
                                 posein@localhost:~                    _  □  ×
파일(F)  편집(E)  보기(V)  검색(S)  터미널(T)  도움말(H)
[posein@localhost ~]$ echo $SHELL
/bin/bash
[posein@localhost ~]$ chsh -l
/bin/sh
/bin/bash
/sbin/nologin
/usr/bin/sh
/usr/bin/bash
/usr/sbin/nologin
/bin/tcsh
/bin/csh
[posein@localhost ~]$ cat /etc/shells
/bin/sh
/bin/bash
/sbin/nologin
/usr/bin/sh
/usr/bin/bash
/usr/sbin/nologin
/bin/tcsh
/bin/csh
[posein@localhost ~]$ ▮
```

② 셀의 변경

사용자가 로그인 셀은 변경하려면 chsh 명령을 사용하면 된다. 시스템에 로그인한 뒤에 chsh라는 명령을 입력하면 사용자암호를 물어본다. 암호를 입력한 후 변경하려는 셀을 절대 경로로 입력하면 변경할 수 있다. 변경한 셀의 적용은 다음 로그인부터 유효하다. 참고로 명령행에서 /bin/csh 와 같이 실행하여 셀을 변경할 수 있는데, 기본 bash 셀에서 포크(fork)되어 추가로 프로세스가 발생한다. 이 경우에는 변경된 셀의 확인은 ps 명령으로 가능하고, exit 입력하면 기본 셀인 bash로 돌아간다.

◉ 셀 변경 예

```
                              posein@localhost:~                          _  □  ×
파일(F)  편집(E)  보기(V)  검색(S)  터미널(T)  도움말(H)
[posein@localhost ~]$ echo $SHELL
/bin/bash
[posein@localhost ~]$ chsh
Changing shell for posein.
New shell [/bin/bash]: /bin/csh
Password:
Shell changed.
[posein@localhost ~]$
```

◉ 명령행에서 직접 셀 변경 및 확인 예

```
                              posein@www:~                              _  □  ×
파일(F)  편집(E)  보기(V)  검색(S)  터미널(T)  도움말(H)
[posein@www ~]$ echo $SHELL
/bin/bash
[posein@www ~]$ a=1
[posein@www ~]$ echo $a
1
[posein@www ~]$ /bin/csh
[posein@www ~]$ a=1
a=1: Command not found.
[posein@www ~]$ ps
  PID TTY          TIME CMD
 2691 pts/0    00:00:00 bash
 2744 pts/0    00:00:00 csh
 2762 pts/0    00:00:00 ps
[posein@www ~]$ ps -l
F S   UID   PID  PPID  C PRI  NI ADDR SZ WCHAN  TTY          TIME CMD
4 S  1000  2691  2690  0  80   0 - 29116 do_wai pts/0    00:00:00 bash
0 S  1000  2744  2691  0  80   0 - 29914 sigsus pts/0    00:00:00 csh
0 R  1000  2763  2744  0  80   0 - 38331 -      pts/0    00:00:00 ps
[posein@www ~]$
```

> ⊙ 로그인 셀인 bash인 상태에서 셀 변수를 선언하면 잘 적용되는 것을 확인할 수 있다. 명령행에서 직접 /bin/csh를 실행한 후에 bash에서 선언하는 방식으로 셀 변수를 지정하면 명령어로 인식하여 오류가 발생한다. 참고로 csh는 셀 변수 선언할 때에는 앞부분에 set으로 지정해야 한다. 변경된 셀의 정보는 ps 명령으로 확인할 수 있다.

③ 사용자의 로그인 셀 정보 확인

사용자의 로그인 셀 정보는 /etc/passwd의 7번째 필드에 기록되므로 다음과 같이 확인할 수 있다.

```
                              posein@localhost:~                          _  □  ×
파일(F)  편집(E)  보기(V)  검색(S)  터미널(T)  도움말(H)
[posein@localhost ~]$ grep posein /etc/passwd
posein:x:1000:1000:posein:/home/posein:/bin/csh
[posein@localhost ~]$
```

4 관련 명령어: chsh

사용자의 로그인을 변경하는 명령어이다. 일반 사용자인 경우에는 사용자 패스워드를 입력해야 변경이 가능하다. 또한 로그인 셸을 변경하는 것이므로 실제 적용은 다음 로그인부터 유효하다.

☀ 사용법

$ chsh [option] [사용자명]

☀ 주요 옵션

옵션	설명
-s	변경하고자하는 셸을 명시할 때 사용한다.(--shell)
-l	사용 가능한 셸의 목록 정보를 출력한다. /etc/shells 파일의 내용을 출력한다.(--list-shells)
-u	chsh 명령어의 사용법을 화면에 출력한다.(--help)
-v	설치한 패키지의 버전 정보를 출력한다.(--version)

☀ 사용 예

$ chsh -l

◎ 사용 가능한 셸의 목록 정보가 기록되어 있는 /etc/shells 파일의 내용을 출력한다.

```
[posein@www ~]$ chsh
Changing shell for posein.
New shell [/bin/bash]: /bin/csh
암호 :
Shell changed.
[posein@www ~]$
```

◎ chsh 명령만 입력하면 로그인한 사용자의 셸을 변경한다. 변경하려는 셸의 절대 경로를 입력하고 사용자 패스워드를 입력하면 변경할 수 있다.

[root@www ~]# chsh posein

◎ posein 사용자의 셸을 변경한다.

[posein@www ~]$ chsh -s /bin/csh

◎ 로그인 셸을 csh로 변경한다.

1.1.3 셸 변수와 환경 변수

1 셸 변수

특정한 셸(Shell)에서만 적용되는 변수를 말한다. 리눅스에서는 명령행에서 '변수명=값' 형태로 지정하여 사용할 수 있고, 변수 값을 출력할 때는 변수명 앞에 $을 붙이고 echo 명령으로 확인할 수 있다. 선언된 셸 변수를 전부 확인하려면 set 명령을 사용하면 된다.

```
                                    posein@localhost:~                           -  □  ×
파일(F)  편집(E)  보기(V)  검색(S)  터미널(T)  도움말(H)
[posein@localhost ~]$ city=daejeon
[posein@localhost ~]$ echo $city
daejeon
[posein@localhost ~]$
```

② 환경 변수

환경 변수란 프롬프트 변경, PATH 변경 등과 같이 셸의 환경을 정의하는 중요한 역할을 수행하는 변수를 말한다. 환경 변수는 미리 예약된 변수명을 사용하고, bash에서는 PATH, SHELL 등과 같이 대문자로 된 변수로 구성되어 있다. 현재 설정된 전체 환경 변수의 값은 env 명령으로 확인 가능하고, 특정 환경 변수의 값 확인과 설정은 일반 셸 변수 설정과 같다.

③ 주요 환경 변수

배시셸에서는 다양한 환경 변수를 제공하고 있는데, 많이 사용되는 환경 변수를 나열하면 다음과 같다.

변수	설명
HOME	사용자의 홈 디렉터리
PATH	실행 파일을 찾는 디렉터리 경로
LANG	셸 사용 시 기본으로 지원되는 언어
TERM	로그인한 터미널 종류
PWD	사용자의 현재 작업 디렉터리
SHELL	사용자의 로그인 셸
USER	사용자의 이름
DISPLAY	X 윈도에서 프로그램 실행 시 출력되는 창
PS1	프롬프트(Prompt) 변수
PS2	2차 프롬프트 변수
HISTFILE	히스토리(History) 파일의 절대 경로
HISTSIZE	히스토리 파일에 저장되는 명령어의 개수(줄 기준)
HISTFILESIZE	히스토리 파일의 파일 크기
HOSTNAME	시스템의 호스트명
MAIL	도착한 메일이 저장되는 경로
TMOUT	사용자가 로그인한 후 일정시간 동안 작업을 하지 않을 경우에 로그아웃시키는 시간으로 단위는 초(second).
UID	사용자의 UID

④ 환경 변수의 사용 및 변경

환경 변수를 사용하여 각 사용자 고유의 셸 환경을 구축할 수 있고, 명령어와 결합하여 이용할 수 있다.

◈ 사용 예

$ mkdir $HOME/data

◎ 해당 사용자 홈 디렉터리 안에 data라는 디렉터리를 만든다.

```
                              posein@localhost:~                          -  □  ×
파일(F)  편집(E)  보기(V)  검색(S)  터미널(T)  도움말(H)
[posein@localhost ~]$ echo $PATH
/usr/local/bin:/bin:/usr/bin:/usr/local/sbin:/usr/sbin:/home/posein/.local/bin
:/home/posein/bin
[posein@localhost ~]$ PATH=$PATH:$HOME/data
[posein@localhost ~]$ echo $PATH
/usr/local/bin:/bin:/usr/local/sbin:/usr/sbin:/home/posein/.local/bin
:/home/posein/bin:/home/posein/data
[posein@localhost ~]$
```

◎ PATH 변수에 $HOME/data라는 경로를 추가한다.

```
                              posein@localhost:~                          -  □  ×
파일(F)  편집(E)  보기(V)  검색(S)  터미널(T)  도움말(H)
[posein@localhost ~]$ echo $LANG
ko_KR.UTF-8
[posein@localhost ~]$ LANG=C
[posein@localhost ~]$
```

◎ 현재 설정된 언어를 확인 후 영어로 변경한다.

```
                              posein@localhost:~                          -  □  ×
파일(F)  편집(E)  보기(V)  검색(S)  터미널(T)  도움말(H)
[posein@localhost ~]$ echo $PS1
[\u@\h \W]\$
[posein@localhost ~]$ PS1="[\u@\t \W]\$ "
[posein@17:46:06 ~]$
```

◎ 설정된 프롬프트를 확인 후 변경한다.

형 식	설명
₩d	'요일 월 일' 형태로 날짜를 표시한다.(예 "Wed Jan 15")
₩h	호스트 이름을 표시한다.
₩s	사용 중인 셸의 이름을 표시한다.
₩t	24시 형태의 현재 시간을 표시한다.(예 HH:MM:SS)
₩T	12시 형태의 현재 시간을 표시한다.(예 HH:MM:SS)
₩@	12시 형태의 현재 시간에 AM/PM을 추가로 표시한다.
₩u	현재 사용자의 이름을 표시한다.
₩w	현재 작업 디렉터리를 절대 경로로 표시한다.
₩W	현재 작업 디렉터리 중 마지막 디렉터리만 표시한다.
₩!	현재 명령의 히스토리 넘버를 보여준다.
₩₩	₩를 표시한다.

bash의 주요 기능

1 명령행 완성 기능

명령 입력 시 글자 일부분만 입력하고 [TAB]키를 눌러 나머지 부분을 자동 완성 시키는 기능이다. 보통 파일이나 디렉터리 입력 시에 첫 글자만 입력하고 [TAB]키를 누르면 뒷부분을 자동으로 완성 시켜준다. 첫 글자 입력 후 [TAB]키를 눌렀을 때 여러 개가 존재하면 [TAB]키를 한 번 더 눌러 목록을 확인할 수 있다. 추가로 원하는 글자 입력 후에 다시 [TAB]키를 눌러 완성시키는 기능이다.

2 명령어 History 기능

bash에서는 입력 후 실행했던 모든 명령들은 히스토리 리스트 버퍼에 스택으로 저장된다. 이렇게 저장된 명령들은 위/아래 방향키를 사용하여 검색 및 편집하여 특정 명령을 반복해서 수행할 수 있다. history라는 명령을 입력하면 히스토리 리스트에 있는 명령어들이 출력된다. 또한 사용자들이 실행한 명령들은 각 사용자의 홈 디렉터리 안에 .bash_history라는 파일에 추가로 기록되며, 로그아웃할 때 메모리에 기억된 명령의 목록을 파일에 저장한다.

● 관련 명령어: history

사용자가 입력한 명령어를 확인하는 명령으로 '!'로 대체하여 사용할 수 있다.

● 사용법

$ history [숫자값]

● !와 히스토리 명령문

표시	설명
!!	마지막에 사용한 명령을 실행한다.
!*n*	*n*번째 사용한 명령을 실행한다.
!-*n*	사용한 명령 목록을 역으로 세어서 *n*번째 명령을 실행한다.
!*문자열*	가장 최근에 사용한 명령중에 '*문자열*'로 시작하는 명령을 찾아서 실행한다.
!?*문자열*?	가장 최근에 사용한 명령중에 '*문자열*'을 포함하고 있는 명령을 찾아서 실행한다.
^*문자열1*^*문자열2*	마지막에 사용한 명령문의 '*문자열1*'을 '*문자열2*'로 대체한 후에 실행한다.

● 사용 예

$ history
  ◉ 히스토리에 저장된 명령어 목록을 출력한다.

$ history 5
  ◉ 최근에 입력한 마지막 5개의 명령어 목록을 출력한다.

$!!

◎ 가장 마지막에 실행한 명령을 재실행한다.

$!100

◎ 히스토리 목록의 번호 중에서 100번에 해당하는 명령을 실행한다.

$!-4

◎ 히스토리 명령 목록에서 4만큼 거슬러 올라가서 해당 명령을 실행한다.

$!a

◎ 최근 사용한 명령 중에 a로 시작하는 명령을 찾아서 실행한다.

$!?al

◎ 최근에 사용한 명령 중에 al이라는 문자열을 포함한 명령을 찾아서 실행한다.

◉ 히스토리 관련 환경 변수

변수	설명
HISTSIZE	히스토리 스택의 크기가 지정되어 있는 변수로 단위는 명령의 개수이다. 이 변수에 지정한 값만큼만 history 명령 실행 시에 출력되고, 방향키로 검색했을 경우에도 이 값 내에서만 가능하다.
HISTFILESIZE	실질적인 히스토리 파일의 크기이다.
HISTFILE	히스토리 파일의 위치를 보여준다.
HISTCONTROL	중복되어지는 명령에 대한 기록 유무를 지정하는 변수이다.
HISTTIMEFORMAT	history 명령 실행 시 출력되는 시간 형식을 지정할 때 사용한다.

◉ 환경 변수 사용 예

$ export HISTCONTROL=ingoreboth

◎ 연속적으로 중복된 명령은 히스토리에 저장하지 않는다.

```
                              posein@localhost:~                    -  ロ  ×
파일(F)  편집(E)  보기(V)  검색(S)  터미널(T)  도움말(H)
[posein@localhost ~]$ echo $HISTFILE
/home/posein/.bash_history
[posein@localhost ~]$ HISTSIZE=10
[posein@localhost ~]$
```

◎ 히스토리 파일의 위치를 확인하고, 히스토리 파일의 스택크기를 10으로 지정한다.

```
                              posein@localhost:~                    -  ロ  ×
파일(F)  편집(E)  보기(V)  검색(S)  터미널(T)  도움말(H)
[posein@localhost ~]$ export HISTTIMEFORMAT="%Y.%m.%d %T "
[posein@localhost ~]$ history 5
   91  2018.01.16 17:50:00 pwd
   92  2018.01.16 17:50:04 date
   93  2018.01.16 17:50:07 clear
   94  2018.01.16 17:50:33 export HISTTIMEFORMAT="%Y.%m.%d %T "
   95  2018.01.16 17:50:35 history 5
[posein@localhost ~]$
```

◎ history 명령 실행 시에 출력되는 날짜 형식을 변경한다. date 명령에서 사용하는 포맷과 동일하다.

관련 파일∶ .bash_history

이 파일은 사용자의 홈 디렉터리 내에 존재하면서 사용자들이 입력했던 명령들이 기록되는 파일이다. 파일명이 '.'으로 시작되어서 숨겨진 파일 형태로 존재하고, 현재 로그인해서 내린 명령들은 로그아웃할 때 기록되므로 다음 번 로그인시에 확인할 수 있다.

> **history 관련 키 조합**
>
> **1** [Ctrl] +[r]
> ◎ 명령형에서 이 키 조합을 누르면 검색할 수 있는 명령프롬프트가 나타나는데, 특정 문자를 입력하면 가장 최근에 그 문자로 수행한 명령을 보여주고, [Enter] 키를 누르면 실행시킬 수 있다.
>
> **2** [ESC] 후에 [.]
> ◎ 최근에 사용된 인자(argument)를 명령행에 붙여준다. 한번 실행할 때마다 하나씩 역으로 호출한다.
>
> **3** [ALT] + [.]
> ◎ [ALT]와 [.]키를 계속 누르고 있으면 최근에 사용된 인자(argument)를 하나씩 호출한다.

③ alias 기능

alias란 별명이라는 뜻으로 어떠한 명령을 지정해 놓으면 사용자가 그 명령을 실행했을 때 alias로 지정해 놓은 명령이 대신 실행되게 된다. 이 기능은 대부분의 셸에서 지원하는데, 특정 명령어 실행 시에 기본으로 옵션을 사용하게 등록하거나 나만의 새로운 명령어를 만들 때 유용하게 쓰인다. alias라고만 실행하면 설정된 목록을 확인할 수 있고, unalias 명령으로 설정을 해제할 수 있다.

◉ **alias 지정과 해제**

⊜ **alias의 지정**

$ alias 나만의명령어='기존 명령어의 조합'

⊜ **alias의 해제**

$ unalias 지정한_명령어

◉ **사용 예**

$ alias ls='ls -alF'
◎ ls 명령만 실행시켜도 기본으로 −alF 옵션이 지정된다.

$ alias aaa='ls -alF'
◎ aaa라는 명령은 기본적으로는 존재하지 않는다. 사용자 고유의 명령어인 aaa를 생성하게 된다. 이 경우에 'which aaa'하게 관련 정보를 출력해준다.

$ alias bbb='ls ; pwd'
◎ bbb라는 명령을 실행하면 ls 명령을 실행한 뒤에 pwd 명령을 실행한다.

$ alias c=clear

◎ c라는 명령어에 clear가 실행되도록 설정한다.

$ unalias aaa

◎ aaa에 설정된 alias를 해제한다.

$ unalias -a

◎ 설정되어 있는 모든 alias를 해제한다.

 ls 명령어에 -alF 옵션이 기본 실행되도록 앨리어스를 설정했을 때 원래의 명령인 ls를 설정 해제하지 않고 일시적으로 실행하려면 2가지 방법이 있다. 첫 번째 방법은 which 명령을 이용해서 ls 명령어의 위치를 파악한 후에 절대 경로(Full Path)로 실행하는 방법이고, 두 번째 방법은 명령어 앞에 '₩(Back slash)'를 붙인다.

예 $ /bin/ls
$ ₩ls

아울러, 셸 상태에서 설정한 alias는 재로그인하거나 시스템을 재부팅하면 또 다시 설정해야 한다. 지속적으로 사용하려면 홈 디렉터리 안에 있는 .bashrc에 설정하면 된다.

4 명령행 편집 기능

명령행에서 커서 이동을 빠르게 하거나, 손쉽게 삭제할 수 있는 기능 등을 제공한다. 주요 기능은 다음과 같다.

주요 커서 이동 명령		주요 삭제 명령	
명령	설명	명령	설명
[Ctrl]+[b]	커서를 왼쪽으로 한 칸 이동	[Ctrl]+[d]	커서 오른쪽 한 글자 삭제
[Ctrl]+[f]	커서를 오른쪽으로 한 칸 이동	[ESC]후 [Backspace]	커서 왼쪽 한 단어 삭제
[ESC]후 [b]	커서를 왼쪽으로 한 단어 이동	[ESC]후 [d]	커서 오른쪽 한 단어 삭제
[ESC]후 [b]	커서를 오른쪽으로 한 단어 이동	[Ctrl]+[k]	커서 왼쪽 행 전체 삭제
[Ctrl]+[a]	맨 왼쪽으로 이동	[Ctrl]+[u]	행 전체 삭제
[Ctrl]+[e]	맨 오른쪽으로 이동	[Ctrl]+[y]	삭제 취소

5 명령 대체(Command Substitution, 또는 명령 치환) 기능

명령 대체 기능이란 특정 명령의 결과를 다른 명령어의 인자 값으로 사용하는 것을 말한다. 예를 들면 passwd라는 명령의 허가권(permission)을 알기 위해서는 먼저 'which passwd'라는 명령으로 passwd 명령어의 위치를 찾아내고, 다시 'ls -l' 명령을 수행해야 한다. 2번의 명령을 수행하는 대신에 ' '(Backquotes)나 $( )를 이용해서 대체할 수 있다.

사용 예

```
                              posein@www:~                    _  □  ×

File  Edit  View  Search  Terminal  Help
[posein@www ~]$ which passwd
/bin/passwd
[posein@www ~]$ ls -l /bin/passwd
-rwsr-xr-x. 1 root root 27832 Jun 10  2014 /bin/passwd
[posein@www ~]$ ls -l `which passwd`
-rwsr-xr-x. 1 root root 27832 Jun 10  2014 /bin/passwd
[posein@www ~]$ ls -l $(which passwd)
-rwsr-xr-x. 1 root root 27832 Jun 10  2014 /bin/passwd
[posein@www ~]$
```

6 그룹 명령 실행

하나의 명령 행에 여러 개의 명령어를 동시에 사용할 수 있는데, ';'를 사용하여 명령어를 구분하면 순차적 처리가 가능하다. 또한, &&와 ||를 이용하면 앞의 명령의 결과에 따라 다음 명령 실행 여부를 결정할 수 있다.

의미

- ; : 단순히 한 줄에 여러 명령을 나열하기 위해 사용하는데, 입력한 순서대로 순차처리 한다.
- || : 논리적 OR(Logical-OR)라 부르며 앞의 명령이 성공이면 결과를 출력하고, 그렇지 않으면 뒤의 명령을 실행하여 결과를 출력한다.
- && : 논리적 AND(Logical-AND)라 부르며 앞의 명령이 성공적으로 수행되어야만 다음 명령을 수행한다.

사용 예

$ ls ; sleep 10 ; ls
  ◎ ls, sleep, ls 명령을 순차적으로 실행한다.

$ clear; aaa ; pwd
  ◎ 명령을 순서대로 수행하는데 앞선 명령의 실행 결과에 상관없이 순차적으로 다음 명령을 실행한다. 즉, clear 명령 후에 존재하지 않는 aaa 명령을 실행하고 pwd 명령을 실행한다.

$ ls ; find / -type d > list.txt
  ◎ find / -type d 명령의 결과를 list.txt 파일로 저장한다.

$ (ls ; find / -type d) > list.txt
  ◎ ls 및 find 명령의 결과 모두를 list.txt 파일로 저장한다.

```
                           posein@localhost:~                 _  □  ×

파일(F)  편집(E)  보기(V)  검색(S)  터미널(T)  도움말(H)
[posein@localhost ~]$ pwd ; ( cd / ; pwd ) ; pwd
/home/posein
/
/home/posein
[posein@localhost ~]$
```

  ◎ ( ) 기호를 이용하여 그룹 명령을 실행한 후에는 원래의 상태로 전환된다.

```
                                    posein@localhost:~                           -  □  ×
파일(F)  편집(E)  보기(V)  검색(S)  터미널(T)  도움말(H)
[posein@localhost ~]$ grep zzang /etc/passwd || echo "No zzang"
No zzang
[posein@localhost ~]$ grep posein /etc/passwd || echo "No posein"
posein:x:1000:1000:posein:/home/posein:/bin/bash
[posein@localhost ~]$
```

◎ 첫 번째 명령에서는 zzang이라는 계정이 없으므로 뒤의 명령이 실행되고, 두 번째 명령은 posein이라
는 계정이 존재함으로 앞의 명령 결과만 출력한다.

```
                                  posein@localhost:~/data                        -  □  ×
파일(F)  편집(E)  보기(V)  검색(S)  터미널(T)  도움말(H)
[posein@localhost data]$ ls
lin.txt
[posein@localhost data]$ mv lin.txt joon.txt && ls
joon.txt
[posein@localhost data]$ mv lin.txt joon.txt && ls
mv: cannot stat 'lin.txt': No such file or directory
[posein@localhost data]$
```

◎ 첫 번째 mv 명령은 파일이 존재하므로 이름을 변경한 후에 ls 명령이 실행되고, 두 번째 mv 명령은
lin.txt 파일이 존재하지 않으므로 에러 메시지를 출력하면서 끝낸다.

⑦ 표준 입출력 제어 기능

리눅스에서는 표준 입력과 표준 출력이라는 이름의 데이터 흐름을 사용한다. 입력은 특정 프로그
램으로 들어오는 값을 말하고, 출력은 특정 프로그램에서 나오는 값이다. 입력 장치에는 키보드,
파일, 스캐너 등이 해당되고, 출력 장치에는 모니터, 프린터, 파일 등이 해당된다. 다양한 입출력
장치 중에서 기준이 되는 입력을 표준 입력이라고 하는데 키보드를 말하고, 기준이 되는 출력을
표준 출력이라고 하며 화면(모니터)가 이에 해당한다.

◉ 표준 입출력의 종류

종류	설명
표준 입력 (Standard Input)	입력을 담당하는 키보드를 말한다. 약어로 stdin이라고 하며 셸에서는 숫자 값 0으로 표기하여 사용한다.
표준 출력 (Standard Output)	명령의 결과 값이 보여지는 화면을 말한다. 약어로 stdout이라고 하며 셸에서는 숫자 값 1로 표기한다. 일반적으로 셸 상태에서 숫자 값 1은 생략해서 사용할 수 있다.
표준 에러 (Standard error)	에러 값이 보여지는 화면을 말한다. 약어로 stderr이라고 하며 셸에서는 숫자 값 2로 표기한다.

◉ 사용 예

```
                                    posein@localhost:~                           -  □  ×
파일(F)  편집(E)  보기(V)  검색(S)  터미널(T)  도움말(H)
[posein@localhost ~]$ abc
bash: abc: command not found...
[posein@localhost ~]$ abc 2>/dev/null
[posein@localhost ~]$
```

◎ 존재하지 않는 명령을 입력하면 오류 메시지를 확인할 수 있지만, 숫자 2와 리다이렉션 기호를 사용하
면 오류 메시지를 없앨 수 있다.

⑧ 리다이렉션(redirection)

리다이렉션은 어떤 프로세스의 입/출력을 표준 입출력이 아닌 다른 입출력으로 변경할 때 사용한다. 출력 결과를 파일로 저장하거나 파일의 내용을 프로세스의 입력으로 사용하는 기법이다.

◉ 리다이렉션의 종류

종류	설명
〉	프로세스의 출력을 표준 출력에서 다른 출력으로 변경한다.
〉〉	프로세스의 출력을 지정한 출력(보통 파일)에 추가한다.
〈	프로세스의 입력을 표준 입력에서 다른 입력으로 변경한다.
〈〈	기호 뒤에 지정한 문자열을 입력으로 받아 해당 문자열이 나오기 전까지를 표준 입력을 삼아 해당 내용을 출력한다.

◉ 사용 예

$ cat > tmp.txt
◎ 표준입력인 키보드로 입력한 내용을 tmp.txt 파일에 저장된다. 키보드로 내용을 입력한 뒤에 [Ctrl]+[d]를 누르면 종료된다.

$ cat >> tmp.txt
◎ 키보드 입력한 내용을 tmp.txt 파일의 뒷부분에 덧붙인다. 만약 tmp.txt 파일이 존재하지 않으면 새로운 파일을 생성한다.

$ wc < tmp.txt
◎ tmp.txt 파일의 내용을 wc의 입력으로 사용한다. cat tmp.txt | wc와 같고, 〈은 생략 가능하다.

$ mail posein < abc.txt
◎ posein이라는 사용자에게 미리 작성된 abc.txt 내용을 메일로 보낸다.

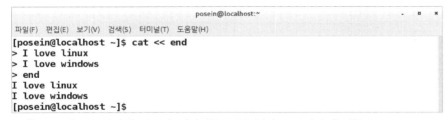

◎ end라는 문자열이 나오기 전까지를 표준 입력으로 삼아 출력한다.

◉ 응용 예

$ find / -name '*.txt'
◎ 결과 값과 에러를 모두 화면(표준출력)에 보여준다.

$ find / -name '*.txt' 2>/dev/null
◎ 결과 값은 화면에 보여주고, 에러는 화면에 출력하지 않고 버린다.

$ find / -name '*.txt' >list.txt
  ◎ 결과 값(1)은 list.txt 파일에 저장하고 에러는 화면에 출력한다. 참고로 find / −name '*.txt' 1)list.txt와 같다.

$ find / -name '*.txt' 2>/dev/null > list.txt
  ◎ 결과 값은 list.txt 파일에 저장하고 에러는 화면에 출력하지 않고 버린다.

$ find / -name '*.txt' 2>error.txt
  ◎ 결과 값은 화면에 출력하고 에러는 error.txt 파일에 저장한다.

$ find / -name '*.txt' 2>error.txt > result.txt
  ◎ 결과 값은 result.txt에 저장하고 에러는 error.txt 파일에 저장한다.

$ find / -name '*.txt' > data.txt 2>&1
  ◎ 결과 값과 에러 값을 모두 data.txt이라는 한 파일에 저장한다. find / −name '*.txt' &> data.txt와 같다.

$ find / -name '*.bak' 2>>error.txt
  ◎ 결과 값은 화면에 출력하고 에러는 error.txt 파일에 추가하여 저장한다.

```
                              posein@localhost:~                           _  □  ×
파일(F) 편집(E) 보기(V) 검색(S) 터미널(T) 도움말(H)
[posein@localhost ~]$ cat fam.txt
I LOVE LIN.
I LOVE JOON.
[posein@localhost ~]$ cat < fam.txt
I LOVE LIN.
I LOVE JOON.
[posein@localhost ~]$ tr 'A-Z' 'a-z' < fam.txt
i love lin.
i love joon.
[posein@localhost ~]$
```

  ◎ cat처럼 대부분의 명령어는 뒤에 오는 항목을 인자 값으로 받아들여 입력 전환 기호인 〈를 사용하지 않아도 상관없으나, tr과 같은 명령어는 반드시 〈 기호를 사용해야 한다.

⑨ 파이프(pipe)

파이프는 프로세스의 통신을 위해 도입한 것으로 어떤 프로세스의 표준 출력이 다른 프로세스의 표준입력으로 쓰이게 하는 것을 말한다. 리눅스에서 파이프는 '|'기호를 사용하고, 여러 개를 사용하면 파이프라인(Pipe-Line)을 구성하게 되면서 데이터들은 파이프라인을 따라 흐르게 된다.

◉ 사용법

$ 명령어1 | 명령어2
  ◎ 명령어1의 결과 값이 명령어2의 입력으로 사용된다.

◉ 사용 예

$ ls -alF | more
  ◎ ls 명령의 출력이 more라는 filter의 입력으로 사용되어 결과가 한 화면씩 출력된다.

$ ls | sort | more

◎ ls의 결과인 자료들은 sort를 통해 정렬되고, 다시 more를 통해 한 화면씩 출력된다.

❶ 관련 명령어: tee

파이프 연결 출력을 두 갈래로 나눌 때 사용하는 명령이다.

◉ 사용법

$ tee [option] [파일]

◉ 주요 옵션

옵션	설명
-i	인터럽트를 무시하도록 한다.
-a	지정된 파일로 출력을 덮어쓰지 않고, 파일 내용 뒤에 추가한다.

◉ 사용 예

$ ls -l | tee list.txt |more

◎ 파일의 목록을 list.txt라는 파일에 기록함과 동시에 more를 사용하여 화면에도 출력 내용을 보여준다.

$ ls -l /etc | tee etc.txt | tee /tmp/etc.txt |more

◎ 'ls -l /etc'의 결과를 현재 디렉터리 안에 etc.txt 및 /tmp/etc.txt로 저장하고 화면에도 한 페이지씩 출력한다.

$ ls -l /etc | tee etc.txt | tee /dev/pts/0 | more

◎ 'ls -l /etc'의 결과를 현재 디렉터리 안에 etc.txt로 저장하고 /dev/pts/0으로 출력하고, 화면에도 한 페이지씩 출력한다. 참고로 사용 중인 /dev/pts/0 터미널은 해당 사용자가 권한이 있어야 하고, '/dev/'는 생략가능하나, 콘솔창인 /dev/tty2 등은 버전에 따라 생략하면 안 될 수도 있다.

❷ 관련 명령어: xargs

표준 입력으로부터 값을 받아 처리하는 명령으로 보통 다른 명령어와 파이프(|) 기호 조합으로 사용된다.

◉ 사용법

$ 명령어 | xargs [option]

◉ 주요 옵션

옵션	설명
-n 값	한 번에 처리하는 최대 인자 값을 지정하는 옵션이다.(--max-args=값)

🌐 사용 예

$ echo a.txt | xargs ls -l

  ◉ a.txt의 ls ㄱ 결과를 출력한다.

$ find – name '*.txt' | xargs rm – rf

  ◉ 현재 디렉터리 이하에서 .txt로 끝나는 파일이나 디렉터리를 찾아 전부 삭제한다.

$ echo a.txt b.txt | xargs – n 1 cp – v /etc/passwd

  ◉ /etc/passwd를 a.txt b.txt라는 이름으로 하나씩 복사하고 진행 과정을 출력한다.

⑩ 작업 제어 기능

작업을 백그라운드와 포그라운드에서 실행할 수 있으며, 이 작업을 서로 전환하여 실행할 수 있다. 자세한 설명은 프로세스 관리에서 설명한다.

⑪ 산술 연산 기능

expr 명령을 이용하여 산술 연산이 가능하다.

◉ 사용법

$ expr 값 연산자 값

  ◉ expr, 값, 연산자 사이는 반드시 한 칸씩 띄어야 한다. 또한 값 대신에 미리 지정한 변수를 사용해도 된다.

◉ 연산자

- + : 더하기
- – : 빼기
- * : 곱하기
- / 나누기
- % : 나머지를 구하기

◉ 사용 예

$ expr 3 + 2
5

  ◉ 3과 2를 더하는 연산으로 5라는 값을 출력한다. 반드시 명령어, 연산자, 피연산자 사이를 띄어야 한다.

$ expr 3 * 2
6

  ◉ *(곱하기)연산에서는 ₩를 사용해야 한다. 셸에서 * 기호는 '모든(all)'이라는 의미를 같은 특수문자로 사용되므로 이 문자가 같은 특수한 기능을 없애야 한다.

$[ ]

> expr로 셀에서 간단히 연산하려면 띄어쓰기에 유념해야 하고 * 등의 사용 시 추가로 ₩를 사용해야 한다. 이 경우에 echo $[ ]를 사용하면 좀 더 쉽게 연산이 가능하다.
>
> **[사용법]**
> $ echo $[값 연산자 값]
>
> **[사용 예]**
> $ echo $[3**3]
> 27
> ◎ 3의 3제곱근을 구하는 예이다. expr처럼 띄어쓰기를 해도 되고, 띄어 쓰지 않아도 된다. 참고로 expr $[3**3]이라도 해도 된다.

🔟 프롬프트(prompt) 제어 기능

프롬프트를 원하는 대로 변경 지정이 가능하다. 환경 변수인 PS1을 이용해서 변경할 수 있다.

🔢 확장된 내부 명령어

bash 자체적으로 해석하는 set, export 등의 내부 명령어(Built-in command)들이 점점 많아지고 있다.

1.2.2 bash 관련 파일 및 디렉터리

사용자가 명령행에서 설정한 환경 변수나 alias는 일시적으로 사용가능하고, 다음 로그인시에는 적용되지 않는다. 따라서 해당 설정들을 지속적으로 이용하려면 관련 파일에 설정해야 한다. 관련 파일 및 디렉터리는 다음의 표와 같다.

파일 또는 디렉터리명	설명
/etc/profile	시스템 전체(모든 사용자)에 적용되는 환경 변수와 시작 관련 프로그램 설정한다.
/etc/bashrc	시스템 전체(모든 사용자)에 적용되는 alias와 함수를 설정한다.
~/.bash_profile	개인 사용자의 환경 설정과 시작 프로그램 설정과 관련이 있는 파일로 로그인시 읽어 들인다. 경로, 환경 변수 등의 설정이 들어있고, 사용자가 PATH와 같은 환경 변수 수정 시 사용하면 된다.
~/.bashrc	개인 사용자가 정의한 alias와 함수들이 있는 파일이다. alias를 지속적으로 사용하려면 이 파일에 설정한다.
~/.bash_logout	개인 사용자가 로그아웃할 때 수행하는 설정을 지정하는 파일이다.
/etc/profile.d	몇몇 응용 프로그램들이 시작할 때 위한 필요한 스크립트가 위치하는 디렉터리로 보통 /etc/profile에서 호출된다. 일반 사용자의 alias 설정 등과 관련된 스크립트가 존재한다.

1 셸에서 사용되는 특수문자

셸에서는 특별한 의미를 가지고 있는 특수문자들이 있는데 이를 메타 문자(meta character)라고 한다.

● **종류 및 특징**

종류	설명
~(tilde)	홈 디렉터리를 나타낸다. 예 ~posein : posein이라는 사용자의 홈 디렉터리를 나타낸다. 　~+ 　　: 현재 디렉터리를 나타내고, '.'과 같다.
.	현재 디렉터리를 나타내거나, 명령행 맨 앞에서 source라는 의미로 셸 스크립트 등을 실행시킬 때도 사용한다.
..	한 단계 위 디렉터리, 즉 부모 디렉터리를 뜻한다.
' '	작은따옴표(Single quotes)는 모든 문자나 특수문자들을 일반 문자로 취급한다.
" "	큰따옴표(Double quotes)는 $, `(Backquotes), ₩(Backslash)를 제외한 모든 문자들을 일반 문자로 취급한다. 또한 !(history)도 예외로 인정한다.
` `	역따옴표(Back quote)는 명령 대체(command substitution) 기능을 수행하는데, 명령의 결과를 대체해서 사용한다.
#	주석(comment)을 나타내는 기호로 환경 설정 파일에서 설정에 직접적인 영향 없이 설명을 달 때 사용한다.
$	Shell 변수 기호로 뒤에 오는 문자열을 변수로 취급한다.
&	특정 명령을 후면 작업(background job)으로 실행할 때 사용한다.
*	아무 것도 없는 경우를 포함한 모든 문자를 뜻한다.
?	보통 한 문자를 대체할 때 사용한다. 추가로 특정 명령에 대한 결과를 갖는 Return 변수로도 쓰이는데, 셸 상에서 내린 명령의 에러 유무를 확인할 수 있다.
( )	부속 shell(subshell)을 뜻하는 기호로 하나의 셸 단위로 묶어준다.
₩	탈출(escape) 문자로 바로 다음에 오는 특수문자의 기능을 없앤다. 또한, alias가 설정된 명령어 앞에 사용하는 경우에는 alias를 없애준다. 추가로 셸에서 긴 명령행 입력 시에 행을 연장할 때도 사용한다.
[ ]	bracket이라고 부르며 [과]사이에 선택할 수 있는 문자를 나열하여 '~중의 하나'라고 표현된다. 범위를 지정할 때는 −를 사용한다. 문자집합을 뜻한다. 예 [abc]　　: a,b 또는 c 　[.,;]　　: period, comma 또는 semicolon 　[−_]　　: dash(−) 또는 underscore(_) 　[*?]　　: * 또는 ? => [ ] 안의 와일드카드는 의미가 없다. 　[a−c]　　: a,b 또는 c 　[a−z]　　: a에서 z까지 알파벳 소문자 　[!0−9]　　: 숫자가 아닌 문자 　[^chars]　: c, h, a, r, s중 없는 문자중의 하나로 대체 　[a−zA−Z]　: 모든 알파벳 문자

;	shell 명령 분리자이다. 명령어를 순차적으로 실행할 때 사용한다.
{ }	{ } 안에 제시된 문자열 중 하나로 대치시킨다. 예 b{ed,olt,ar}s : beds, bolts, bars b{ar{d,n,k},ed}s : bards, barns, barks, beds
/	디렉터리 경로 분리자이다.

🔵 사용 예

현재 디렉터리에 a, a.c, a.txt, a.o, b.txt, c.txt, d.o, ab.txt라는 파일이 있다고 가정

$ ls a*

a   a.c   a.o   a.txt   ab.txt

> ◉ *는 모든 문자를 뜻한다. 즉 a로 시작하는 모든 파일을 보여준다. 물론 a라는 이름이 파일도 찾아준다.

$ ls a.?

a.c   a.o

> ◉ ?는 한 문자를 대체한다.

$ ls [a-c].*

a.c   a.o   a.txt   b.txt   c.txt

> ◉ [a-c]는 a,b 또는 c 한 문자를 가리킨다.

$ ls [!ab].*

c.txt   d.o

> ◉ a나 b가 들어가지 않는 파일만을 찾아 출력한다.

2 셸에서 사용되는 특수문자(2): 인용부호

문자나 단어의 특별한 의미, 즉 메타 문자가 가지고 있는 특수한 기능을 제거할 때 사용하는 부호를 인용부호라 한다. 위에서 언급되었지만 많이 사용되므로 다시 정리해본다.

✺ 달러 표시(Dollar sign: $)

$은 shell 변수를 나타낼 때 사용한다. 변수에 특정한 값으로 부여할 때는 =를 사용한다.

🔵 사용 예

[posein@www ~]$ name=posein
[posein@www ~]$ echo name
name

> ◉ echo 명령을 텍스트 문자열을 그대로 출력하는 명령어이므로 name이라는 문자열이 그대로 출력된다.

```
[posein@www ~]$ echo $name
posein
```
  ⊙ name을 변수 취급해서 변수에 저장된 값을 출력한다.

```
[posein@www ~]$ echo $PATH
/usr/local/bin:/bin:/usr/bin:/usr/X11R6/bin:/home/posein/bin
```
  ⊙ 경로를 나타내는 환경 변수(PATH) 값을 출력한다.

✸ 작은따옴표(Single Quotes: ' ')

모든 특수문자의 의미를 제거한다.

● 사용 예

```
[posein@www ~]$ echo '$PATH'
$PATH
```
  ⊙ ' ' 안의 $PATH를 단순한 문자열로 표기한다.

✸ 큰따옴표(Double Quotes: " ")

따옴표 안에 있는 $, `, ₩를 제외한 모든 문자들의 특별한 의미를 없앤다. 또한 !(history)도
예외로 인정한다.

● 사용 예

```
[posein@www ~]$ echo "$PATH"
/usr/local/bin:/bin:/usr/bin:/usr/X11R6/bin:/home/posein/bin
```
  ⊙ " " 안의 $는 해당 역할을 수행하므로 변수의 값이 출력된다.

```
[posein@www ~]$ pwd
/home/posein
[posein@linux224 ~]$ echo "previous command is !!"
echo "previous command is pwd"
previous command is pwd
```
  ⊙ !! 기호의 역할인 바로 직전 명령을 호출하여 문자로 붙여준다.

✸ 백슬래쉬(Backslash: ₩)

₩ 기호 다음에 나오는 문자의 특별한 의미를 제거하거나, 명령행이 긴 경우 다음라인까지 명
령행을 연장할 때 사용한다. 아울러, 특정 명령어에 옵션 기본 장착과 같은 alias가 설정되어
있을 경우 앞부분에 ₩를 덧붙여 실행하면 옵션없이 기본 명령어로 실행된다.

● 사용 예

```
[posein@www ~]$ echo \$PATH
$PATH
```
  ⊙ ₩ 뒤에 오는 $의 특수한 기능을 없애고, 단순한 문자열로 만들어 출력한다.

[posein@www ~]$ echo \$$PATH
$/usr/local/bin:/bin:/usr/bin:/usr/X11R6/bin:/home/posein/bin
⊙ ₩ 뒤에 오는 첫 번째 $의 특수한 기능을 없애고, 그 다음 $PATH는 환경 변수로 인식하여 경로를
출력한다.

[root@www php-5.6.5]# ./configure --with-apxs2=/usr/local/apache/bin/apxs   \
> --with-mysql=/usr/local/mysql \
> --with-config-file-path=/usr/local/apache/conf
⊙ 명령 입력 중에 ₩를 입력하면 줄이 바뀌고 2차 프롬프트로 〉가 나타나면서 계속 입력할 수 있다.

[posein@www ~]$ \ls
⊙ ls 명령어에 alias가 특정 옵션이 기본 설정되었을 경우 무시되고 원래의 ls 명령어가 실행된다.

◉ **백쿼츠(Back quotes: ` `)**

명령어 대체(command substitution) 역할을 하는 문자로서 ` `로 묶여진 문자열은 명령어로
인식된다.

◉ 사용 예

[posein@www ~]$ echo "Current directory `pwd`"
Current directory /home/posein
⊙ ` ` 안의 pwd를 명령어로 인식하여 그 결과 값인 /home/posein을 출력한다.

1.3 셀 관리와 보안

1.3.1 리다이렉션의 이용

1 개요

리다이렉션은 >, >>, <, << 와 같이 4개의 기호를 이용해서 특정 프로세스의 입출력을 표준 입출력이 아닌 다른 입출력으로 변경될 때 사용한다. 구체적으로 실무에서 사용되는 예로 설명하면 텍스트 파일 생성, 텍스트 파일 내용 복사, 텍스트 파일에 내용 추가, 텍스트 파일 합치기, 특정 문자열을 이용해서 입력 대기 후 한 번에 내용 전송하기 등이 이에 해당한다.

✸ 사용 예

① 텍스트 파일 생성

[posein@www ~]$ cat > lin.txt
> ◉ 키보드로 입력한 내용을 lin.txt 파일로 저장하여 텍스트 파일을 생성한다. 만약 기존에 lin.txt 파일이 존재했을 경우에는 모든 내용이 사라지고 키보드로 입력된 내용만 저장된다.

② 텍스트 파일 내용 복사

[posein@www ~]$ cat lin.txt > joon.txt
> ◉ lin.txt 파일의 내용을 joon.txt 파일에 저장한다.

③ 텍스트 파일에 내용 추가

[posein@www ~]$ cat >> lin.txt
> ◉ 키보드로 입력한 내용을 lin.txt 파일의 뒷부분에 덧붙여서 저장한다. 만약 lin.txt 파일이 존재하지 않는 경우에는 lin.txt 파일을 생성한다.

[posein@www ~]$ cat lin.txt >> joon.txt
> ◉ lin.txt 파일의 내용을 joon.txt 파일의 뒷부분에 덧붙여서 저장한다.

④ 텍스트 파일 합치기

[posein@www ~]$ cat lin.txt joon.txt > linjoon.txt
> ◉ lin.txt 파일과 joon.txt 파일의 내용을 합쳐서 linjoon.txt 파일을 생성한다.

⑤ 특정 문자열을 이용해서 입력 대기 후 한 번에 내용 전송하기

```
[posein@www ~]$ vi ftp.sh
[posein@www ~]$ cat ftp.sh
#!/bin/bash
ftp -n 192.168.5.13 <<EOF
user posein password
```

```
bi
prompt
put  hack.tar.gz
bye
EOF
```

◎ ftp.sh라는 셀 스크립트를 작성하는 예제로 '〈〈'를 기호를 이용해서 입력되는 문자열들을 대기시 킨 후에 한 번에 전송한다.

② set 명령을 이용한 redirection 제한

bash에서는 set 명령의 -o 옵션을 사용해서 다양한 환경 설정이 가능하다. 〉 기호와 연관 있는 값이 noclobber이다. noclobber를 설정하면 〉 기호를 사용한 파일의 덮어쓰기를 금지한다. 다만 새로운 파일을 생성하거나 〉〉 기호를 사용한 파일의 내용 추가는 허용된다.

◈ 사용 예

$ set -o noclobber

◎ 〉 기호를 사용한 파일의 덮어쓰기를 금지한다. 'set -C' 명령과 동일하다.

$ set +o noclobber

◎ 〉 기호를 사용한 파일의 덮어쓰기를 허용한다.

1.3.2 나만의 명령어 작성: alias, function, shell script

① 개요

기본적으로 제공되는 명령어 이외에 나만의 독특한 명령어를 만들 수 있는 방법에는 alias, function, shell script가 있다. alias는 가장 손쉽게 나만의 명령어를 만들 수 있고, function은 alias보다 조금 더 복잡하게 명령어의 조합이 가능하다. function은 shell script 상에서 많이 이용하지만 개인 사용자들이 ~/.bashrc나 ~/.bash_profile에 등록해서 이용할 수 있다. 이 파일은 로그인 시에 읽혀지는 파일로 관련 내용은 메모리에 상주하게 된다. 마지막으로 shell script는 프로그래밍적 요소를 기반으로 다양한 조건과 복합적인 상황을 처리할 때 유용하다. 이러한 alias, function, shell script는 시스템에 영향을 줄 수 있는 명령어들의 사용을 숨길 수 있으므로 감시해야 한다.

◈ 사용 예

❶ alias를 이용한 su 사용 변환

```
[posein@www ~]$ alias aaa='su - root'
[posein@www ~]$ aaa
Password:
Last login: Thu Feb 20 15:07:28 KST 2020 on pts/0
[root@www ~]#
```

◎ root 사용자로 전환하는 su 명령을 aaa로 앨리어스를 설정해서 이용한다.

② function를 이용한 su 사용 변환

```
[posein@www ~]$ pwd
/home/posein
[posein@www ~]$ tail -5 .bashrc
# User specific aliases and functions
function bbb
{
  su - root
}
[posein@www ~]$ bbb
Password:
Last login: Thu Feb 20 15:26:59 KST 2020 on pts/0
[root@www ~]#
```

⊙ root 사용자로 전환하는 su 명령을 bbb라는 함수로 등록해서 이용한다.

③ shell script를 이용한 su 사용 변환

```
[posein@www ~]$ pwd
/home/posein
[posein@www ~]$ cat ccc
#!/bin/bash
su - root
[posein@www ~]$ export PATH=$PATH:$HOME
[posein@www ~]$ ccc
Password:
Last login: Thu Feb 20 16:00:03 KST 2020 on pts/0
[root@www ~]#
```

⊙ root 사용자로 전환하는 su 명령을 ccc라는 셸 스크립트로 작성해서 이용한다.

② 나만의 명령어 확인

사용자별로 이용한 명령어는 history 명령이나 ~/.bash_history 파일에서 확인이 가능하다. 의심이 가는 명령이 발견된다면 해당 사용자 전환 후에 type 명령을 실행하면 쉽게 확인할 수 있다. 다만 셸 스크립트인 경우에는 경로만 표기 되므로 cat 명령이나 vi 편집기 등을 사용해서 자세한 내용을 확인한다. type 명령을 이용하는 예는 다음 그림과 같다.

```
[posein@www ~]$ type aaa
aaa is aliased to `su - root'
[posein@www ~]$ type bbb
bbb is a function
bbb ()
{
    su - root
}
[posein@www ~]$ type ccc
ccc is /home/posein/ccc
[posein@www ~]$ cat /home/posein/ccc
#!/bin/bash
su - root
[posein@www ~]$
```

🏵 나만의 명령어와 로그

> su 명령어를 앨리어스, 함수, 셸 스크립트로 전환해서 사용해도 관련 로그인 파일인 /var/log/message 및 /var/log/secure에는 su 명령어 사용에 대한 기록이 저장되므로 로그 파일을 통한 감시는 필수이다.

셸 사용 기록: history

1 개요

bash는 기본적으로 사용자가 셸 상에서 실행한 명령을 기록하는 history 기능을 제공한다. history 라는 명령을 실행하면 확인할 수 있고, 저장되는 명령어의 개수는 HISTSIZE라는 환경 변수에 저장된 값이 기준인데 레드햇 계열 리눅스에서는 1000으로 설정되어 있다. 또한 로그인하여 실행한 명령은 로그아웃할 때에 ~/.bash_history 파일에 저장한다. 따라서 history 명령과 ~/.bash_history 파일을 검색하여 사용자의 행위를 어느 정도는 파악이 가능하다. 다만 HISTSIZE는 개인 사용자의 환경 설정 파일이라 값의 변경이 가능하고, ~/.bash_history도 개인 소유의 파일이라 개인이 주기적으로 삭제가 가능하다. 로그인한 시간과 비교해서 저장된 history가 없다거나 ~/.bash_history가 삭제된 흔적이 보인다면 의심해야할 사용자로 분류해야 한다. 그 외에도 history 필터링(filtering)이나 일부 기록만 지울 수 있으므로 관련 방법에 대해 알아본다.

2 history 필터링하기

개인 사용자가 본인이 수행한 일부 명령어를 history에 기록되지 않게 설정할 수 있다. 환경 변수 인 HISTIGNORE를 사용하면 가능하다. 여러 명령어를 필터링하는 경우에는 콜론(:)으로 구분해서 기입하면 된다.

◉ **사용법**

$ export HISTIGNORE='명령1:명령2:명령3'
  ◉ 명령1, 명령2, 명령3은 히스토리로 기록하지 않는다.

◉ **사용 예**

```
                              posein@www:~
파일(F)  편집(E)  보기(V)  검색(S)  터미널(T)  도움말(H)
[posein@www ~]$ cd
[posein@www ~]$ pwd
/home/posein
[posein@www ~]$ export HISTIGNORE='su:su -'
[posein@www ~]$ su
암호 :
su: 인증 실패
[posein@www ~]$ su -
암호 :
su: 인증 실패
[posein@www ~]$ kkk
bash: kkk: 명령을 찾을 수 없습니다...
[posein@www ~]$ history 5
   83  2020-11-04 22:47:16 cd
   84  2020-11-04 22:47:19 pwd
   85  2020-11-04 22:47:36 export HISTIGNORE='su:su -'
   86  2020-11-04 22:47:52 kkk
   87  2020-11-04 22:47:56 history 5
[posein@www ~]$
```

  ◉ su 및 'su -' 명령어에 대해 기록되지 않도록 필터링 설정을 한 결과이다. history 명령으로 확인해보면 관련 정보가 나타나지 않는다.

3 history 지우기

개인 사용자가 본인의 history 기록을 노출시키지 않기 위해서 환경 변수인 HISTSIZE의 값을 변경하거나 ~/.bash_history 파일을 지우는 방법을 사용할 수 있다. 그러나 이 경우에는 관련 기록이 완전 삭제되어서 관리자의 의심을 받을 수 있다. 따라서 일부만 삭제하는 방법 및 또 다른 방법으로 history를 없애는 방법에 대해 살펴본다.

✳ history 명령을 이용하기

history 명령에서 -c나 -d 옵션을 사용해서 기록을 지울 수 있다.

◑ 사용법

$ history [option] [히스토리_번호]

◑ 주요 옵션

옵션	설명
-c	로그인한 후에 내린 명령과 관련된 히스토리 작업 목록 전부를 삭제한다.
-d	지정한 히스토리 번호에 해당하는 작업만 삭제한다.
-w	현재까지 저장된 작업 내역을 히스토리 파일인 ~/.bash_history에 즉시 저장한다. 기존 파일에 저장된 내용을 사라지고 새롭게 저장된다.

◑ 사용 예

$ history -d 1079
  ◉ 히스토리 번호가 1079번인 작업을 삭제한다.

$ history -c
  ◉ 로그인한 후에 작업한 명령의 목록을 전부 삭제한다. 참고로 히스토리 파일인 ~/.bash_history의 내용을 그대로 보존된다.

$ history -w
  ◉ 현재까지 저장된 작업 내역을 히스토리 파일인 ~/.bash_history에 저장한다. 'history -c' 명령 후에 이 명령을 실행하면 파일에 저장된 내용의 대부분을 삭제할 수 있다.

✳ cat 명령과 /dev/null 파일 이용하기

/dev/null은 보통 데이터를 폐기할 때 사용하는 특수 파일이다. 이 파일의 내용을 cat 명령을 사용해서 출력해보면 화면에 아무런 내용도 출력되지 않는다. 이 원리를 이용해서 ~/.bash_history의 파일을 지우지 않고 내용을 전부 지울 수 있다.

◑ 사용법

$ cat /dev/null ~/.bash_history

개인 사용자의 history 조작 막기

개인 사용자 본인의 history 기록은 지우거나 관련 파일을 스스로 삭제할 수 있다. 개인 사용
자의 히스토리를 파일로 저장되게 하려면 chattr 명령을 이용해서 ~/.bash_history에 삭제는
불가하고, 계속적인 저장만 가능하도록 설정하면 된다.

사용 예

chattr +a ~posein/.bash_history

◎ posein 사용자의 history 파일을 내용 변경이나 파일 삭제 등을 막고 내용만 계속적으로 기록이
되도록 설정한다.

1.3.4 셸 기반 사용자의 로그인 제한

1 개요

사용자가 시스템에 로그인하는 과정은 크게 3단계로 나눌 수 있다. 첫 번째는 아이디 및 패스워드
를 확인하는 단계, 두 번째는 확인된 사용자에게 셸을 부여하는 단계, 세 번째는 부여된 셸에 프로
세스 번호를 할당하는 단계이다. 따라서 두 번째 단계인 사용자에게 셸 부여하는 과정을 이용하면
로그인하는 사용자에 대한 제어가 가능하다.

2 부여되는 셸 관련 정보 파일의 삭제

로그인할 때 사용자에게 부여되는 셸 관련 정보는 /etc/passwd 파일의 7번째 필드에 기록되어 있
다. 다음 그림과 같이 joon이라는 계정에 부여되는 셸을 제거해본다. 특정 사용자의 7번째 필드를
삭제해서 부여되는 셸을 제거하면 로그인이 불가능할 것 같지만 레드햇 계열 리눅스에서는 프롬프
트가 제대로 나타나지는 않지만 정상적으로 로그인이 된다. 따라서 사용자 관리할 때 7번째 필드
가 삭제된 사용자가 있는지 주시해야 한다. 특히 시스템 계정으로 위장하여 셸을 부여하지 않고
로그인이 가능하게 만들 수 있다.

```
[root@www ~]# grep joon /etc/passwd
joon:x:1001:1001::/home/joon:/bin/bash
[root@www ~]# vi /etc/passwd
[root@www ~]# grep joon /etc/passwd
joon:x:1001:1001::/home/joon:
[root@www ~]#
```

3 부여되는 셸 관련 정보 파일의 임의적 변경

로그인할 때 사용자에게 부여되는 셸 정보가 기록된 /etc/passwd 파일의 7번째 필드를 다음 그림
과 같이 존재하지 않는 /bin/abc로 변경해본다. 해당 필드의 정보가 제거되었을 경우와 같이 로그
인이 될 것 같지만 로그인이 거부된다. 따라서 특정 사용자의 로그인을 일시적으로 거부할 때 셸
부분을 변경해도 가능하다.

```
[root@www ~]# grep joon /etc/passwd
joon:x:1001:1001::/home/joon:/bin/abc
[root@www ~]#
```

④ 로그인을 막기 위한 셸 부여

일시적으로 사용자의 로그인을 막기 위한 방법으로 위에 언급된 것처럼 임의의 셸을 부여해도 되지만 표기의 일관성과 보편적인 방법을 사용하는 것이 관리하기 수월하다. 리눅스에서 전통적으로는 로그인을 막기 위해서 /bin/false(CentOS 7에서는 /usr/bin/false)이나 /sbin/nologin(CentOS 7에서는 /usr/sbin/nologin)를 부여하였다. 특히 시스템 계정은 /sbin/nologin을 부여해서 로그인이 되지 않는 사용자로 관리되고 있다. /bin/false와 /sbin/nologin의 차이점은 거부 메시지의 전송 여부에 있다. false는 항상 실패를 의미하는 종료 코드 1을 반환하는 명령이다. 따라서 자연스럽게 로그인이 거부가 된다. nologin은 /etc/nologin.txt 파일이 존재할 경우에 해당 파일의 내용을 사용자 화면에 출력해준다. 따라서 메시지 전송이 필요한 경우에는 nologin을 사용하면 된다.

⊛ 사용 예

usermod -s /bin/false posein
  ⊜ /bin/false라는 셸을 부여해서 posein 사용자의 로그인을 막는다.

usermod -s /sbin/nologin posein
  ⊜ /sbin/nologin이라는 셸을 부여해서 posein 사용자의 로그인을 막는다. /etc/nologin.txt 파일이 존재하는 경우에 해당 파일의 내용을 메시지로 출력해준다.

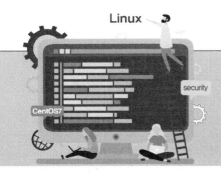

사용자 생성 및 관리

2.1 사용자(User) 관리

2.1.1 사용자의 개요

1 사용자(User)의 분류

리눅스의 사용자는 크게 root 사용자와 일반 사용자로 구분하고, 일반 사용자는 로그인이 가능한 사용자와 로그인은 되지 않고 시스템의 필요에 의해 생성된 시스템 계정으로 나눈다. root는 시스템운영에 있어서 모든 권한을 행사하므로 Privileged User 또는 Super User라고 한다. 일반 사용자는 보통 Normal user 또는 Unprivileged user라 부르는데, 시스템에 대해 제한적인 권한을 행사한다. 보통 root라는 계정 자체를 슈퍼 유저라 인식하는데, 리눅스 시스템 내부에서는 사용자를 흔히 말하는 ID(Identity)로 관리하는 것이 아니라 숫자 값 형태의 UID(User Identity)로 관리한다. 사용자의 UID는 0번부터 정수 값으로 배분되는데, root는 0이 할당되고 0번 사용자를 슈퍼유저로 인식한다. 시스템 계정을 포함하여 일반 사용자는 1번부터 부여되는데, 배포판에 따라 차이가 있다. CentOS 7 버전은 사용자 생성 시에 부여되는 UID의 시작 번호를 1000번부터 할당한다.

2 시스템 계정

리눅스 사용자 계정의 정보는 /etc/passwd 파일에 기록되는데, 이 파일에 등록된 계정을 보면 root 이외에 bin, daemon, adm, game 등 관리자가 생성하지 않는 계정들이 존재한다. 이러한 계정을 시스템 계정이라고 하는데, 말 그대로 시스템의 필요에 의해 생성된 계정이다. 리눅스는 유닉스의 영향을 받아 파일 생성할 때나 프로세스 생성 시에 반드시 소유자를 명시하도록 되어 있고, 해당 소유자의 권한을 승계하는 형태로 운영된다. 즉, root가 만든 파일이면 root 권한이고, root가 실행한 프로세스는 root 권한이 부여된다고 볼 수 있다. 시스템 계정이 없다면 모든 파일 생성과 프로세스 생성 시에 root 권한이 부여되어야 한다. 구체적으로 예를 들면 리눅스의 있는 하나의 게임을 실행하여 게임의 점수를 /etc/highscore라는 파일에 기록하도록 구성했다고 하자. root만 존재한다면 게임 실행 시에 root 권한으로 실행되고, 관련 점수는 /etc/highscore에 root 권한으로 저장이 된다. 정상적으로 동작한다면 문제가 없겠지만, 만약 프로그램의 오류로 인해 /etc/highscore 파일에 기록되어야할 정보를 /etc/inittab에 기록한다면 시스템이 부팅되지 않는 최악의 상황을 맞이하게 된다. 만약 games라는 계정을 만들어서 게임을 실행할 때 games라는 사용자 권한으로 프로세스를 생성하고, /etc/highscore에 기록하도록 한다면 시스템 상에 발생할 수 있는 문제점을 줄일 수 있게 된다.

 일반 사용자를 슈퍼유저로 전환

리눅스에서 사용자 권한은 위에 언급된 것처럼 root라는 아이디를 절대 권한자로 인정하는 것은 아니라, UID 및 GID를 기준으로 한다. 즉, 일반 사용자도 root처럼 UID와 GID를 0으로 바꾼다면 슈퍼유저로 전환된다. 예를 들면 posein이라는 아이디가 존재할 경우에 vi 편집기 등을 이용하여 /etc/passwd에서 UID 및 GID를 0으로 변환하면 root와 같은 슈퍼유저가 된다. 로그인할 때 posein이라는 계정으로 로그인 하면 root와 동일한 권한을 행사할 수 있다. 물론 현재 리눅스에서는 UID가 0이면 셸 프롬프트에서 무조건 root로 표시되기 때문에, 프롬프트는 posein 대신에 root로 표시된다.

③ root 계정 관리

리눅스 운영체제에서 사용자 보안은 관리자 계정인 root를 잘 관리하느냐에 따라 크게 좌우된다. 운영 측면에서 보면 다음과 같은 5가지의 주의 사항이 요구된다.

① root 계정 이외에 다른 슈퍼유저가 존재하는 지 점검한다. 즉, root 이외에 다른 사용자의 UID 가 0인지를 점검한다.
② PAM(Pluggable Authentication Modules)를 이용하여 root 계정으로 직접 로그인하는 것을 막는다. 특히 텔넷, ssh와 같은 원격 로그인 서비스를 통한 접근은 확실히 통제하도록 한다.
③ 관리자라고 하더라도 일반 계정으로 로그인하도록 하며, root 권한이 필요한 경우에 su 명령의 사용을 유도한다.
④ 환경 변수인 TMOUT를 설정하여 무의미하게 장시간 로그인하는 것을 막는다.
⑤ 일반 사용자에게 특정 명령어 권한만 할당해줄 경우에는 su보다는 sudo를 이용하도록 한다.

2.1.2 ▶ 사용자 생성 명령어

① 사용자 계정 생성: useradd

계정이란 시스템에 ID(Identity)와 암호(Password)를 생성하여 사용권을 부여하는 것을 말한다. 이 때 사용자의 ID를 생성하는 명령이 useradd이다. root 권한자가 root 이외의 사용자를 생성할 때 사용하는 명령어로 adduser라고 입력해도 된다.

◉ **사용법**

useradd [option] 사용자계정이름

◉ **주요 옵션**

옵션	설명
-p	사용자의 암호를 추가 시에 지정할 수 있다. 현재 리눅스에서는 암호화된 값을 사용하므로 암호화된 값으로 지정해야 한다.(--password)

-d	홈 디렉터리를 지정할 때 쓰인다. 최종 디렉터리만 생성하므로 중간 경로가 있는 경우에는 미리 생성해야 한다.(--home-dir)
-g	그룹을 지정할 때 사용하는데, 지정할 그룹이 미리 생성되어 있어야 한다. 이 옵션을 지정하지 않으면 레드햇 계열에서는 아이디와 동일한 그룹에 포함시키고, 다른 배포판에서는 users에 포함시킨다.(--gid)
-G	기본 그룹 이외에 추가로 그룹에 속하게 할 경우에 쓴다.(--groups)
-c	사용자 생성 시 사용자에 대한 설명을 설정한다.(--comment)
-s	사용자 생성 시 사용자가 이용할 셸을 지정한다.(--shell)
-D	/etc/default/useradd에 설정된 유저추가와 관련된 기본 사항들을 보여준다.(--defaults)
-m	사용자를 생성할 때 홈 디렉터리를 생성해주는 옵션으로 레드햇 리눅스는 이 옵션을 사용하지 않아도 홈 디렉터리가 생성되지만 다른 배포판에서는 생성되지 않으므로 이 옵션을 지정해야 한다. 보통 -k 옵션과 같이 사용하여 사용자 생성 시 기본적으로 부여되는 목록이 들어있는 skeldir을 지정할 때 사용한다.(--create-home)
-k	사용자 생성 시에 제공되는 환경 파일들은 기본적으로 /etc/skel로 지정되어 있는데, 이 외의 디렉터리를 지정할 때 쓰인다.(--skel)
-f	사용자의 패스워드가 만기일을 날짜수로 지정한다.(--inactive)
-e	계정의 만기일을 YYYY-MM-DD 형식으로 지정한다.(--expiredate)
-u	사용자 추가 시에 UID 값을 지정한다.(--uid)
-h	useradd 명령어의 사용법 및 주요 옵션을 화면에 출력한다.(--help)

사용 예

useradd posein

◉ posein이라는 계정을 생성한다.

useradd marine -d /home/terran/marine -g terran

◉ marine이라는 사용자를 생성하면서 홈 디렉터리의 경로 및 그룹을 지정한다. 물론 해당 디렉터리 (/home/terran)와 해당 그룹(terran)은 미리 생성되어 있어야 한다.

 위의 명령 실행 전에 아래와 같은 명령을 수행해서 미리 디렉터리와 그룹을 생성해야 한다.
mkdir /home/terran
groupadd terran

# useradd -D
GROUP=100
HOME=/home
INACTIVE=-1
EXPIRE=
SHELL=/bin/bash
SKEL=/etc/skel

◉ 사용자 생성 시 기본적으로 적용되는 정보를 확인한다. 해당 정보 파일은 /etc/default/useradd 이다.

2 사용자 암호 부여: passwd

등록된 사용자의 암호를 지정하거나 변경하는 명령어이다. 리눅스에서는 useradd로 계정을 생성한 후에 암호를 지정하지 않으면 로그인이 되지 않으므로 반드시 지정해야 한다. passwd만 입력하면 현재 로그인 사용자의 암호가 변경되고, root만 다른 사용자의 암호를 변경할 수 있다.

사용법

$ passwd [사용자명]

사용 예

[posein@www ~]$ passwd

⊙ 현재 로그인한 posein 사용자 본인의 암호를 변경한다.

[root@www ~]# passwd yuloje

⊙ yuloje라는 사용자의 암호를 변경한다.

3 사용자 전환: su

su(substitute user)는 대리 유저라는 뜻의 약어로 시스템에 로그인되어 있는 상태에서 다른 사용자의 권한으로 셸(shell)을 실행할 수 있도록 전환하는 명령이다. 대부분의 리눅스 배포판에서는 텔넷과 같이 원격에서 접속할 때 직접 root 계정으로 로그인이 불가능하도록 설정되어 있다. 따라서 관리자라고 하더라도 일반 사용자로 로그인한 뒤에 root로 전환해야 하는데, 이 때 필요한 명령이 su이다.

사용법

$ su [option] [사용자명]

⊙ 사용자명을 입력하지 않으면 root로 사용자 전환을 한다. 사용자 전환 시 해당 사용자의 패스워드를 알아야 하며, root에서 다른 사용자로 전환 시에는 패스워드를 묻지 않는다. 또한 su를 이용해 다른 사용자로 전환한 후에 원래 사용자로 돌아가려면 exit를 입력하면 된다.

주요 옵션

옵션	설명
-, -l	su 명령을 옵션 없이 실행하면 로그인한 사용자의 환경 변수 값을 가지고 다른 사람의 권한만 갖는다. 전환하려는 사용자가 실제 로그인한 것처럼 셸을 이용하려면 반드시 이 옵션을 지정해야 한다. 특히, root로 전환하는 경우 root 권한의 셸을 이용하기 위해서는 반드시 필요하다.(--login)
-c	사용자를 전환하지 않고 다른 사용자의 권한으로 명령을 일시적으로 수행할 때 사용한다.(--command)

사용 예

[posein@www ~]$ su

⊙ root 사용자로 사용자를 전환한다. root로 권한자만 바꾸지만 환경 변수 등은 기존 사용자인 posein의 환경으로 적용되어 실제 root 권한을 수행하기에는 제약이 따른다.

[posein@www ~]$ su -

⊙ root 사용자로 전환한다. 실제 root로 로그인한 것처럼 권한, 환경 변수 등 모든 환경이 root의 상태가
된다.

[posein@www ~]$ su root -c "tail /etc/shadow"

⊙ 사용자를 전환하지 않고 일회적으로 명령을 내릴 때 -c 옵션을 사용한다.

[root@www ~]# su - yuloje

⊙ yuloje 사용자로 전환한다. root인 경우에는 다른 사용자로 전환 시 패스워드를 묻지 않는다.

2.1.3 사용자 관련 파일 및 디렉터리

리눅스는 대부분의 정보를 텍스트 파일에 저장해서 관리한다. 사용자 계정 정보 역시 파일로 저장되고,
사용자를 생성할 때도 관련 파일에서 정보를 가져온다. 사용자 생성 명령어인 useradd와 관련된 파일
을 정리해보면 다음과 같다. useradd 명령을 실행하면 기본 설정은 /etc/default/ useradd에서 정보를
가져오고, /etc/skel에 들어있는 파일 및 디렉터리를 사용자에게 제공한다. 생성된 사용자의 정보는
/etc/passwd와 /etc/shadow에 기록된다(레드햇 계열 리눅스인 경우에는 생성된 사용자의 아이디와
동일한 그룹이 생성되므로 /etc/group에도 기록됨). 또한, '/home/사용자아이디'에 홈 디렉터리를 부
여받아서 파일을 생성 삭제할 수 있고, '/var/spool/mail/사용자아이디'에 메일 파일을 생성해준다.

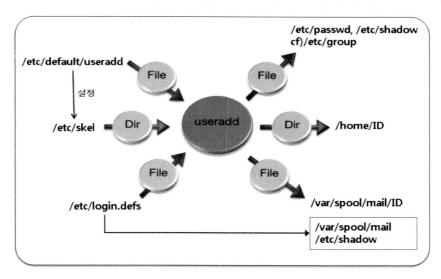

1 /etc/passwd

/etc/passwd는 시스템에 로그인하여 자원을 이용할 수 있는 사용자의 목록을 저장하고 있는 정보
파일이다. 이 파일에 기록된 사용자 정보는 그 사용자가 로그인하고, 로그아웃할 때까지 항상 시
스템이 사용자를 감시하기 위한 근거가 되는 파일이다. /etc/passwd에는 콜론(:)을 구분자로 ID,

개인의 홈 디렉터리 등 7개의 기본적인 정보를 담고 있으며, /etc/passwd의 패스워드를 다시 암호화하여 /etc/shadow에서 추가로 관리한다. 다음 그림과 같이 tail 명령(텍스트 파일의 끝부분을 보여주는 명령)을 사용해서 확인해보도록 한다.

```
                            posein@www:~                        _  □  ×

File  Edit  View  Search  Terminal  Help
[posein@www ~]$ tail /etc/passwd
nfsnobody:x:65534:65534:Anonymous NFS User:/var/lib/nfs:/sbin/nologin
pulse:x:171:171:PulseAudio System Daemon:/var/run/pulse:/sbin/nologin
gdm:x:42:42::/var/lib/gdm:/sbin/nologin
gnome-initial-setup:x:988:983::/run/gnome-initial-setup/:/sbin/nologin
avahi:x:70:70:Avahi mDNS/DNS-SD Stack:/var/run/avahi-daemon:/sbin/nologin
postfix:x:89:89::/var/spool/postfix:/sbin/nologin
sshd:x:74:74:Privilege-separated SSH:/var/empty/sshd:/sbin/nologin
tcpdump:x:72:72::/:/sbin/nologin
oprofile:x:16:16:Special user account to be used by OProfile:/var/lib/oprofile/
sbin/nologin
posein:x:1000:1000:posein:/home/posein:/bin/bash
[posein@www ~]$
```

◉ 기본 구조

username:password:UID:GID:fullname:home-directory:shell

◉ 사용 예

posein:x:1000:1000:System Engineer:/home/posein:/bin/bash

◉ 항목 설명

필드	설명
posein	사용자명으로 일명 ID라고 부른다.
x	사용자의 패스워드가 기록되는 부분으로 현재 대부분의 리눅스 배포판에서는 이 필드에 기록되는 패스워드를 암호화하여 /etc/shadow에서 별도로 관리한다.
1000	UserID로 리눅스에서는 사용자를 숫자 값으로 관리한다.
1000	GroupID로 사용자가 속한 그룹의 숫자 값이다.
System Engineer	사용자에 대한 추가적인 정보가 기록되는 부분이다.
/home/posein	사용자의 작업 디렉터리인 홈 디렉터리를 나타낸다.
/bin/bash	로그인시 사용하는 셸을 나타낸다.

❀ 버전 별 UID 범위 비교

CentOS 7 버전에서 시스템 계정(system users)에 할당되는 번호 중에 1-200까지는 레드햇에서 사용하는 시스템 프로세스에 의해 정적으로 할당되고, 201-999까지는 파일 시스템에서 파일을 소유하지 않는 시스템 프로세스에 할당된다. 또한 예외적으로 nfsnobody는 65534가 할당된다.

사용자	CentOS 6 이전	CentOS 7
root	0	0
시스템 계정	1-499	1-999
일반 사용자	500번부터 할당	1000번부터 할당

② /etc/shadow

/etc/shadow는 /etc/passwd의 두 번째 필드인 패스워드 부분을 암호화하여 관리하는데 총 9개의
필드로 구성되어 있고 패스워드 만기일, 계정 만기일 등을 설정할 수 있다. 이 파일은 오직 root만
접근할 수 있다. 다음 그림과 같이 grep 명령(문자열 검색하는 명령)으로 사용자 계정의 정보를
확인할 수 있다.

◉ 기본 구조

username:password:last:may:must:warn:expire:disable:reserved

◉ 확인 예

```
[root@www ~]# grep posein /etc/shadow
posein:$6$Bf0aj1rx7mpWHHht$IZzpEqA8seAlk.Sk89MkTu33kLx2lRUdfum4iEviAuvJEgXVEaplf
6WDPZejB4BhQBFIZDuXm2uaG5wgprZt.0::0:99999:7:::
[root@www ~]#
```

◉ 항목 설명

필드	설명
posein	사용자 이름, 즉 아이디를 나타낸다.
6.....	암호화(encode)된 사용자의 패스워드가 기록되어 있는 곳이다. $을 구분자로 3가지 영역으로 나눌 수 있다. 첫 번째 영역은 사용자 패스워드 암호화에 사용된 해시 알고리즘을 나타낸다. 6은 SHA-512를 나타낸다. 리눅스 초기에는 MD5를 사용했고, Blowfish, SHA-256 등이 사용되었다. 두 번째 영역은 해시 값을 생성할 때 사용된 솔트 값을 나타내고, 세 번째 영역이 생성된 해시 값이다.
15917	가장 최근에 패스워드를 바꾼 날로 1970년 1월 1일부터 계산한 날수이다. 15917은 2013년 7월 31일에 해당한다.
0	패스워드를 바꾼 후 최소로 사용해야 되는 날짜수로 다른 패스워드로 변경 가능하기까지의 유예기간이다. 0이면 언제라도 패스워드를 변경할 수 있다.
99999	현재 사용 중인 패스워드의 최대 사용가능한 기간, 즉 현재 패스워드 유효기간이다. 99999이면 패스워드를 변경하지 않고 계속사용가능하다는 것을 의미한다.
7	패스워드 사용기한이 만료되기 전에 사용자에게 바꿀 것을 경고하는 기간이다.
3	패스워드 사용기한이 만료된 뒤에 실제 계정 사용이 불가능하기까지 기간으로 일종의 유예기간이다.
16070	계정 만기일로 계정 사용 불가능하게 된 날 또는 불가능하게 되는 날이다. 역시 1970년 1월 1일부터 계산한 날 수이고, 16070은 2013년 12월 31일을 의미한다.
공백 (9번째 필드)	다른 기능을 사용하기 위해 남겨둔 예약된 공간으로 아직 사용하지 않고 있다.

 관련 명령어: pwconv, pwunconv

현재 대부분의 리눅스 배포판에서는 사용자의 패스워드를 /etc/passwd가 아닌 /etc/shadow에서 관리하고 있다.
만약, /etc/passwd에서 관리하려면 pwunconv라고 입력하면 되고, 다시 /etc/shadow에서 관리하려면 pwconv
라고 입력하면 된다. 그러나 패스워드의 효율적 관리와 보안측면에서는 /etc/shadow를 사용하는 것이 좋다.

관련 명령어: pwck

> pwck는 Password Check의 약자로 사용자 관련 파일인 /etc/passwd와 /etc/shadow를 점검해준다. pwck가
> 점검하는 일에는 각 사용자의 필드 개수 검사, 아이디 중복 유무 검사, 유효한 사용자 여부 검사, 유효한 UID 및
> GID 여부 검사, 사용자의 Primary 그룹 존재 유무 검사, 홈 디렉터리 존재 유무 검사, 로그인 셸 검사 등을 한다.

③ /etc/default/useradd

/etc/default/useradd는 별도의 옵션 없이 'useradd 사용자명'으로 계정 생성 시에 기본적으로 적용되는 설정이 들어있는 파일이다. cat 명령(텍스트 파일의 전체 내용을 출력해주는 명령)으로 확인하거나 'useradd -D'를 입력하면 확인가능하다.

```
File  Edit  View  Search  Terminal  Help
[root@www ~]# useradd -D
GROUP=100
HOME=/home
INACTIVE=-1
EXPIRE=
SHELL=/bin/bash
SKEL=/etc/skel
CREATE_MAIL_SPOOL=yes
[root@www ~]#
```

⬡ 항목 설명

항목	설명
GROUP=100	사용자 생성 시에 기본적으로 속하게 되는 그룹을 지정한 부분으로 GID가 100인 users라는 그룹에 속하게 된다. 그러나 레드햇 리눅스는 이 값을 적용하지 않고, 사용자 아이디와 동일한 그룹을 생성한 뒤에 그 그룹에 사용자 혼자 속하게 된다.
HOME=/home	홈 디렉터리의 위치로 사용자를 생성하면 '/home/사용자명'이 된다.
INACTIVE=-1	패스워드의 사용 기한이 지난 뒤 실제로 계정의 로그인을 막는 유예기간을 설정하는 것이다. -1은 상징적인 의미로 설정되지 않았음을 뜻한다. 0은 유예기간 없음이고, 3이라고 설정하면 패스워드 유효기간이 지난 후 3일내에는 로그인이 가능하다. 설정되는 기본 값은 리눅스 버전에 따라 다르다.
EXPIRE=	계정 유효기간을 지정하는 부분으로 '2020-12-31'와 같은 날짜로 지정한다.
SHELL=/bin/bash	사용자 생성 시에 할당되는 셸을 의미한다.
SKEL=/etc/skel	사용자 생성 시에 제공되는 파일 및 디렉터리가 들어 있는 디렉터리를 의미한다.
CREATE_MAIL_SPOOL=yes	사용자 생성 시에 메일 파일을 생성할 것인지를 지정하는 항목이다. yes로 설정하면 '/var/spool/mail/사용자명'으로 메일 관련 파일이 생성된다.

④ useradd 명령을 /etc/default/useradd 파일 관리

⬡ 사용법

useradd - D option

◉ 주요 옵션

옵션	설명
-D	사용자 추가 시에 기본적으로 반영되는 정보 파일인 /etc/default/useradd의 내용을 출력한다. 이 파일의 설정을 변경하려면 이 옵션과 함께 아래의 옵션 등을 사용해야 한다.
-g	기본 그룹을 지정한다. 여기에서 지정하는 값은 /etc/group내에 있어야 한다. 리눅스 표준인 LSB(Linux Standard Base)를 따라가는 리눅스 배포판인 경우에는 기본 그룹 지정이 가능하나, 레드햇 계열 리눅스에서는 설정하면 /etc/default/useradd 파일에 변경된 값이 반영은 되나 실제 사용자 추가 시에는 적용되지 않고 있다.
-b	사용자 홈 디렉터리의 상위 디렉터리를 지정한다.
-f	INACTIVE 행과 관련된 옵션으로 패스워드 유효기간이 만료된 후에 언제 이 계정을 사용할 수 없도록 할 것인지를 하루단위로 설정한다.
-e	사용자의 계정이 만료일을 지정하는 옵션이다.
-s	사용자의 기본 셸을 지정할 때 사용하는 옵션이다.

◉ 사용 예

useradd -D -b /home2 -s /bin/csh

◉ 사용자 홈 디렉터리가 생성되는 디렉터리를 /home2로 바꾸고, 기본 셸은 /bin/csh로 지정한다. 변화된 내용은 /etc/default/useradd 파일에 기록된다.

useradd -D -e 2015-12-31

◉ 계정 만기일을 2015년 12월 31일로 지정하여 /etc/default/useradd 파일에 기록한다.

5 /etc/login.defs

/etc/login.defs에는 메일 디렉터리, 패스워드 관련 설정(최대 사용기한, 최소 사용기한, 최소 길이, 만기 이전 경고 주는 날짜), UID의 최솟값 및 최댓값, GID의 최솟값 및 최댓값, 홈 디렉터리 생성 여부, 기본 UMASK 값, 패스워드에 적용하는 암호화 알고리즘 등이 정의되어 있다.

◉ 주요 항목

MAIL_DIR   /var/spool/mail

◉ 사용자의 mail 디렉터리를 지정한다.

PASS_MAX_DAYS   99999

◉ 패스워드 최대 사용 기간을 지정한다.

PASS_MIN_DAYS   0

◉ 패스워드 변경 후에 사용하는 최소 기간을 지정한다. 0이면 패스워드 변경의 제한이 없다.

PASS_MIN_LEN   5

◉ 패스워드 최소 길이를 지정한다.

PASS_WARN_AGE   7
- 패스워드 만기일 도래 전에 경고를 보여주는 날짜를 지정한다.

UID_MIN   1000
- UID의 최솟값을 지정한다. 사용자를 추가하면 해당 UID 값부터 할당된다.

UID_MAX   60000
- UID의 최댓값을 지정한다. 사용자를 추가하면 해당 UID 값까지만 할당된다.

SYS_UID_MIN   201
- 시스템 계정의 UID 최솟값을 201로 지정한다.

SYS_UID_MAX   999
- 시스템 계정의 UID 최댓값을 999로 지정한다.

GID_MIN   1000
- GID의 최솟값을 지정한다.

GID_MAX   60000
- GID의 최댓값을 지정한다.

SYS_GID_MIN   201
- 시스템 계정의 GID 최솟값을 201로 지정한다.

SYS_GID_MAX   999
- 시스템 계정의 GID 최댓값을 999로 지정한다.

CREATE_HOME   yes
- 사용자 추가 시에 홈 디렉터리 생성 여부를 지정한다. 참고로 레드햇 계열 리눅스인 경우에는 기본적으로 홈 디렉터리를 제공하지만, 타 배포판에서는 홈 디렉터리를 기본적으로 제공하지 않는 경우가 있으므로 사용자 추가 시에 홈 디렉터리를 생성하려면 -m 옵션을 써야 한다.(🖥 useradd -m posein)

UMASK   077
- 사용자의 umask 값을 설정할 때 사용하는데, 077이면 사용자의 생성 값은 022가 된다. 참고로 레드햇 계열 리눅스에서는 /etc/profile에 사용자의 umask 값을 002로 지정하여 사용한다.

USERGROUPS_ENAB yes
- 레드햇 계열 리눅스에서 옵션 없이 사용자를 추가하면 본인아이디와 동일한 그룹을 생성하여 포함시킨다. 이 때 사용자를 제거하면 해당 그룹도 같이 제거하도록 하는 설정이다.

ENCRYPT_METHOD SHA512
- 사용자 패스워드에 사용할 암호화 알고리즘을 지정하는 설정이다. 현재 설정은 SHA-512를 사용한다.

6 /etc/skel

/etc/skel 디렉터리는 사용자 생성 시에 기본적으로 제공되는 파일이나 디렉터리나 위치한다. 사용자 생성 시에 www이나 bin과 같은 디렉터리를 기본적으로 제공하려면 이 디렉터리 안에 생성해두면 된다.

◉ 확인 예

```
[root@www ~]# ls -al /etc/skel
total 28
drwxr-xr-x.   3 root root    78 Jan  4 12:15 .
drwxr-xr-x. 156 root root 12288 Feb  1 11:38 ..
-rw-r--r--.   1 root root    18 Apr  1 2020 .bash_logout
-rw-r--r--.   1 root root   193 Apr  1 2020 .bash_profile
-rw-r--r--.   1 root root   231 Apr  1 2020 .bashrc
drwxr-xr-x.   4 root root    39 Jan  4 12:14 .mozilla
[root@www ~]#
```

　◉ CentOS 7.9(2009)의 확인 예로 사용자를 추가하면 3개의 파일과 하나의 디렉터리가 제공된다.

◉ 응용 예

mkdir /etc/skel/www

　◉ 사용자를 추가하면 www이라는 디렉터리도 제공된다.

2.1.4　사용자 계정 관리 및 삭제

1 사용자 계정 관리: usermod

사용자의 셸, 홈 디렉터리, 그룹, UID, GID 등을 변경하는 명령어로 사용자 관련하여 대부분의 정보를 변경할 수 있다.

◉ 사용법

usermod [option] 사용자계정

◉ 주요 옵션

옵션	설명
-d	사용자의 홈 디렉터리를 변경한다. 변경할 디렉터리는 미리 생성되어야 한다. -m과 같이 사용하면 사용하던 홈 디렉터리의 파일과 디렉터리도 같이 옮겨주므로 이 경우에는 디렉터리를 생성하지 않아도 된다.(--home)
-m	사용자의 홈 디렉터리 변경 시 기존에 사용하던 파일 및 디렉터리를 옮겨주는 옵션으로 -d와 함께 쓰인다.(--move-home)
-g	사용자의 그룹을 변경한다.(--gid)
-s	사용자의 셸을 변경한다.(--shell)
-u	사용자의 UID 값을 변경한다.(--uid)
-e	계정만기일을 변경한다. YYYY-MM-DD 또는 MM/DD/YY 형태로 지정한다.(--expiredate)
-f	패스워드 만기일이 지난 후 패스워드에 Lock을 설정할 유예기간을 지정한다.(--inactive)

옵션	설명
-c	사용자의 간단한 정보를 입력하거나 변경한다.(――comment)
-G	추가로 다른 그룹에 속하게 할 때 쓰인다.(――groups)
-a	-G 옵션과 같이 사용하는 옵션으로 기존의 2차 그룹 이외에 추가로 2차 그룹을 지정할 때 사용한다.(――append)
-p	/etc/shadow의 2번째 필드인 암호화된 패스워드 값을 변경할 때 쓴다. 이 옵션 사용할 때는 암호화된 값으로 값을 지정해야 한다.(――password)
-l	사용자아이디를 변경한다.(――login)
-L	사용자의 패스워드에 잠금(Lock)을 걸어 로그인을 막는다.(――lock)
-U	사용자의 패스워드에 설정된 잠금(Lock)을 푼다.(――unlock)

💮 사용 예

 # usermod -d /home2/posein -m posein

◎ posein이라는 사용자의 홈 디렉터리를 /home2/posein으로 변경하고 -m 옵션은 내용도 새로운 위치로 옮겨준다. 단, /home2라는 디렉터리는 미리 생성되어 있어야 한다.

 # usermod -g terran drone

◎ drone이라는 사용자의 그룹을 terran으로 변경한다.

 # usermod -s /bin/false posein

◎ posein이라는 사용자의 셸을 /bin/false로 바꾸지만 실질적으로 존재하는 셸이 아니므로 일시적인 사용자의 계정을 제한할 때 쓰인다.

 # usermod -e 2020-12-22 jalin

◎ jalin이라는 사용자의 계정만기일을 2020년 12월 22일로 지정한다.

 # usermod -G IHD posein

◎ posein이라는 사용자를 'IHD'이라는 그룹에 추가로 속하게 한다.

 # usermod -l yuloje posein

◎ posein이라는 아이디를 yuloje로 변경한다.

🏵 **사용자 ID 변경 시 고려할 점**

사용자 ID 변경할 경우에는 사용자의 홈 디렉터리도 고려해야 한다. 보통 posein 사용자의 홈 디렉터리가 /home/posein이다. 만약 아이디를 yuloje로 변경한다면 관리자가 알아서 홈 디렉터리도 /home/yuloje로 변경해야 한다. 따라서 아이디 변경 시 -l만 사용할 것이 아니라 -d, -m도 같이 사용해야 한다.

🔲 usermod -l yuloje -d /home/yuloje -m posein

2 사용자 계정 삭제: userdel

사용자 계정을 삭제하는 명령어이다.

◉ 사용법

userdel [option] 사용자계정

◉ 주요 옵션

옵션	설명
-r	사용자의 홈 디렉터리 및 메일 관련 파일까지 제거한다.(--remove)

◉ 사용 예

userdel posein

> ◉ posein이라는 사용자의 계정을 삭제한다.

🌼 *사용자 계정 삭제 시 고려할 점*

userdel 명령만 실행하면 /etc/passwd 및 /etc/shadow에 등록된 정보가 삭제되면서 사용자가 제거된다. 그러나 사용자의 홈 디렉터리를 비롯한 관련 파일들이 같이 제거가 되지는 않는다. 따라서 해당 사용자의 관련 파일을 모든 제거하려면 일일이 찾아서 삭제해주거나 -r 옵션을 사용하여야 한다. 또한 E-mail을 사용하고 있던 경우에는 E-mail 파일도 지워야 한다.

예 # rm -rf /home/posein
   # rm -rf /var/spool/mail/posein

---

userdel -r posein

> ◉ 사용자의 계정뿐만 아니라 사용하던 홈 디렉터리와 홈 디렉터리안의 모든 파일 및 디렉터리, 메일 관련 파일도 제거한다.

2.1.5 사용자 패스워드 관리

1 사용자 패스워드 관리(1): passwd

passwd은 기본적으로 패스워드를 부여하거나 패스워드를 변경하는 명령이지만, 계정을 사용하지 못하게 하거나 패스워드 만기일 및 유효기간 등을 설정할 수 있다.

◉ 사용법

passwd [option] 사용자계정

◉ 주요 옵션

옵션	설명
-S	사용자에 대한 패스워드 정보를 알 수 있다.
-l	사용자의 패스워드에 잠금(lock)을 걸어 로그인을 막는다.(--lock)
-u	사용자에게 설정되어 있는 패스워드 잠금을 푼다.(--unlock)

-d	사용자의 패스워드를 제거한다. 패스워드 없이 로그인이 가능하다.
-n	패스워드 변경까지의 최소 날짜의 설정한다. 즉, 패스워드 변경 후 최소로 사용해야 되는 날짜수이다.
-x	현재 패스워드의 유효기간을 지정한다. 즉, 패스워드 최대 사용가능한 날짜수이다.
-w	패스워드 만료 전 경고 날짜를 지정한다.
-i	패스워드 만료된 뒤에 사용자 계정사용이 실제 로그인이 불가능하게 되기까지의 유예기간을 설정한다.
-e	다음 로그인 시에 반드시 패스워드를 변경하도록 할 때 사용한다. 이 옵션을 사용하면 /etc/shadow 의 세 번째 필드의 값이 0으로 설정된다.

☀ 사용 예

```
                              root@localhost:~                          -  □  ×
파일(F)  편집(E)  보기(V)  검색(S)  터미널(T)  도움말(H)
[root@localhost ~]# passwd -S posein
posein PS 2018-01-13 0 99999 7 -1 (Password set, SHA512 crypt.)
[root@localhost ~]#
```

◎ posein의 패스워드 정보를 출력한다. PS는 패스워드가 세팅되었다는 것을 의미하고, 2018-01-13은 최근에 패스워드를 설정 또는 변경한 날, 패스워드 변경 후 최소 보유일(may), 패스워드 최대 보유일(must), 패스워드 만기일 전 경고일, 패스워드 만기 후 계정이 불가능하게 되기 전 유효기간을 나타낸다. 마지막으로 패스워드에 적용된 암호화 알고리즘을 알려준다.

passwd -l posein

◎ posein의 패스워드에 잠금을 설정해서 로그인을 막는다. /etc/shadow의 패스워드 필드인 두 번째 필드 맨 앞에 '!!'를 넣어서 로그인을 막는다.

passwd -u posein

◎ posein의 패스워드 잠금을 해제한다.

passwd -d yuloje

◎ yuloje의 패스워드를 제거한다. 즉, /etc/shadow의 2번째 필드인 패스워드 부분의 내용이 삭제되며, 이 경우 패스워드 없이 아이디만 입력하면 로그인이 되므로 주의해야 한다.

passwd -n 3 -x 200 -w 5 -i 10 yuloje

◎ yuloje의 패스워드는 최대 200일간 사용할 수 있고, 변경하면 최소 3일 동안은 변경할 수 없도록 설정한다. 또한 패스워드 사용기한 만료 전 5일부터 경고 메시지를 보내주고, 패스워드 만료된 뒤에 약 10일간의 유예기간을 설정한다.

passwd -e jalin

◎ jalin 사용자가 다음 로그인시에 패스워드를 반드시 바꾸도록 설정한다.

② 사용자 패스워드 관리(2): chage

chage는 사용자의 패스워드에 대한 정보를 출력하고 설정하는 명령이다. /etc/shadow의 날짜 관련 필드 설정을 모두 할 수 있는 명령이다.

☀ 사용법

chage [option] 사용자계정

☀ 주요 옵션

옵션	설명
-l	사용자의 패스워드에 대한 정보를 보여준다.(――list)
-d	/etc/shadow의 3번째 필드에 해당하는 값인 최근 패스워드를 바꾼 날(1970년 1월 1일부터 계산한 날짜수)을 수정한다.(――lastday)
-m	패스워드 변경의 최소 날짜를 지정한다. 즉 패스워드 변경 후 일정기간 사용하는 최소 날짜수를 지정한다.(――mindays)
-M	패스워드를 변경 없이 사용가능한 최대 날짜를 지정한다. 즉, 한번 설정한 패스워드의 만기일을 지정한다.(――maxdays)
-I	패스워드 최대 사용기간 만료 후에 실제 패스워드에 잠금(LOCK)을 설정하기까지의 유예기간을 지정한다.(――inactive)
-E	계정이 만기되는 날을 지정한다. MM/DD/YY 또는 YYYY―MM―DD 형태로 지정한다. (――expiredate)
-W	패스워드 만료 전 변경을 요구하는 경고 날짜를 지정한다.(――warndays)
-h	명령어의 사용법 및 주요 옵션 정보를 간략히 출력한다.(――help)

☀ 사용 예

```
                                    root@www:~                        _  □  ×
File  Edit  View  Search  Terminal  Help
[root@www ~]# chage -l posein
Last password change                                : Jul 25, 2017
Password expires                                    : never
Password inactive                                   : never
Account expires                                     : never
Minimum number of days between password change      : 0
Maximum number of days between password change      : 99999
Number of days of warning before password expires   : 7
[root@www ~]#
```

  ◎ posein 사용자의 패스워드 정보를 출력한다.

chage ‐m 10 ‐M 100 ‐W 5 ‐I 3 posein

  ◎ posein의 패스워드의 최소 사용날짜는 10일, 최대 사용가능한 날은 100일로 설정한다. 또한, 패스워드 만기일로부터 5일전에 경고 메시지를 보내주고, 만기일이후 3일이 지나도 변경하지 않으면 패스워드에 잠금을 설정해서 로그인을 막는다.

chage ‐E 2020-12-22 yuloje

  ◎ yuloje의 계정 만기일을 2020년 12월 22일로 설정한다.

chage ‐d 17544 jalin

  ◎ jalin의 패스워드 변경일(/etc/shadow의 3번째 필드 값)을 17544(2018년 1월 13일)로 수정한다.

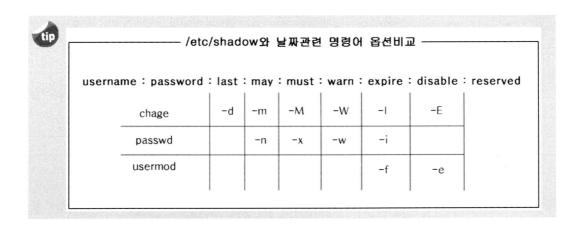

─── /etc/shadow와 날짜관련 명령어 옵션비교 ───

username : password : last : may : must : warn : expire : disable : reserved

	last	may	must	warn	expire	disable	reserved
chage	-d	-m	-M	-W	-l	-E	
passwd		-n	-x	-w	-i		
usermod					-f	-e	

③ chpasswd

사용자의 패스워드를 변경하는 명령어로 보통 여러 사용자들을 한 번에 패스워드를 변경할 때 사용한다. 참고로 사용자 패스워드에 사용되는 암호화 알고리즘은 RHEL 4 이전 버전에서는 DES, RHEL 5 및 6 MD5, RHEL 7부터는 SHA-512를 사용한다.

◉ 사용법

chpasswd [option] [< 파일]

　◎ chpasswd는 '사용자명:암호' 형태로 지정해야 한다.

◉ 주요 옵션

옵션	설명
-e	암호화된 패스워드 값을 사용할 경우에 지정한다.(--encrypted)
-c	패스워드에 사용될 암호화 알고리즘을 지정할 때 사용하는 옵션으로 DES, MD5, SHA256, SHA512 등을 지정할 수 있다.(--crypt-method)
-m	암호화 알고리즘으로 MD5를 사용할 때 지정하는 옵션이다.(--md5)

◉ 사용 예

```
root@localhost:~                      -  □  ×
파일(F)  편집(E)  보기(V)  검색(S)  터미널(T)  도움말(H)
[root@localhost ~]# chpasswd
lin:1234
```

　◎ 셸에서 chpasswd 명령을 실행 시킨 후에 '아이디:패스워드' 형식으로 입력한 후에 [ctrl]+[d]를 눌러서 종료시키면 된다. 위 예제는 lin이라는 계정의 패스워드를 1234로 지정하는 예이다. CentOS 7 버전에서는 옵션 없이 실행하면 자동으로 SHA-512 알고리즘이 적용된다.

```
                                    root@www:~                          _ □ x
파일(F) 편집(E) 보기(V) 검색(S) 터미널(T) 도움말(H)
[root@www ~]# egrep 'lin|joon' /etc/shadow
lin:!!:17547:0:99999:7:::
joon:!!:17547:0:99999:7:::
[root@www ~]# cat password.txt
lin:1234
joon:1234
[root@www ~]# chpasswd < password.txt
[root@www ~]# egrep 'lin|joon' /etc/shadow
lin:$6$aTC4K/A72mL$82tFf5fuk2NcrUzAIVFOyfjHzDU.FUAOmEKRS4bl6VSAe70YYRD6suJqUMJcF
SYLUngReihsLLIRAyklc6m441:17547:0:99999:7:::
joon:$6$r.axI/D1CpZ$hAcvkYjCFYJt.eQeBF3FityIPp7UQHu6ny128sXhyQMO5a7PUfZNtD.gpLKR
3dcI4sZSqgsCCrPoU523RgWCc.:17547:0:99999:7:::
[root@www ~]#
```

○ '아이디:패스워드' 형식으로 미리 작성해둔 경우에 입력 전환 리다이렉션 기호(⟨)를 사용해서 바로 적용
  이 가능하다. 다수의 사용자의 패스워드 지정 시에 사용하면 유용하다. 참고로 CentOS 7의 일부 버전에
  서는 실행되지 않을 수도 있다.

2.1.6 사용자 패스워드와 해시 알고리즘

리눅스에서는 사용자의 패스워드 정보를 숨기기 위해서 해시 알고리즘을 사용한다. 또한 패스워드
를 더욱 안전하게 보관하기 위해서는 원래의 정보를 숨기는 기능 이외에 사용자들이 같은 패스워
드를 설정하더라도 암호화된 값은 달라야 한다. 그러나 해시 알고리즘을 사용하든 암호화 알고리
즘을 사용하든 기본적인 알고리즘 체제에서는 불가능하다. 즉 특정 값에 대해서 나오는 해시 값은
항상 동일하다. CentOS 7 버전 계열 리눅스에서 2개의 계정인 lin과 joon을 생성한 뒤에 동일하게
1234라고 패스워드를 부여한 뒤에 /etc/shadow를 비교해보면 다음 그림과 같다.

```
                                    root@www:~                          _ □ x
파일(F) 편집(E) 보기(V) 검색(S) 터미널(T) 도움말(H)
[root@www ~]# egrep 'lin|joon' /etc/shadow
lin:$6$aKhWtrSj$ZDzFka6G4e9Rqz1YaeznoCW5FT3Qso8dDOg/wuyZBQ.Pd79F0SUI9Vp7hRIB1UHg
BtLF.WsRGZ5U67gCX6GPQ.:18453:0:99999:7:::
joon:$6$.HamM6yR$gwVHhXRIYeuRIdfF8O7B9lpKkHCAxrx6vNB24ewy78ZdGaKuIkftIhI1wqDIKam
N6eweCpjl80pszfYTKH2ID1:18453:0:99999:7:::
[root@www ~]#
```

동일한 패스워드에 대한 해시 값 비교

SHA-512 해시 알고리즘이 적용된 후 기록되는 /etc/shadow의 2번째 필드를 비교하면 값이 다른
것을 확인할 수 있다. 어떠한 알고리즘을 사용한다고 해도 동일한 입력 값에서 결과로 나오는 암호
화된 값은 동일하게 된다. 그렇다면 리눅스 운영체제에서는 이러한 문제를 어떻게 해결한 것인지
의문이 들 수도 있다. 보통 /etc/shadow의 2번째 필드에서 $6으로 시작하는 문자열 전부를 해시
값이라고 생각하는 경우가 많은데, 실제 구성은 $를 필드 구분자로 해서 3부분으로 나뉜다. 즉,
'$해시알고리즘표기값$솔트값$해시값'으로 구성된다. 해시 알고리즘 표기 값은 어떠한 해시 알고
리즘을 사용했는지를 나타내는 영역으로 리눅스에서는 보통 1 또는 6으로 표기된다. 1은 MD-5
알고리즘을 뜻하고, 6은 SHA-512 알고리즘을 나타낸다. 솔트 값(Salt Value)은 음식에 첨부하는
소금처럼 동일한 입력 값에 첨가하여 서로 다른 해시 값을 갖도록 하는 역할을 한다. 해시 값은

사용자가 입력한 패스워드와 두 번째 필드에 명기된 솔트 값을 첨가하여 생성된다. 위 그림에서 보면 lin과 joon이라는 계정 모두 1234라는 패스워드를 설정했지만 서로 다른 솔트 값인 'aKhWtrSj'와 '.HamM6yR'를 사용해서 서로 다른 해시 값을 만들어낸 것을 알 수 있다.

해시 알고리즘 초기 값

Identifier	Scheme	Hash Function	salt 문자수	salt 비트
1	MD5-crypt	MD5	8	64
2a	B-crypt	Blowfish	8	64
md5	Sun MD5	MD5	8	64
5	SHA-crypt	SHA-256	16	128
6	SHA-crypt	SHA-512	16	128

1 MD5 알고리즘 사용 분석

리눅스 초창기부터 사용되었던 MD5 알고리즘을 이용한 해시 값을 알아보려면 기본적으로 설치된 openssl 명령을 사용하면 된다. 명령행에서 'openssl passwd -1'을 이용하면 되는데, 자동적으로 솔트 값이 적용되어 생성된다. 만약 임의적으로 솔트 값을 첨가하여 해시 값을 생성하려면 'openssl passwd -1-salt 솔트값' 형식으로 실행하면 된다. 다음 그림은 1234에 대한 MD5 해시 값을 생성하는 예이다. 솔트 값을 지정하지 않으면 임의로 8자의 솔트 값을 지정해서 해시 값을 생성하고, 지정하면 해당 솔트 값으로 해시 값을 생성한다.

```
                                    root@www:~
파일(F)  편집(E)  보기(V)  검색(S)  터미널(T)  도움말(H)
[root@www ~]# openssl passwd -1
Password:
Verifying - Password:
$1$63Rm/.bd$6ZWrY03D7gdaplr3sX9H5/
[root@www ~]# openssl passwd -1 -salt r.axI/Kj
Password:
$1$r.axI/Kj$rGJflM87QDCRPAOGFIitl1
[root@www ~]#
```

openssl 명령을 이용한 MD5 해시 값 생성 예

2 SHA-512 알고리즘 사용 분석

최근 대부분의 리눅스 배포판에서 사용자 패스워드 관리에 기본적으로 적용되는 SHA-512 알고리즘은 암호화 관련 함수인 crypt( )을 이용해서 확인할 수 있다. 명령행에서는 perl 명령을 이용해서 확인할 수 있다. 사용법은 perl -e 'print crypt("패스워드값", "₩$6₩$솔트값");' 형태로 검증이 가능하다. 다음 그림은 두 명의 사용자인 lin 및 joon 사용자의 패스워드를 1234로 설정하고 perl 명령과 crypt( ) 함수를 통해 검증하는 예이다.

crypt 함수를 이용한 SHA-512 해시 값 검증 예

2.1.7 패스워드 설정에 대하여

1 좋은 패스워드

가장 좋은 패스워드는 본인은 기억하기 쉬운데 다른 사람이 알아내기는 힘든 패스워드라고 할 수 있다. 쉽게 기억해내기 위해 본인에게 의미 있는 생일, 기념일, 전화번호, 자동차번호 등을 연계해서 패스워드를 설정하는 경우가 있는데 상당히 위험하다고 볼 수 있다. 해커들은 유출된 개인 정보를 이용하거나 소셜 네트워크 등을 통해서 대상이 되는 사용자의 정보를 상당 부분 가지고 있는 경우가 많다. 따라서 개인 정보와 연관된 패스워드 설정은 최대한 피하는 것이 좋다.

리눅스에서도 패스워드 무작위 대입법과 같은 공격에 대비해 패스워드 설정이나 변경 시에 좋은 패스워드를 선택하도록 엄격히 관리되고 있다. 패스워드 설정 시에 다음과 같이 3가지를 적용하면 좋은 패스워드가 될 수 있다.

✸ 패스워드 설정 시 고려할 것

① 특수문자를 반드시 포함하도록 한다.
② 대소문자를 섞어 쓰도록 한다.
③ 공백([SPACE])도 같이 사용한다.

2 나쁜 패스워드

설정된 패스워드가 해당 사용자의 개인 정보와 연관 있다면 당연히 좋은 패스워드라고 할 수 없다. 외적으로 보면 John The Ripper와 같은 패스워드 크래킹(Cracking) 도구로 알아낼 수 있다면 나쁜 패스워드라고 할 수 있다. 다음과 같은 패스워드 설정은 피해야 한다.

✸ 나쁜 패스워드 설정 예

① 사용하는 ID와 동일한 패스워드
② 1234와 같이 숫자로만 되어 있거나, 연번으로 되어 있는 패스워드
③ 사용하는 시스템의 이름과 같은 패스워드

④ 사용자의 전화번호, 생일, 자동차번호, 기념일 등 개인 정보와 연관된 패스워드

⑤ 영어사전에 나오는 단어로 만든 패스워드

   (예 password, welcome, baseball, football, master, login 등)

⑥ 키보드위의 같은 선상에 있는 글쇠들의 연속해서 만든 패스워드

   (예 qwer, asdf 등)

⑦ 동일한 글자의 반복해서 만든 패스워드

   (aaaa, bbbb 등)

③ 패스워드 변경 시 발생하는 에러 메시지

① BAD PASSWORD: it's WAY too short 또는 BAD PASSWORD: it is too short

◎ 패스워드의 길이가 짧은 경우에 나타난다. 배포판에 따라 다르지만 최소 5자 이상 설정해야 한다.(내부적으로는 패스워드 설정은 credit라는 것을 사용한다. 아래의 참고에서 설명)

② BAD PASSWORD: is a palindrome

◎ 동일한 문구를 반복했을 경우에 나타난다. 예를 들면 ab를 반복해서 설정하는 경우가 이에 해당한다.

③ Sorry, passwords do not match

◎ 패스워드 변경할 때에는 두 번 입력하도록 되어 있는데, 동일하지 않으면 나타난다.

④ BAD PASSWORD: it is based on your username

◎ 패스워드에 사용자의 아이디가 들어있는 경우에 나타난다.

⑤ Password unchanged

◎ 현재 패스워드와 동일하게 입력한 경우에 나타난다.

⑥ BAD PASSWORD: is too similar to the old one

◎ 현재 패스워드와 유사하거나 숫자 하나정도만 바뀐 경우에 나타난다.

⑦ passwd: Authentication token manipulation error

◎ 패스워드 변경하기 전에 현재 사용 중인 패스워드를 물어보는데 틀린 정보를 입력하면 나타난다.

⑧ BAD PASSWORD: it is based on a dictionary word

◎ 새로 변경하는 패스워드에 사전 속 들어간 단어가 포함되어 있는 경우에 나타난다.

⑨ passwd: Only root can specify a user name.

◎ 일반 사용자가 다른 사용자의 패스워드 변경을 시도한 경우에 나타난다.

⑩ BAD PASSWORD: it does not contain enough DIFFERENT characters

◎ 여러 문자로 섞어서 패스워드를 설정해야 하는데 한 두 개의 문자로 패스워드를 설정하는 경우에 나타난다.

⑪ BAD PASSWORD: it too simple

◎ 패스워드가 너무 단순하게 설정하는 경우에 나타난다.

패스워드 변경 성공 시 메시지

passwd: all authentication tokens updated successfully

◎ 두 번에 걸쳐 동일하게 잘 입력하면 나타나는 성공 메시지이다.

> ### 패스워드 최소 길이 설정과 크레디트(credit)
>
> 리눅스에서 패스워드 변경할 때는 PAM(Pluggable Authentication Module: 착탈형 인증 모듈)의 적용을 받는다. 사용자가 입력한 패스워드는 시스템이 정한 패스워드 정책과 비교 및 검사를 시행하는 데, pam_cracklib.so 모듈이 이 역할을 수행한다. 이 모듈은 크레디트(credit)라는 것을 사용한다. 일반적으로 minlen=12 이면 최소 패스워드의 길이를 12자로 설정하라는 의미로 해석한다. 그러나 credit이라는 값이 부여되면 minlen의 값에서 credit만큼 최소의 길이를 줄여준다. 기본적으로 소문자 사용, 대문자 사용, 숫자 사용, 특수문자 사용에 1 credit씩 할당되어 있다. 만약 minlen의 길이가 12일 때 패스워드를 gksskaeo1!이라고 설정했다고 가정하면 실제 길이가 10자이므로 사용이 불가능해야 하지만 소문자, 숫자, 특수문자를 사용했으므로 3 credit를 부여받는다. 따라서 총 13 credit이므로 사용이 가능하게 된다.

2.2 그룹 관리

2.2.1 그룹의 개요

리눅스는 서버 운영체제인 유닉스를 모태로 만들어진 운영체제이다. 서버인 경우에는 하나의 시스템에 다수의 사용자가 접속해서 사용하는 환경이고, 이러한 환경에서는 사용자간의 파일 공유가 필요한 상황이 발생할 수도 있다. 서버에 존재하는 많은 사용자 중에 특정 사용자끼리 파일 공유할 때 유용한 것이 그룹(Group)이라 할 수 있다. 공유를 원하는 사용자들을 같은 그룹으로 묶어서 허가권(Permission) 설정을 통해 파일 및 디렉터리를 공유할 수 있다. 리눅스에서 모든 사용자는 하나 이상의 그룹에 반드시 속하도록 설정되어 있다. 사용자 추가 시 그룹 설정을 하지 않으면 GID가 100인 users 그룹에 속하도록 되어 있다. 그러나 레드햇 계열 리눅스에서는 사용자간의 불필요한 공유를 막기 위해 사용자의 아이디와 동일한 그룹을 생성해서 단독으로 그룹에 포함되도록 설정되어 있다. 따라서 레드햇 계열 리눅스에서 사용자들을 동일한 그룹을 묶기 위해서는 그룹을 생성하고, usermod 명령을 이용해서 사용자 정보 변경 작업을 해야 한다.

2.2.2 그룹(Group)의 조회

리눅스에 등록되어 있는 그룹의 목록은 /etc/group에서 확인할 수 있다. 그룹을 추가하면 이 파일에 등록되고, 삭제하면 이 파일목록에서 제거된다. 또한, 그룹의 패스워드도 사용자 패스워드처럼 별도의 파일인 /etc/gshadow에서 관리된다.

1 /etc/group

/etc/group은 4개의 필드로 구성되어 있고, tail 명령으로 확인해보면 다음과 같다.

```
[root@www ~]# tail /etc/group
slocate:x:21:
postdrop:x:90:
postfix:x:89:
sshd:x:74:
stapusr:x:156:
stapsys:x:157:
stapdev:x:158:
tcpdump:x:72:
oprofile:x:16:
posein:x:1000:posein
[root@www ~]#
```

기본 구조

GroupName:Password:GID:Member_List

✹ 항목 설명

항목	설명
GroupName	그룹 이름을 나타낸다. 보통 groupadd 명령으로 생성한 그룹명이다.
Password	그룹 패스워드를 나타내는 부분이지만 대부분의 리눅스 배포판에서는 그룹 패스워드도 /etc/gshadow에서 별도로 관리된다. 별도로 관리되는 경우에는 'x'라고만 표기된다.
GID	리눅스에서 그룹에 부여한 숫자 값이다.
Member_List	해당 그룹에 속한 사용자의 아이디가 기록된다. 주 그룹(Primary Group)으로 속한 사용자뿐만 아니라 2차 그룹(Secondary Group) 멤버들도 기록된다.

② /etc/gshadow

그룹의 암호는 /etc/gshadow에서 관리되는데, /etc/group과 동일한 4개의 필드로 구성되어 있다. 이 파일은 root만 확인 가능하므로, root로 로그인한 뒤에 다음 그림과 같이 tail 명령으로 확인해본다.

```
[root@www ~]# tail /etc/gshadow
sshd:!::
stapusr:!::
stapsys:!::
stapdev:!::
tcpdump:!::
oprofile:!::
posein:!!::posein,joon
joon:!::
yuloje:!::
lin:!::
[root@www ~]#
```

✹ 기본 구조

GroupName:Password:Admin:Member_List

✹ 항목 설명

필드	설명
GroupName	그룹 이름을 나타낸다.
Password	그룹 패스워드가 기록된다. 그룹의 패스워들 설정하지 않으면 '!'로 표시가 되고 gpasswd 명령으로 설정하면 암호화된 패스워드가 기록된다. 최근 레드햇 계열 리눅스에서는 /etc/shadow와 동일하게 SHA-512 알고리즘을 사용해서 $6으로 시작하는 패스워드가 기록된다. 아울러, 그룹 패스워드를 설정하면 다른 그룹에 속한 사용자가 newgrp 명령을 이용해서 해당 그룹으로 변경할 수 있게 된다.
Admin	그룹 관리자가 기록되는 영역으로 지정되는 사용자는 해당 그룹에 속해 있지 않아도 된다.
Member_List	그룹의 멤버를 나타낸다. 보통 2차 그룹으로 속한 사용자의 아이디가 기록되며 여러 명이 존재할 수도 있다. 여기에 등록된 사용자는 newgrp 명령으로 주 그룹(Primayr Group)으로 전환할 때 패스워드를 묻지 않는다.

관련 명령어: grpconv, grpunconv

그룹의 패스워드를 /etc/gshadow 파일에서 관리하고 있는데, 만약 /etc/group에서 관리하려면 grpunconv 명령을 실행하면 된다. 그러나 사용자 암호 관리와 마찬가지로 보안측면에서는 별도의 파일로 관리하는 것이 좋으므로, 해당 명령을 실행했을 경우에는 grpconv 명령을 실행하여 /etc/gshadow에서 관리하도록 한다.

 관련 명령어: grpck

grpck는 Group Check의 약자로 사용자 관련 파일인 /etc/group과 /etc/gshadow를 점검해준다. grpck가 점검하는 일에는 각 그룹의 필드 개수 검사, 그룹 중복 유무 검사, 유효한 그룹 여부 검사, 유효한 GID 여부 검사, 그룹 멤버와 관리자 검사 등을 한다.

2.2.3 그룹 관리 명령어

1 그룹 생성: groupadd

새로운 그룹을 생성하는 명령으로 root만 사용가능한 명령어이다.

● 사용법

\# groupadd [option] 그룹명

● 주요 옵션

옵션	설명
-g	생성과 동시에 GID를 부여할 때 사용한다. 0 ~ 999까지의 GID는 root, bin, mail 등 시스템 레벨 계정에서 사용하기 위해 예약되었으므로 1000번 이상을 사용해야 한다.
-r	생성하는 그룹을 시스템 그룹으로 생성할 때 사용한다. GID 값 중 시스템에 예약되어 있는 0 ~ 999가 GID로 할당된다.

● 사용 예

\# groupadd terran

⊙ terran 그룹을 생성한다.

2 그룹 변경: groupmod

그룹명이나 GID를 변경할 때 사용하는 명령이다.

● 사용법

\# groupmod [option] 그룹명

◉ 주요 옵션

옵션	설명
-n	그룹의 이름을 변경한다.(--new-name)
-g	그룹의 GID를 변경한다.(--gid)

◉ 사용 예

groupmod -n ihd kait

    ⊙ kait라는 그룹의 이름을 ihd로 변경한다.

groupmod -g 555 ihd

    ⊙ ihd라는 그룹의 GID를 555로 바꾼다.

③ 그룹 삭제: groupdel

생성된 그룹을 삭제하는 명령이다. 참고로 삭제할 그룹에 속한 사용자가 없어야 하는데, 2차 그룹 (Secondary Group)으로 속한 사용자들은 존재해도 상관없다.

◉ 사용법

groupdel 그룹명

◉ 사용 예

groupdel ihd

    ⊙ ihd라는 그룹을 삭제한다.

④ gpasswd

그룹의 패스워드를 설정하거나 그룹 관리자를 지정하는 명령어이다. 그룹 관리자는 해당 그룹에 속하지 않아도 지정할 수 있고, 지정된 그룹 관리자는 다른 사용자들을 해당 그룹에 2차 그룹으로 속하게 하거나 그룹 패스워드를 설정할 수 있다. 그룹 패스워드가 설정되면, 해당 그룹에 속하지 않은 사용자들이 newgrp 명령을 이용하여 그룹 패스워드 입력 후에 일시적으로 1차 그룹을 변경할 수 있다.

◉ 사용법

$ gpasswd [options] group

◉ 주요 옵션

옵션	설명
-A	root가 그룹 관리자를 지정할 때 사용한다.
-a	그룹 관리자가 그룹에 사용자를 추가할 때 사용한다.
-d	그룹 관리자가 그룹에서 사용자를 제외시킬 때 사용한다.

-r	그룹 패스워드를 제거한다. 그룹 패스워드가 제거되면 기존에 속해 있던 그룹 사용자만 newgrp 명령을 이용하여 1차 그룹을 변경할 수 있다.
-R	그룹 패스워드의 사용을 비활성화(disable)시켜 오직 해당 그룹 사용자만 newgrp 명령을 이용하여 1차 그룹을 변경할 수 있다.
-M	root가 그룹 멤버를 지정할 때 사용한다.

◈ 사용 예

[root@www ~]# gpasswd -A posein terran
> terran 그룹의 관리자로 posein을 지정한다. posein이라는 사용자는 실제적으로 terran 그룹의 일원이 아니어도 가능하다. 참고로 관리자 등록은 /etc/gshadow에 3번째 필드에 기록된다.

[posein@www ~]$ gpasswd terran
> terran 그룹의 관리자인 posein이 그룹 패스워드를 지정한다.

[posein@www ~]$ gpasswd -a yuloje terran
> yuloje 사용자를 terran 그룹에 포함시킨다.

[posein@www ~]# gpasswd -d yuloje terran
> yuloje 사용자를 terran 그룹에서 제외시킨다.

[root@www ~]# gpasswd -M yuloje terran
> yuloje 사용자를 terran 그룹의 멤버로 포함시킨다.

[posein@www ~]$ gpasswd -r terran
> terran 그룹의 그룹 패스워드를 제거한다. terran 그룹에 속한 사용자만 newgrp 명령을 이용하여 1차 그룹으로 전환할 수 있다.

[posein@www ~]$ gpasswd -R terran
> terran의 그룹 패스워드를 비활성화시킨다. terran 그룹에 속한 사용자만 newgrp 명령을 이용하여 1차 그룹으로 전환할 수 있다. 결론적으로는 -r 옵션과 같다.

5 newgrp

사용자가 일시적으로 1차 그룹을 변경할 때 사용하는 명령으로 해당 그룹에 소속된 경우에는 패스워드 입력 없이 가능하다. 그룹 패스워드가 설정되어 있는 경우에는 해당 그룹에 소속되지 않는 사용자가 패스워드 입력한 후에 그룹 전환이 가능하다. 그룹 전환 후에 원래 그룹으로 돌아가려면 exit라고 입력하면 된다.

◈ 사용법

$ newgrp 그룹명

◈ 사용 예

[yuloje@www ~]$ newgrp terran
> terran 그룹으로 1차 그룹을 변경한다.

2.3 사용자 조회 및 메시지 명령어

2.3.1 사용자 조회 명령어

1 users

시스템에 로그인되어 있는 사용자의 아이디를 출력해주는 명령이다.

◉ **사용법**

$ users

◉ **사용 예**

```
[root@www ~]# users
joon lin posein root root yuloje
[root@www ~]#
```

2 who

시스템에 로그인되어 있는 사용자를 출력해주는 명령이다.

◉ **사용법**

$ who [option]

◉ **주요 옵션**

옵션	설명
-b	시스템의 부팅 시간을 출력한다.(--boot)
-d	죽은 프로세스를 출력한다.(--dead)
-H	출력되는 정보의 헤더를 출력한다.(--heading)
-l	시스템 로그인 프로세스를 출력한다.(--login)
-p	init프로세스에 의해 발생되어 활성화된 프로세스를 출력한다.(--process)
-r	현재의 런레벨을 출력한다.(--runlevel)
-t	마지막으로 시스템 시간이 변경된 정보를 출력한다.(--time)
-T	사용자의 메시지 상태를 출력한다.(-w, --mesg)
-u	시스템에 로그인한 사용자의 목록을 출력한다.
-m	표준 입력과 연관된 호스트명과 사용자명을 출력한다. 'who am i'라고 입력해도 된다.
-a	-b, -d, -l, -p, -r, -t, -T, -u를 통합한 옵션이다.

사용 예

```
[root@www ~]# who
root      tty1            2017-07-25 13:24
root      pts/0           2017-07-25 13:25 (:0)
lin       tty2            2017-07-25 14:41
joon      tty3            2017-07-25 14:41
yuloje    tty4            2017-07-25 14:41
posein    tty5            2017-07-25 14:42
```

⊙ 시스템에 로그인되어 있는 사용자의 아이디, 접속한 터미널, 로그인한 날짜 및 시간, 로그인한 위치를 출력한다.

$ who -m

⊙ 현재 사용 중인 표준 입력과 연관된 호스트명과 사용자명을 출력한다. 'who am i'라고 입력해도 된다.

❸ whoami

실질적으로 사용 중인 권한자를 출력해주는 명령이다.

사용법

$ whoami

❹ w

시스템에 로그인되어 있는 사용자와 사용자가 수행중인 작업을 출력해주는 명령이다.

사용법

$ w [option] [user]

주요 옵션

옵션	설명
-h	윗부분 설명인 헤더(header)를 출력하지 않는다.
-s	LOGIN@, JCPU, PCPU를 제외하고 간략히 출력한다.

사용 예

```
                                posein@www:~
파일(F)  편집(E)  보기(V)  검색(S)  터미널(T)  도움말(H)
[posein@www ~]$ w
 14:54:10 up 6 days, 23:56,  3 users,  load average: 0.84, 0.40, 0.18
USER     TTY      LOGIN@   IDLE   JCPU   PCPU WHAT
root     :0       18Jul17 ?xdm?   1:49m  3.01s gdm-session-worker [pam/gdm-password]
root     pts/0    18Jul17 50.00s  0.08s  0.08s /bin/bash
root     pts/1    14:53    2.00s  0.57s  0.02s w
[posein@www ~]$
```

⊙ 첫 번째 줄은 현재시간(14:54:10), 서버 가동 후 활성화된 시간(up 6 days 23:56), 현재 로그인한 총 사용자수(3명), 마지막으로 최근 1분, 5분, 15분간의 시스템 부하를 나타낸다. 다음 줄의 항목에 대한 설명의 다음과 같다.

항목	설명
USER	시스템에 로그인한 사용자의 아이디를 나타낸다.
TTY	터미널 타입(Terminal type)을 나타낸다. 로컬 시스템의 콘솔로 접속했을 경우에는 tty*n* (*n*은 정수로 표시)으로 표기되고, 외부에서 telnet 등으로 접속하거나 X-Window 터미 널은 pts/*n*(*n*은 정수로 표시)으로 표시된다.
FROM	접속한 위치를 나타낸다. 로컬 시스템의 콘솔로 접속한 경우에는 하이픈(-), X-Window 로 로그인한 경우에는 ':0', X-Window의 터미널인 경우에는 ':0.0', 외부에서 접속한 경 우에는 원격의 호스트의 도메인명이나 IP가 표시된다.
LOGIN@	시스템에 로그인한 시간을 나타낸다.
IDLE	최종 명령 수행 후 대기 시간을 나타낸다.
JCPU	JOB CPU 시간을 뜻하고, 시스템에 로그인한 후에 CPU를 사용한 시간이다.
PCPU	Process CPU 시간을 뜻하고, WHAT 컬럼에 표시된 작업에 의해 사용된 프로세스 시간 이다.
WHAT	현재 사용 중인 셸이나 작업 등이 표시된다.

$ w - h jalin

◉ jalin 사용자의 작업 정보를 헤더 없이 출력한다.

5 logname

사용자의 로그인 계정을 출력해준다. su 명령으로 사용자 전환했을 경우에 최초의 로그인 계정을
출력한다.

◉ 사용법

$ logname

6 id

시스템에 등록된 아이디에 대한 정보를 출력하는 명령으로 UID, GID, 속한 그룹 정보를 보여준
다. 또한 SELinux를 사용하는 리눅스 배포판에서는 context라는 항목이 추가로 나타나면서 관련
정보를 추가로 출력한다.

◉ 사용법

$ id [option] [user]

◉ 주요 옵션

옵션	설명
-g	주 그룹(Primary Group 또는 effective Group)의 GID만 출력한다.
-G	사용자가 속한 모든 그룹의 GID를 출력한다.
-u	사용자의 UID 값만 출력한다.
-n	-u나 -g 옵션과 같이 사용되며, 숫자 값인 UID나 GID 대신에 이름으로 출력한다.

사용 예

```
                              posein@www:~                          _  □  ×
File  Edit  View  Search  Terminal  Help
[posein@www ~]$ id
uid=1000(posein) gid=1000(posein) groups=1000(posein) context=unconfined_u:uncon
fined_r:unconfined_t:s0-s0:c0.c1023
[posein@www ~]$
```

◎ 사용자의 UID, GID, 그룹 정보를 출력한다. 보안 모듈로 SELinux를 사용하는 레드햇 계열 리눅스에서는 context라는 관련 정보를 추가로 출력한다.

$ id yuloje

◎ yuloje 사용자의 정보를 출력한다.

$ id -Gn jalin

◎ jalin 사용자가 속한 모든 그룹의 이름을 출력한다.

7 groups

사용자가 속한 그룹명을 출력한다.

사용법

$ groups [user]

사용 예

$ groups

◎ 현재 로그인한 사용자가 속한 그룹명을 출력한다.

$ groups yuloje

◎ yuloje 사용자가 속한 그룹명을 출력한다.

8 lslogins

시스템 전체 사용자의 정보를 출력해주는 명령으로 /etc/passwd, /etc/shadow뿐만 아니라 로그 파일(wtmp, btmp)에서도 관련 정보를 가져와서 출력한다.

사용법

$ lslogins [option]

주요 옵션

옵션	설명
-G	각 사용자의 그룹 정보를 출력한다.
-L	각 사용자의 마지막 로그인 정보를 출력한다.(--last)
-u	사용자 계정 정보를 출력하는 옵션으로 일반적으로 시스템 계정을 제외하고 실제 로그인이 되는 계정 위주로 관련 정보를 출력한다.

◉ 사용 예

```
                              posein@www:~                          _  □  ×

File  Edit  View  Search  Terminal  Help
[posein@www ~]$ lslogins
  UID USER        PROC PWD-LOCK PWD-DENY   LAST-LOGIN GECOS
    0 root         153                     13:25:18 root
    1 bin            0                              bin
    2 daemon         0                              daemon
    3 adm            0                              adm
    4 lp             0                              lp
    5 sync           0                              sync
    6 shutdown       0              6월 29/21:51 shutdown
    7 halt           0                              halt
    8 mail           0                              mail
   11 operator       0                              operator
   12 games          0                              games
   14 ftp            0                              FTP User
   16 oprofile       0                              Special user account to be u
   29 rpcuser        0                              RPC Service User
   32 rpc            0                              Rpcbind Daemon
   38 ntp            0
   42 gdm            0
   48 apache         0                              Apache
   59 tss            0                              Account used by the trousers
   70 avahi          0                              Avahi mDNS/DNS-SD Stack
   72 tcpdump        0
   74 sshd           0                              Privilege-separated SSH
```

  ◎ 사용자 정보를 UID 순으로 출력한다.

2.3.2 사용자 간 메시지 전송 명령어

1 write

로그인한 다른 사용자에게 메시지를 보내는 명령이다.

◉ 사용법

$ write 사용자계정 [ttyname]

  ◎ 지정한 '사용자계정'에게 메시지를 보낸다. 명령 실행 후 메시지를 입력하고 [CTRL]+[D]를 누르면 메시
    지가 전송된다. 'ttyname'은 동일한 사용자가 동시에 여러 곳에서 로그인했을 경우 특정 터미널에 로그
    인한 사용자에게 메시지를 전송할 때 사용한다.

◉ 사용 예

$ write posein

  ◎ posein 사용자에게 메시지를 전송한다. 참고로 posein이라는 사용자가 여러 곳에서 로그인했을 경우에
    는 가장 먼저 로그인한 창에 메시지가 전달된다.

$ write posein /dev/tty2

  ◎ tty2의 posein 사용자에게 메시지를 전송한다. /dev/tty2 대신에 tty2라고 입력해도 된다.

$ write yuloje /dev/pts/4

  ◎ pts/4로 로그인한 yuloje 사용자에게 메시지를 보낸다. 뒤에 터미널 이름에서 /dev는 생략 가능하다.

2 wall

로그인한 모든 사용자의 터미널에 메시지를 보내는 명령어이다.

☀ 사용법

$ wall [메시지]

➡ wall 명령 다음에 전달하고자 하는 메시지를 기재하면 전달된다. 메시지 없이 wall만 실행하면 write 명령과 동일하게 메시지 입력한 후에 [Ctrl]+[d]키를 누르면 전송된다.

☀ 사용 예

$ wall

➡ 명령 실행 후에 메시지를 입력하고 [CTRL]+[D] 키를 누르면 로그인한 모든 사용자에게 메시지가 전달된다.

$ wall "After 5 minutes, the system shutdown."

➡ 'After 5 minutes, the system shutdown'이라는 메시지가 로그인한 모든 사용자에게 전달된다.

3 mesg

사용자가 write를 사용해서 들어오는 메시지 수신 여부를 확인하고 제어하는 명령이다.

☀ 사용법

$ mesg [n | y]

☀ 사용 예

➡ 현재 메시지 수신 설정 상태를 출력한다. 'is y'이면 메시지 수신이 가능하다.

$ mesg n

➡ 메시지 수신 거부 상태로 설정한다. 참고로 root가 보내는 메시지는 거부되지 않는다.

4 mail

시스템 사용자 간에 홈 디렉터리(또는 /var/spool/mail/'사용자계정')에 전자우편함을 두어서 그 곳을 통해서 메시지를 주고받거나 확인하는 명령이다.

☀ 사용법

$ mail [option] [사용자계정]

● 주요 옵션

옵션	설명
-s 〈제목〉	메일 보낼 때 제목을 지정하는 옵션이다.

● 메일 확인 관련 주요 명령

명령	설명
r [메일번호]	메일을 보낸 사람에게 답장을 보낸다.
d 메일번호	지정한 번호의 메일을 삭제한다. 예 d 1 → 1번 메일을 삭제한다. d 1-5 → 1번부터 5번까지의 메일을 삭제한다.
n	다음 차례의 메일을 확인한다.
q	메일 확인 모드에서 종료한다.
s 파일명	메일의 내용을 지정한 파일명으로 저장한다.

● 사용 예

```
                              posein@localhost:~                        -  ▫  ×
파일(F)  편집(E)  보기(V)  검색(S)  터미널(T)  도움말(H)
[posein@localhost ~]$ mail joon
Subject: Greeting
Hi! joon
How do you do?
.
EOT
[posein@localhost ~]$
```

⊜ mail 명령 뒤에 지정한 사용자인 joon에게 메일을 보낸다. 실행하면 편지 제목을 입력하는 "Subject: " 항목이 나타나는데, 편지 제목 입력 후 엔터키를 누르면 메시지를 입력할 수 있다. 메시지의 끝낼 때는 '.'만 입력 후 엔터키를 누르거나 [Ctrl]+[d]를 누르면 전송된다.

$ mail lin joon

⊜ lin 및 joon 사용자에게 메일을 보낸다.

$ mail -s "greeting" yuloje

⊜ 편지 제목을 greeting이라고 지정하고 yuloje 사용자에게 메일을 보낸다.

$ mail lin < hello.txt

⊜ 미리 작성된 hello.txt 파일의 내용을 lin 사용자에게 메일로 보낸다.

$ mail posein@naver.com

⊜ naver.com의 posein 사용자에게 메일을 보낸다.

$ mail -s "Server account List" posein@naver.com < /etc/passwd

⊜ /etc/passwd라는 파일의 내용을 제목은 "Server account List"라는 내용으로 posein@naver.com 사용자에게 보낸다.

$ find . -name "*.old" | mail -s "old filenames" posein@naver.com
- ◎ '.old'로 끝나는 파일을 찾아 그 해당 파일 목록을 지정한 사용자에게 메일로 보낸다.

```
                                    joon@localhost:~                         -  □  ×
파일(F)  편집(E)  보기(V)  검색(S)  터미널(T)  도움말(H)
[joon@localhost ~]$ mail
Heirloom Mail version 12.5 7/5/10.  Type ? for help.
"/var/spool/mail/joon": 2 messages 2 new
>N  1 posein               Sat Jan 13 17:49  19/637    "Greeting"
 N  2 lin@localhost.locald Sat Jan 13 17:52  19/599    "Hi"
&
```

- ◎ 도착한 메일의 확인은 사용자가 명령행에서 mail이라고 입력하면 도착한 메일의 리스트를 출력하면서 & 프롬프트가 나타난다. 엔터키를 누르거나 해당리스트 번호를 입력하면 되는데, 엔터키를 누르면 리스트 번호 1부터 차례로 확인할 수 있다.

사용자 및 그룹 생성과 보안

useradd 명령으로 옵션 없이 사용자를 생성하면 /home 디렉터리 안에 홈 디렉터리가 아이디와 동일하게 생성되고, 레드햇 계열 리눅스인 경우에는 아이디와 동일한 그룹이 생성되면서 해당 사용자만 포함된다. 리눅스 시스템에 로그인하는 사용자가 많거나 회사 내 부서별로 나뉘어져 있고 사용자간의 파일이나 디렉터리 공유가 많다면 별도의 디렉터리를 생성해서 사용자의 홈 디렉터리를 분류하는 것이 좋다. 예를 들면 /home1, /home2 형태나 /user1, /user2처럼 새로운 디렉터리를 생성해서 사용자의 홈 디렉터리를 나누어도 되고, 회사 내 부서가 있는 경우에는 /home/insa, /home/chongmu 등의 부서명과 연관된 디렉터리를 생성해서 해당 부서에 속한 사용자별로 분류해도 좋다. 특히 그룹 디렉터리를 생성하고 그룹 사용자만 접근이 되도록 한다면 보안도 강화되고 삼바(SAMBA)와 같은 공유 서비스와의 접근 제어도 더욱 쉽게 할 수 있다. 아울러 리눅스는 분할된 파티션을 기반으로 다양한 정책을 설정할 수 있으므로 단순한 디렉터리 생성을 통한 사용자 분할보다는 파티션 분할과 연계해서 사용자의 홈 디렉터리를 분할한다면 더욱 보안을 강화할 수 있다.

◉ **사용자 생성 실습**

인사부직원인 jalin, joon, yuloje 사용자를 insa라는 그룹에 속하도록 하고 홈 디렉터리는 /home/insa 디렉터리 안에 생성되도록 한다.

① 그룹을 생성한다.
   # groupadd insa

② 그룹 디렉터리를 생성한다.
   # mkdir /home/insa

③ 사용자 추가 및 패스워드 설정
   # useradd -g insa -d /home/insa/jalin jalin
   # useradd -g insa -d /home/insa/joon joon
   # useradd -g insa -d /home/insa/yuloje yuloje
   # passwd jalin
   # passwd joon
   # passwd yuloje

> tip 사용자 보안을 위해서는 /home/insa 디렉터리는 insa 그룹에 속한 사용자만 접근하도록 설정하는 것이 좋으므로 다음과 같은 명령으로 설정하도록 한다. 명령어의 사용법은 "파일 시스템 관리" 영역을 참조하도록 한다.
> # chgrp insa /home/insa
> # chmod 750 /home/insa

2.4.2 사용자 보안 관리

1 일반 사용자 보안 관리

① /etc/passwd 파일에서 root 계정 이외에 다른 슈퍼 유저가 존재하는지를 점검한다. 즉 일반적인 아이디인데, UID가 0인 사용자가 존재하는지 점검한다.

② root로 사용자 전환이 가능한 su 명령어를 실행한 사용자를 수시로 점검하고, 관리자 역할을 수행하는 일반 사용자에게만 이 명령이 실행가능 하도록 설정한다.

③ 일반 사용자에게 root가 사용할 수 있는 명령어 중 특정 명령 권한만을 할당해줄 경우에는 su 보다 sudo를 이용하도록 한다.

④ 무의미하게 장시간 로그인을 방지하기 위해 환경 변수인 TMOUT를 설정한다.

⑤ 불필요한 계정을 찾아 제거한다.

⑥ /etc/group 파일에서 관리자 그룹에 속해 있는 사용자가 있는지를 점검한다.

⑦ 불필요한 그룹을 찾아 제거한다.

⑧ 시스템 계정처럼 로그인이 필요 없는 계정에 사용자 셸(Shell)이 부여되어 있는지를 점검한다.

⑨ 텔넷, SSH, FTP 등 인증 관련 서비스와 이용 가능한 사용자 목록을 만들어서 접근을 제어한다.

⑩ rlogin이나 ssh 같은 인증서비스는 자체 인증 파일을 사용해서 시스템에 로그인이 가능하므로 관련 파일이 있는지를 점검한다. 참고로 ssh인 경우에는 인증 파일명을 별도로 지정할 수 있으므로 환경 설정 파일에서 변경 여부도 확인해야 한다.

> 예 /etc/hosts.equiv, ~/.rhosts, ~/.ssh/authorized_keys 등

 시스템 계정 관리하기

시스템 계정을 구분하기 힘들다면 초기 리눅스 설치 후에 기본적으로 생성되는 시스템 계정 목록을 별도로 보관하거나 /etc/passwd 파일을 복사해두는 것도 좋은 방법이다. 참고로 레드햇 계열인 경우에는 /usr/share/doc/setup-버전/uidgid 파일에서 시스템 계정 관련 정보를 확인할 수 있다. CentOS 6.6 버전인 경우에는 /usr/share/doc/setup-2.8.14/uidgid에 시스템 계정 관련 정보가 저장되어 있으므로 이 파일의 정보를 토대로 /etc/passwd 파일을 분석하면 시스템 계정의 변조 유무를 확인할 수 있다.

2 사용자 패스워드 보안

① 사용자 패스워드가 /etc/shadow 파일에 저장되는지 점검하고, root만 읽도록 설정되어 있는지 확인한다.

② 패스워드를 일정 길이 이상 사용하도록 설정한다.

③ John The Ripper와 같은 도구를 이용해서 패스워드를 설정하지 않았거나 유추하기 쉽게 설정했는지를 점검한다.

④ 패스워드의 최대 사용 기간을 설정하여 주기적으로 변경하도록 유도한다.

⑤ 패스워드의 최소 사용 기간을 설정하여 변경 후에 즉시 원래 사용했던 익숙한 패스워드로의 재변경을 막는다.

⑥ 침입자에 의한 패스워드 무작위 대입 공격(Brute-Force Attack)이나 패스워드 추측 공격(Password Guessing)에 대비해 자동으로 차단하거나 공격을 지체시키도록 한다.

1 sudo의 개요

sudo는 특정 사용자 또는 특정 그룹에 root 사용자 권한을 가질 수 있도록 일부 명령 또는 모든 명령을 실행할 수 있도록 해주는 도구이다. 관리자가 visudo 명령을 실행하면 vi 편집기가 /etc/sudoers 파일을 열면서 설정하도록 되어 있다. 적용된 사용자는 'sudo 명령어' 형태로 실행하여 root 권한을 대행한다. 만약 설치가 되어 있지 않다면 'yum install sudo'를 입력하면 쉽게 설치할 수 있다.

2 sudo 관련 명령어 및 설정 파일

✱ visudo

sudo의 환경 설정 파일인 /etc/sudoers를 편집할 때 사용하는 명령으로 vi 편집기가 실행된다.

◐ 사용법
visudo

✱ sudo

일반 사용자가 root 권한 획득을 위해 사용하는 명령으로 /etc/sudoers에 설정된 유저가 사용하는 명령이다.

◐ 사용법
$ sudo 명령

◐ 사용 예
[posein@www ~]$ sudo /usr/sbin/useradd joon
⊙ joon이라는 사용자를 추가한다.

✱ /etc/sudoers

sudo의 환경 설정 파일로 특정 사용자에게 부여할 root 권한 명령을 지정한다. 이 파일은 보통 visudo라는 명령을 이용해서 편집하나 vi 편집기를 사용해서 직접 편집해도 된다.

◐ 기본 설정법
사용자명   접속한_곳=명령어_경로
%그룹명   접속한_곳=명령어_경로

주요 설정 설명

주요 설정	설명
사용자명	사용자명은 아이디를 기입하면 된다. **예** posein
%그룹명	그룹인 경우에는 앞부분에 %를 덧붙여야 한다. 만약 그룹명이 admin이면 %admin으로 기입한다. **예** %admin
접속한_곳	접속한 곳은 localhost, ALL 등을 기입한다.
명령어_경로	명령어 경로는 해당 명령어의 경로를 절대 경로로 기입한다. 만약 여러 명령어를 지정할 경우에는 콤마(,)로 구분한다.

사용 예

posein ALL=ALL

- posein 사용자에게 root 권한과 관련된 모든 명령을 접속한 곳에 상관없이 사용가능하도록 설정한다.

%admin ALL=ALL

- admin 그룹에 속한 사용자에게 root 권한과 관련된 모든 명령을 접속한 곳에 상관없이 사용가능하도록 설정한다.

yuloje ALL=/usr/sbin/useradd, /usr/bin/passwd

- yuloje에게 root 권한의 useradd 및 passwd 명령을 부여하는데, 접속한 곳에 상관없이 사용가능하도록 설정한다.

jalin localhost=/usr/sbin/useradd, /usr/bin/passwd

- jalin에게 root 권한의 useradd 및 passwd 명령을 부여하는데, 로컬 호스트에서 접속한 경우에만 사용가능하도록 설정한다.

3 sudo 사용 예

posein 사용자를 root의 모든 명령을 실행할 수 있도록 설정한 뒤에 사용자를 추가하는 예제를 보면 다음과 같다.

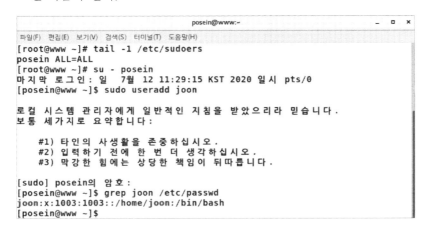

4 sudo 설정 응용 예

root가 사용하는 명령어의 일부를 제한하도록 설정할 수 있다. posein 사용자가 모든 명령어를 사용할 수 있도록 설정된 상태에서 시스템 종료와 관련된 명령어를 제한되도록 설정할 수 있다. 시스템의 종료와 관련된 명령어에는 shutdown, init, poweroff, halt, reboot 등이 있다. 이러한 명령어를 설정할 때 나열하려면 줄이 길어지고, 수정할 때도 불편하므로 다음과 같이 /etc/sudoers 파일에서 명령어 앨리어스(Command Alias)를 사용하면 편리하다. 또한 같은 그룹에 속하지 않은 사용자들에게 동일한 명령을 부여할 때는 사용자 앨리어스(User Alias)를 사용하면 편리하다.

```
## User Aliases
User_Alias ADMIN = lin, joon

## Command Aliases
Cmnd_Alias   SHUTDOWN = /usr/sbin/init, /usr/sbin/shutdown, /usr/sbin/poweroff,
/usr/sbin/halt, /usr/sbin/reboot

## User & Group 권한 설정 영역
posein ALL=ALL, !SHUTDOWN
%admin ALL=ALL, !SHUTDOWN
ADMIN ALL=ALL, !SHUTDOWN
```

    ⊙ 상단에 있는 명령어 앨리어스(Command Aliases) 영역에 관련 명령어를 설정하고, 하단에서 ! 기호를 이용해서 추가해주면 된다.

centOS 7과 시스템 종료

CentOS 7 버전부터는 systemd라는 초기화 프로세스를 사용하고, systemctl이라는 명령어를 사용해서 시스템에 동작 중인 프로세스를 제어하도록 설계되어 있다. 시스템 종료나 재부팅에 사용되는 명령어인 reboot, halt, poweroff 등도 systemctl 명령어의 심볼릭링크 파일이다. 따라서 systemctl 명령어를 other 계층의 실행(x) 권한을 제거함으로써 쉽게 해결할 수도 있다. 만약 그대로 둔 상태로 sudo에서 제어를 한다면 '/usr/bin/systemctl reboot', '/usr/bin/systemctl poweroff' 등의 명령을 추가해야 한다.

☀ 실행 예

```
[lin@www ~]$ sudo useradd alin
[lin@www ~]$ grep alin /etc/passwd
alin:x:1003:1003::/home/alin:/bin/bash
[lin@www ~]$ sudo reboot
죄송하지만 lin 사용자는 '/sbin/reboot'을(를) www의 root(으)로 실행하도록 허가받
지 않았습니다.
[lin@www ~]$
```

    ⊙ lin은 useradd 명령어로 사용자 생성은 가능하나, reboot 명령은 사용 제한을 받는 것을 확인할 수 있다.

5 sudo 주의점

sudo가 root의 권한 일부 또는 전체를 손쉽게 할당할 수 있지만, 악용될 소지가 있으므로 주시해야 한다. 특히 사용자 전환 명령어인 su 명령에 대한 여러 보안상의 문제점을 초래할 수 있다. 먼저 특정 사용자가 sudo 명령으로 root로 전환할 때 어떠한 패스워드 입력 없이도 아주 손쉽게 가능하도록 설정할 수 있다. 두 번째는 특정 사용자가 다른 사용자로 전환할 때 패스워드 입력 없이 가능하도록 설정할 수 있다. 첫 번째 경우는 언급할 필요도 없이 매우 위험한 상황이라고 볼 수 있고, 두 번째 경우는 전환되는 사용자의 UID를 0으로 변경하고 설정한다면 실질적으로 root로 전환되는 상황이기 때문에 주의해야 한다.

⚙ 설정 예

```
## User & Group 권한 설정 영역
posein   ALL=(ALL)        NOPASSWD: ALL
lin ALL=NOPASSWD: /usr/bin/su - joon
```
   ◎ posein은 su 명령을 사용해서 root로 전환할 때 패스워드 입력 없이 가능하고, lin은 joon으로 전환할 때 패스워드 입력 없이 가능하다.

⚙ 확인 예

```
[posein@www ~]$ sudo su -
마지막 로그인: 수 11월  4 18:01:44 KST 2020 일시 :0
[root@www ~]#
```
   ◎ posein 사용자가 su 명령으로 패스워드 입력 없이 root로 전환되었다.

```
[lin@www ~]$ sudo su - joon
마지막 로그인: 수 11월  4 18:43:53 KST 2020 일시 pts/1
[joon@www ~]$
```
   ◎ lin 사용자가 su 명령으로 패스워드 입력 없이 joon으로 전환되었다.

2.5.2 ▶ John the Ripper

1 John the Ripper의 개요

John the Ripper는 Solar Designer가 개발한 유닉스 계열 패스워드 크랙 도구(Password Crack Tool)이다. 현재는 유닉스 계열 이외에도 Windows 계열, DOS, BeOS, OpenVMS 등 다양한 플랫폼도 지원한다. 처리 속도를 높이기 위해 CPU의 특수 기능들을 이용한 최적화된 코드도 삽입하였다. 기본적인 원리는 암호로 사용될 만한 목록이 들어 있는 텍스트 형태의 사전 파일(Dictionary File)을 이용해서 일일이 대입한 후에 암호화된 패스워드가 들어 있는 /etc/shadow와 비교해서 사용자의 패스워드를 알아내는 방식이다. 관련 정보는 http://www.openwall.com/john/에서 확인할 수 있다. John the Ripper는 일반 버전과 상용 버전에 해당하는 Pro 버전이 있다. 아울러 jumbo 버전은 수백여 개의 해시 및 암호 정보가 추가된 버전으로 zip, pdf, ms-office 문서 파일에 걸린 암호도 zip2john, pdf2john 등을 사용해서 크랙할 수 있다. 본 교재에서는 일반 버전을
설치해서 테스트해본다.

② John the Ripper 설치하기

① http://www.openwall.com/john/ 에서 John the Ripper를 다운받아 /usr/local/src 디렉터
리에 위치시킨다.

[root@www src]# ls
john-1.9.0.tar.xz

② 압축을 푼다.

[root@www src]# tar Jxvf john-1.9.0.tar.xz

③ 압축이 풀려진 디렉터리를 이동한다.

[root@www src]# cd john-1.9.0

④ src 디렉터리로 이동한다.

[root@www john-1.9.0]# cd src

⑤ make 명령을 실행하여 지원되는 시스템을 확인한다.

```
                              root@www:/usr/local/src/john-1.9.0/src          _  □  ×

파일(F)  편집(E)  보기(V)  검색(S)  터미널(T)  도움말(H)
[root@www src]# make
To build John the Ripper, type:
        make clean SYSTEM
where SYSTEM can be one of the following:
linux-x86-64-avx512       Linux, x86-64 with AVX-512 (some 2017+ Intel CPUs)
linux-x86-64-avx2         Linux, x86-64 with AVX2 (some 2013+ Intel CPUs)
linux-x86-64-xop          Linux, x86-64 with AVX and XOP (some AMD CPUs)
linux-x86-64-avx          Linux, x86-64 with AVX (some 2011+ Intel CPUs)
linux-x86-64              Linux, x86-64 with SSE2 (most common)
linux-x86-avx512          Linux, x86 32-bit with AVX-512 (some 2017+ Intel CPUs)
linux-x86-avx2            Linux, x86 32-bit with AVX2 (some 2013+ Intel CPUs)
linux-x86-xop             Linux, x86 32-bit with AVX and XOP (some AMD CPUs)
linux-x86-avx             Linux, x86 32-bit with AVX (2011+ Intel CPUs)
linux-x86-sse2            Linux, x86 32-bit with SSE2 (most common, if 32-bit)
linux-x86-mmx             Linux, x86 32-bit with MMX (for old computers)
linux-x86-any             Linux, x86 32-bit (for truly ancient computers)
linux-mic                 Linux, Intel MIC (first generation Xeon Phi)
linux-arm64le             Linux, ARM 64-bit little-endian w/ASIMD (best)
linux-arm32le-neon        Linux, ARM 32-bit little-endian w/NEON (best 32-bit)
linux-arm32le             Linux, ARM 32-bit little-endian
linux-alpha               Linux, Alpha
linux-sparc64             Linux, SPARC 64-bit
```

⊙ make 명령을 실행하면 약 80여개의 컴파일 관련 시스템 목록을 확인할 수 있다. 해당 목록 중에서
현재 사용 중인 시스템에 맞는 CPU 정보를 선택하고 컴파일한다. 관련 정보는 /proc/cpuinfo에서
확인할 수 있는데, 예를 들면 인텔 CPU를 사용 중인 경우 AVX 지원 여부를 확인하려면 'grep AVX
/proc/cpuinfo' 명령을 수행하면 된다. 알맞은 CPU를 선택하면 처리 속도를 높일 수 있다. 만약 사
용 중인 시스템이 목록에 없다면 make generic 명령을 실행하면 된다.

⑥ 현재 시스템에 맞는 모델을 선택하고 컴파일한다.

[root@www src]# make clean linux-x86-64-avx2

◎ 인텔 CPU를 사용하는 시스템의 예이며, 목록에 없으면 make generic이라고 한다. 아울러, 처음 설치하는 경우에는 clean을 생략하고 make linux-x86-64-avx2라고 입력해도 된다.

③ John the Ripper 설치 후 생성되는 디렉터리

John the Ripper를 설치하면 다음과 같은 3개의 디렉터리가 생성된다.

목록	설명
doc/	John the Ripper에 대한 전반적인 문서들이 들어있는 디렉터리이다. 간단한 설명, 설치법, 사용법 등은 README 파일에서 확인할 수 있다.
run/	실행 관련 파일들이 들어있으며 패스워드 크랙을 위한 목록 파일인 password.lst 파일이 있다. 현재 passwordl.lst 파일에는 기본적으로 3500여개의 단어가 들어있으며 사용자가 원하는 문자열을 추가할 수 있다.
src/	컴파일을 위한 소스 파일이 들어 있는 디렉터리이다.

④ John the Ripper 실행하기

① 실행 파일이 있는 run 디렉터리로 이동한다.(/usr/local/src/john-1.9.0/run)

[root@www src]# cd ../run

② 사용자 패스워드가 기록되는 파일인 /etc/shadow에 다음과 같이 실행한다.

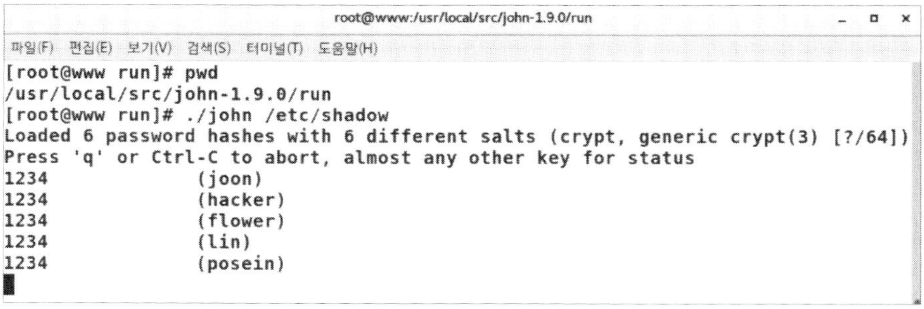

```
                        root@www:/usr/local/src/john-1.9.0/run              _  □  ×
파일(F)  편집(E)  보기(V)  검색(S)  터미널(T)  도움말(H)
[root@www run]# pwd
/usr/local/src/john-1.9.0/run
[root@www run]# ./john /etc/shadow
Loaded 6 password hashes with 6 different salts (crypt, generic crypt(3) [?/64])
Press 'q' or Ctrl-C to abort, almost any other key for status
1234            (joon)
1234            (hacker)
1234            (flower)
1234            (lin)
1234            (posein)
```

◎ joon,hacker,flower,lin,posein 사용자의 패스워드가 1234임을 알 수 있다.

⑤ John the Ripper 동작 원리

기본적인 원리는 사용자 패스워드의 해시 값 생성에 사용되는 crypt( ) 함수를 이용하여 사전 파일(Dictionary File)인 password.lst 파일에 등록된 문자열을 조합한 뒤 /etc/shadow에 기록된 해시 값을 비교해서 사용자의 패스워드를 알아낸다. 같은 해시 값이 발견되면 화면에 출력해주고, 해시 값은 john.pot이라는 파일에 저장한다. 한번 저장된 내용은 다시 검색하지 않기 때문에 처음부터 다시 검색하려면 john.pot 파일을 삭제하면 된다. 다음 그림과 같이 cat 명령을 이용해서 john.pot에 저장된 해시 값을 확인할 수 있다.

```
                              root@www:/usr/local/src/john-1.9.0/run          _  □  ×

파일(F)  편집(E)  보기(V)  검색(S)  터미널(T)  도움말(H)
[root@www run]# cat john.pot
$6$bNXpwzdV$gnfREhPHHCtpYqNsZtDB7jWIRU6rZFOYp1vjle3N/Y25N1nj9nDHeM5sf6x8DJidLHdD
pQNNwfAh6woOL9fkx.:1234
$6$BuP0TGXw$843BE0F4.iT3YOlw4EagyhAVc8I6Z2qJMdZ2VaRj6tfelu0nJ1/hZvF/pcaxSFMYkjDF
FcCU42HTTXCzUYsEW/:1234
$6$dm7pOHV/$gQFXzHXcs94roLi04I9WEoaxM9WQ8ETZAUbu9LRsLShw4Y/CNC36p1Mb0DdoUKfgKgav
rR4XB8lJuJtSMKV/Y1:1234
$6$saKhWtrSj$ZDzFka6G4e9Rqz1YaeznoCW5FT3Qso8dDOg/wuyZBQ.Pd79F0SUI9Vp7hRIB1UHgBtLF
.WsRGZ5U67gCX6GPQ.:1234
$6$m4rxCXal$yDsSICPorj8/C7saUBvaMAcEqpxSOWXApWddP21lsl7qeTZ9p3WunbtKsoNiEVG7/deD
WnN5FBLGBg4PjoWPD/:1234
[root@www run]#
```

저장된 해시 값의 확인

또한 다음과 같이 실행하면 /etc/shadow에 기록된 해시 값 대신에 일반 평문으로 변환하여 출력 내용을 확인할 수 있다.

```
                              root@www:/usr/local/src/john-1.9.0/run

파일(F)  편집(E)  보기(V)  검색(S)  터미널(T)  도움말(H)
[root@www run]# ./john --show /etc/shadow
posein:1234:18455:0:99999:7:::
flower:1234:18396:0:99999:7:::
lin:1234:18453:0:99999:7:::
joon:1234:18455:0:99999:7:::
hacker:1234:18455:0:99999:7:::

5 password hashes cracked, 1 left
[root@www run]#
```

2.5.3 PAM(Pluggable Authentication Module)

1 PAM의 개요

PAM은 사용자를 인증하고 그 사용자의 서비스에 대한 접근을 제어하는 모듈화된 방법을 말한다. PAM은 응용 프로그램들에게 사용자 인증 방법을 선택할 수 있는 공유 라이브러리의 묶음을 제공한다. 리눅스에서 PAM 프로젝트의 목적은 소프트웨어 개발과 안전한 권한 부여 및 인증 체계를 분리하는데 있다. 현재 PAM은 대부분의 배포판 리눅스에 기본적으로 설치되어 있고 특정 서비스에 대한 사용자(또는 그룹)들의 허가 목록 파일, 특정 서비스에 대한 사용자(또는 그룹)들의 거부 목록 파일, 사용자의 패스워드 길이 제한, 메모리 및 프로세스 제한 등에 사용되고 있다.

2 PAM의 구성

✦ PAM의 모듈 디렉터리 및 관련 파일

PAM에서 제공하는 라이브러리는 동적으로 로드 가능한 오브젝트 파일(.so) 형태로 되어 있고, 전통적으로 /lib/security(또는 /lib64/security)에 위치하였다. CentOS 7에서는 상위 디렉터리 통합 정책으로 실제 디렉터리는 /usr/lib64/security이고, /lib64가 /usr/lib64의 심볼릭 링크로 제공되어서 /lib64/security로 접근이 가능하다.

PAM에서 지원하는 모듈 목록

PAM 이용하는 서비스 설정 파일

PAM을 이용하는 서비스들은 /etc/pam.d 디렉터리 안에 설정되어 있고, 특별히 지정되지 않는 서비스에 대한 인증은 /etc/pam.d/other에서 관리한다.

```
root@www:~
파일(F)  편집(E)  보기(V)  검색(S)  터미널(T)  도움말(H)
[root@www ~]# ls /etc/pam.d
atd                    gdm-password      password-auth-ac   smartcard-auth-ac   system-auth-ac
chfn                   gdm-pin           pluto              smtp                systemd-user
chsh                   gdm-smartcard     polkit-1           smtp.postfix        vlock
config-util            kcheckpass        postlogin          sshd                vmtoolsd
crond                  kscreensaver      postlogin-ac       sssd-shadowutils    vsftpd
cups                   ksu               ppp                su                  wbem
fingerprint-auth       liveinst          remote             su-l                xserver
fingerprint-auth-ac    login             runuser            subscription-manager
gdm-autologin          other             runuser-l          sudo
gdm-fingerprint        passwd            setup              sudo-i
gdm-launch-environment password-auth     smartcard-auth     system-auth
[root@www ~]#
```

PAM을 이용하는 서비스의 설정 파일

PAM 설정 파일의 구성

/etc/pam.d 안에 있는 서비스별 설정 파일은 크게 type, control, module-path, module-arguments와 같이 4가지 영역으로 구성되고, module-path는 단독적으로 모듈명만 기입되거나 해당 모듈이 사용하는 인수(module-arguments)를 추가로 기입할 수 있다.

```
root@www:~
파일(F)  편집(E)  보기(V)  검색(S)  터미널(T)  도움말(H)
[root@www ~]# cat /etc/pam.d/login
#%PAM-1.0
auth [user_unknown=ignore success=ok ignore=ignore default=bad] pam_securetty.so
auth       substack     system-auth
auth       include      postlogin
account    required     pam_nologin.so
account    include      system-auth
password   include      system-auth
# pam_selinux.so close should be the first session rule
session    required     pam_selinux.so close
session    required     pam_loginuid.so
session    optional     pam_console.so
# pam_selinux.so open should only be followed by sessions to be executed in the user context
session    required     pam_selinux.so open
session    required     pam_namespace.so
session    optional     pam_keyinit.so force revoke
session    include      system-auth
session    include      postlogin
-session   optional     pam_ck_connector.so
[root@www ~]#
```

PAM을 이용하는 서비스의 설정 예

PAM 설정 파일의 구성

type   control   module-path   [module-arguments]

① type: PAM에 어떤 타입의 인증이 사용될 것인지를 알려주는 항목으로 같은 타입의 모듈
이 쌓일 수도 있고, 사용자에 인증되기 위한 다중 요구사항을 만족하도록 요청할 수 있
다. 다음과 같은 4개의 타입이 있다.

type	설명
account	사용자 계정을 확인하는 절차를 제공한다. 사용자가 해당 서비스에 접근이 허용되는지 여부, 패스워드 기간 만료 여부를 검사한다.
auth	사용자를 인증하고 자격 증명 절차를 제공한다. 기본적으로 패스워드를 통해 인증하지만, 스마트카드나 생체 인식 장치를 이용한 인증을 통해 자신임을 주장하는 사용자가 맞는지를 검사한다.
password	인증 관련 작업의 업데이트 절차를 제공한다. 사용자가 인증 방법을 변경할 때 관련 방법을 제공하는데, 기본적으로는 패스워드를 사용한다.
session	사용자가 서비스를 제공받기 전과 서비스를 제공 받은 후에 수행해야할 작업을 지정할 때 사용한다. 사용자의 홈 디렉터리를 마운트/언마운트, 로그인/로그아웃 서비스 제한 등이 포함된다.

② control: 통제를 담당하는 부분으로 PAM에 무엇을 해야 할 지를 알려준다.

control	설명
required	지정한 모듈을 통한 인증이 실패하면 인증을 거부한다. 다만 인증이 거부되기 전에 해당 서비스에 등록된 다른 모듈들을 호출한 후에 거부한다.
requisite	required와 유사하지만 지정한 모듈이 오류를 반환할 경우에 즉시 거부한다.
sufficient	이전에 지정한 required 모듈이 실패하지 않고, sufficient로 지정한 모듈이 성공한 경우에 즉시 인증을 승인한다.
optional	서비스에 대한 응용 프로그램의 성공/실패가 중요하지 않다는 것을 의미하는 것으로 지정한 다른 모듈이 있는 경우에 성공/실패 판단 시에는 무시된다. 그러나 유일한 설정 모듈인 경우에는 이 모듈이 응용 프로그램에게 주는 결과로 결정한다.
include	이 항목 다음에는 모듈명 대신에 다른 PAM 관련 서비스가 오는데, 해당 서비스 인증을 통과해야 가능하도록 설정할 때 사용한다.
substack	include와 유사하게 지정한 다른 PAM 관련 서비스를 지정한다. 차이점은 include는 지정한 모듈에서 실패하면 바로 인증이 거부되지만, substack은 완료(done) 및 실패(die) 평가에서 전체 모듈 스택의 나머지 부분을 건너뛰지 않고 하위 부분만 건너뛰게 한다.

③ module-path: 사용하는 모듈명을 명기하는 부분으로 절대 경로로 입력하거나 /lib64/
security(또는 /usr/lib64/security)에 있는 모듈명을 기입한다.

④ module-arguments: 지정한 모듈이 사용하는 인수를 기입한다. 여러 인수를 사용하는
경우에는 공백(space)으로 구분하고, 인수에 공백을 포함시키려면 대괄호([ ])를 사용해
서 묶는다.

❸ PAM의 주요 모듈

✹ pam_securetty.so

접속하는 계정이 root인 경우 /etc/securetty 파일에 기록된 터미널을 통하는 경우에만 허가하도록 하고, 그 외 사용자는 항상 인증에 성공한 것으로 처리한다. 이 모듈은 /etc/pam.d/login 및 /etc/pam.d/remote 파일에 설정되어 있다. 다음 그림은 텔넷(telnet) 서비스와 연관 있는 /etc/pam.d/remote 파일의 예이다.

◈ 사용 예

```
                        root@www:/etc/pam.d
파일(F)  편집(E)  보기(V)  검색(S)  터미널(T)  도움말(H)
[root@www pam.d]# cat /etc/pam.d/remote
#%PAM-1.0
auth        required     pam_securetty.so
auth        substack     password-auth
auth        include      postlogin
account     required     pam_nologin.so
account     include      password-auth
password    include      password-auth
# pam_selinux.so close should be the first session rule
session     required     pam_selinux.so close
session     required     pam_loginuid.so
# pam_selinux.so open should only be followed by sessions to be executed in the user context
session     required     pam_selinux.so open
session     required     pam_namespace.so
session     optional     pam_keyinit.so force revoke
session     include      password-auth
session     include      postlogin
[root@www pam.d]#
```

✹ pam_lisfile.so

임의의 파일을 기반으로 특정 서비스에 대해 허가 목록이나 거부 목록을 만들 때 사용된다. 레드햇 계열인 경우에는 /etc/pam.d/vsftpd 파일에 설정되어 ftp 사용자 거부 목록 파일로 이용되고 있다.

◈ 사용 예

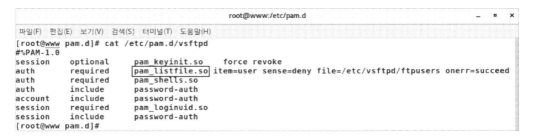

```
                        root@www:/etc/pam.d                          _  ▫  ✕
파일(F)  편집(E)  보기(V)  검색(S)  터미널(T)  도움말(H)
[root@www pam.d]# cat /etc/pam.d/vsftpd
#%PAM-1.0
session     optional     pam_keyinit.so      force revoke
auth        required     pam_listfile.so item=user sense=deny file=/etc/vsftpd/ftpusers onerr=succeed
auth        required     pam_shells.so
auth        include      password-auth
account     include      password-auth
session     required     pam_loginuid.so
session     include      password-auth
[root@www pam.d]#
```

◈ 모듈인자(module-arguments)

argument	설명
item=	목록 파일에 이용할 항목을 지정하는데, 사용자인 경우에 item=user로 설정한다. 사용자 이외에도 group, tty, shell, rhost, ruser의 설정이 가능하다.
sense=	목록 파일을 허가 또는 거부로 설정하는 항목이다. 허가이면 allow, 거부이면 deny로 설정한다.
file=	목록 파일의 경로를 지정한다. 해당 파일에 아이템 등록은 한 줄에 하나씩 적어야 한다.

onerr=	succeed 또는 fail이라고 설정하는데, 일반적으로 sense에 설정하는 값의 반대로 지정한다. succeed면 PAM_SUCCESS를 리턴하고, fail이면 PAM_AUTH_ERR 또는 PAM_SERVICE_ERR 을 리턴한다.
apply=	특정 사용자(user) 또는 특정 그룹(@group)으로 적용을 제한할 때 사용한다. item 항목이 tty, rhost, shell인 경우에만 의미 있는 제한이 된다.

pam_nologin.so

/etc/nologin 파일이 존재하면 root만 로그인할 수 있고, 다른 사용자는 에러 메시지와 함께 거부할 때 사용한다. 로그인과 관련된 서비스인 login, remote, sshd 등에 설정되어 있어서 대부분 영향을 받는다.

사용 예

```
                              root@www:/etc/pam.d                              _

파일(F)  편집(E)  보기(V)  검색(S)  터미널(T)  도움말(H)
[root@www pam.d]# cat /etc/pam.d/sshd
#%PAM-1.0
auth        required      pam_sepermit.so
auth        substack      password-auth
auth        include       postlogin
# Used with polkit to reauthorize users in remote sessions
-auth       optional      pam_reauthorize.so prepare
account     required      pam_nologin.so
account     include       password-auth
password    include       password-auth
# pam_selinux.so close should be the first session rule
session     required      pam_selinux.so close
session     required      pam_loginuid.so
# pam_selinux.so open should only be followed by sessions to be executed in the user context
session     required      pam_selinux.so open env_params
session     required      pam_namespace.so
session     optional      pam_keyinit.so force revoke
session     include       password-auth
session     include       postlogin
# Used with polkit to reauthorize users in remote sessions
-session    optional      pam_reauthorize.so prepare
[root@www pam.d]#
```

모듈인자(module-arguments)

argument	설명
file=	기본 지정 파일인 /etc/nologin 대신에 다른 파일을 이용할 경우에 사용한다. 'file=파일_절대경로' 형식으로 설정한다.
successok	기본 리턴 값이 PAM_IGNORE인데, PAM_SUCCESS로 변경할 때 사용한다.

pam_deny.so

접근을 거부할 때 사용하고, 응용 프로그램에게 항상 실패(failure)를 반환한다. 기본적으로 other, system-auth 등에 사용된다.

사용 예

```
                              root@www:/etc/pam.d

파일(F)  편집(E)  보기(V)  검색(S)  터미널(T)  도움말(H)
[root@www pam.d]# cat /etc/pam.d/other
#%PAM-1.0
auth        required      pam_deny.so
account     required      pam_deny.so
password    required      pam_deny.so
session     required      pam_deny.so
[root@www pam.d]#
```

pam_cracklib.so

사전(Dictionary)에 등록된 단어를 이용한 패스워드 설정에 막기 위해서 비교 및 검사할 때 사용된다. MD5 해시 알고리즘 기반의 패스워드를 사용하던 CentOS 5 이전 버전에서는 passwd, password-auth, system-auth 등에 사용되었지만 CentOS 7에서는 사용되지 않고 있다.

모듈인자(module-argument)

argument	설명
debug	모듈의 동작을 보여 주기 위해 syslog에 정보를 남기는데, 이 옵션을 사용하면 패스워드 관련 정보를 로그 파일에 기록하지 않는다.
retry=N	새로운 패스워드를 설정할 때 물어보는 횟수를 지정하는 옵션이다. 이 옵션을 사용하면 지정한 값 N만큼 횟수가 늘어난다. 기본 값은 10이다.
authtok_type=	새로운 패스워드 입력할 때 문구를 지정할 때 사용한다. 예를 들면 "New UNIX password"라는 문구를 "New LINUX password"로 변경하려면 authtok_type=LINUX로 지정한다.
difok=N	새 패스워드에서 예전 패스워드에 있지 않는 문자들을 몇 자나 사용해야 하는지를 지정한다. 기본 값은 5이고 새 패스워드에서 1/2이상의 글자가 이전과 다르다면 새 패스워드로 인정된다.
minlen=N	새 패스워드로 허용될 크기를 지정하는 항목으로 글자 수에 크레디트(credit)라는 값이 더해진다. 각 문자 종류(숫자, 대문자, 소문자, 특수문자)를 사용한 것에 대해 각각 크레디트를 부여한다.
dcredit=N	숫자(digit)가 갖는 크레디트 값을 지정한다. 기본 값은 10이다.
ucredit=N	대문자(upper case)가 갖는 크레디트 값을 지정한다. 기본 값은 10이다.
lcredit=N	소문자(lower case)가 갖는 크레디트 값을 지정한다. 기본 값은 10이다.
ocredit=N	기타 특수문자(other)가 갖는 크레디트 값을 지정한다. 기본 값은 10이다.

pam_wheel.so

root 권한을 얻을 수 있는 사용자를 wheel(또는 group-ID=0)이라는 그룹으로 묶어서 사용하도록 지원하는 모듈이다. su 명령과 관련된 /etc/pam.d/su에 사용하면 매우 유용하다.

사용 예

```
                              root@www:/etc/pam.d
파일(F)  편집(E)  보기(V)  검색(S)  터미널(T)  도움말(H)
[root@www pam.d]# cat /etc/pam.d/su
#%PAM-1.0
auth            sufficient      pam_rootok.so
# Uncomment the following line to implicitly trust users in the "wheel" group.
#auth           sufficient      pam_wheel.so trust use_uid
# Uncomment the following line to require a user to be in the "wheel" group.
#auth           required        pam_wheel.so use_uid
auth            substack        system-auth
auth            include         postlogin
account         sufficient      pam_succeed_if.so uid = 0 use_uid quiet
account         include         system-auth
password        include         system-auth
session         include         system-auth
session         include         postlogin
session         optional        pam_xauth.so
[root@www pam.d]#
```

🌑 모듈인자(module-arguments)

argument	설명
debug	디버깅 관련 정보를 출력한다.
group=그룹명	wheel 또는 GID 0번 그룹을 검사하는 대신에 해당 그룹명으로 인증을 수행한다.
deny	모듈의 동작을 반대가 되도록 설정한다. 만약 wheel 그룹에 속한 사용자가 uid=0을 얻는 시도를 하면 접근을 거부한다.
trust	wheel 그룹에 속한 사용자가 root 권한을 요구한 경우 PAM_SUCCESS를 리턴 값으로 준다. 즉, wheel 그룹에 속한 사용자들은 암호를 입력하지 않고도 root 권한을 획득할 수 있다.
use_uid	로그인할 때의 사용자명 대신에 현재의 UID를 사용한다. 다른 계정으로 로그인한 뒤에 su 명령을 사용한 경우가 해당된다.
root_only	단지 wheel 그룹에 속한 사용자 여부만 검사한다.

⬢ pam_rootok.so

UID가 0인 사용자를 인증하는 모듈로 보통 root가 암호 입력 없이 해당 서비스에 대한 접근을 허용할 때 사용된다. 이 모듈을 사용하는 서비스에는 su, setup 등이 있다.

🌑 사용 예

```
                              root@www:/etc/pam.d
파일(F)  편집(E)  보기(V)  검색(S)  터미널(T)  도움말(H)
[root@www pam.d]# cat /etc/pam.d/su
#%PAM-1.0
auth            sufficient      pam_rootok.so
# Uncomment the following line to implicitly trust users in the "wheel" group.
#auth           sufficient      pam_wheel.so trust use_uid
# Uncomment the following line to require a user to be in the "wheel" group.
#auth           required        pam_wheel.so use_uid
auth            substack        system-auth
auth            include         postlogin
account         sufficient      pam_succeed_if.so uid = 0 use_uid quiet
account         include         system-auth
password        include         system-auth
session         include         system-auth
session         include         postlogin
session         optional        pam_xauth.so
[root@www pam.d]#
```

⬢ pam_tally2.so

로그인 시도 횟수를 세는 모듈로 일정 횟수 이상 실패 시에는 접근을 차단 및 관리해주는 역할을 수행한다. pam_tally2는 pam_tally2.so 모듈을 이용해서 관련 파일에 설정하는 방법과 pam_tally2라는 명령을 이용하는 방법으로 나눌 수 있다. pam_tally2 명령은 카운트(count) 파일에 저장된 관련 기록을 출력해주거나 관리하는 역할을 수행한다.

🌑 모듈인자(module-arguments)

argument	설명
deny=N	로그인 시도가 N번 실패하면 접근을 차단한다.
lock_time=N	로그인 실패 후에 N초 동안 접근을 차단한다.

unlock_time=N	관리자가 정한 일정 횟수 이상 로그인에 실패했을 경우 N초 동안 접근을 차단한다. 해당 시간 동안은 관리자가 계정을 해제하기 전까지는 계정이 잠겨있게 된다.
root_unlock_time=N	root 사용자가 일정 횟수 이상 로그인에 실패했을 경우 N초 동안 접근을 차단한다.
file=경로	카운트 내역을 기록하는 파일 경로를 적는다. 기본 파일명은 /var/log/tallylog이다.
no_log_info	syslog에 메시지를 전달하지 않는다.
silent	관련 정보를 출력하지 않는다.

pam_tally2

카운트(count) 파일에 저장된 관련 기록을 출력해주거나 관리하는 역할을 수행한다. pam_tally2.so 모듈에서 별다른 설정을 하지 않으면 관련 파일은 /var/log/tallylog가 된다.

사용법
pam_tally2 [option]

주요 옵션

옵션	설명
-u, --user	계정명을 지정하는 옵션이다.
-r, --reset	카운트 파일인 /var/log/tallylog를 초기화할 때 사용하는 옵션이다. 특정 사용자의 잠긴 계정만 해제할 때는 -u 옵션과 같이 사용하면 된다.

사용 예
pam_tally2
◉ 잠긴 계정 정보를 출력한다.

pam_tally2 -r -u posein
◉ posein의 잠긴 계정을 해제한다.

pam_tally2 -r
◉ 카운트 파일의 정보를 초기화 한다. 기본 카운트 파일인 /var/log/tallylog의 모든 내용을 삭제하고 파일의 크기를 0으로 만든다.

pam_limits.so

시스템의 자원에 대한 사용자 제한을 설정할 때 사용하는 모듈로 프로세스와 메모리 사용량 등을 제한할 수 있다. 이 모듈은 system-auth, password-auth, sudo 등에 사용되고 있다. 제한과 관련된 기본 환경 설정은 /etc/security/limits.conf 파일에 설정하고, /etc/security/limits.d 디렉터리 내에 *.conf 형식으로 지정한 파일들이 존재하면 추가로 읽어 들여서 적용하게 된다. 본 장에서는 기본적인 형식만을 설명하고, 실제 프로세스 개수 제한, 메모리 사용량 제한, 최대 로그인 수 제한 과 관련된 예제 설명은 "프로세스 관리" 영역에서 확인하면 된다.

사용 예

```
                                          root@www:/etc/pam.d
파일(F)  편집(E)  보기(V)  검색(S)  터미널(T)  도움말(H)
[root@www pam.d]# cat /etc/pam.d/sudo
#%PAM-1.0
auth        include      system-auth
account     include      system-auth
password    include      system-auth
session     optional     pam_keyinit.so revoke
session     required     pam_limits.so
session     include      system-auth
[root@www pam.d]#
```

/etc/security/limits.conf 파일의 기본 형식

<domain>   <type>   <item>   <value>

limits.conf 파일의 필드 설명

필드	유형 또는 예시	설명
domain	posein @terran %terran 500:1000 @500:800	사용자명, 그룹명, 와일드카드(*, %) 등을 기입할 수 있다. 사용자명은 아이디를 기입하고 그룹인 경우에는 **@그룹명** 형식으로 기입한다. *는 기본적으로 등록된 사용자를 나타내고, %는 최대 로그인수를 제한할 때만 사용한다. 예를 들면 **% 그룹명** 형식으로 지정해서 특정 그룹에 속한 사용자의 로그인 수를 제한할 수 있다. 또한 UID 및 GID를 : 기호를 이용해서 범위 지정도 가능하다. GID인 경우에는 @ 기호를 붙이고, 최댓값 또는 최솟값은 생략할 수 있다.
type	hard	실제 적용되는 제한치를 뜻하는데, 커널에 의해 제한되므로 이 유형으로 적용되는 경우에는 절대 해당 설정 값을 초과할 수 없다.
	soft	일반적으로 공지되는 제한 값을 지정하는데, 보통 hard 제한을 설정하기 전에 미리 선언된다. 이 항목이 적용된 설정 값은 초과할 수 있으나 hard 제한은 절대 초과할 수 없다.
	–	hard 및 soft를 동일하게 적용할 때 사용한다.
item	core	core 파일의 크기(KB)를 제한할 때 사용한다. core 파일은 잘못된 메모리 연산 시에 처리를 중지시키고 메모리 부분을 덤프(dump)하면서 생기는 파일로 gdb 같은 디버깅 도구로 분석할 때 사용된다.
	data	데이터의 최대 크기(KB)를 제한할 때 사용한다.
	fsize	파일의 최대 크기(KB)를 제한할 때 사용한다.
	memlock	고정 메모리 주소(locked-in-memory) 사용의 최대 크기(KB)를 제한할 때 사용한다.
	nofile	열 수 있는 파일의 수를 제한할 때 사용한다.
	rss	최대 메모리 사용량(KB)을 제한할 때 사용한다.
	stack	최대 스택 사용량(KB)을 제한할 때 사용한다.
	cpu	최대 사용 가능한 CPU 시간(minute)을 제한할 때 사용한다.
	nproc	최대 사용 가능한 프로세스의 수를 제한할 때 사용한다.
	as	주소 공간(address space) 사용량(KB)을 제한할 때 사용한다.
	maxlogins	특정 사용자의 최대 로그인 수를 제한할 때 사용한다.
	maxsyslogins	시스템에 로그인할 수 있는 최댓값을 지정할 때 사용한다.
	priority	사용자 프로세스를 실행시키는 우선순위(PRI) 값을 제한할 때 사용한다.

	locks	사용자가 잠금 상태로 만들 수 있는 파일의 최대 수를 제한할 때 사용한다.
	sigpending	보류 시그널(pending signal)의 최대 수를 제한할 때 사용한다.
	msgqueue	POSIX 메시지 큐에 의한 최대 메모리 사용량(bytes)을 지정할 때 사용한다.
	nice	최대로 올릴 수 있는 NI 값을 지정할 때 사용한다. 값은 -20 ~ 19 사이로 할당한다.
	rtprio	최대 실시간 우선순위(realtime priority) 값을 지정할 때 사용한다.
value	-	설정되는 값을 나타낸다.

● 사용 예

```
*              soft      core          0
*              hard      nofile        512
@student       hard      nproc         20
@faculty       soft      nproc         20
@faculty       hard      nproc         50
ftp            hard      nproc         0
@student       -         maxlogins     4
:123           hard      cpu           5000
@500:          soft      cpu           10000
600:700        hard      locks         10
```

4 PAM의 사용 예

(1) 모든 계정에 대해 콘솔(Console) 로그인을 막는다.

① /etc/pam.d/login 파일의 첫 줄에 다음 설정을 추가한다.
```
# vi /etc/pam.d/login
account      required        pam_deny.so
```

② 확인 방법

[CTRL]+[ALT]+[F2]키를 눌러서 2번째 터미널을 호출한 뒤에 로그인을 시도해보면 로그인이 되지 않는 것을 알 수 있다.

```
CentOS Linux 7 (Core)
Kernel 3.10.0-1062.18.1.el7.x86_64 on an x86_64

www login: posein
Password:

Authentication failure
```

(2) 일반 계정 사용자인 posein 및 yuloje의 텔넷 로그인을 막는다.

① /etc/pam.d/remote 파일에 다음의 설정을 추가한다.
```
# vi /etc/pam.d/remote
auth   required  pam_listfile.so item=user sense=deny file=/etc/loginusers onerr=succeed
```

② /etc/loginusers 파일을 생성하고, 한 줄에 한 계정씩 적는다.

```
# vi /etc/loginusers
posein
yuloje
```

(3) 일반 계정 사용자인 posein 및 yuloje만 ssh 로그인을 허용한다.

① /etc/pam.d/sshd 파일에 다음의 설정을 추가한다.

```
# vi /etc/pam.d/sshd
auth    required   pam_listfile.so item=user sense=allow file=/etc/ssh_users onerr=fail
```

② /etc/ssh_users 파일을 생성하고, 한 줄에 한 계정씩 적는다.

```
# vi /etc/ssh_users
posein
yuloje
```

(4) 사용자 패스워드의 길이를 최소 12자로 설정하고, 새로운 패스워드 입력할 때 LINUX라는 문자열이 출력되도록 설정한다.

① /etc/pam.d/system-auth 파일에서 pam_cracklib.so 항목의 모듈인자를 다음과 같이 수정한다.

```
# vi /etc/pam.d/system-auth
password    requisite     pam_cracklib.so retry=3 minlen=12
```

② 확인 예

```
                              posein@www:~
 파일(F)  편집(E)  보기(V)  검색(S)  터미널(T)  도움말(H)
[posein@www ~]$ passwd
Changing password for user posein.
Changing password for posein.
(current) UNIX password:
New password:
BAD PASSWORD: is too simple
New password:
Retype new password:
Retype new password:
passwd: all authentication tokens updated successfully.
[posein@www ~]$
```

⊙ 패스워드를 jung1079!로 설정해보면 설정이 가능한 것을 알 수 있다. 글자 수는 9자이지만 3크레디트가 더해져서 minlen에 설정한 12크레디트의 요건을 충족하게 된다. 마지막으로 새로운 패스워드는 추가로 3회 더 입력해야 변경이 된다.

(5) su 명령어의 사용을 posein에게만 허용한다.

① /etc/group 파일의 wheel 그룹 항목을 찾아서 4번째 필드에 posein를 추가한다.

```
# vi /etc/group
wheel:x:10:posein
```

② /etc/pam.d/su에 다음의 항목을 추가한다.

vi /etc/pam.d/su

auth   required   pam_wheel.so use_uid debug group=wheel

(6) 텔넷 로그인 시 패스워드 입력이 3회 이상 틀리면 3분 동안 로그인을 제한한다.

① /etc/pam.d/remote에 다음의 항목을 추가한다.

vi /etc/pam.d/remote

auth   required   pam_tally2.so deny=3 unlock_time=180

◎ 보통 기본 1회에 deny 설정 값을 더해서 패스워드 총 4회까지 입력할 수 있다.

② 로그인 시도 후 관련 기록 확인

```
                                  root@www:~
파일(F) 편집(E) 보기(V) 검색(S) 터미널(T) 도움말(H)
[root@www ~]# pam_tally2
Login          Failures Latest failure      From
posein              4   07/15/20 15:04:30   localhost
[root@www ~]#
```

◎ pam_tally2 명령으로 관련 정보를 확인할 수 있다. 위의 그림은 posein 계정이 잠긴 상태임을
나타낸다.

③ 계정 잠금 해제

pam_tally2 – r – u posein

◎ posein 사용자의 계정 잠금 상태를 해제한다. pam_tally2 명령을 옵션 없이 실행해보면 어떠한
내용도 출력되지 않음을 알 수 있다.

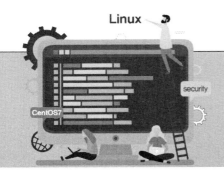
파일 시스템 관리

3.1 권한의 개요

3.1.1 소유권과 허가권

리눅스는 하나의 시스템에 다수의 사용자들이 동시에 접속하여 사용하도록 설계된 운영체제이다. 즉, 여러 사용자가 동일한 저장 공간인 하드디스크를 공유해서 사용한다고 볼 수 있고, 이러한 구조는 각각의 사용자들이 생성한 파일이나 디렉터리가 다른 사용자에게 노출될 수가 있다. 리눅스에서는 이러한 문제를 해결하기 위해 소유권(Ownership)과 허가권(Permission)이라는 두 가지 권한을 가지고 접근 제어를 하도록 설계되어 있다. 소유권은 말 그대로 어떠한 파일이나 디렉터리를 소유하여 지배하는 권리를 말하고, 허가권은 파일이나 디렉터리에 접근 권한을 설정하는 권리로 일반적으로 소유권을 가진 사용자가 허가권을 설정한다. 소유권은 사용자 소유권과 그룹 소유권으로 나누고, 허가권은 사용자(user), 그룹(group), 다른 사용자(other)로 나누어 설정할 수 있다. 이러한 권한의 설정은 다음과 같이 'ls -l' 명령으로 확인할 수 있다.

```
[posein@localhost ~]$ ls -l lin.txt
-rw-rw-r--. 1 posein posein 13 Jan 11 11:05 lin.txt
         ①          ②     ③
```

위의 그림에서 ①번이 허가권이고, ②번이 소유권을 가진 사용자, ③번이 그룹 소유권을 나타낸다. 허가권은 총 10개의 영역으로 나눌 수 있는데, 첫 번째 영역은 파일의 타입을 나타낸다. 나머지 9개는 각각 3개씩 나눌 수 있는데, 첫 세 자리는 파일을 소유한 사용자(user)에게 적용되는 권한이고, 두 번째 세 자리는 해당 그룹에 속한 사용자들(group)에게 적용되는 권한이고, 마지막 세 자리는 그 외의 다른 사용자들(other)에게 적용되는 권한이다. 각 세 자리는 rwx로 표시되는데, 권한이 있는 경우에는 해당 문자로 표기되고, 권한이 없는 경우에는 '-'로 표시된다. r(read)은 읽기 권한, w(write)는 쓰기 권한, x(execute)는 실행 권한을 뜻하는데, 파일과 디렉터리에 따라 다음과 같은 역할을 한다.

권한	파일	디렉터리
r	파일의 내용을 볼 수 있는 권한	디렉터리 내부의 내용을 볼 수 있는 권한
w	파일의 내용을 수정할 수 있는 권한	디렉터리 내부에 파일을 생성 또는 삭제할 수 있는 권한
x	실행 파일을 실행시킬 수 있는 권한	디렉터리 내부로 접근할 수 있는 권한

- : 일반 파일
d : 디렉터리
l : 링크 파일
b : 블록 디바이스(디스크 드라이버)
c : 캐릭터 디바이스(입출력 관련 특수 파일)
p : named pipe(FIFO)
s : 소켓

3.1.2 특수 권한

1 특수 권한의 개요

리눅스의 권한 체계는 3계층(사용자, 그룹, 기타 사용자)에 3가지 권한(읽기, 쓰기, 실행)을 부여하는 형태에 이루어져 있다. 그러나 이러한 권한 체계로 원활한 시스템 운영할 수가 없다. 일반 사용자가 작업을 하다보면 간혹 root 권한이 필요한 경우가 있는데, 그렇다고 root의 암호를 알려 줄 수도 없고 root 권한을 부여할 수도 없는 상황이 있다. 이처럼 일부의 권한 허용 등을 위한 특별한 권한이 있는데, 이것이 Set-UID, Set-GID, Sticky-Bit이다. 이 3가지 권한 모두 시스템 운영에 필요한 권한들이지만 보안상의 위험을 초래할 수 있으므로 정확한 이해가 필요하다.

특수 권한	설명
Set-UID	보통 실행 파일에 사용되며 Set-UID가 부여된 파일을 실행 시, 해당 파일을 실행하는 동안에는 실행시킨 사용자의 권한이 아닌 해당 파일의 소유자 권한으로 인식한다. 실행 파일에 주로 사용하므로 설정하면 소유자 권한 부분의 x자리에 s로 표기된다. 만약 실행 권한이 없는 파일에 부여하면 대문자 S로 나타난다.
Set-GID	Set-GID도 Set-UID처럼 파일에 설정되어 있을 경우, 해당 파일을 소유한 그룹 권한으로 인식한다. 현재는 Set-GID는 주로 디렉터리에 설정되는데, 이 권한이 설정된 디렉터리에 사용자들이 파일이나 디렉터리를 생성하면 사용자가 속한 그룹에 상관없이 디렉터리 소유 그룹 권한으로 만들어진다. 이 권한의 표시는 그룹소유권 부분에서 x자리에 s로 나타나며, 만약 실행 권한이 없을 경우에는 대문자 S로 표시된다.
Sticky-Bit	디렉터리에 설정되는 특수 권한으로 일종의 공유 디렉터리로 사용된다. 리눅스에서는 /tmp 디렉터리에 기본적으로 설정되어 있다. 일반적인 권한 계층에서 Other 계층 권한에 rwx으로 설정되어 있을 경우, posein이라는 사용자도 파일 생성이 가능하고, yuloje라는 사용자도 파일 생성이 가능하다. 이 경우 문제점이 posein 사용자가 yuloje라는 사용자가 생성한 파일을 삭제할 수 있게 된다. 이 때 Sticky-Bit를 설정하면, posein과 yuloje 사용자들이 생성에는 제한이 없지만, 삭제할 경우 본인이 생성한 파일 이외에는 불가능하다. Sticky-Bit는 Group과 Other 계층 사용자에게 사용할 수 있으나 두 계층 함께 사용은 불가능하다. 이 권한은 설정은 무조건 other 계층에 설정하도록 되어 있으며, 설정하면 other 계층 권한 부분의 x 자리에 t로 표기된다. other 계층에 실행 권한이 없는 경우, 즉 그룹의 공유 모드로 사용한 경우에는 대문자 T로 표기된다.

② 특수 권한의 확인

Set-UID가 설정된 파일로는 passwd 명령이 있다. 이 명령에는 왜 Set-UID가 필요한 것이지 생각해보면 일반 사용자가 자기 자신의 패스워드를 변경한다고 가정하자. 변경된 패스워드 정보는 /etc/shadow에 기록되어야 한다. 그러나 일반 사용자의 권한으로는 /etc/shadow 파일에 쓰기 권한은 물론이고 읽기 권한조차 없다. 즉, /etc/shadow에 접근하려면 일시적으로 root 권한이 필요한 상황이다. passwd 명령에 Set-UID가 설정되어 있으면 일반 사용자라고 하더라도 명령을 실행하는 동안에는 파일의 소유자인 root의 권한으로 인정받아 패스워드의 변경 정보를 /etc/shadow에 기록할 수 있게 된다. 따라서 Set-UID는 시스템 운영에 꼭 필요하지만, 보안상의 위험을 노출하기도 한다.

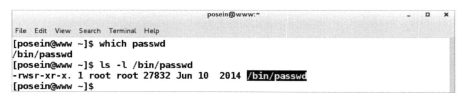

Sticky-Bit는 /tmp 디렉터리에서 확인할 수 있다. /tmp는 임시저장 디렉터리로 X 윈도 실행 시에 필요한 소켓 등 일시적으로 시스템이나 응용 프로그램에 필요한 파일들이 저장되는 디렉터리이다. 주로 특별히 사용자 권한을 지정하기 어려운 응용 프로그램들이 일시적으로 파일을 생성하고 삭제하도록 이용된다. 이 경우에 특정 응용 프로그램이 다른 응용 프로그램에서 생성한 파일을 삭제하지 못하도록 하는 권한 설정이 필요한데, 이 권한이 Sticky-Bit이다.

Set-GID는 다음의 그림처럼 wall, write 같은 실행 명령어에 설정되어 있다. wall은 전체 로그인한 사용자에게 메시지를 전달하는 명령어이고, write는 특정 사용자에게 메시지를 전달하는 명령어이다. 이 두 명령어는 흔히 로그인한 사용자에게 메시지를 전달하는 명령어라고 생각하지만, 로그인한 사용자라기보다는 로그인한 사용자가 이용하고 있는 터미널에 메시지를 전송하는 명령어이다. 예를 들면 두 번째 콘솔로 로그인한 경우에는 /dev/tty2라는 장치 파일명을 이용하게 된다. 이 파일의 소유권을 확인해보면 소유권은 root, 그룹 소유권은 tty가 된다. 만약 이 파일에 메시지를 전달하려면 root 사용자 이거나 tty 그룹에 속해 있어야 가능하다. 따라서 wall이나 write 명령을 tty 그룹을 소유권으로 지정하고, Set-GID를 부여해두면 실행 시에 일시적으로 tty 그룹 소유권으로 인정받아서 터미널과 같은 장치 파일에 쓰기 권한이 행사할 수 있게 된다. Set-GID는 Set-UID와 동일하게 실행파일에 부여되나, 실무에서는 주로 디렉터리에 부여되어서 디렉터리 안에 파일 생성 시 파일을 생성한 사용자에 상관없이 무조건 디렉터리의 그룹 소유권 권한으로 자동 지정된다.

◉ Set-GID가 부여된 파일의 확인

```
                              root@www:~                    _  □  ×
파일(F)  편집(E)  보기(V)  검색(S)  터미널(T)  도움말(H)
[root@www ~]# which wall
/usr/bin/wall
[root@www ~]# which write
/usr/bin/write
[root@www ~]# ls -l /usr/bin/wall
-r-xr-sr-x. 1 root tty 15344 Jun 10  2014 /usr/bin/wall
[root@www ~]# ls -l /usr/bin/write
-rwxr-sr-x. 1 root tty 19544 Oct  1  2020 /usr/bin/write
[root@www ~]# ls -l /dev/tty2
crw--w----. 1 root tty 4, 2 Aug  3 21:52 /dev/tty2
[root@www ~]#
```

디렉터리에 Set-GID를 부여해서 테스트해보면 다음 그림과 같다. 현재 posein 사용자는 posein 그룹과 project라는 그룹에 속해 있는 상태이고, 주 그룹(Primary Group)은 posein이다. 따라서 posein 사용자가 파일을 생성하게 되면 그룹 소유권은 주 그룹인 posein으로 표기된다. 그러나 Set-GID가 부여된 /project 디렉터리 안에 파일을 생성한 경우에는 주 그룹에 상관없이 그룹 소유권은 자동으로 project라고 설정된다.

◉ 디렉터리에 부여된 Set-GID 테스트 예

```
                         posein@www:/project                _  □  ×
파일(F)  편집(E)  보기(V)  검색(S)  터미널(T)  도움말(H)
[posein@www ~]$ id
uid=1000(posein) gid=1000(posein) groups=1000(posein),1006(project) context=unco
nfined_u:unconfined_r:unconfined_t:s0-s0:c0.c1023
[posein@www ~]$ ls -ld /project
drwxrws---. 2 root project 6  8월   3 22:07 /project
[posein@www ~]$ cd /project
[posein@www project]$ touch lin.txt
[posein@www project]$ ls -l
합계 0
-rw-rw-r--. 1 posein project 0  8월   3 22:08 lin.txt
[posein@www project]$
```

③ 특수 권한의 설정

Set-UID, Set-GID, Sticky-Bit도 허가권(Permission) 설정 명령인 chmod를 사용한다. 문자 모드인 경우에는 Set-UID 및 Set-GID는 s를 사용하고, Sticky-bit은 t를 사용한다. 숫자 모드인 경우에는 천의 자리가 사용되고 Set-UID는 4, Set-GID는 2, Sticky-bit은 1의 값을 갖는다.

3.1.3 ▸ 소유권 및 허가권 관련 명령어

① chmod(change mode)

파일이나 디렉터리에 접근할 수 있는 허가권(Permission)을 설정하는 명령이다. chmod는 알파벳 기호를 사용하는 문자 모드(Symbolic mode)와 8진수의 값을 사용하는 숫자 모드(Numeric mode)

로 지정한다.

문자 모드에서 사용하는 기호는 권한, 사용자, 설정 등 3가지로 나눌 수 있다. 권한의 표시는 r, w, x를 사용하고, 사용자의 지정은 u, g, o, a를 사용한다. 마지막으로 설정 기호는 +, −, =를 사용한다. u는 파일 소유자의 접근 권한을 지정할 때 사용하고, g는 그룹에 속한 사용자들에 대한 접근 권한을 지정할 때 사용하고, o는 다른 사용자들에 대한 접근 권한을 지정할 때 사용한다. a는 all의 약자로 파일 소유자, 그룹, 다른 모든 사용자를 포함하여 접근 권한을 지정할 때 사용한다. 접근 권한의 설정은 기존의 권한에서 +, − 기호를 이용하여 설정 또는 해제를 할 수 있고, = 기호는 특정 권한만 지정할 때 이용한다. 또한, 여러 사용자 계층의 권한 설정은 ,(콤마)로 분리해서 지정할 수 있다.

숫자 모드는 숫자(4,2,1,0)를 조합하여 8진수의 값을 만들어 권한을 설정하는 방법이다. 읽기 권한은 4, 쓰기 권한은 2, 실행 권한은 1이라는 가중치 값을 부여하고, 두 가지 이상의 권한을 설정하려면 가중치 값을 더해서 지정한다. 즉, 읽기, 쓰기, 실행 등의 모든 권한을 부여하려면 7, 읽기 및 쓰기 권한은 6, 읽기 및 실행 권한은 5로 지정한다. 만약 어떠한 권한도 설정하지 않으려면 0을 지정하면 된다. 사용자 계층별 구분은 기본 사용자 계층이 3계층이므로 숫자 3자리로 부여하는데, 앞에서부터 각각 소유자는 100의 자리, 그룹은 10의 자리, 다른 사용자는 1의 자리에 배치해서 접근 권한을 지정한다.

◉ **사용법**

$ chmod [option] mode file(s)

◉ **주요 옵션**

옵션	설명
−R	하위 디렉터리를 포함하여 디렉터리 내부의 모든 파일의 접근 권한을 변경한다.(−−recursive)
−c	변경된 정보를 출력해준다.(−−changes)
−f	중요한 오류 메시지가 아니면 출력하지 않는다.(−−silent, −−quite)
−v	명령 진행 결과에 대한 정보를 자세히 출력한다.(−−verbose)
−−version	명령어의 버전 정보를 출력한다.

◉ **사용 예**

$ chmod ugo+rwx aa.txt
　➲ 모든 사용자에게 모든 권한을 준다. 'chmod a+rwx aa.txt , chmod 777 aa.txt'와 같다.

$ chmod 755 aa.txt
　➲ aa.txt라는 파일에 대해 소유자는 읽기, 쓰기, 실행이 가능하고 그룹 및 다른 사용자는 읽기와 실행만 가능하게 설정한다.

$ chmod o-r,o-w *
　➲ 현재 디렉터리 안의 모든 파일을 다른 사용자가 읽기 및 쓰기 권한의 사용할 수 없도록 설정한다. 'chmod o−rw *'와 같다.

$ chmod a+r *.txt

- .txt로 끝나는 파일들에 대해 모든 사용자가 읽을 수 있도록 설정한다.

$ chmod o=r /etc/fstab

- /etc/fstab라는 파일을 다른 사용자(other)는 읽을 수만 있도록 설정한다. = 기호는 기존 권한을 초기한 후에 지정한 권한만 설정할 때 사용한다. 참고로 사용자(user)나 그룹(group)은 영향 없이 기존의 허가권이 그대로 유지된다.

$ chmod -R go-rwx *

- 하위 디렉터리를 포함하여 현재 디렉터리의 모든 파일에 대해 그룹 및 다른 사용자가 접근할 수 없도록 설정한다.

$ chmod a= a.txt

- a.txt 파일에 어떠한 권한도 설정하지 않는다. 'chmod 0 a.txt'와 같다.

$ chmod 66 a.txt

- 'chmod 066 a.txt'과 같은 설정으로 소유자에게는 어떠한 권한도 설정하지 않고, 그룹 및 다른 사용자에게 읽기 및 쓰기 권한을 부여한다.

 # chmod u+s a.out

- a.out라는 파일에 Set-UID를 설정한다.

 # chmod g+s a.out

- a.out라는 파일에 Set-GID를 설정한다.

 # chmod o+t data/

- data 디렉터리에 Sticky-Bit를 설정한다.

 # chmod g+s,o+t /project

- /project라는 디렉터리에 Set-GID를 부여하여 파일 생성 시 자동으로 그룹소유권을 지정하고, 그룹 사용자간의 공유 모드(Sticky Bit)로 사용한다.

 # chmod 3070 /project

- /project라는 디렉터리를 해당 그룹에 속한 사용자들만 접근하고, 파일을 생성/삭제할 수 있도록 하고, 그룹 소유권을 자동 지정(Set-GID)하고 공유(Sticky Bit)하여 사용하도록 한다.

② chown(change owner)

파일이나 디렉터리의 소유권 및 그룹 소유권을 변경하는 명령이다.

☀ 사용법

chown [option] *owner[:group]* file(s)

주요 옵션

옵션	설명
-R	하위 디렉터리를 포함하여 디렉터리 내부의 모든 파일의 소유 권한을 변경한다.(--recursive)
-c	변경된 정보를 출력해준다.(--changes)
-f	중요한 오류 메시지가 아니면 출력하지 않는다.(--silent, --quite)
-v	명령 진행 결과에 대한 정보를 자세히 출력한다.(--verbose)
--version	명령어의 버전 정보를 출력한다.

사용 예

chown -R posein *
- ⊙ 하위 디렉터리를 포함하여 현재 디렉터리의 모든 파일의 소유자를 posein으로 변경한다.

 # chown posein:yuloje jalin.txt
- ⊙ jalin.txt 파일의 소유자는 posein, 소유 그룹은 yuloje로 설정한다. 콜론(:)대신에 점(.)을 사용하여 'chown posein.yuloje jalin.txt'로 설정해도 된다.

 # chown 500 jalin.txt
- ⊙ jalin.txt 파일의 소유자를 UID가 500인 사용자로 설정한다.

 # chown :yuloje joon.txt
- ⊙ joon.txt 파일의 그룹 소유권을 yuloje로 설정한다.

2 chgrp(change group)

파일이나 디렉터리의 소유 그룹을 바꾸는 명령으로 root가 아니면 사용하는 경우가 드물지만, 특정한 사용자가 여러 그룹에 속한 경우에 본인 소유의 파일을 본인이 속한 그룹내에서 소유권을 변경시킬 수 있다.

사용법

 # chgrp [option] *group* file(s)

주요 옵션

옵션	설명
-R	하위 디렉터리를 포함하여 디렉터리 내부의 모든 파일의 접근 권한을 변경한다.(--recursive)
-c	변경된 정보를 출력해준다.(--changes)
-f	중요한 오류 메시지가 아니면 출력하지 않는다.(--silent, --quite)
-v	명령 진행 결과에 대한 정보를 자세히 출력한다.(--verbose)
-h	심볼릭 링크(Symbolic Link) 파일의 그룹 소유권을 변경한다. 일반적으로 심볼릭 링크 파일에 그룹 소유권 변경 명령을 적용하면 원본 파일의 그룹 소유권이 변경되는데, 이 옵션을 사용하면 심볼릭 링크 파일 자체의 그룹 소유권이 변경된다.(--no-dereference)
--version	명령어의 버전 정보를 출력한다.

chgrp admin alin.jpg
  ◉ alin.jpg 파일의 그룹 소유권을 admin으로 변경한다. 그룹명 대신에 GID로 설정해도 된다.

chgrp - R ihd ~posein
  ◉ posein 사용자의 홈 디렉터리를 포함한 모든 파일이나 디렉터리의 그룹 소유권을 ihd로 변경한다.

③ umask

파일이나 디렉터리 생성 시 부여되는 기본 허가권 값을 지정하는 명령이다. umask 명령을 실행하면 설정된 umask 값을 확인할 수 있다. 파일 생성 시에는 666, 디렉터리인 경우에는 777에서 설정한 umask 값을 뺀 값을 기본 허가권으로 지정한다.

⚙ 사용법

$ umask [option] [값]

⚙ 주요 옵션

옵션	설명
-S	umask 값을 문자로 표기한다.

⚙ 사용 예

  ◉ 설정된 umask 값은 0002이다. 이 경우에 파일을 생성하면 기본 권한이 664(u=rw,g=rw,o=r), 디렉터리는 기본 권한이 775(u=rwx,g=rwx,o=rx)로 설정된다. 또한 -S 옵션을 사용하면 umask 값을 문자로 출력해준다.

$ umask 022
  ◉ umask의 값을 022로 변경한다.

$ umask u=rwx,g=rw,o=rw
  ◉ umask의 값을 문자로도 설정가능한데, umask의 값을 011로 설정한 것과 같다.

umask의 연산법

허가권 값은 디렉터리인 경우에는 777(111 111 111), 파일인 경우에는 666(110 110 110)을 기본 값으로 설정한 umask 값의 보수와 AND 연산을 통해 지정된다. 예를 들면 umask 값을 775로 설정하면 이진수로 111 111 101이 된다. 이 값을 보수로 전환하면 000 000 010이 되고, 디렉터리와 파일을 생성하면 다음과 같다.

1 디렉터리 예

```
디렉터리 기본 허가권 :    111 111 111    →    777
Umask(775)의 보수   :    000 000 010    →    002
-----------------------------------------------------
                         000 000 010    →    002
```

2 파일 예

```
파일 기본 허가권      :    110 110 110    →    666
Umask(775)의 보수   :    000 000 010    →    002
-----------------------------------------------------
                         000 000 010    →    002
```

3.2 파일 시스템의 관리

3.2.1 파일 시스템의 이해

1 파일 시스템(File System)의 개요

파일 시스템(File System)이란 운영체제가 파티션이나 디스크에 데이터를 저장하고, 읽고, 쓰고 찾기 위해 구성하는 일련의 체계를 의미하는데, 운영체제가 사용자에게 제공하는 가장 직접적인 서비스 형태 중에 하나이다. 파일 시스템의 구성은 운영체제 설치 시에 일어난다. 운영체제를 설치하면 파티션 분할 작업 후에 포맷(Format)이라는 행위를 가장 먼저 하게 되는데, 포맷은 파일을 저장하기 위해 디스크를 일정한 크기로 분할하고 주소를 설정하는 작업이라고 할 수 있다. 각각의 운영체제들은 포맷이라는 작업을 통해 고유한 파일 시스템을 구축하게 되고, 다양한 규칙을 설정하게 된다. 대부분의 운영체제들은 파일이라는 단위로 저장하고, 파일에 이름을 부여한 뒤에 디렉터리에 저장한다. 이 과정에서 파일명의 길이를 제한하기도 하고, 어떤 문자들이 사용될 수 있는지를 정하기도 한다. 파일명에 확장자를 쓰도록 지정하기도 하며, 확장자의 길이도 제한할 수 있다. 또한, 파일 시스템은 지원하는 파티션의 개수, 크기, 파일 크기 등에도 직접적인 관계가 있으며, 파일 복구와 같은 기능을 부여하기도 한다. 따라서 파일 시스템의 성능은 운영체제의 성능에도 밀접한 관계가 있다고 볼 수 있다.

2 파일 시스템의 기능

① 사용자가 파일을 생성(Create), 수정(Modify), 삭제(Delete)할 수 있도록 제공
② 사용자가 파일을 사용하기 적합한 형태의 구조로 구성하고, 다양한 추가 정보 제공
③ 다른 사용자와의 파일을 공동으로 사용할 수 있는 적절한 제어 방법 제공
④ 파일 공유를 위하여 판독 접근, 기록 접근, 수행 접근 등의 다양한 접근 제어 방법 제공
⑤ 정보 손실이나 파괴를 방지하기 위하여 백업(Backup)이나 복구(Recovery)를 위한 기능 준비
⑥ 사용자와 장치 간의 독립성(device independence)을 유지하기 위해, 사용자가 물리적인 장치 이름 대신에 적절한 이름 제공
⑦ 정보가 안전하게 보호되고 비밀이 보장될 수 있도록 정보의 암호화(encryption) 및 복호화(decryption) 기능 제공
⑧ 사용자가 파일이나 디렉터리에 접근하기 쉬운 인터페이스 및 명령어 제공

3.2.2 리눅스의 파일 시스템

1 리눅스 파일 시스템의 개요

리눅스는 유닉스의 영향을 받기도 하였고, 개방적인 특징으로 인해 다양한 파일 시스템을 지원한

다. 초기의 리눅스는 minix 파일 시스템을 기반으로 만든 ext(Extended File System) 파일 시스템을 사용했으나, 다음 버전인 ext2가 등장하면서 리눅스 커널 2.1.21 버전부터 제외되었다. 리눅스 커널 2.4 버전부터는 저널링 파일 시스템(Journaling File System) 기능이 있는 ext3를 사용하였고, 현재는 최대 파일 크기 및 파일 시스템 크기를 대폭 늘린 ext4 파일 시스템이 사용하고 있다. 그러나 대용량 디스크의 사용이 보편화되고 더 큰 파일 및 파일 시스템 크기가 요구되면서 RHEL 7 버전에서는 XFS를 기본 파일 시스템으로 채택하였다. 현재 리눅스에서 지원하는 주요 파일 시스템에는 리눅스에서 지원하는 주요 파일 시스템에는 ext2, ext3, ext4, nfs, ReiserFS, XFS, JFS 등이 있고, 특징은 다음의 표와 같다.

파일 시스템	특징
minix	1987년에 개발된 minix 파일 시스템은 Minix 운영체제에 사용된 파일 시스템으로 초기 리눅스 파일 시스템의 모태가 되었다. 파티션 사이즈가 64MB로 제한이 있고, 파일 이름도 14자까지만 지원되었다. 또한 단일 타임스탬프(Timestamp) 체제 이었다. 주로 램디스크나 부팅디스크에 이용되었다.
ext	1992년 4월에 등장한 파일 시스템으로 전통적인 유닉스 파일 시스템인 UFS을 구조를 기반으로 Minix 파일 시스템의 최대 파티션 크기와 파일 이름 제한을 개선하여 2Gigabyte의 데이터와 파일명을 255자까지 가능하게 되었다. 그러나 파일 접근에 대한 타임스탬프, 아이노드 수정 등을 지원하지 않는 문제가 있었다.
ext2	1993년 1월에 개발한 파일 시스템으로 ext 파일 시스템의 다음 버전에 해당한다. 고용량 디스크 사용 등에 대비하여 확장성에 염두에 두고 설계한 파일 시스템이다. 아이노드의 불변성과 타임스탬프 수정 문제를 해결하였다. 이론적으로 1K 블록을 사용했을 경우에 최대 16GB의 단일 파일 생성, 최대 4TB의 파일 시스템으로 구성할 수 있지만, 일반적으로는 응용 프로그램과의 호환성 문제로 인해 2GB까지의 단일 파일 생성만 지원하였다.
ext3	2001년 11월, 리눅스 커널 2.4.15 버전부터 포함된 파일 시스템으로 ext2의 확장판이다. 이론적으로 4K 블록을 사용했을 경우에 최대 2TB의 단일 파일 생성, 16TB의 파일 시스템을 구성할 수 있다. 리눅스의 대표적인 저널링 파일 시스템이고, ACL(Access Control List)를 통한 접근 제어를 지원한다.
ext4	2006년 6월 커널 2.6.19 버전에 제안되었고, 2008년 10월 커널 2.6.28에 정식으로 채택되었다. ext2 및 ext3와 호환성이 있는 확장 버전으로 64비트 기억 공간 제한을 없애고, 최대 1EB의 디스크 볼륨과 16TB의 파일을 지원하는 등 대형 파일 시스템과 관련된 기능이 대폭 강화되었다.
Reiserfs	독일의 한스 라이저(Hans Reiser)가 개발한 저널링 파일 시스템으로 리눅스 커널 2.4.1에 포함되었다.
XFS	1993년 SGI에서 개발한 저널링 파일 시스템으로 리눅스 커널 2.4.25에 포함되었다. 최대 16EB의 디스크 볼륨과 8EB의 파일을 지원하고 있으며, 2014년에 등장한 RHEL 7의 기본 파일 시스템으로 제공되고 있다.
JFS	IBM에서 개발한 저널링 파일 시스템으로 리눅스 커널 2.4.24에 포함되었다.
xiafs	Minix 파일 시스템 안정성을 강화하여 만든 것으로 불필요하거나 복잡한 부분을 제외하고 만든 파일 시스템이다. 리눅스 커널 2.1.21부터 제외되었다.
msdos	MS-DOS의 FAT 파일 시스템과 호환되도록 지원하는 파일 시스템으로 파일 이름은 8자까지 확장자는 3자까지만 지원하는 8.3 구조 형태이다.
umsdos	리눅스에서 MS-DOS 파일 시스템을 확장하여 만든 것으로 긴 파일명, UID/GID, POSIX 허가권, 특수 파일 등을 지원한다.

vfat	Microsoft의 FAT-32 파일 시스템과 호환되도록 지원하는 파일 시스템이다.
isofs	ISO 9660인 CD-ROM 매체를 위한 파일 시스템이다.
nfs	네트워크상의 시스템 파일들을 공유할 때 사용하는 파일 시스템이다.
smbfs	네트워크 파일 시스템인 SMB 프로토콜을 구현한 파일 시스템으로 최근에는 CIFS로 확장되었다.
cifs	최근 삼바 서버에 사용되는 파일 시스템 타입으로 smbfs가 확장된 것이다.
ncpfs	Novell Netware에서 사용하는 네트워크 파일 시스템인 NCP 프로토콜을 구현한 파일 시스템이다.
sysv	SystemV/Coherent 파일 시스템을 리눅스에 구현한 것으로 Xenix FS, SystemV/386 FS, Coherent FS 등을 지원한다.
proc	리눅스에서 사용하는 가상 파일 시스템으로 커널과 관련된 데이터를 담는 영역이다.

 용량의 단위

운영체제에서는 저장 장치의 단위로 바이트(Byte)를 사용한다. 바이트의 크기는 영문자 한 자에 해당하며, 단위는 1000(또는 2^{10})의 거듭 제곱으로 계산하여 킬로바이트(Kilobyte, KB), 메가바이트(Megabyte, MB), 기가바이트(Gigabyte, GB), 테라바이트(Terabyte, TB), 페타바이트(Petabyte, PB), 엑사바이트(Exabyte, EB), 제타바이트(Zettabyte, ZB), 요타바이트(Yottabyte, YB) 등으로 표시한다. 최근에는 킬로바이트를 표기할 때 1000바이트로 계산하는 경우와 1024바이트 계산하는 경우를 구별하기 위해 1024바이트 단위로 계산하는 경우에는 키비바이트(Kilo binary byte, KiB)로 표기하여 구분한다. 따라서 2^{10}(1024 바이트)의 단위는 KiB, 2^{20}은 MiB, 2^{30}은 GiB 형태로 표시한다.

② 저널링 파일 시스템

리눅스에 사용되는 파일 시스템이 서버 분야에서 두각을 나타내기 시작한 계기로는 저널링 파일 시스템을 손꼽을 수 있다. 저널링 파일 시스템은 파일 시스템에 대한 변경사항을 반영하기 전에 저널이라 부르는 로그에 변경사항을 저장하여 추적이 가능하게 만든 파일 시스템이다. 시스템에 충돌현상이 발생하거나 전원 문제가 발생된 경우에 데이터 복구 확률을 높여준다. 특히 파일 시스템을 검사하는 명령인 fsck(file system check)에 걸리는 시간을 단축하기 위해 데이터를 디스크에 쓰기 전 로그(log)에 데이터를 남겨 시스템의 비정상적인 종료에도 로그를 사용해 fsck보다 빠르고 안정적인 복구 기능을 제공하는 기술이다. 리눅스 초기에 사용하던 ext2 파일 시스템의 경우에는 시스템이 갑작스럽게 동작을 멈추면 어떠한 수정을 하고 있었는지 전혀 알 수가 없었다. 따라서 이를 복구하기 위해서는 관리자가 직접 fsck라는 명령을 입력해야 했고, fsck는 슈퍼 블록, 비트맵, 아이노드 등을 모두 검사해야 되므로 때문에 많은 시간을 걸렸다. 저널링 기술을 사용한 파일 시스템은 파일을 실제로 수정하기 전에 우선 로그에 수정된 내용을 저장해서 비정상적으로 동작이 멈추었더라도 시스템 복구를 위해 단지 로그만 검사하면 된다. 이 로그 정보를 바탕으로 파일 시스템에 수정 내용을 적용하면 되기 때문에 속도도 빠르고, 복구의 안정성도 뛰어난 성능을 보이게 된다. 이러한 저널링 기술이 적용된 파일 시스템은 ext3, ext4, XFS, JFS, ReiserFS 등이 있다.

③ ext 파일 시스템의 구조

일반적으로 디스크 드라이브 이용 시에 파티션을 분할하고 흔히 포맷(Format)이라고 부르는 작업을 통해 파일 시스템을 생성한다. 디스크 드라이브, 파티션 및 파일 시스템과의 관계를 살펴보면 다음의 그림과 같다. I-list는 아이노드 번호의 목록이고, 저장되는 정보는 Directory Blocks and Data Blocks 영역에 저장된다. 이 영역은 디렉터리 블록과 데이터 블록이 섞여 있는데, 디렉터리 블록에는 아이노드 번호와 파일명이 저장되고 데이터 블록에는 파일이 보관해야할 정보를 저장한다.

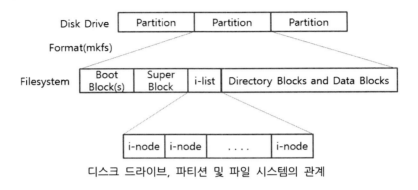

디스크 드라이브, 파티션 및 파일 시스템의 관계

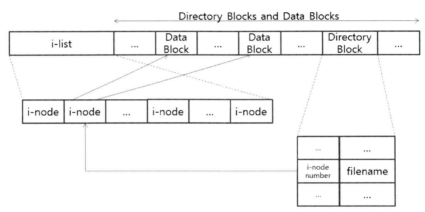

I-list와 Directory Blocks and Data Blocks의 관계

현재 주로 사용하는 리눅스의 파일 시스템은 ext4인데, ext4는 ext2를 기반으로 확장된 파일 시스템이므로 ext2의 구조에 대해 살펴보면 다음과 같다.

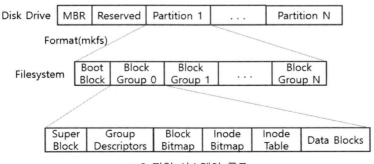

ext2 파일 시스템의 구조

ext2 파일 시스템은 부트 블록(Boot Block, 일반적으로 부트 섹터라 부름)과 블록 그룹(Block Group)으로 구성된다. 블록(Block)이란 파일 시스템에서 기본적으로 데이터를 저장하는 단위로서 메모리에서 입출력 작업 시 한 번 거칠 때 읽거나 쓰여 지는 단위이기도 하다. 보통 리눅스에서 1KB ~ 8KB 블록의 크기를 지정가능한데, 최근 배포판 리눅스를 설치하면 기본 4KB로 지정된다. 블록 그룹은 슈퍼블록(Super Block), 그룹 기술자(Group Descriptor), 블록 비트맵(Block Bitmap), 아이노드 비트맵(Inode Bitmap), 아이노드 테이블(Inode Table, 아이노드 블록(Inode Block)이라고도 함), 데이터 블록으로 구성되어 있다. 슈퍼 블록과 그룹 기술자는 마운트될 때 첫 번째 그룹은 Group-0의 정보를 가져오지만, 손상될 때를 대비하여 모든 Group에 사본이 저장되어 있다.
슈퍼 블록은 파일 시스템에 대한 전체적인 정보를 가지고 있는데 주요 정보로는 매직 넘버(Magic Number: 특정 파일 시스템임을 알리는 정보로서 ext 파일 시스템인 경우에는 0xEF53), 마운트 정보, 전체 아이노드 수 및 남은 수, 전체 블록 수 및 남은 수, 블록 그룹 번호, 블록 크기, 그룹 당 블록 수 등이 있다. 그룹 기술자는 각각의 블록 그룹을 기술하는 자료 구조로서, 저장되는 주요 정보는 블록 비트맵, 아이노드 비트맵, 아이노드 테이블(또는 아이노드 블록)이다.

항목	설명
블록 비트맵	블록의 사용 현황을 비트(Bit)로 표현해준다. 각 디스크 블록 당 하나의 비트가 할당되어서 관리되는데, 해당 블록이 자유공간이면 1, 할당되어 있으면 0으로 표기된다. 예 00010001110011.....
아이노드 비트맵	아이노드 할당 상태를 비트(Bit)로 표현해준다.
아이노드 테이블 (아이노드 블록)	파일이나 디렉터리 관리를 위해 아이노드라는 것을 사용하는데, 이 아이노드에 대한 정보가 들어있는 영역이다. 일반적으로 'ls -l' 명령 실행 시 나타내는 정보인 파일 유형, 접근 권한, 하드링크 수, 소유자, 소유 그룹명, 파일크기, 날짜 관련 정보, 파일명 등을 저장한다.

데이터 블록은 파일이 보관해야 하는 정보를 저장하는 영역으로 파일의 데이터가 존재한다. 추가적으로 간접 블록(Indirection Block)과 홀(Hole)이 있다. 간접 블록은 추가적인 데이터 블록을 위한 포인터들이 사용할 동적으로 할당되는 공간이다. 실제적으로 아이노드는 적은 수의 데이터 블록을 가지고 있다. 그러므로 더 많은 데이터 블록이 필요할 경우에 이를 지정할 포인터가 필요하게 되는데, 이 포인터들이 사용할 동적인 블록이 간접 블록이다. 홀은 아이노드나 간접 블록 안의 데이터 블록의 주소로 특별한 값을 저장한다. 홀은 파일 시스템에 의해서 파일 안에 자리하게 된다. 하지만 이 홀을 실질적으로 디스크 상에 공간은 할당되지 않는다. 단지 0byte가 파일 안에서 특정 공간을 차지하고 있다고 가정한다.

 아이노드(Inode)

아이노드는 전통적인 유닉스 계열 파일 시스템에서 사용하는 일종의 자료 구조로 각각의 파일은 하나의 아이노드를 할당받아 관리된다. 아이노드에는 아이노드 넘버(Inode Number),접근 모드(읽기, 쓰기, 실행 권한), 파일 형식(파일, 디렉터리, 블록 및 캐릭터 디바이스 등), 소유자 정보(소유자와 그룹에 대한 식별자), 파일 크기, 타임스탬프(Time Stamps) 등의 정보를 저장한다. 일반적으로 파일 시스템을 생성할 때 전체 공간의 약 1%를 아이노드를 위해 할당하고, 아이노드를 위한 공간이 한정되어 있는 만큼 파일 시스템에서 생성할 수 있는 파일의 최대 개수도 한정되어 있다.

4 XFS

개요

XFS는 SGI(Silicon Graphics, Inc)에서 고성능의 64비트 저널링 파일 시스템을 구현하기 위해 1993년에 개발되었다. 1994년 SGI사의 유닉스 계열 운영체제에 IRIX 5.3 버전에 처음 출시되었다. 2000년 5월 GNU GPL 라이선스로 전환되고, 2001년 리눅스 커널에 포함되었다. 현재 대부분의 리눅스 배포판에서 지원되고, 레드햇 계열인 RHEL 7(CentOS 7) 버전에서는 기본 파일 시스템으로 채택하고 있다.

주요 특징

① 빠른 복구를 위해 메타데이터 저널링을 지원한다.
② 마운트되어 활성화된 상태로 조각 모음 및 확장 지원한다.
③ 데이터 읽기/쓰기 트랜잭션으로 인한 성능 저하를 최소화한다. XFS의 저널링 구조와 알고리즘은 트랜잭션에 대한 로그 기록을 신속하게 할 수 있도록 최적화되어 있다.
④ raw I/O 성능에 가까운 성능을 낼 수 있는 뛰어난 처리량을 보인다.
⑤ 완전한 64비트 파일 시스템이기 때문에 높은 확장성을 제공한다.

XFS 최대 지원 내역

항목	값
최대 볼륨 사이즈	8 exbibytes
최대 파일 사이즈	8 exbibytes
최대 파일 개수	2^{64}개(약 1800경)
최대 파일 이름 크기	255 bytes

XFS는 블록을 기반으로 하는 파일 시스템을 한계를 극복하기 위해 익스텐트(extent) 기반 할당을 사용하여 지연 할당 및 명시적인 사전 할당과 같은 여러 할당 체계를 가지고 있다. 익스텐트 기반 할당은 파일 시스템에서 사용된 공간을 추적하는 것보다 간결하고 효율적인 방법을 제공하여 메타데이터에 의해 소비되는 공간 및 조각화를 줄임으로써 대용량 파일의 성능을 향상시킨다. 지연 할당은 파일이 연속적인 블록 그룹에 기록될 가능성을 높이는 것으로 단편화를 줄이고 성능을 향상시킨다. 사전 할당은 애플리케이션이 사전에 기록해야 할 데이터양을 알고 있는 경우 완전히 조각화하는 것을 방지하는데 사용될 수 있다.

XFS의 자료 구조

XFS는 탐색 기법으로 b-tree를 사용하여 우수한 I/O 확장성을 제공하고 모든 사용자 데이터 및 메타데이터를 인덱스(index)하는데, B-트리에 대해 살펴보면 다음과 같다.

❶ B-트리(B-Tree)

데이터베이스와 파일 시스템에서 널리 사용되는 트리 구조의 일종으로 이진 트리를 확장해 하나의 노드가 가질 수 있는 자식 노드의 최대 숫자가 2보다 큰 트리 구조이다. 따라서 B 트리의 노드는 일반적인 이진트리보다 많은 자식 노드를 가질 수 있으므로 트리의 높이가 낮아져서 방문해야 할 노드의 수가 줄어들게 된다. 일반적으로 자식 노드의 수천 개를 가지는 구조로 설계되는 정확한 개수는 디스크 블록 크기에 따라 결정된다. B 트리는 자료를 정렬된 상태로 보관하는데 다음 그림처럼 각 노드에는 검색에 사용될 키를 가지고 있으며 각각의 키는 그에 연관된 데이터를 가리키는 포인터 정보를 유지하게 된다.

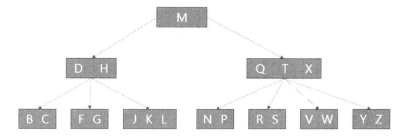

❷ B+ 트리

B+ 트리는 모든 레코드들이 트리의 가장 하위 레벨인 리프 노드(leaf node)에 정렬되어 있고, 이를 순차적으로 연결한 구조이다. B+ 트리에서 중간 노드에는 리프 노드에 있는 키 값을 찾아갈 수 있는 키들만이 내부 블록에 저장된다. 리프 노드들은 모드 링크드 리스트(Linked List)로 연결되어 있어서 파일의 내용을 순서대로 읽는 경우와 순차적 접근 처리에 효율적이다. B+ 트리 구조를 사용하는 파일 시스템에는 XFS 이외에도 ReiserFS, JFS, NTFS 등이 있다.

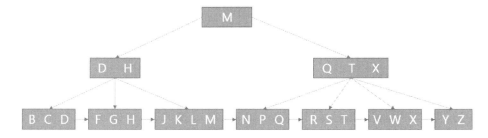

✸ XFS 데몬

XFS는 기본적으로 4 종류의 데몬을 이용하는데, xfssyncd, xfsbufd, xfsdatad, xfslogd가 해당된다. xfssyncd는 로그 정보와 메타 데이터 정보들을 기록하는 역할을 수행하고, xfsbufd는 I/O 요청을 처리한다. xfsdatad와 xfslogd는 작업 큐에 수행할 작업이 있는 경우에 관련 함수를 호출해서 수행하는 역할을 담당한다. CentOS 7에서는 더 많은 데몬을 운영해서 파일 시스템 관련 작업을 처리한다.

```
파일(F)  편집(E)  보기(V)  검색(S)  터미널(T)  도움말(H)
[root@localhost ~]# ps aux |grep xfs
root       345  0.0  0.0      0     0 ?        S<   Jan03   0:00 [xfsalloc]
root       346  0.0  0.0      0     0 ?        S<   Jan03   0:00 [xfs_mru_cache]
root       347  0.0  0.0      0     0 ?        S<   Jan03   0:00 [xfs-buf/sda1]
root       348  0.0  0.0      0     0 ?        S<   Jan03   0:00 [xfs-data/sda1]
root       349  0.0  0.0      0     0 ?        S<   Jan03   0:00 [xfs-conv/sda1]
root       350  0.0  0.0      0     0 ?        S<   Jan03   0:00 [xfs-cil/sda1]
root       351  0.0  0.0      0     0 ?        S<   Jan03   0:00 [xfs-reclaim/sda]
root       352  0.0  0.0      0     0 ?        S<   Jan03   0:00 [xfs-log/sda1]
root       353  0.0  0.0      0     0 ?        S<   Jan03   0:00 [xfs-eofblocks/s]
root       354  0.0  0.0      0     0 ?        S    Jan03   3:44 [xfsaild/sda1]
root       377  0.0  0.0      0     0 ?        S<   Jan03   0:00 [xfs-buf/sda3]
root       378  0.0  0.0      0     0 ?        S<   Jan03   0:00 [xfs-data/sda3]
root       379  0.0  0.0      0     0 ?        S<   Jan03   0:00 [xfs-conv/sda3]
root       380  0.0  0.0      0     0 ?        S<   Jan03   0:00 [xfs-cil/sda3]
root       381  0.0  0.0      0     0 ?        S<   Jan03   0:00 [xfs-reclaim/sda]
root       382  0.0  0.0      0     0 ?        S<   Jan03   0:00 [xfs-log/sda3]
root       383  0.0  0.0      0     0 ?        S<   Jan03   0:00 [xfs-eofblocks/s]
root       385  0.0  0.0      0     0 ?        S    Jan03   0:03 [xfsaild/sda3]
root       733  0.0  0.0      0     0 ?        S<   Jan03   0:00 [xfs-buf/sda6]
root       734  0.0  0.0      0     0 ?        S<   Jan03   0:00 [xfs-buf/sda2]
root       735  0.0  0.0      0     0 ?        S<   Jan03   0:00 [xfs-data/sda6]
root       736  0.0  0.0      0     0 ?        S<   Jan03   0:00 [xfs-data/sda2]
root       737  0.0  0.0      0     0 ?        S<   Jan03   0:00 [xfs-conv/sda6]
root       738  0.0  0.0      0     0 ?        S<   Jan03   0:00 [xfs-conv/sda2]
root       739  0.0  0.0      0     0 ?        S<   Jan03   0:00 [xfs-cil/sda6]
root       740  0.0  0.0      0     0 ?        S<   Jan03   0:00 [xfs-reclaim/sda]
root       741  0.0  0.0      0     0 ?        S<   Jan03   0:00 [xfs-cil/sda2]
root       742  0.0  0.0      0     0 ?        S<   Jan03   0:00 [xfs-reclaim/sda]
root       743  0.0  0.0      0     0 ?        S<   Jan03   0:00 [xfs-log/sda6]
root       744  0.0  0.0      0     0 ?        S<   Jan03   0:00 [xfs-log/sda2]
root       745  0.0  0.0      0     0 ?        S<   Jan03   0:00 [xfs-eofblocks/s]
root       746  0.0  0.0      0     0 ?        S    Jan03   0:00 [xfsaild/sda2]
```

❋ XFS의 디스크 구조

① 할당 그룹

XFS는 할당 그룹(Allocation Group)이라는 단위로 나눠지고, 각각의 할당 그룹은 독립적으로 존재하며 병렬적으로 처리된다. 파일 시스템을 생성할 때 할당 그룹의 크기와 수를 지정할 수 있는데 이를 지정하지 않은 경우에는 기본적으로 주어진 디스크를 8등분하여 8개의 할당 그룹을 생성한다. 각각의 할당 그룹의 0번 블록에는 슈퍼 블록 정보가 저장되고, 나머지 블록에는 할당 그룹 헤더 정보가 저장된다. 마운트 시에는 첫 번째 할당 그룹의 슈퍼 블록만을 사용하며 나머지는 슈퍼 블록의 데이터가 깨친 상황에서 응급 복구 시에 사용된다. 할당 그룹 헤더에는 남은 공간 정보, 아이노드 정보 등이 저장된다.

② 아이노드

아이노드의 구조는 디스크 상에 직접 기록되는 데, 아이노드를 필요에 따라 크기가 증가될 수 있는 가변적인 구조로 설계로 되어 있다.

리눅스 주요 파일 시스템 비교

항목	ext2	ext3	ext4		XFS	
			RHEL 6	RHEL 7	RHEL 6	RHEL 7
최대 파일 크기	2GB	2TB	16TB		100TB[8EB]	500TB[8EB]
최대 파일 시스템 크기	4TB	16TB	16TB[1EB]	50TB[1EB]	300TB[16EB]	500TB[16EB]
하위 디렉터리 생성 최 대수	32000	32000	65000		제한 없음	

* [ ] 안의 수치는 이론상으로 지원되는 최대치

파일 시스템 관련 명령어

◼ mount

mount는 '오르다' 또는 '어떠한 장비를 설치하다.(탑재하다)'라는 뜻으로 리눅스에서는 보조기억 장치(HDD, FDD, CD-ROM 등)나 파일 시스템이 다른 디스크를 /의 하위 디렉터리로 연결하여 사용 가능하게 해주는 명령이다. 특정한 옵션 없이 mount 명령을 내리면 현재 마운트된 장치나 디스크를 확인할 수 있다.

◉ 사용법

\# mount [option] [device] [directory]

◉ 주요 옵션

옵션	설명
-a	/etc/fstab에 명시된 파일 시스템을 마운트할 때 쓰이는 옵션이다.
-t *fs_type*	파일 시스템의 유형을 지정하는 옵션으로 지정하지 않으면 /etc/fstab 파일을 참조한다. 파일 시스템의 유형은 아래에서 설명한다.
-o *항목*	마운트할 때 추가적인 설정을 적용할 때 사용하는 옵션으로 다수의 조건을 적용할 때는 콤마(,)로 구분하면 된다. 주요 항목은 아래에서 설명한다.

◉ 주요 파일 시스템의 유형

유형	설명
msdos	MS-DOS의 파일 시스템인 FAT-16을 마운트할 때 지정한다.
vfat	마이크로소프트사의 파일 시스템인 FAT-32를 마운트할 때 지정한다.
ntfs	마이크로소프트사의 윈도우 NT, 2000, XP 이후 버전에서 사용하는 파일 시스템을 마운트할 때 지정한다.
ext2, ext3, ext4	ext2, ext3, ext4 파일 시스템을 마운트할 때 지정한다.
xfs	xfs 파일 시스템을 마운트할 때 지정한다.
iso9660	CD-ROM이나 DVD를 마운트할 때 지정한다.
smbfs	네트워크 파일 시스템인 삼바 파일 시스템을 마운트할 때 지정한다.
cifs	삼바 파일 시스템이 확장된 파일 시스템이다.
nfs	네트워크 파일 시스템인 NFS로 공유된 영역을 마운트할 때 지정한다.
udf	DVD 파일 시스템으로 대부분의 배포판 리눅스에서 iso9660으로 지정해도 마운트할 수 있다.

◉ -o의 주요 항목

항목	설명
ro	읽기전용으로 마운트한다.
rw	읽기/쓰기 모드로 마운트한다.(기본 값으로 설정되어 있다.)
remount	해당 파티션을 다시 마운트한다. 파티션 정보를 바꾸었을 때 사용한다.

loop	loop 디바이스로 마운트할 때 쓴다. CD-ROM 이미지 파일인 iso를 마운트해서 사용할 때 쓴다.
noatime	파일의 내용을 읽게 되면 Access Time이 변경되는데 이 옵션을 사용하면 파일이 변경되기 전까지는 Access Time이 변경되지 않는다. 따라서 이 옵션을 사용하게 되면 시스템의 작업을 줄여 성능향상을 가져온다. 노트북에서 사용하면 디스크 접근에 따른 배터리 시간을 늘려준다.
username=*사용자명*	삼바처럼 사용자 계정이 필요한 경우 사용자명을 입력한다.
password=*암호*	보통 username과 같이 사용되며 패스워드가 설정되어 있는 경우 사용한다.
acl	ext3 파일 시스템에서 지원하는 접근 제어 리스트(Access Control Lists)를 사용가능하도록 마운트할 때 사용한다.

주요 디바이스 파일명

항목	디바이스 파일명
FDD	/dev/fd0, /dev/fd1 등
CD-ROM 및 DVD	/dev/cdrom, /dev/dvd, /dev/sr0, /dev/hdc, /dev/sdb 등
IDE HDD	/dev/hda1, /dev/hdb1 등
USB Memory, SCSI HDD , S-ATA HDD	/dev/sda, /dev/sdb1 등

사용 예

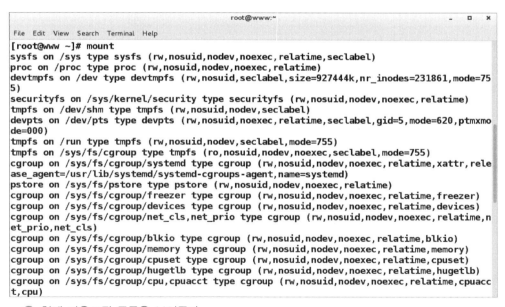

```
root@www:~                                               _  □  ×
File  Edit  View  Search  Terminal  Help
[root@www ~]# mount
sysfs on /sys type sysfs (rw,nosuid,nodev,noexec,relatime,seclabel)
proc on /proc type proc (rw,nosuid,nodev,noexec,relatime)
devtmpfs on /dev type devtmpfs (rw,nosuid,seclabel,size=927444k,nr_inodes=231861,mode=75
5)
securityfs on /sys/kernel/security type securityfs (rw,nosuid,nodev,noexec,relatime)
tmpfs on /dev/shm type tmpfs (rw,nosuid,nodev,seclabel)
devpts on /dev/pts type devpts (rw,nosuid,noexec,relatime,seclabel,gid=5,mode=620,ptmxmo
de=000)
tmpfs on /run type tmpfs (rw,nosuid,nodev,seclabel,mode=755)
tmpfs on /sys/fs/cgroup type tmpfs (ro,nosuid,nodev,noexec,seclabel,mode=755)
cgroup on /sys/fs/cgroup/systemd type cgroup (rw,nosuid,nodev,noexec,relatime,xattr,rele
ase_agent=/usr/lib/systemd/systemd-cgroups-agent,name=systemd)
pstore on /sys/fs/pstore type pstore (rw,nosuid,nodev,noexec,relatime)
cgroup on /sys/fs/cgroup/freezer type cgroup (rw,nosuid,nodev,noexec,relatime,freezer)
cgroup on /sys/fs/cgroup/devices type cgroup (rw,nosuid,nodev,noexec,relatime,devices)
cgroup on /sys/fs/cgroup/net_cls,net_prio type cgroup (rw,nosuid,nodev,noexec,relatime,n
et_prio,net_cls)
cgroup on /sys/fs/cgroup/blkio type cgroup (rw,nosuid,nodev,noexec,relatime,blkio)
cgroup on /sys/fs/cgroup/memory type cgroup (rw,nosuid,nodev,noexec,relatime,memory)
cgroup on /sys/fs/cgroup/cpuset type cgroup (rw,nosuid,nodev,noexec,relatime,cpuset)
cgroup on /sys/fs/cgroup/hugetlb type cgroup (rw,nosuid,nodev,noexec,relatime,hugetlb)
cgroup on /sys/fs/cgroup/cpu,cpuacct type cgroup (rw,nosuid,nodev,noexec,relatime,cpuacc
t,cpu)
```

◉ 현재 마운트된 목록을 보여준다.

mount -t ext4 -o ro /dev/sdb1 /mnt

◉ 파일 시스템이 ext4인 /dev/sdb1을 /mnt 디렉터리에 읽기전용으로 마운트한다.

mount -t xfs /dev/sdc1 /backup

◉ 파일 시스템이 xfs인 /dev/sdc1을 /backup 디렉터리에 마운트한다.

mount – o remount /home
  ⊚ /home 영역을 다시 마운트한다.

mount -t iso9660 -o ro,loop /root/CentOS-6.9-i386.bin-DVD1.iso /media
  ⊚ CentOS-6.9-i386.bin-DVD1.iso라는 CD 이미지 파일을 읽기전용 및 루프백 장치로 /media 디렉터리로 마운트한다.

mount -t smbfs -o username=administrator,password='1234' //192.168.4.70/data /net
  ⊚ 삼바로 공유된 192.168.4.70의 data 디렉터리를 /net으로 마운트한다.

mount -o noatime /raiddata
  ⊚ /raiddata라는 파티션의 파일의 내용을 보더라도 access time을 갱신하지 않도록 한다.

mount LABEL=/home
  ⊚ LABEL이 /home으로 설정된 파티션을 마운트한다. /etc/fstab에 관련 내용이 등록되어 있어야 한다.

mount – o uquota /dev/sdb1 /home2
  ⊚ /dev/sda1 장치를 사용자 쿼터 설정 옵션을 부여하면서 /home2로 마운트한다.

② umount

언마운트(unmount)로 약자로 마운트된 파일 시스템을 해제시켜주는 명령이다. 특히 CD-ROM이나 DVD-ROM이 마운트된 상태에서는 이 명령을 사용하지 않으면 드라이브 안에 들어있는 디스크를 꺼낼 수 없다. Floppy, USB 메모리 등의 보조기억장치 사용 후에는 반드시 이 명령을 사용한 뒤에 제거해야 데이터의 손실이 없다.

⊛ 사용법

umount [option] 디바이스명
umount [option] 마운트된_디렉터리명

⊛ 주요 옵션

옵션	설명
-a	/etc/mtab에 명시된 파일 시스템을 언마운트할 때 쓰이는 옵션이다.
-t *fs_type*	언마운트할 파일 시스템을 지정할 때 사용하는 옵션이다.

⊛ 사용 예

umount /media
  ⊚ /media에 마운트된 장치를 언마운트한다.

umount /dev/sdb1
  ⊚ /dev/sdb1 장치를 언마운트한다.

umount -a -t iso9660
  ⊚ 파일 시스템이 iso9660으로 마운트된 것들을 모두 언마운트한다.

③ eject

CD-ROM, DVD 등과 같이 이동식 보조 기억장치의 미디어를 꺼낼 때 사용한다. 이 명령을 사용하면 자동으로 언마운트 작업을 수행한다.

◉ 사용법

eject [*장치명* or *마운트된_디렉터리명*]

◉ 사용 예

eject
- ⊙ 기본 DVD 또는 CD-ROM 장치를 언마운트한 후에 디스크 트레이(Tray)를 연다.

eject /dev/cdrom
- ⊙ /dev/cdrom 장치를 언마운트한 후에 디스크 트레이를 연다.

eject /media
- ⊙ /media에 마운트된 장치를 언마운트한 후에 디스크 트레이를 연다.

④ fdisk

디스크 파티션을 확인하고 추가/삭제하는 명령으로 설정 후에는 반드시 재부팅을 해야 한다.

◉ 사용법

fdisk [option] [장치파일명]

◉ 주요 옵션

옵션	설명
-l [장치파일명]	지정한 장치 파일의 파티션 테이블 정보를 출력한다. 장치 파일명을 명기하기 않으면 /proc/partitions의 정보를 기반으로 장착된 디스크의 파티션 테이블 정보를 출력한다.
-s *partition*	특정 파티션의 크기를 출력한다. 단위는 block이다.
-v	fdisk의 버전을 출력한다.

◉ 사용 예

fdisk -l
- ⊙ 장착된 디스크들의 파티션 테이블 정보를 출력한다.

fdisk /dev/sdb
- ⊙ /dev/sdb 디스크의 파티션을 설정한다.

fdisk -s /dev/sda9
- ⊙ /dev/hda9 파티션의 크기를 출력한다.

● fdisk 실행 예

```
                              root@localhost:~                    _  □  ×
파일(F)  편집(E)  보기(V)  검색(S)  터미널(T)  도움말(H)
[root@localhost ~]# fdisk /dev/sda
Welcome to fdisk (util-linux 2.23.2).

Changes will remain in memory only, until you decide to write them.
Be careful before using the write command.


Command (m for help): m
Command action
   a   toggle a bootable flag
   b   edit bsd disklabel
   c   toggle the dos compatibility flag
   d   delete a partition
   g   create a new empty GPT partition table
   G   create an IRIX (SGI) partition table
   l   list known partition types
   m   print this menu
   n   add a new partition
   o   create a new empty DOS partition table
   p   print the partition table
   q   quit without saving changes
   s   create a new empty Sun disklabel
   t   change a partition's system id
   u   change display/entry units
   v   verify the partition table
   w   write table to disk and exit
   x   extra functionality (experts only)

Command (m for help):
```

◎ fdisk 명령을 실행하면 텍스트 기반의 특정 명령어를 입력해야 파티션을 설정할 수 있다. 처음 실행하면 'Command (m for help): '가 나타나는데, 'm'를 누르면 사용가능한 명령의 목록을 출력해준다. 주요 명령은 다음과 같다.

주요 명령	설명
p	현재 디스크의 정보를 출력한다.
d	파티션을 삭제한다.
n	파티션을 새롭게 생성(추가)한다.
t	파티션의 속성을 변경한다. 주요 코드로는 82(Swap), 83(Linux), 8e(Linux LVM), fd(Raid) 등이 있다.
w	변경된 파티션의 정보를 저장하고 종료한다.
q	변경된 파티션의 정보를 저장하지 않고 종료한다.

5 mkfs(make filesystem)

새로운 파일 시스템을 만드는 명령으로 root만 사용가능하다. 파일 시스템 유형을 지정하지 않으면 ext2로 생성된다.

● 사용법

mkfs [- t *fs_type*] [option] 장치명

◉ 주요 옵션

옵션	설명
-t fs_type	파일 시스템의 유형을 지정하는 옵션으로 리눅스 파일 시스템인 ext3, ext4, xfs 등을 지정하면 된다. 지정하지 않으면 ext2로 생성된다.
-c	배드 블록(bad block)을 체크한 후 파일 시스템을 구축한다.
-v	결과를 상세히 출력한다.

◉ 사용 예

mkfs -t xfs /dev/sdc1

> ◉ /dev/sdc1을 xfs으로 파일 시스템을 만든다.

mkfs -t ext4 /dev/sdb1

> ◉ /dev/sdb1을 ext4로 파일 시스템을 만든다.

mkfs -t ext2 /dev/hdb1

> ◉ /dev/hdb2을 ext2로 파일 시스템을 만든다.

6 mke2fs

ext2, ext3, ext4 파일 시스템을 만드는 명령으로 최근 리눅스 배포판에서 mkfs 명령으로 실행 시 실제 사용되는 명령어이다. 파일 시스템의 유형을 지정하지 않으면 ext2로 생성된다.

◉ 사용법

mke2fs [option] 장치명

◉ 주요 옵션

옵션	설명
-j	저널링(journaling) 파일 시스템인 ext3로 만든다.
-t fs_type	파일 시스템의 유형을 지정하는 옵션으로 ext3, ext4 등으로 지정하면 된다.
-b block_size	블록사이즈를 지정하는 옵션으로 1024, 2048, 4096으로 지정할 수 있다.
-R raid_options	RAID 관련 옵션으로 -R 다음에 argument=값 형태로 지정한다.
-T usage_Type	I-node의 크기를 지정할 수 있는 옵션으로 RHEL 4까지는 fs_type에 news, largefile, largefile4를 지정할 수 있다. I-node의 크기는 news는 4k, largefile은 1M, largefile4는 4M 로 지정한다. RHEL 5에서는 /etc/mke2fs.conf 크기를 지정할 수 있다.

◉ 사용 예

mke2fs -j /dev/sdb1

> ◉ /dev/sdb1 장치의 파일 시스템을 ext3로 생성한다.

mke2fs -t ext4 /dev/sdc1

> ◉ /dev/sdc1 장치의 파일 시스템을 ext4로 생성한다.

```
# mke2fs -j -b 4096 -R stride=32 /dev/md0
```
- ◎ RAID 장치인 /dev/md0를 ext3 파일 시스템으로 생성하고, 블록사이즈를 4096바이트로 한다. 추가로 stride당 블록사이즈를 32바이트로 설정한다.

```
# mke2fs -j -T largefile /dev/hda7
```
- ◎ /dev/hda7를 ext3로 만들고, I-node의 크기를 1MB로 지정한다.

 파일 시스템 생성 명령

최근 리눅스 배포판에는 파일 시스템 생성 시 명령어 사용법을 간소화할 수 있는 mkfs.ext2, mkfs.ext3, mkfs.ext4 등이 추가로 제공된다.

예 # mkfs.ext4 /dev/sdb1

---

7 mkfs.xfs

XFS 파일 시스템을 만드는 명령이다. mkfs 명령으로 -t xfs를 지정하면 이 명령이 실행된다.

◉ 사용법

```
# mkfs.xfs [option] 장치명
```

◉ 주요 옵션

옵션	설명
-b *block_size*	블록사이즈를 지정하는 옵션으로 최소 512에서 최대 65536바이트로 지정 가능하다. 기본 값은 4096바이트이다.
-f	지정한 디바이스에 파일 시스템이 존재하는 경우 강제로 수행한다.

◉ 사용 예

```
# mkfs.xfs /dev/sdb1
```
- ◎ /dev/sdb1 장치의 파일 시스템을 xfs로 생성한다.

8 fsck(filesystem check)

리눅스 파일 시스템을 검사하고 수리하는 명령이다. fsck 명령은 손상된 디렉터리나 파일을 수정할 때 임시로 /lost+found 디렉터리에서 작업을 수행하고 정상적인 복구가 되면 사라진다. 만약 /lost+found 디렉터리에 파일들이 많이 쌓여있다면 깨진 파일이 많다는 증거이다.

◉ 사용법

```
# fsck [option] 장치명
```

⬤ 주요 옵션

옵션	설명
-a	명령 수행에 대한 확인 질문 없이 무조건 수행한다.
-r	명령 수행에 대한 확인 질문을 한다. 여러 개의 fsck가 병렬 모드 형태로 작동하고 있을 때 유용하다.
-A	/etc/fstab에 정의되어 있는 모든 파일 시스템을 체크한다.
-P	-A 옵션을 사용할 때, 루트 파일 시스템을 다른 파일 시스템과 병렬로 함께 체크한다.
-R	-A 옵션을 사용할 때, 루트 파일 시스템은 체크하지 않고 건너뛴다.
-N	실행을 하지 않고 단지 어떤 것이 실행되어지는지만 보여준다.
-T	검사를 시작할 때 제목을 보여주지 않는다.
-s	fsck 동작을 시리얼화한다. 대화형 모드에서 여러 파일 시스템을 점검할 때 유용하다.
-V	실행되는 각 파일 시스템용 명령을 포함해 자세한 출력을 수행한다.
-v	버전 정보를 보여준다.
-t *fs_type*	점검할 파일 시스템의 유형을 지정한다. 파일 시스템 앞에 no를 붙이면 지정한 파일 시스템을 제외한 나머지를 검사하고, -A 옵션이 설정되어 있는 경우에는 /etc/fstab에서 파일 시스템 유형이 맞는 것만 검사한다.

⬤ 사용 예

fsck /dev/sdb3

    ➡ /dev/sdb3의 파일 시스템을 점검한다.

🖳 e2fsck

리눅스 파일 시스템인 ext2, ext3, ext4를 검사하고 수리하는 명령이다. 현재 리눅스 배포판에서 fsck 명령 실행 시 실제 사용되는 명령어이다.

⬤ 사용법

e2fsck [option] 장치명

⬤ 주요 옵션

옵션	설명
-n	특정 상황에 대한 물음에 대해 'no'라고 인식하여 처리한다.
-y	특정 상황에 대한 물음에 대해 'yes'라고 인식하여 처리한다.
-c	배드 블록(Bad Block)을 체크한다.
-f	깨끗한 파일 시스템까지 강제적으로 체크한다.

⬤ 사용 예

e2fsck -y /dev/sda3

    ➡ /dev/sda3의 파일 시스템을 점검하는데, 상황에 대한 물음에 대해 'yes'라 인식하여 처리한다.

파일 시스템 생성 명령어와 유사하게 검사할 때 명령어도 fsck.ext2, fsck.ext3, fsck.ext4, fsck.xfs 등이 추가로
제공된다.

예 # fsck.xfs /dev/sdb1

⑩ df(disk free)

현재 마운트된 디스크의 크기, 사용량, 남아있는 용량 등에 대한 정보를 출력한다.

☀ 사용법

$ df [option]

☀ 주요 옵션

옵션	설명
-h	용량의 단위 표시(KB, MB, GB)를 해준다.(--human-readable)
-k	킬로바이트(kilobyte) 단위로 보여준다.(기본 값)
-m	메가바이트(megabyte) 단위로 보여준다.(--print-type)
-T	각 파티션에 대한 파일 시스템의 유형을 보여준다.
-i	아이노드(i-nodes)의 사용량을 보여준다. 'No space left on device'라는 메시지가 떴을 때 대부분 I-nodes를 다 써버린 경우이다.

☀ 사용 예

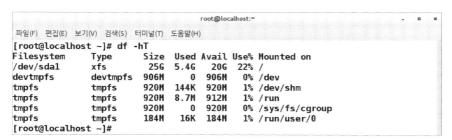

```
                                root@localhost:~                        _  □  ×
파일(F)  편집(E)  보기(V)  검색(S)  터미널(T)  도움말(H)
[root@localhost ~]# df -hT
Filesystem      Type      Size  Used Avail Use% Mounted on
/dev/sda1       xfs        25G  5.4G   20G  22% /
devtmpfs        devtmpfs  906M     0  906M   0% /dev
tmpfs           tmpfs     920M  144K  920M   1% /dev/shm
tmpfs           tmpfs     920M  8.7M  912M   1% /run
tmpfs           tmpfs     920M     0  920M   0% /sys/fs/cgroup
tmpfs           tmpfs     184M   16K  184M   1% /run/user/0
[root@localhost ~]#
```

◎ 마운트된 파일 시스템의 디스크 사용량 관련 정보를 출력한다. 추가로 사용량 관련해서 단위를 붙여주
   고, 파일 시스템의 유형도 출력한다.

df -i

◎ 마운트된 파일 시스템의 아이노드 사용량 관련 정보를 출력한다.

⑪ du(disk usage)

파일이나 디렉터리들이 디스크에서 차지하고 있는 크기를 출력한다.

☀ 사용법

$ du [option] [FILE(s)]

주요 옵션

옵션	설명
-h	용량의 단위 표시(KB, MB, GB)를 해준다.(--human-readable)
-b	바이트(Byte) 단위로 보여준다.
-k	킬로바이트(kilobyte) 단위로 보여준다.(기본 값)
-m	메가바이트(megabyte) 단위로 보여준다.
-a	디렉터리에 존재하는 모든 파일에 대해 각각의 크기를 보여준다.
-s	파일들의 전체 크기를 합한 값만 보여준다.(--summarize)

사용 예

$ du -h

⊙ 현재 디렉터리 안에 있는 모든 파일 및 디렉터리에 대한 크기를 단위(KB, MB 등)를 출력한다.

$ du -sh

⊙ 현재 디렉터리의 총 사용량만 단위를 붙여서 출력한다.

$ du -sh *

⊙ 각 디렉터리나 파일별로 총 용량을 출력한다.

du -sh /etc

⊙ /etc 디렉터리의 총 사용량을 출력한다.

du -sh ~posein

⊙ posein 사용자의 총 사용량을 출력한다.

12 dd

Data Dumper의 약자로 디스크를 이미지 형태로 백업하거나 파일의 포맷 즉, 형식을 바꾸는 명령으로 텍스트 파일의 대소문자 변환과 부팅디스크를 만들 때도 쓰인다. 또한 스왑 파일을 만들거나 디바이스 초기화 시킬 때도 사용한다.

사용법

dd if=입력파일 [conv=conversion type] of=출력파일 [bs=] [count=] [skip=]

주요 항목

항목	설명
if=	입력 파일을 지정한다. 장치명이나 이미지 파일도 지정할 수 있다.
of=	출력 파일을 지정한다. 장치명이나 이미지 파일도 지정할 수 있다.
conv=	변환하는 데이터 유형을 지정한다.(예 lcase, ucase)
bs=	출력되는 블록사이즈를 지정한다. 한 번에 변환하는 블록사이즈를 지정하는 항목이다.
count=	변환되는 블록의 수 지정한다.
skip=	입력 파일의 시작되는 블록 번호를 지정한다. 보통 데이터를 나누어 이미지를 만들 때 사용한다.

⚜ 사용 예

$ dd if=a.txt conv=ucase of=b.txt

◉ 현재 디렉터리에 있는 a.txt 파일의 모든 글자를 대문자(upper case)로 변환하여 b.txt 파일을 생성한다. 참고로 대소문자 변환 시 if와 of의 파일명을 같게 해서는 안된다. 같을 경우 파일의 크기가 0인 빈 파일로 변환된다.

$ dd if=c.txt conv=lcase of=d.txt

◉ 현재 디렉터리에 있는 c.txt 파일의 모든 글자를 소문자(lower case)로 변환하여 d.txt 파일을 생성한다.

dd if=/dev/sda of=/dev/sdb bs=1M

◉ /dev/sda의 내용을 /dev/sdb로 디스크 백업하고, 블록사이즈는 1MB로 한다.

dd if=/dev/sda5 of=/dev/sdb1

◉ /dev/sda5의 내용을 /dev/sdb1에 그대로 옮긴다. 파티션의 내용 및 LABEL도 그대로 옮겨진다. 복사하는 대상인 /dev/sdb1은 /dev/sda5보다 크거나 같아야 한다. 만약 파티션이 큰 경우에는 /dev/sda5의 크기로 지정된다. 나머지 용량을 사용하려면 resize2fs를 사용해야 한다.

dd if=/dev/sda of=/media/disk1.img bs=1M count=620
dd if=/dev/sda of=/media/disk2.img bs=1M count=620 skip=621
dd if=/dev/sda of=/media/disk3.img bs=1M count=620 sklp=1241
dd if=/dev/sda of=/media/disk4.img bs=1M count=620 skip=1861

◉ 특정 디스크의 내용을 백업할 때 CD로 구울 수 있는 620MB의 크기로 나눈 것이다. 여기서 of에 기록되어 지는 디스크는 /dev/sdb와 같은 다른 디스크 영역이어야 한다.

dd if=/dev/zero of=/dev/sda7

◉ /dev/sda7을 초기화 시킨다.

dd if=/boot/vmlinuz-2.4.21-4.EL of=/dev/fd0

◉ 부팅 이미지인 /boot/vmlinuz-2.4.21-4.EL를 플로피 디스크 장치인 /dev/fd0에 저장하여 부팅디스크를 만드는 예이다. RHEL 4부터는 부팅 이미지가 커서 플로피디스크에 저장되지 않는다.

dd if=/mnt/cdrom/images/bootdisk.img of=/dev/fd0

◉ 리눅스 설치 디스크용 이미지를 플로피디스크에 저장한다. 리눅스 설치디스크가 만들어진다. RHEL 4 버전부터는 리눅스 설치 디스크용 이미지를 제공하지 않는다.

⚜ dd 명령을 사용하는 경우

(1) 텍스트 파일의 문자들을 대소문자로 전환할 때 사용한다.
(2) 부팅디스크 또는 설치디스크를 만들 때 사용한다.(RHEL 4 버전 이후에는 사용되지 않는다.)
(3) 디스크나 파티션 단위로 백업할 때 사용한다.
(4) 스왑 파일 만들 때 사용한다.
(5) 디스크를 초기화시킬 때 사용한다. RAID나 LVM 구성 시 오류가 발생한 경우에 사용하면 유용하다.

ⓑ partprobe

변경된 파티션 정보를 반영시킬 때 사용하는 명령이다. 일반적으로 fdisk와 같은 파티션 관련 명령어를 이용해서 파티션 정보를 수정하면 재부팅해야 적용된다. 이 명령을 실행하면 재부팅하지 않고 바로 적용된다. 그러나 일부 시스템에서는 반영되지 않는 경우가 있는데 반영 여부는 /proc/partitions에서 확인하고, 반영되지 않았다면 시스템 재부팅을 실행해야 한다.

◉ 사용법

partprobe [options]

◉ 주요 옵션

옵션	설명
-d	실제 적용되지는 않고 실행 가능 여부만 점검한다.(−−dry−run)
-s	파티션 관련 정보를 간단히 출력해준다.(−−summary)
-h	명령어 사용법 관련 정보를 출력한다.(−−help)
-v	명령어의 버전 정보를 출력한다.(−−version)

◉ 사용 예

partprobe -s
  ◎ 파티션 정보를 갱신하고 간략하게 관련 정보를 화면에 출력한다.

3.2.4 파일 시스템 관련 파일과 명령어

① /etc/fstab

이 파일은 파일 시스템에 대한 다양한 정보를 담고 있는 파일로 부팅 시에 마운트할 파티션 정보가 기록되어 있다. 파티션 정보를 변경하였거나 디스크를 추가한 경우 이 파일에 등록해야만 부팅 시에 자동으로 마운트가 된다. /etc/fstab 파일은 총 6개의 필드로 구성되어 있고, mount, umount, fsck 등의 명령어가 수행될 때도 이 파일의 정보를 참조한다.

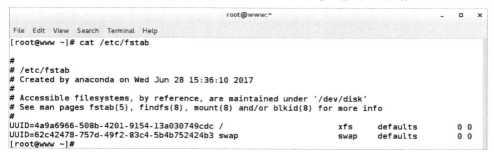

```
                                    root@www:~                        _  □  ×
File  Edit  View  Search  Terminal  Help
[root@www ~]# cat /etc/fstab

#
# /etc/fstab
# Created by anaconda on Wed Jun 28 15:36:10 2017
#
# Accessible filesystems, by reference, are maintained under '/dev/disk'
# See man pages fstab(5), findfs(8), mount(8) and/or blkid(8) for more info
#
UUID=4a9a6966-508b-4201-9154-13a030749cdc /              xfs    defaults    0 0
UUID=62c42478-757d-49f2-83c4-5b4b752424b3 swap           swap   defaults    0 0
[root@www ~]#
```

fstab의 필드 구성

이 파일의 정보는 'man 5 fstab'에서 확인할 수 있고 주요 내용은 다음과 같다.

필드	설명
첫 번째	장치명이 기록되는 영역이었으나, 최근 배포판 리눅스에서는 볼륨 라벨(Volume Label)이나 UUID가 대신 사용되고 있다. 네트워크로 연결된 호스트인 경우에는 '호스트명:디렉터리' 형식으로 표기한다. 예 /dev/sdb1, LABEL=/, UUID=fa853197-a720-45c7-9739-0bd243cb8caa, nfs.example.com:/data 등
두 번째	마운트될 디렉터리(Mount point)를 나타낸다. 예 /, /home 등
세 번째	파일 시스템의 유형을 나타낸다. 예 xfs, swap, ext4, nfs 등
네 번째	마운트될 때의 옵션을 나타낸다. 예 defaults, uquota, gquota, acl 등
다섯 번째	dump 명령을 통한 백업 시 레벨 덤프 사용주기를 결정하는 부분으로 0이면 dump를 사용하지 않고, 1이면 매일 수행, 2이면 이틀에 한번 수행한다.
여섯 번째	부팅 시 파일 시스템을 점검하는 fsck 명령의 순서를 정한다. 보통 루트 파일 시스템을 1로 설정하여 가정 먼저 점검하고, 다른 파일 시스템은 2로 설정하여 두 번째로 점검한다. 0으로 설정하면 부팅 시에 해당 파일 시스템은 검사하지 않는다.

fstab 4번째 필드의 주요 옵션

/etc/fstab의 4번째 필드 정보는 mount 명령어의 매뉴얼페이지인 'man mount'에서 확인할 수 있고 주요 내용은 다음과 같다.

필드	설명
defaults	rw, suid, dev, exec, auto, nouser, async가 적용된다.
auto	시스템 부팅 시 미디어가 존재하면 자동으로 마운트해주고, -a 옵션을 이용한 마운트 및 활성화 등을 가능하게 한다.
noauto	시스템 부팅 시 자동으로 마운트가 되지 않도록 하는 옵션으로 명시적으로만 마운트가 가능하다. -a 옵션을 이용한 마운트는 되지 않는다.
user	로컬(Local) 시스템에서 일반 사용자가 마운트할 수 있는 권한을 부여한다.
owner	장치(Device) 소유자가 마운트할 수 있는 권한을 부여한다.
nofail	해당 장치 파일이 존재하지 않은 경우에도 에러 보고를 하지 않는다.
uquota, usrquota	사용자의 용량을 제한하는 Disk quota를 사용할 때 해당 영역에 설정한다.
gquota, grpquota	Disk quota를 그룹별로 사용할 때 해당 영역에 설정한다.
noquota	해당 파티션에서 사용자들의 Quota를 설정하지 않는다.
nosuid	해당 파티션에서 SUID나 SGID를 설정을 허용하지 않는다.
nodev	해당 파티션에서 문자나 특별한 장치(디바이스)를 허용하지 않는다.
noexec	해당 파티션에서 실행 파일이 실행되지 않도록 설정한다.
suid	해당 파티션에서 SUID나 SGID의 사용을 허가한다.
ro	해당 파티션을 읽기전용(read-only)으로 설정한다.

rw	해당파티션을 읽고 쓰기(read-write) 모드로 설정한다.
async	파일을 비동기적으로 관리하도록 설정한다.
acl	Access Control Lists를 사용한다.

 UUID(Universally Unique Identifier)

UUID는 범용 고유 식별자라고 부르는데, 보통 여러 개체들을 존재하는 환경에서 식별하고 구별하기 위해서 사용되는 고유한 이름을 통칭한다. 최근 리눅스에서 파티션을 생성하면 이러한 고유한 UUID를 부여하고, blkid 라는 명령을 사용하면 관련 정보를 확인할 수 있다.

2 /etc/mtab

이 파일은 현재 시스템에 마운트되어 있는 파일 시스템 정보를 담고 있는 파일이다.

```
root@www:~                                              _ □ ✕
File Edit View Search Terminal Help
[root@www ~]# cat /etc/mtab
rootfs / rootfs rw 0 0
sysfs /sys sysfs rw,seclabel,nosuid,nodev,noexec,relatime 0 0
proc /proc proc rw,nosuid,nodev,noexec,relatime 0 0
devtmpfs /dev devtmpfs rw,seclabel,nosuid,size=927444k,nr_inodes=231861,mode=755 0 0
securityfs /sys/kernel/security securityfs rw,nosuid,nodev,noexec,relatime 0 0
tmpfs /dev/shm tmpfs rw,seclabel,nosuid,nodev 0 0
devpts /dev/pts devpts rw,seclabel,nosuid,noexec,relatime,gid=5,mode=620,ptmxmode=000 0 0
tmpfs /run tmpfs rw,seclabel,nosuid,nodev,mode=755 0 0
tmpfs /sys/fs/cgroup tmpfs ro,seclabel,nosuid,nodev,noexec,mode=755 0 0
cgroup /sys/fs/cgroup/systemd cgroup rw,nosuid,nodev,noexec,relatime,xattr,release_agent=/usr/l
ib/systemd/systemd-cgroups-agent,name=systemd 0 0
pstore /sys/fs/pstore pstore rw,nosuid,nodev,noexec,relatime 0 0
cgroup /sys/fs/cgroup/cpu,cpuacct cgroup rw,nosuid,nodev,noexec,relatime,cpuacct,cpu 0 0
cgroup /sys/fs/cgroup/memory cgroup rw,nosuid,nodev,noexec,relatime,memory 0 0
cgroup /sys/fs/cgroup/blkio cgroup rw,nosuid,nodev,noexec,relatime,blkio 0 0
cgroup /sys/fs/cgroup/pids cgroup rw,nosuid,nodev,noexec,relatime,pids 0 0
cgroup /sys/fs/cgroup/net_cls,net_prio cgroup rw,nosuid,nodev,noexec,relatime,net_prio,net_cls
0 0
cgroup /sys/fs/cgroup/freezer cgroup rw,nosuid,nodev,noexec,relatime,freezer 0 0
cgroup /sys/fs/cgroup/perf_event cgroup rw,nosuid,nodev,noexec,relatime,perf_event 0 0
cgroup /sys/fs/cgroup/devices cgroup rw,nosuid,nodev,noexec,relatime,devices 0 0
cgroup /sys/fs/cgroup/hugetlb cgroup rw,nosuid,nodev,noexec,relatime,hugetlb 0 0
cgroup /sys/fs/cgroup/cpuset cgroup rw,nosuid,nodev,noexec,relatime,cpuset 0 0
```

☀ 관련 명령어

① blkid

블록 장치(Block Device)의 속성 정보를 출력하는 명령으로 UUID, LABEL 등을 확인할 수 있다.

◗ 사용법

$ blkid [option] [device]

◗ 주요 옵션

옵션	설명
-L	라벨(Label)명으로 블록 장치를 찾을 때 사용한다.
-U	UUID명으로 블록 장치를 찾을 때 사용한다.

사용 예

```
[root@www ~]# blkid
/dev/sda1: UUID="4a9a6966-508b-4201-9154-13a030749cdc" TYPE="xfs"
/dev/sda2: UUID="62c42478-757d-49f2-83c4-5b4b752424b3" TYPE="swap"
/dev/sda3: UUID="78ad92a0-8f35-4366-ba41-50491dd7752f" TYPE="ext2"
[root@www ~]#
```

◉ 블록 장치의 UUID 및 파일 시스템 정보를 출력한다.

$ blkid /dev/sda1

◉ /dev/sda1의 UUID 및 파일 시스템 정보를 출력한다.

$ blkid -U 4a9a6996-508b-4201-9154-13a030749cdc

◉ UUID가 4a9a6996–508b–4201–9154–13a030749cdc인 블록 장치를 찾아서 출력한다.

② lsblk

블록 장치(Block Device)의 목록을 출력하는 명령이다.

사용법

lsblk [option] [장치명]

주요 옵션

옵션	설명
-m	블록 장치의 소유자(OWNER), 소유 그룹(GROUP), 허가권(MODE) 정보를 출력한다. (--perms)
-f	블록 장치의 이름(NAME), 파일 시스템 타입(FSTYPE), 라벨(LABEL), 마운트포인트 (MOUNTPOINT) 정보를 출력한다.(--fs)

사용 예

```
[root@www ~]# lsblk
NAME     MAJ:MIN RM   SIZE RO TYPE MOUNTPOINT
sda        8:0    0    20G  0 disk
├─sda1     8:1    0    14G  0 part /
├─sda2     8:2    0   3.7G  0 part [SWAP]
└─sda3     8:3    0   2.3G  0 part /backup
sr0       11:0    1 1024M  0 rom
[root@www ~]#
```

◉ 블록 장치의 정보를 목록으로 출력한다.

lsblk /dev/sda2

◉ /dev/sda2 장치의 정보를 출력한다.

lsblk -m

◉ 블록 장치의 소유자(OWNER), 소유 그룹(GROUP), 허가권(MODE) 관련 정보를 출력한다.

③ findfs

라벨(LABEL)명이나 UUID명으로 파일 시스템을 찾는 명령이다.

🟤 사용법

findfs LABEL=라벨명
findfs UUID=UUID명

🟤 사용 예

```
[root@www ~]# findfs UUID=4a9a6966-508b-4201-9154-13a030749cdc
/dev/sda1
[root@www ~]#
```

⊙ UUID명이 설정된 블록 장치 정보를 출력한다.

❹ findmnt

파일 시스템 정보를 출력하는 명령으로 보통 마운트된 파일 시스템을 트리 구조 형태로 출력한다.

🟤 사용법

findmnt [option] [장치명]

🟤 주요 옵션

옵션	설명
-D	df 명령의 형식으로 출력하는 옵션으로 파일 시스템 타입, 전체 용량, 사용량, 사용 가능한 용량 등을 출력한다.(--df)
-s	/etc/fstab 파일에서 관련 정보를 찾아서 출력한다.(--fstab)
-t	특정 파일 시스템을 지정해서 출력한다.(--types)
-l	출력되는 포맷을 지정하는 옵션으로 기본적으로 자동 적용되는 옵션이다.(--list)

🟤 사용 예

```
                              root@www:~                    _  □  ×

 File  Edit  View  Search  Terminal  Help
[root@www ~]# findmnt
TARGET                               SOURCE      FSTYPE     OPTIONS
/                                    /dev/sda1   xfs        rw,relatime,seclabel,a
├─/sys                               sysfs       sysfs      rw,nosuid,nodev,noexec
│ ├─/sys/kernel/security             securityfs  security   rw,nosuid,nodev,noexec
│ ├─/sys/fs/cgroup                   tmpfs       tmpfs      ro,nosuid,nodev,noexec
│ │ ├─/sys/fs/cgroup/systemd         cgroup      cgroup     rw,nosuid,nodev,noexec
│ │ ├─/sys/fs/cgroup/cpu,cpuacct     cgroup      cgroup     rw,nosuid,nodev,noexec
│ │ ├─/sys/fs/cgroup/memory          cgroup      cgroup     rw,nosuid,nodev,noexec
│ │ ├─/sys/fs/cgroup/blkio           cgroup      cgroup     rw,nosuid,nodev,noexec
│ │ ├─/sys/fs/cgroup/pids            cgroup      cgroup     rw,nosuid,nodev,noexec
│ │ ├─/sys/fs/cgroup/net_cls,net_prio cgroup    cgroup     rw,nosuid,nodev,noexec
│ │ ├─/sys/fs/cgroup/freezer         cgroup      cgroup     rw,nosuid,nodev,noexec
│ │ ├─/sys/fs/cgroup/perf_event      cgroup      cgroup     rw,nosuid,nodev,noexec
│ │ ├─/sys/fs/cgroup/devices         cgroup      cgroup     rw,nosuid,nodev,noexec
│ │ ├─/sys/fs/cgroup/hugetlb         cgroup      cgroup     rw,nosuid,nodev,noexec
│ │ └─/sys/fs/cgroup/cpuset          cgroup      cgroup     rw,nosuid,nodev,noexec
│ ├─/sys/fs/pstore                   pstore      pstore     rw,nosuid,nodev,noexec
│ ├─/sys/fs/selinux                  selinuxfs   selinuxf   rw,relatime
│ ├─/sys/kernel/config               configfs    configfs   rw,relatime
│ ├─/sys/kernel/debug                debugfs     debugfs    rw,relatime
│ └─/sys/fs/fuse/connections         fusectl     fusectl    rw,relatime
├─/proc                              proc        proc       rw,nosuid,nodev,noexec
│ ├─/proc/sys/fs/binfmt_misc         systemd-1   autofs     rw,relatime,fd=31,pgrp
```

⊙ 마운트된 파일 시스템 정보를 트리 구조 형식으로 출력한다.

findmnt /dev/sda1
  ◎ /dev/sda1 장치의 정보를 출력한다.

findmnt - D /backup
  ◎ /backup 장치의 파일 시스템 유형, 전체 용량, 사용한 용량, 사용 가능한 용량 등의 정보를 출력한다.

findmnt --fstab -t xfs
  ◎ /etc/fstab에 명시된 것 중에서 파일 시스템이 xfs인 정보만을 출력한다.

🌀 새로운 디스크 추가 후에 /data로 사용하기

▧ 하드 디스크의 장치 파일명 확인
  # fdisk -l

▧ 파티션 분할 및 생성
  # fdisk /dev/sdb
    ◎ 두 번째 S-ATA 디스크라고 가정하고, 디스크 전체를 하나의 파티션으로 구성하면 /dev/sdb1이 된다.

▧ 파일 시스템 생성
  # mkfs.xfs /dev/sdb1

▧ 디렉터리 생성
  # mkdir /data

▧ 마운트
  # mount -t xfs /dev/sdb1 /data

▧ 편집기를 이용하여 /etc/fstab 파일에 등록
  /dev/sdb1   /data   xfs   defaults   0 0

3.2.5 스왑(Swap) 생성

▧ 스왑의 개요

하드 디스크의 일부를 마치 메모리처럼 사용하게 해주는 기술인 스왑(Swap)은 일반적으로 리눅스 설치 시에 설정한다. 그러나 스왑 영역이 부족한 경우 리눅스 설치 후에도 디스크의 남은 공간이나 파티션을 이용해서 추가 설정할 수 있다.

▧ 관련 명령어

  ◌ mkswap

  스왑 파티션이나 스왑 파일을 생성하는 명령이다.

◉ 사용법

mkswap [option] 스왑_파일 [size]

mkswap [option] 스왑_파티션

◉ 주요 옵션

옵션	설명
-c	스왑파티션 생성하기 전에 배드 블록을 검사해주는 옵션이다.

◉ 사용 예

mkswap /swap-file 10240

◉ 10240K 크기의 /swap-file을 생성한다. 크기를 나타내는 10240은 생략가능하다.

mkswap -c /dev/sdb2

◉ /dev/sdb2의 배드 블록 여부를 검사한 후에 스왑파티션으로 생성한다.

✹ swapon

스왑 파티션이나 스왑 파일을 활성화시키는 명령으로 스왑의 상태 확인도 가능하다.

◉ 사용법

swapon [option] 스왑_파일

swapon [option] 스왑_파티션

◉ 주요 옵션

옵션	설명
-a	/etc/fstab 파일에 등록된 스왑 영역을 전부 활성화시킨다.(noauto 옵션이 설정된 경우는 제외)
-s	스왑 영역의 상태를 출력한다.

◉ 사용 예

swapon /swap-file

◉ /swap-file을 활성화한다.

swapon /dev/sdb2

◉ /dev/sdb2를 활성화한다.

swapon -a

◉ /etc/fstab 파일에 설정된 스왑 영역을 전부 활성화시킨다.

swapon -s

◉ 현재 스왑 상태를 출력한다.

✹ swapoff

활성화된 스왑 파티션이나 스왑 파일을 중지시킨다.

사용법

swapoff [option] 스왑_파일
swapoff [option] 스왑_파티션

주요 옵션

옵션	설명
-a	모든 스왑 영역을 중지시킨다.

사용 예

swapoff /swap-file
◉ /swap-file을 중지시킨다.

swapoff - a
◉ 모든 스왑 영역을 중지시킨다.

❋ free

현재 사용 중인 메모리의 상태를 출력해 주는 명령이다. 기본적인 정보는 /proc/meminfo 파일에서 가져온다.

사용법

$ free [option]

주요 옵션

옵션	설명
-m	메모리의 상태를 MB 단위로 출력한다.(--mega)
-k	메모리의 상태를 KB 단위로 출력한다.(--kilo)
-h	사람들이 보기 편하게 B(bytes), K(kilos), M(megas), G(gigas), T(teras)와 같은 단위를 붙여서 출력한다.(--human)

사용 예

◉ Mem: 물리적 메모리의 상태를 나타내는 부분으로 total은 전체 메모리 용량, used는 사용 중인 메모리양, free는 사용되지 않고 있는 메모리양, shared는 프로세스간 공유되고 있는 메모리양(shmem을 뜻하고 보통 tmpfs에 의해 사용됨), buff/cache는 버퍼 및 캐시 메모리로 사용되는 양, available은 스왑을 이용하지 않고 새로운 응용 프로그램을 실행할 수 있는 메모리 양이다.
Swap: 스왑 영역의 메모리 상태를 나타내는 부분으로 total은 전체 용량, used는 사용 중인 스왑 메모리의 양, free는 사용되지 않고 있는 스왑 메모리양을 나타낸다.

실제 유휴 메모리 계산법

free 명령을 사용하여 실제 유휴 메모리를 계산하기 위해서는 free 항목의 값과 buff/cache 항목의 값을 더해야
한다. buff/cache은 I/O의 속도를 높이기 할당되는 cache와 임시 저장 공간으로 사용되는 buffer에 할당된 공간
을 합친 값이다. 리눅스에서는 메모리 공간에 여유가 있을 때는 cache로 할당하고, 커널이 메모리를 필요로 할 때
는 가장 최근에 사용되지 않는 cache 페이지를 삭제하고 다시 사용한다. 시스템에 할당된 cache 메모리를 즉시
회수하려면 /proc/sys/vm/drop_caches이라는 커널 매개 변수의 값을 수정하면 된다. 자세한 설명은 커널 매개
변수 영역에서 확인할 수 있다.

 buff/cache

free 명령의 결과로 나오는 cache는 정확히 말하면 페이지 캐시이다. 파일 I/O의 성능 향상을 위해 메모리 영역에
페이지 캐시를 생성해서 한 번 읽은 파일의 내용을 페이지 캐시에 저장한 후에 다시 동일한 파일에 대단 접근이
발생하면 디스크에서 읽지 않고 페이지 캐시에서 제공하는 형태이다. 캐시 메모리를 사용한다는 예를 확인하려면
리눅스 명령행에서 동일한 명령을 실행한 후에 소요되는 시간을 확인하면 된다. 다음 그림은 동일한 조건에 저장되
는 파일명만 다르게 해서 find 명령을 실행한 결과이다. 첫 번째 실행 시에는 real 영역에서 24초가 소요되었는데,
두 번째는 약 0.4초가 소요되었다. 두 번째 명령 실행 시에는 캐시 메모리에 저장된 값을 불러와서 결과를 보여주므
로 시간이 많이 단축되는 것을 알 수 있다.

```
root@localhost:~
파일(F)  편집(E)  보기(V)  검색(S)  터미널(T)  도움말(H)
[root@localhost ~]# time find / -name '*.txt' 2>/dev/null > result

real    0m24.971s
user    0m0.205s
sys     0m0.706s
[root@localhost ~]# time find / -name '*.txt' 2>/dev/null > result2

real    0m0.393s
user    0m0.168s
sys     0m0.200s
[root@localhost ~]#
```

buff는 보통 버퍼 캐시라고 부르는데 블록 디바이스가 가지고 있는 블록 자체에 대한 캐시이다. 커널이 데이터를
읽기 위해서는 블록 디바이스의 특정 블록에 접근해야 하는데, 이 때 해당 블록에 대한 내용을 버퍼 캐시에 담아두
고 동일한 블록에 요청이 들어오면 바로 버퍼 캐시에 있는 데이터를 제공해서 처리 속도를 높인다.
참고로 커널 2.4 이전 버전에서 free 명령을 실행하면 명확하게 buffers 및 cached라는 항목으로 분리가 되어
있었다. 그러나 대부분의 블록에는 데이터를 저장하고 있는 블록이어서 파일의 내용이 버퍼 캐시에도 존재하고 페
이지 캐시에도 존재하는 이중 캐시의 문제가 발생하여 최근에는 내부적으로 상당 부분이 통합되었다. 하지만 파일
의 내용과 관련 없는 슈퍼 블록이나 아이노드 블록 등과 관련된 처리를 위해 여전히 버퍼 캐시는 커널에 존재하고
있다.

③ 스왑 영역 만들기

◉ 스왑 파일 생성하기

① dd 명령을 이용하여 원하는 파일의 크기 만큼 스왑 파일을 생성한다.
dd if=/dev/zero of=/swap-file bs=1k count=1024000
> if에 사용한 /dev/zero는 이름 그대로 초기화할 때 사용하는 장치 파일명이고, of에는 생성할
파일명을 입력한다. bs는 블록 크기는 지정하는 항목으로 단위를 붙이지 않으면 바이트로 처리
한다. count는 bs에 설정한 블록의 개수를 의미하므로 1GB의 파일이 생성된다.

② 스왑 파일 생성

   # mkswap /swap-file

③ 스왑 파일 활성화

   # swapon /swap-file

④ 시스템 부팅 시마다 사용할 경우에는 /etc/fstab 파일에 등록

   /swap-file   swap   swap   defaults   0 0

◉ **스왑 파티션 생성하기**

① fdisk 명령을 이용하여 스왑 파티션 생성

   # fdisk /dev/sdb

     ◎ 파티션 분할 생성 후에 t 명령을 이용해서 파티션의 속성을 스왑 영역의 코드인 "82"를 입력해야
       한다. 여기서는 /dev/sdb2로 생성했다고 가정한다.

② 스왑 파티션 생성

   # mkswap –c /dev/sdb2

③ 스왑 파티션 활성화

   # swapon /dev/sdb2

④ 시스템 부팅 시마다 사용할 경우에는 /etc/fstab 파일에 등록

   /dev/sdb2   swap   swap   defaults   0 0

3.2.6 Disk Quota

1 디스크 쿼터(Quota)의 개요

리눅스 시스템은 기본적으로 사용자의 용량을 제한하지 않아서, 특정 사용자가 디스크에 남아 있는 용량을 모두 사용할 수 있다. 따라서 사용자가 많은 서버의 경우에 사용자의 디스크 사용량 제한이 필요한데, 이러한 제한을 디스크 쿼터라고 부른다. 리눅스에서 디스크 쿼터는 사용자 및 그룹의 디스크 사용량과 생성할 수 있는 파일의 개수(I-node의 수)를 제한할 수 있다. CentOS 7 버전에서는 XFS 파일 시스템을 사용하는데, 추가적으로 특정 디렉터리(프로젝트) 단위로도 제한이 가능하다.

제한 값 설정과 관련된 항목으로는 소프트(Soft)와 하드(Hard)로 구분한다. 소프트는 보통 사용자에게 공지되는 제한 용량이라고 보면 된다. 만약 특정 사용자의 디스크 사용량은 100MB로 제한한다면 소프트 항목 값으로 지정하면 된다. 하드는 실제 사용자가 최대로 사용할 수 있는 값이라고 보면 된다. 보통 소프트 항목 값보다 좀 더 설정하는 것이 보편적이다. 예를 들면 소프트를 100MB로 제한 시에 하드를 110MB로 지정해서 일정 용량을 초과해도 사용할 수 있도록 하는 것이 보편적이다. 하드로 지정한 값은 절대 초과할 수 없다.

2 관련 명령어

✦ xfs_quota

XFS 파일 시스템의 쿼터(quota)를 관리해주는 명령어이다.

◉ 사용법

xfs_quota [option]

◉ 주요 옵션

옵션	설명
-x	전문가(expert) 모드를 활성화시키는 옵션으로 관리자 명령을 실행할 때 기본적으로 사용해야하는 옵션이다.
-c 명령	쿼터 관련 명령을 지정할 때 사용하는 옵션이다.

◉ 사용 예

xfs_quota -x -c 'limit bsoft=100m bhard=110m joon' /home
> ◉ joon 사용자의 소프트 용량 제한 100MB, 하드 용량 제한은 110MB로 설정한다.

xfs_quota -x -c 'limit isoft=1000 ihard=1100 joon' /home
> ◉ joon 사용자의 파일 개수 제한을 소프트 제한은 1000개, 하드 제한은 1100로 설정한다.

xfs_quota -x -c 'limit -g bsoft=10g bhard=11g isoft=10000 ihard=11000 terran' /home
> ◉ terran 그룹에 속한 전체 사용자들의 디스크 용량 및 파일 개수를 제한한다.

xfs_quota -x -c 'report -bi -h' /home
> ◉ /home 영역에 대한 전체 용량 정보를 단위를 붙여서 출력한다.

✦ edquota

사용자나 그룹에 쿼터를 설정할 때 사용하는 명령으로 실행시키면 vi편집기가 실행되고, 기본 단위가 KB이므로 10MB를 제한하려면 10000이라고 입력해야 한다.

◉ 사용법

edquota [option]

◉ 주요 옵션

옵션	설명
-u	사용자에 대한 쿼터를 설정할 때 사용하는 옵션이다.(기본 옵션) (--user)
-g	그룹에 대한 쿼터를 설정할 때 사용하는 옵션이다.(--group)
-t	Soft limit를 초과한 후부터 적용되는 시간 제한(grace period)을 설정하는 옵션이다. (--edit-period)

-p	특정 사용자의 쿼터를 다른 사용자에게 동일한 설정으로 적용할 때 사용하는 옵션이다. (- - prototype=*name*)
-h	명령어의 사용법 및 주요 옵션 정보를 간략히 출력한다.(- -help)

◉ 사용 예

edquota posein

◎ posein이라는 사용자의 쿼터를 할당한다. 명령을 내리면 기본편집기인 vi가 실행되면서 다음과 같이 나온다.

◉ · Filesystem : Quota가 설정되어 있는 파티션을 나타낸다.

· Blocks : 현재 사용 중인 용량(KB)을 나타낸다.

· soft : 보통의 경우 사용자가 사용할 수 있는 최대 용량(KB)을 나타내는데, 여기에 지정한 용량이 hard에 지정한 값보다 작게 설정하였다면 hard용량까지는 지정한 유예기간(grace period) 동안은 초과할 수 있다. 유예기간 내에 soft에 지정한 용량 이하로 줄이지 않으면 파일의 생성이 불가능해진다.

· hard : 실제 사용자가 최대로 사용할 수 있는 용량(KB)을 의미한다. soft는 초과하여 사용가능하나 hard에 설정한 용량은 절대 초과할 수 없다.

· inodes : 현재 사용 중인 I-node 수(파일이나 디렉터리의 개수)를 나타낸다.

· soft : 일반적으로 사용자에게 지정하는 inode 값으로 파일이나 디렉터리를 생성할 수 있는 개수를 나타낸다. 유예기간의 적용 등은 blocks 항목과 같다.

· hard : 절대 초과할 수 없는 inode 값으로 사용자가 생성할 수 있는 파일이나 디렉터리의 최댓값이다.

edquota -t

◎ 명령을 내리면 vi편집기가 실행되면서 다음과 같이 나는데, 날짜를 변경하면 된다.

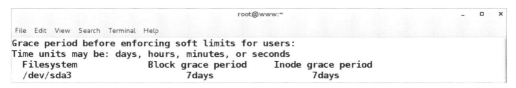

◎ · Filesystem : Quota가 설정된 파일 시스템을 나타낸다.

· Block grace period : Block의 soft 제한을 초과했을 경우의 유예기간이다.

· Inode grace period : Inode의 soft 제한을 초과했을 경우의 유예기간이다.

edquota -p posein yuloje

◎ yuloje이라는 사용자의 Quota 설정을 posein의 설정과 동일하게 만든다.

repquota

파일 시스템에 설정된 쿼터 정보를 출력해주는 명령이다.

사용법

repquota [option] [디렉터리명]

주요 옵션

옵션	설명
-a	쿼터가 설정되어 있는 모든 파티션의 정보를 출력한다. 이 옵션을 사용하면 디렉터리명을 지정할 필요가 없다.
-u	사용자 쿼터 정보를 출력한다.(기본 옵션)
-g	그룹 쿼터 정보를 출력한다.

사용 예

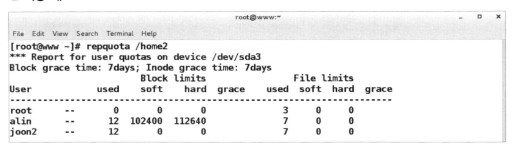

```
[root@www ~]# repquota /home2
*** Report for user quotas on device /dev/sda3
Block grace time: 7days; Inode grace time: 7days
                        Block limits                    File limits
User            used    soft    hard    grace   used    soft    hard    grace
----------------------------------------------------------------------
root     --     0       0       0               3       0       0
alin     --     12      102400  112640          7       0       0
joon2    --     12      0       0               7       0       0
```

  ⊙ /home2에 설정된 사용자 쿼터 정보를 출력한다.

repquota –g /home

  ⊙ /home에 설정된 그룹 쿼터 정보를 출력한다.

repquota –a

  ⊙ 설정된 쿼터 정보를 전부 출력한다.

quota

사용자나 그룹 단위로 쿼터 설정 정보를 출력해주는 명령이다.

사용법

$ quota

주요 옵션

옵션	설명
-u	사용자 쿼터 정보를 출력한다.(기본 옵션) (––user)
-g	그룹 쿼터 정보를 출력한다.(––group)
-h	명령어의 사용법 및 주요 옵션 정보를 간략히 출력한다.(––help)

🍃 사용 예

```
                                    alin@www:~                          _  □  ×
File  Edit  View  Search  Terminal  Help
[alin@www ~]$ quota
Disk quotas for user alin (uid 1004):
     Filesystem  blocks    quota    limit    grace    files    quota    limit    grace
       /dev/sda3     16   102400   112640                 12        0        0
[alin@www ~]$
```

⊙ alin 사용자 자신의 쿼터 설정 정보를 확인한다.

quota posein

⊙ posein 사용자의 쿼터 설정 정보를 확인한다.

🌼 setquota

쿼터를 설정하는 명령으로 vi 편집기를 이용하는 대신에 직접 명령행에서 설정 가능하다.

🍃 사용법

setquota [option] 사용자명 block_soft block_hard inode_soft inode_hard 파일시스템
setquota -t block_grace inode_grace 파일시스템

🍃 주요 옵션

옵션	설명
-u	사용자 쿼터 설정할 때 사용한다.(기본 옵션)
-g	그룹 쿼터를 설정할 때 사용한다.
-t	유예 기간(Grace Time)을 설정할 때 사용한다.(단위는 초)

🍃 사용 예

setquota - u yuloje 10000 11000 0 0 /home

⊙ yuloje 사용자의 용량 제한은 Soft 10MB, Hard 11MB로 설정하고, I-node에 대한 제한은 설정하지 않는다.

setquota - t 86400 28800 /home

⊙ 블록의 유예기간은 하루(24시간)으로 설정하고, I-node는 8시간으로 설정한다.

③ 사용자 쿼터(Quota) 설정하기

🌼 /etc/fstab 설정

/etc/fstab에서 /home의 4번째 필드에 사용자쿼터 설정 옵션인 uquota(또는 usrquota)를 추가로 기입한다.

🔲 UUID=4a9a6966-508b-4201-9154-13a0307749cdc /home xfs defaults,uquota 0 0

🌼 /home 영역 다시 마운팅

umount /home; mount -a

◉ **적용 확인**

mount | grep /home
/dev/sda3 on /home type xfs (rw,relatime,seclabel,attr2,inode64,usrquota)

◉ **사용자에 대한 쿼터 설정**

xfs_quota - x - c 'limit bsoft=100m bhard=110m alin' /home
◎ alin 사용자의 소프트 용량 제한 100MB, 하드 용량 제한은 110MB로 설정한다.

◉ **쿼터 설정 확인**

repquota /home

④ 그룹 쿼터(Quota) 설정하기

◉ **/etc/fstab 설정**

/etc/fstab에서 /home의 4번째 필드에 사용자쿼터 설정 옵션인 gquota(또는 grpquota)를 추가로 기입한다.
예 UUID=4a9a6966-508b-4201-9154-13a0307749cdc /home   xfs defaults,gquota 0 0

◉ **/home 영역 다시 마운팅**

umount /home; mount -a

◉ **적용 확인**

mount |grep /home
/dev/sda3 on /home type xfs (rw,relatime,seclabel,attr2,inode64,grpquota)

◉ **그룹에 대한 쿼터 설정**

xfs_quota - x - c 'limit - g bsoft=10g bhard=11g isoft=10000 ihard=11000 terran' /home
◎ terran 그룹에 속한 전체 사용자들의 디스크 용량 및 파일 개수를 제한한다.

◉ **쿼터 설정 확인**

repquota - g /home

3.2.7 **파일 링크(Link)**

① 파일 링크의 개요

리눅스에서 파일이나 디렉터리를 생성하면 I-node(Index node)라는 번호가 임의로 부여되고, 이

번호를 기준으로 관리된다. 이 번호는 'ls -i' 명령으로 확인할 수 있는데, 파일명이 다르더라도 이 번호가 같다면 내부적으로는 같은 파일로 인식된다. 이렇게 하나의 파일을 여러 개의 이름으로 관리하거나 디렉터리의 접근 경로를 단축하는 형태를 링크(Link)라고 부르고, ln 명령을 이용해서 만들 수 있다. 링크는 크게 하드 링크(Hard Link)와 심볼릭 링크(Symbolic Link)로 나누고, 심볼릭 링크는 소프트 링크(Soft Link)라고도 부른다.

② 관련 명령어: ln

하드 링크 또는 심볼릭 링크를 생성하는 명령이다. 명령 실행 시 옵션 없이 사용하면 하드 링크가 생성되고, -s(--symbolic) 옵션을 사용하면 심볼릭 링크를 생성한다.

◉ 사용법

$ ln [option] 원본 대상파일명

◉ 주요 옵션

옵션	설명
-s	심볼릭 링크를 생성 시에 사용하는 옵션이다.(--symbolic)
-v	링크 만드는 정보를 자세히 출력한다.(--verbose)
-f	링크 파일 존재 시에 삭제하고 생성한다.(--force)

◉ 사용 예

$ ln joon.txt j

  ◉ joon.txt라는 파일의 하드링크 파일인 j를 현재 디렉터리에 생성한다.

$ ln -s joon.txt j

  ◉ joon.txt라는 파일의 심볼릭 링크 파일인 j를 현재 디렉터리에 생성한다.

$ ln -s /etc/xinetd.d x

  ◉ /etc/xinetd.d의 심볼릭 링크 파일인 x를 현재 디렉터리에 생성한다.

③ 하드 링크와 심볼릭 링크

◉ 하드 링크

하드 링크는 하나의 동일한 파일을 디스크의 다른 곳에 배치(복사와 같은 형태)하여 여러 이름으로 사용되는 형식이다. 하드 링크는 파일에만 부여할 수 있는데, 리눅스 초기에는 Sticky-Bit가 설정되지 않는 공유 디렉터리에서 사용하였다. 일반적인 공유 디렉터리에 쓰기(w) 권한을 설정하면 누구나 파일을 생성 및 삭제할 수 있게 되는데, 문제는 다른 사용자 소유의 파일도 삭제하는 문제가 발생한다. 이 경우를 대비해서 사용자의 홈 디렉터리 안에 하드 링크 파일을 생성해 두면, 다른 사용자에 의해 파일이 삭제되어도 안전하게 보존할 수 있다.

🌑 하드 링크의 특징

1. ls -i 명령으로 I-node 번호를 확인하면 원본과 링크 파일의 번호가 같다.
2. 원본과 링크 파일의 내용과 파일의 크기가 같다.
3. ls -i 명령 시에 출력되는 링크의 숫자가 올라간다.
4. 원본이나 링크 파일 중에 어떠한 파일을 수정해도 같이 반영된다.
5. 원본 파일을 삭제해도 링크 파일은 아무런 영향을 받지 않는다.
6. 하드 링크는 파일만 설정가능하고, 동일한 파일 시스템에서만 사용가능하다.
7. 파티션이나 디스크 드라이브를 가로질러 사용할 수는 없다.

🌑 심볼릭 링크

심볼릭 링크는 하나의 파일을 여러 이름으로 가리키게 하는 것으로 원본과 생성된 링크 파일은 완전히 다른 파일로 관리된다. 파일이나 디렉터리에 모두 사용 가능하나 일반적으로 디렉터리의 경로 단축이나 변경에 사용된다.

🌑 심볼릭 링크의 특징

1. ls -i 명령으로 I-node 번호를 확인하면 원본과 생성된 링크 파일의 번호가 다르다.
2. 생성된 링크 파일의 크기가 매우 작다.
3. ls -i 명령 시에 출력되는 권한 영역의 맨 앞쪽에 'l'이라고 표시된다.
4. 원본이나 링크 파일 중에 어떠한 파일을 수정해도 같이 반영된다.
5. 원본 파일을 삭제하면 링크 파일은 아무런 구실을 하지 못한다.
6. 디렉터리에 링크 파일을 생성하면 윈도우의 바로가기나 단축아이콘의 기능과 같다.
7. 생성되는 링크 파일의 퍼미션 값이 777로 표시되나, 이 값은 원본 파일의 퍼미션과는 무관하다.

3.3.1 타임스탬프(Timestamp) 관리

1 타임스탬프의 개요

리눅스에서는 파일에 대한 시간 관련 정보를 타임스탬프라 부르고, Access Time, Modify Time, Change Time으로 구분된다.

종류	설명
Access Time	파일의 내용을 읽었을 때 바뀌는 시간이다. 물론 파일의 내용을 수정하면 다른 시간들과 같이 바뀐다.
Modify Time	파일의 내용을 변경했을 때 바뀌는 시간으로 'ls -l' 명령의 결과로 나타나는 시간이다.
Change Time	파일의 내용을 변경했을 때 바뀌는 시간으로 일반적으로는 Modify Time과 같은 값을 갖는다. 그러나 Modify Time은 touch 명령을 사용하여 시간 변경이 가능하다 Change Time은 touch 명령을 사용한 시간 변경이 불가능하다.

타임스탬프 정보는 stat 명령으로 확인 가능하다. 다음 그림은 touch 명령을 이용하여 Modify Time을 변경한 후에 stat 명령으로 확인한 결과이다. 'ls -l' 명령의 결과로 나타나는 Modify Time이 변경되어 지정한 과거 시간으로 되돌아간 것을 알 수 있으나, Change Time은 바뀌지 않은 것을 알 수 있다. 따라서 보안을 위해 시간 기반으로 검색할 경우에는 Change Time을 기준으로 해야 한다.

```
                              root@www:~                          _  □  ×
파일(F)  편집(E)  보기(V)  검색(S)  터미널(T)  도움말(H)
[root@www ~]# ls -l /etc/passwd
-rw-r--r--. 1 root root 2769 Jul 12 11:32 /etc/passwd
[root@www ~]# touch -t 201405130013 /etc/passwd
[root@www ~]# stat /etc/passwd
  File: '/etc/passwd'
  Size: 2769          Blocks: 8          IO Block: 4096     regular file
Device: 801h/2049d    Inode: 7147200     Links: 1
Access: (0644/-rw-r--r--)  Uid: (    0/    root)   Gid: (    0/    root)
Context: system_u:object_r:passwd_file_t:s0
Access: 2020-07-12 14:32:40.142000000 +0900
Modify: 2014-05-13 00:13:00.000000000 +0900
Change: 2020-07-12 14:32:39.416000000 +0900
 Birth: -
[root@www ~]#
```

2 관련 명령어

⚙ touch

파일(또는 디렉터리)의 최종 접근 시간, 수정시간 등 타임스탬프(Timestamp)를 변경하거나 파일의 크기가 0인 빈(empty) 파일을 생성하는 명령이다.

사용법

$ touch [option] 파일명

주요 옵션

옵션	설명
-a	접근 시간(access time)을 바꾼다.
-m	수정 시간(modification time)을 바꾼다.
-t	현재 시간 대신 [[CC]YY]MMDDhhmm[.ss] 형식으로 지정된 타임스탬프로 변경한다. 리눅스 배포판에 따라 타임스탬프 형식이 MMDDhhmm[[CC]YY][.ss]로 다를 수도 있으니 man 명령으로 확인해야 한다.
-r	지정된 파일의 Access time 및 Modify time으로 특정 파일의 시간을 변경한다. (――reference=파일명)

사용 예

$ touch a.txt

- 현재 디렉터리에 a.txt라는 파일이 존재하면 파일의 수정 시간(Modify Time)을 바꾸고 파일이 없을 경우에는 a.txt라는 파일의 크기가 0인 빈 파일을 생성한다.

$ touch -a lin.txt

- lin.txt 파일의 Access Time을 현재 시간으로 바꾼다.

$ touch -a -t 201810142250 joon.txt

- joon.txt 파일의 Access Time을 2018년 10월 14일 오후 10시 50분으로 바꾼다.

[root@www ~]# touch -t 201212222105 /etc/passwd

- /etc/passwd 파일의 수정 시간(Modify Time)을 2012년 12월 22일 오후 9시 5분으로 변경한다.

$ touch -r a.txt b.txt

- a.txt의 Access time 및 Modify time으로 b.txt 파일의 시간을 변경한다.

stat

파일 또는 파일 시스템 관련 정보를 출력하는 명령이다.

사용법

$ stat [options] 파일명

주요 옵션

옵션	설명
-f	파일 대신에 파일이 속한 파일 시스템 관련 정보를 출력한다.(――file-system)
-L	심볼릭 링크 파일인 경우에는 원본 파일의 정보를 출력한다.(――dereference)
――printf=형식	%n(파일 이름), %U(소유자 이름), %G(소유자 그룹), %C(SELinux 관련 정보), %z(마지막 변경된 시간 정보) 등을 사용해서 형식을 지정할 수 있다. 줄을 바꿀 때는 ₩n을 사용할 수도 있다.

사용 예

```
                              posein@localhost:~                        _  □  ×
파일(F)  편집(E)  보기(V)  검색(S)  터미널(T)  도움말(H)
[posein@localhost ~]$ stat /etc/passwd
  File: '/etc/passwd'
  Size: 2446           Blocks: 8          IO Block: 4096   regular file
Device: 801h/2049d    Inode: 1207502    Links: 1
Access: (0644/-rw-r--r--)  Uid: (    0/    root)  Gid: (    0/    root)
Context: system_u:object_r:passwd_file_t:s0
Access: 2018-08-30 15:37:29.597000000 +0900
Modify: 2017-08-22 18:05:11.470423916 +0900
Change: 2017-08-22 18:05:11.472423904 +0900
 Birth: -
[posein@localhost ~]$
```

- ◎ /etc/passwd 파일의 파일 크기, 아이노드 번호, 타임스탬프 관련 정보 등을 출력한다.

$ stat -f /etc/passwd

- ◎ /etc/passwd이 속해있는 파일 시스템 관련 정보를 출력한다.

$ stat --printf='%U\n%G\n%C\n%z\n' /etc/passwd

- ◎ /etc/passwd의 소유자, 소유 그룹, SELinux 관련 정보, 마지막 변경 시간 등을 한 줄에 하나씩 순서대로 출력한다.

3.3.2 리눅스 파일 시스템의 추가 속성(attribute)

1 속성(attribute)의 개요

리눅스에서의 파일 접근 체제는 유닉스와 동일하게 3계층(user, group, other)과 3개의 권한(read, write, execute)을 이용한다. 이러한 접근 체제는 한계성을 가지고 있었기 때문에 ext2 파일 시스템부터 13가지의 속성(attribute)을 부여하였고, lsattr과 chattr 명령을 이용해서 확인, 설정 및 해제를 할 수 있도록 만들었다. 초기에 지정된 13가지 속성 중에 일부 속성은 현재 커널에 적용되지 않고, 일부 속성은 특정 파일 시스템 또는 특정 커널 버전에서만 지원되기도 한다.

2 관련 명령어

⊚ lsattr(list attribute)

파일에 설정된 속성을 확인할 때 사용하는 명령이다.

◎ 사용법

$ lsattr [option] [파일명]

◎ 주요 옵션

옵션	설명
-R	하위 디렉터리까지 한 번에 속성을 확인할 때 사용한다.
-a	.으로 시작되는 숨김 파일과 디렉터리까지 확인할 때 사용한다.

◉ 사용 예

[posein@www ~]$ lsattr /etc/passwd

  ◉ /etc/passwd 파일의 속성 정보를 출력한다.

✸ chattr(change attribute)

파일의 속성을 변경하는 명령으로 root 사용자만 사용 가능하다.

◉ 사용법

chattr [option] mode 파일명

◉ 주요 옵션

옵션	설명
-R	하위 디렉터리까지 한 번에 속성을 변경할 때 사용한다.

◉ mode

mode는 기호와 속성으로 이루어지는데, 기호는 +, -, =을 사용한다. +는 해당 속성을 부여, -는 해당 속성 해제, =는 해당 속성만 부여하고 해제한다. 주요 속성은 다음과 같다.

속성	설명
A	파일 수정 시에 atime은 수정하지 않는다.
a	해당 파일에 추가만 가능하도록 설정한다.
d	dump로 백업되지 않도록 설정한다.
i	해당 파일의 변경, 삭제, 이름 변경, 파일 추가, 링크 파일 생성 등을 불가능하게 한다.
S	파일이 변경될 경우에 디스크 동기화가 일어나도록 할 때 사용한다.
e	디스크 블록에 매핑하기 위해 확장된 파일임을 표시하는 것으로 chattr 속성으로 없앨 수는 없는 속성이다.

◉ 사용 예

chattr +a /var/log/messages

  ◉ /var/log/messages 파일을 삭제 불가능하고, 추가만 가능하도록 설정한다.

chattr +i /etc/services

  ◉ /etc/services 파일이 삭제나 변경 등이 불가능하도록 설정한다.

chattr -i +a /etc/services

  ◉ i 속성을 제거하고 a 속성을 부여한다.

ACL(Access Control Lists)

1 ACL(Access Control Lists)의 개요

ACL은 파일이나 디렉터리에 접근 권한을 제어할 수 있도록 만든 시스템이다. 전통적인 유닉스 계열 시스템에서는 파일이나 디렉터리를 user, group, other 3계층에 read, write, execute 권한으로 관리했으나 사용자간 공유할 때 많은 문제점을 노출하고 있다. 일반적으로 어떠한 파일에 특정 사용자나 그룹에 권한을 부여하려면 소유 권한을 넘기고 다시 허가권을 부여하는 절차가 필요하다. 이러한 문제점을 해결할 수 있는 것이 ACL이다. ACL은 getfacl과 setfacl 명령을 사용해서 확인하고 설정한다. ACL은 ext3 파일 시스템부터 지원하는데, 초기 배포판 리눅스에서는 기본 적용이 안 되어서 파티션을 다시 마운트한 후에 사용 가능했으나 현재는 기본적으로 지원한다.

2 관련 명령어

getfacl(get file access control lists)

파일이나 디렉터리에 설정된 접근 권한 리스트를 확인하는 명령이다.

사용법

$ getfacl [option] [파일명]

주요 옵션

옵션	설명
-d	접근 권한 리스트의 기본 값을 출력한다.

사용 예

[posein@www ~]$ getfacl /etc/passwd

◎ /etc/passwd 파일의 접근 권한 리스트 정보를 출력한다.

setfacl(set file access control lists)

파일이나 디렉터리에 접근 권한 리스트를 설정하는 명령으로 root만 사용가능하다.

사용법

setfacl [option] [파일명]

주요 옵션

옵션	설명
-m	권한을 지정하거나 수정할 때 사용한다.(--modify)
-x	권한을 삭제할 때 사용한다.(--remove)
-R	하위 디렉터리와 파일까지 권한을 변경할 때 사용한다.(--recursive)
-b	권한 및 mask 등 지정한 권한을 전부 제거한다.(--remove-all)

 # setfacl - m u::rw joon.txt

　　◉ joon.txt 파일의 소유자 권한에 읽기 및 쓰기 권한을 부여한다.

 # setfacl -m u:posein:rw jalin.txt

　　◉ jalin.txt 파일에 posein 사용자가 읽고 쓰는 권한을 부여한다.

 # setfacl -x u:posein jalin.txt

　　◉ jalin.txt 파일에 부여한 posein 사용자의 권한을 삭제한다.

 # setfacl -R -m g:terran:rwx terran/

　　◉ terran 그룹에 속한 사용자들이 terran 디렉터리에 읽기 및 쓰기, 접근 권한을 부여한다. 아울러, 하위 디렉터리 및 파일에도 같은 권한으로 설정한다.

 # setfacl -x mask joon.txt

　　◉ joon.txt의 mask 값을 삭제한다. 사용자의 권한이 부여되어 있는 경우에는 mask의 삭제가 불가하다.

 # setfacl -b jalin.txt

　　◉ jalin.txt의 권한 및 mask 값을 삭제한다.

 # setfacl -m d:u:posein:rw /data

　　◉ /data 디렉터리에 생성되는 모든 파일들을 posein 사용자가 읽기 및 쓰기 권한이 되도록 설정한다.

3.3.4　GnuPG(GNU Privacy Guard)

1 PGP(Pretty Good Privacy)의 개요

PGP는 1991년에 필 짐머맨(Phil Zimmermann)이 전자우편 보안을 위해 개발한 프로그램이다. 전자우편의 암호화 및 복호화 작업을 통해 제3자는 알 수 없도록 하는 기능을 제공한다. PGP는 전자우편의 기밀성 이외에도 메시지 인증, 사용자 인증, 송신 부인 방지 등의 기능도 지원한다. 현재 PGP는 전자우편뿐만 아니라 디스크 파티션, 파일, 디렉터리 등의 암호화에도 사용되고 있다.

2 PGP의 주요 기능

① 해당자가 아닌 사용자들은 해당 내용을 볼 수 없도록 한다.
② 전송 도중에 불법적으로 변경되었는지를 확인한다.
③ 전자우편을 실제 보낸 사람이 누구인지를 확인한다.
④ 수신자가 전자우편을 받고서도 받지 않았다는 주장을 할 수 없도록 한다.

3 PGP 관련 역사

1991년에 필 짐머맨이 PGP를 상용으로 개발했지만 미국 정부에서 관련 제품 판매를 중지시킬 수 있다는 우려로 인해 누구나 이용할 수 있도록 공개하게 된다. 그 후 PGP는 비아크리프트 (ViaCrypt)사에서 개발하는 상용 버전과 공개 버전으로 분리 되었고, 1997년 IETF(Internet Engineering Task Force, 미국의 인터넷 표준 규격 개발을 관장하는 기구)는 PGP의 공개 버전인 OpenPGP를 워킹 그룹으로 인정하게 된다. 1999년에 자유 소프트웨어 재단(FSF: Free Software Foundation)에서 OpenPGP를 기반으로 한 GNU Privacy Guard(GnuPG 또는 GPG라고 부름)를 개발하게 된다.

④ GnuPG(GNU Privacy Guard)의 개요

GnuPG는 공개키(Public key)와 비밀키(Secret key, 또는 개인키(Private key)라고 부름)를 생성 하여 암호화하는 기법인 OpenPGP를 공개 버전으로 구현한 것으로 데이터의 암호화와 디지털 서명 생성 등에 사용된다. 일반적인 텍스트 파일인 경우 중간에 의도하지 않은 다른 사람이 해당 파일을 얻게 되면 파일의 내용이 그대로 노출된다. 이러한 문제점은 GnuPG라는 프로그램을 사용하면 해결 할 수 있다. GnuPG의 기본 개념은 특정 사용자가 공개키와 비밀키를 생성한 후에 공개키를 다른 사용자에게 제공한다. 공개키를 받은 사용자는 전달할 텍스트 문서를 생성한 후에 공개키를 이용해 서 암호화된 문서 파일을 생성하게 되는데, 이 문서는 중간에 다른 사람이 확보한다고 해도 내용을 알 수 없게 된다. 이 문서 파일은 비밀키를 가진 사용자(공개키를 배포한 사용자)만이 해독(복호화, decryption)하여 내용을 확인할 수 있다. 소스를 비롯하여 관련 정보는 http://www.gnupg.org에 서 확인할 수 있다.

● GnuPG가 지원하는 알고리즘

항목	설명
공개키 알고리즘	RSA, ElGamal, DSA
암호화 알고리즘	IDEA, 3-DES, CAST-5, Blowfish, AES-128, AES-192, AES-256, Twofish, Camellia-128, Camellia-256
해시 알고리즘	MD-5, SHA-1, RIPEMD-160, SHA-224, SHA-256, SHA-384, SHA-512
압축 알고리즘	ZIP, ZLIB, BZIP2

⑤ GnuPG 설치 및 사용법

● 설치

공식사이트인 http://gnupg.org에서 소스 파일을 다운로드하여 설치하거나 CentOS를 사용 하는 경우에는 yum 명령을 이용하면 손쉽게 설치 가능하다.

● 설치 예
```
# yum install gnupg
# yum install gnupg2
```

✸ 간단한 사용법

GnuPG는 명령행에서 gpg라는 명령어를 사용한다. 주요 사용법을 정리해보면 다음과 같다.

① 공개키 및 비밀키 생성

gpg --gen-key

② 생성된 공개키 및 비밀키 확인

gpg --list-keys

◉ 생성된 공개키 정보를 출력해준다. ──list-keys 대신에 ──list-key, -k, ──list-public-key 라고 입력해도 된다.

gpg --list-secret-keys

◉ 생성된 개인키 정보를 출력해준다. ──list-secret-keys 대신에 ──list-secret-key, -K라고 입력해도 된다.

③ 생성된 공개키 및 비밀키 삭제

gpg --delete-secret-key posein

◉ posein이라는 비밀키를 삭제한다.

gpg --delete-key posein

◉ posein이라는 공개키를 삭제한다.

④ 생성된 공개키 내용 화면으로 확인

gpg --armor --export

⑤ 생성된 공개키 파일로 생성

gpg --armor --export --output posein.gpg

⑥ 다른 사용자의 공개키 설치

gpg --armor --import posein.gpg

⑦ 공개키를 이용해서 일반 문서를 암호화된 문서로 생성

gpg --output en_secret.txt --encrypt --recipient posein secret.txt

⑧ 개인키를 이용해서 암호화된 문서를 일반 문서로 변환

gpg --output secret.txt --decrypt en_secret.txt

ⓨ **일반 파일에 서명 및 서명 파일 생성**

　# gpg -sb posein.txt

　　◎ posein.txt 파일에 서명을 하고 서명 파일인 posein.txt.sig가 생성된다. 개인키를 갖고 있는 사용자가 실행하는 명령으로 -s(--sing)가 서명 옵션이고 -b(--detach-sign)가 서명 파일을 생성하는 옵션이다.

ⓩ **서명 파일을 이용해서 원본 파일 여부 확인**

　# gpg --verify posein.txt.sig posein.txt

　　◎ 공개키를 갖고 있는 사용자가 검증할 때 사용하는 명령으로 원본 파일이 맞는다면 'Good signature'라는 문구가 나타나고, 틀리면 'BAD signature'라는 문구가 나타난다.

⑥ GnuPG를 이용한 파일 암호화 실습

텍스트 문서 파일인 경우 중간에 의도하지 않은 제3자가 해당 파일을 얻게 되면 파일의 내용이 그대로 노출된다. GnuPG를 이용하면 파일을 송수신하는 사용자간의 파일을 암호화하여 이러한 문제점을 해결할 수 있다. 기본 원리는 특정 사용자가 공개키(Public Key)와 개인키(Secret Key 또는 Private Key)를 생성하여 공개키를 다른 사용자에게 배포한다. 공개키를 받은 사용자는 텍스트 파일을 생성한 후에 공개키를 이용하여 암호화된 문서를 생성하게 된다. 특정 공개키로 암호화된 문서는 공개키와 쌍을 이루는 개인키를 가진 사용자만이 해독해서 텍스트 파일로 변환 가능하다.

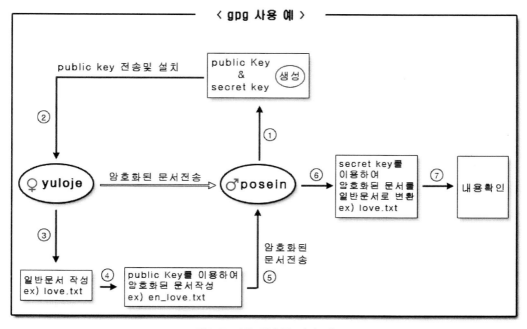

텍스트 파일 암호화 과정 예

실습 예

① posein이 공개키 및 개인키를 생성

gpg --gen-key

가. 키에 사용한 암호화 알고리즘을 선택한다. 기본 값은 RSA으로 [Enter]키를 누른다.

```
[posein@www ~]$ gpg --gen-key
gpg (GnuPG) 2.0.22; Copyright (C) 2013 Free Software Foundation, Inc.
This is free software: you are free to change and redistribute it.
There is NO WARRANTY, to the extent permitted by law.

gpg: directory `/home/posein/.gnupg' created
gpg: new configuration file `/home/posein/.gnupg/gpg.conf' created
gpg: WARNING: options in `/home/posein/.gnupg/gpg.conf' are not yet active during
 this run
gpg: keyring `/home/posein/.gnupg/secring.gpg' created
gpg: keyring `/home/posein/.gnupg/pubring.gpg' created
Please select what kind of key you want:
   (1) RSA and RSA (default)
   (2) DSA and Elgamal
   (3) DSA (sign only)
   (4) RSA (sign only)
Your selection? █
```

나. RSA 키의 크기를 설정한다. 키의 크기는 1024비트부터 4096비트까지 가능하고 기본
값은 2048비트이다. 기본 값을 선택하는 경우에는 별도의 입력 없이 [Enter]키를 누르면
된다.

```
RSA keys may be between 1024 and 4096 bits long.
What keysize do you want? (2048) █
```

다. 키의 유효기간을 설정한다. 일, 주, 월, 년 단위의 설정이 가능하고 기본 값은 제한 없이
사용가능하다. [Enter]키를 누른다.

```
Requested keysize is 2048 bits
Please specify how long the key should be valid.
        0 = key does not expire
     <n>  = key expires in n days
     <n>w = key expires in n weeks
     <n>m = key expires in n months
     <n>y = key expires in n years
Key is valid for? (0) █
```

```
Key is valid for? (0)
Key does not expire at all
Is this correct? (y/N) █
```

◉ 유효 기간 설정이 맞는지 물어보는데, 맞으면 y를 누른다.

라. 키의 사용자 정보를 설정한다.

```
GnuPG needs to construct a user ID to identify your key.

Real name: Jung SungJae█
```

◉ 사용자의 이름을 설정한다.

```
GnuPG needs to construct a user ID to identify your key.

Real name: Jung SungJae
Email address: posein@kakao.com█
```

◉ E-mail 주소를 설정한다.

```
GnuPG needs to construct a user ID to identify your key.

Real name: Jung SungJae
Email address: posein@kakao.com
Comment: Linux Master█
```

◉ 간단한 설명을 첨부한다.

```
GnuPG needs to construct a user ID to identify your key.

Real name: Jung SungJae
Email address: posein@kakao.com
Comment: Linux Master
You selected this USER-ID:
    "Jung SungJae (Linux Master) <posein@kakao.com>"

Change (N)ame, (C)omment, (E)mail or (O)kay/(Q)uit? █
```

◉ 이름, 설명, 이메일에 대한 설정이 맞는지 여부를 묻는다. 맞으면 O키를 누르고, 그렇지 않
으면 수정하고자 하는 항목을 선택한다.

마. 키에 패스워드를 설정한다. 추후에 개인키를 가지고 암호화된 파일을 텍스트 파일로 전
환할 때 필요하다. 현재 CentOS에서는 X-Window 기반으로 패스워드를 설정하도록 되
어 있다. 동일한 값을 두 번 입력하도록 한다. 참고로 X-Window 기반에서 패스워드를
설정하는 관계로 키를 생성하는 계정의 아이디로 X-Window에 로그인해야 한다.
posein 계정으로 키를 생성한다면 X 윈도 로그인을 posein으로 접속해야 한다.

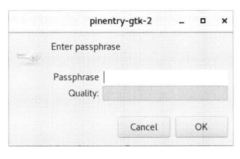

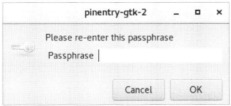

바. posein의 공개키 및 개인키가 생성된다.

```
                              posein@www:~                          _  □  ×
파일(F) 편집(E) 보기(V) 검색(S) 터미널(T) 도움말(H)
Change (N)ame, (C)omment, (E)mail or (O)kay/(Q)uit? o
You need a Passphrase to protect your secret key.

We need to generate a lot of random bytes. It is a good idea to perform
some other action (type on the keyboard, move the mouse, utilize the
disks) during the prime generation; this gives the random number
generator a better chance to gain enough entropy.
We need to generate a lot of random bytes. It is a good idea to perform
some other action (type on the keyboard, move the mouse, utilize the
disks) during the prime generation; this gives the random number
generator a better chance to gain enough entropy.
gpg: /home/posein/.gnupg/trustdb.gpg: trustdb created
gpg: key 1F1AE324 marked as ultimately trusted
public and secret key created and signed.

gpg: checking the trustdb
gpg: 3 marginal(s) needed, 1 complete(s) needed, PGP trust model
gpg: depth: 0 valid:   1 signed:   0 trust: 0-, 0q, 0n, 0m, 0f, 1u
pub   2048R/1F1AE324 2020-07-12
      Key fingerprint = 08A9 E78B AB00 591A 24F0  23E9 1DE1 7D58 1F1A E324
uid                  Jung SungJae (Linux Master) <posein@kakao.com>
sub   2048R/BACFA1BB 2020-07-12

[posein@www ~]$
```

❷ posein의 생성된 키 확인

관련 키는 홈 디렉터리내의 .gnupg라는 디렉터리에 생성되므로 ls 명령으로 확인할 수 있다.

```
                              posein@www:~                          _  □  ×
파일(F) 편집(E) 보기(V) 검색(S) 터미널(T) 도움말(H)
[posein@www ~]$ ls -al .gnupg/
total 32
drwx------.  3 posein posein  162 Jul 12 15:14 .
drwxr-xr-x. 18 posein posein 4096 Jul 12 15:11 ..
srwxrwxr-x.  1 posein posein    0 Jul 12 15:06 S.gpg-agent
-rw-------.  1 posein posein 7680 Jul 12 15:06 gpg.conf
drwx------.  2 posein posein    6 Jul 12 15:06 private-keys-v1.d
-rw-------.  1 posein posein 1206 Jul 12 15:14 pubring.gpg
-rw-------.  1 posein posein 1206 Jul 12 15:14 pubring.gpg~
-rw-------.  1 posein posein  600 Jul 12 15:14 random_seed
-rw-------.  1 posein posein 2584 Jul 12 15:14 secring.gpg
-rw-------.  1 posein posein 1280 Jul 12 15:14 trustdb.gpg
[posein@www ~]$
```

❸ posein 사용자의 공개키를 파일로 생성

다른 사용자에게 공개키를 전달하기 위해서는 파일로 변환하는 작업이 필요하다. 변환 전에 화면으로 확인 후에 파일로 생성하도록 한다.

◉ 사용 예

gpg --armor --export
　　◉ 공개키 정보가 화면으로 출력된다.

gpg --armor --export --output posein.gpg
　　◉ 공개키 정보를 posein.gpg라는 파일로 생성한다.

④ yuloje가 posein 사용자의 공개키를 설치 및 확인

가. 다른 사용자의 공개키 설치

```
                              yuloje@www:~                        _  □  ×
파일(F)  편집(E)  보기(V)  검색(S)  터미널(T)  도움말(H)
[yuloje@www ~]$ ls
posein.gpg
[yuloje@www ~]$ gpg --armor --import posein.gpg
gpg: directory `/home/yuloje/.gnupg' created
gpg: new configuration file `/home/yuloje/.gnupg/gpg.conf' created
gpg: WARNING: options in `/home/yuloje/.gnupg/gpg.conf' are not yet active duri
ng this run
gpg: keyring `/home/yuloje/.gnupg/secring.gpg' created
gpg: keyring `/home/yuloje/.gnupg/pubring.gpg' created
gpg: /home/yuloje/.gnupg/trustdb.gpg: trustdb created
gpg: key 1F1AE324: public key "Jung SungJae (Linux Master) <posein@kakao.com>"
imported
gpg: Total number processed: 1
gpg:               imported: 1  (RSA: 1)
[yuloje@www ~]$
```

나. 설치된 공개키의 확인

```
                              yuloje@www:~                        _  □  ×
파일(F)  편집(E)  보기(V)  검색(S)  터미널(T)  도움말(H)
[yuloje@www ~]$ gpg --list-keys
/home/yuloje/.gnupg/pubring.gpg
-------------------------------
pub   2048R/1F1AE324 2020-07-12
uid               Jung SungJae (Linux Master) <posein@kakao.com>
sub   2048R/BACFA1BB 2020-07-12

[yuloje@www ~]$
```

⑤ yuloje의 일반 문서 생성 및 암호화

텍스트 문서를 생성한 후에 posein의 공개키를 이용해서 암호화된 파일로 생성한다.

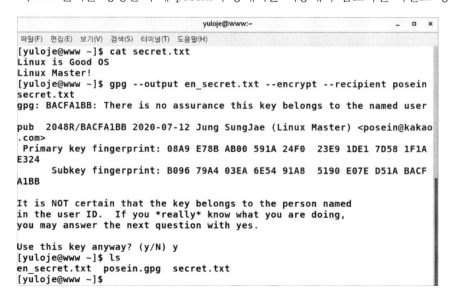

```
                              yuloje@www:~                        _  □  ×
파일(F)  편집(E)  보기(V)  검색(S)  터미널(T)  도움말(H)
[yuloje@www ~]$ cat secret.txt
Linux is Good OS
Linux Master!
[yuloje@www ~]$ gpg --output en_secret.txt --encrypt --recipient posein
secret.txt
gpg: BACFA1BB: There is no assurance this key belongs to the named user

pub  2048R/BACFA1BB 2020-07-12 Jung SungJae (Linux Master) <posein@kakao
.com>
 Primary key fingerprint: 08A9 E78B AB00 591A 24F0  23E9 1DE1 7D58 1F1A
E324
      Subkey fingerprint: B096 79A4 03EA 6E54 91A8  5190 E07E D51A BACF
A1BB

It is NOT certain that the key belongs to the person named
in the user ID.  If you *really* know what you are doing,
you may answer the next question with yes.

Use this key anyway? (y/N) y
[yuloje@www ~]$ ls
en_secret.txt  posein.gpg  secret.txt
[yuloje@www ~]$
```

⑥ **posein의 문서 해독**

yuloje가 전송해온 암호화된 파일을 개인키를 이용해서 텍스트 파일로 전환한다. 전환할 때 키 생성 시에 설정한 암호를 입력해야 한다. 아울러 텍스트 파일로 전환할 때 X-Window 기반으로 암호를 입력해야 하므로 일반 사용자인 경우에는 해당 사용자명으로 X-Window 를 로그인해야한다.

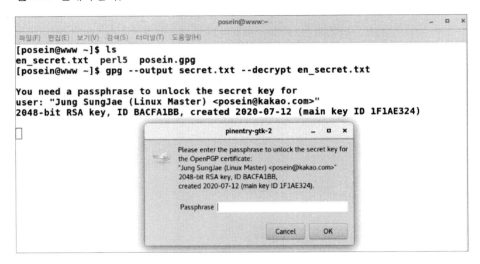

⑦ **생성된 텍스트 파일 내용 확인**

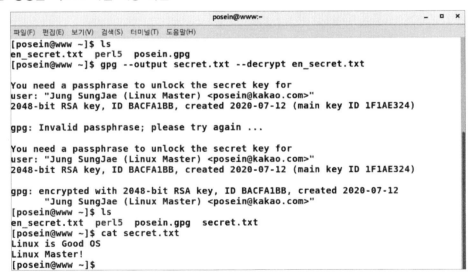

7 **GnuPG를 이용한 전자 서명 실습**

개인키를 갖고 있는 사용자가 파일 작성 후에 서명 및 서명 파일을 생성하고, 그 파일들을 공개키 를 갖고 있는 사용자에게 전송하면 검증을 통해 확인할 수 있다.

① posein의 생성된 키 확인

[posein@www ~]$ gpg --list-keys

② posein이 임의의 파일을 생성

⬚ posein.txt

③ 원본 파일에 서명하고 서명 파일 생성

⬚ gpg - sb posein.txt

```
                              posein@www:~                          _  □  ×
파일(F)  편집(E)  보기(V)  검색(S)  터미널(T)  도움말(H)
[posein@www ~]$ cat > posein.txt
I love Linux
I love CentOS
[posein@www ~]$ ls
en_secret.txt  perl5  posein.gpg  posein.txt  secret.txt
[posein@www ~]$ gpg -sb posein.txt

You need a passphrase to unlock the secret key for
user: "Jung SungJae (Linux Master) <posein@kakao.com>"
2048-bit RSA key, ID 1F1AE324, created 2020-07-12

[posein@www ~]$ ls
en_secret.txt  perl5  posein.gpg  posein.txt  posein.txt.sig  secret.txt
[posein@www ~]$
```

⊙ 명령을 실행하면 키 생성시에 입력한 패스워드를 물어보고 성공하게 되면 서명과 더불어 서명 파일인 '원본파일명.sig'가 생성된다.

④ yuloje가 서명 파일을 이용해서 서명 확인하기

posein으로부터 원본 파일인 posein.txt와 서명 파일인 posein.txt.sig 파일을 전송 받고, posein의 공개키를 사용해서 서명 여부를 확인한다. 서명의 확인은 'gpg - - verify 서명파일명 원본파일명' 형식으로 가능하고, 'Good signature'라는 문구가 보이면 원본 파일임을 확인할 수 있다.

```
                              yuloje@www:~                           _  □  ×
파일(F)  편집(E)  보기(V)  검색(S)  터미널(T)  도움말(H)
[yuloje@www ~]$ ls
en_secret.txt  perl5  posein.gpg  posein.txt  posein.txt.sig  secret.txt
[yuloje@www ~]$ gpg --verify posein.txt.sig posein.txt
gpg: Signature made 2020년 07월 12일 (일 )  using RSA key ID 1F1AE324
gpg: Good signature from "Jung SungJae (Linux Master) <posein@kakao.com>"
gpg: WARNING: This key is not certified with a trusted signature!
gpg:          There is no indication that the signature belongs to the owner.
Primary key fingerprint: 08A9 E78B AB00 591A 24F0  23E9 1DE1 7D58 1F1A E324
[yuloje@www ~]$
```

만약 변형된 파일이라면 다음과 같이 'BAD signature'라는 문구가 나타난다.

```
                              yuloje@www:~                        _  □  ×
파일(F)  편집(E)  보기(V)  검색(S)  터미널(T)  도움말(H)
[yuloje@www ~]$ ls
en_secret.txt  perl5  posein.gpg  posein.txt  posein.txt.sig  secret.txt
[yuloje@www ~]$ gpg --verify posein.txt.sig posein.txt
gpg: Signature made 2020년 07월 12일 (일)  using RSA key ID 1F1AE324
gpg: Good signature from "Jung SungJae (Linux Master) <posein@kakao.com>"
gpg: WARNING: This key is not certified with a trusted signature!
gpg:          There is no indication that the signature belongs to the owner.
Primary key fingerprint: 08A9 E78B AB00 591A 24F0  23E9 1DE1 7D58 1F1A E324
[yuloje@www ~]$ cat >> posein.txt
I love windows
[yuloje@www ~]$ gpg --verify posein.txt.sig posein.txt
gpg: Signature made 2020년 07월 12일 (일)  using RSA key ID 1F1AE324
gpg: BAD signature from "Jung SungJae (Linux Master) <posein@kakao.com>"
[yuloje@www ~]$
```

3.3.5 기타 보안 도구 소개

1 Tripwire

Tripwire는 파일의 변조 여부를 검사하는 도구로서 모든 파일들에 대한 데이터베이스를 만들어 이 정보를 통해 파일들의 변조 여부를 검사하는데, 무결성 검사 도구라고도 한다. 보통 공격자가 시스템 침입에 성공하면 다시 들어오기 위한 구멍(Backdoor)을 만들고, 관련 정보의 확인을 불가능하기 위해 ps, ls, netstat 등의 명령어도 변조하게 된다. 이렇게 침입 당한 시스템의 파일 변조 여부를 검사할 때 유용한 도구가 Tripwire이다. Tripwire는 MD5, SHA, CRC-32 등 다양한 해시 함수를 제공하고, 시스템에 존재하는 파일들에 대한 데이터베이스를 생성 및 저장한 후에 생성된 데이터베이스와 비교하여 추가, 삭제, 변조된 파일이 있는지를 점검하고 관리자에게 알려주는 프로그램이다.

Tripwire는 1992년 퍼듀(Purdue)대학의 컴퓨터 보안 전문가인 Eugene Spafford 박사와 대학원생인 Gene Kim에 의해 개발되었다. 초기의 Tripwire 1.x는 오픈 소스였으나, 2.x로 오면서 Tripwire사에서 상용화 한 뒤에는 Tripwire 1.3 대의 ASR(Academic Source Release)에 대해서만 공개 배포하였다. 관련 정보는 http://www.tripwire.org 및 http://www.tripwire.com에서 확인 가능하다. 리눅스 시스템에서는 오픈 소스 프로젝트를 추진하여 현재 2.4 버전대의 버전을 rpm 검색사이트(http://rpmfind.net)에서 다운로드 받아 사용 가능하고, 그 외의 운영체제인 Solaris, Windows, HP-UX, IBM의 AIX 등에서는 상업용 버전을 사용해야 한다.

> ✿ centOS 7 버전에서 Tripwire 설치하기
>
> 확장 패키지 관련 리포지터리인 epel을 설치하면 yum 명령으로 Tripwire를 설치할 수 있다. 절차는 다음과 같다.
>
> **1** EPEL 리포지터리 설치
> ```
> # yum install epel-release
> ```
>
> **2** Tripwire 설치
> ```
> # yum install tripwire
> ```

② Nessus

Nessus는 서버의 보안 취약점을 검사해주는 도구로서 문제가 되는 서비스에 대해 정보를 알려주고, 관련 사이트나 대처 방안 등을 제시해주는 프로그램이다. 관련 정보는 http://www.tenable.com에서 확인할 수 있으며, 비상업용 목적으로 사용하는 경우에 Nessus Home 버전을 무료로 다운로드하여 사용할 수 있다. 유사한 취약점 스캐너(Vulnerability Scanner)에는 COPS(Computer Oracle and Password System)과 SATAN(Security Administrator Tool for Analyzing Networks) 등이 있다.

3.4 관련 보안 사례 및 실습

3.4.1 /tmp 디렉터리와 보안 사례

/tmp는 Sticky-bit라 부르는 특별한 권한으로 인해 보안상의 이유로 파티션 분할을 권장하는 디렉터리이다. /tmp는 임시 저장 디렉터리로서 각종 프로그램이나 소켓 파일, 프로세스 작업을 할 때 임시로 생성되는 파일을 저장하는 공간으로 이용한다. 다양한 시스템 계정이 이용하다보니 Sticky-bit라는 특수한 권한을 만들었는데, 이 권한은 시스템의 모든 사용자가 해당 디렉터리 안에 파일을 생성할 수 있도록 하고, 삭제 시에는 본인이 생성한 파일만 삭제하도록 만든 권한체계이다. 일종의 공유 디렉터리를 사용하기 위하여 만든 것이지만, 모든 사용자가 사용할 수 있다는 문제로 인해 잠재적으로 보안상의 문제를 가지고 있는 디렉터리였다.

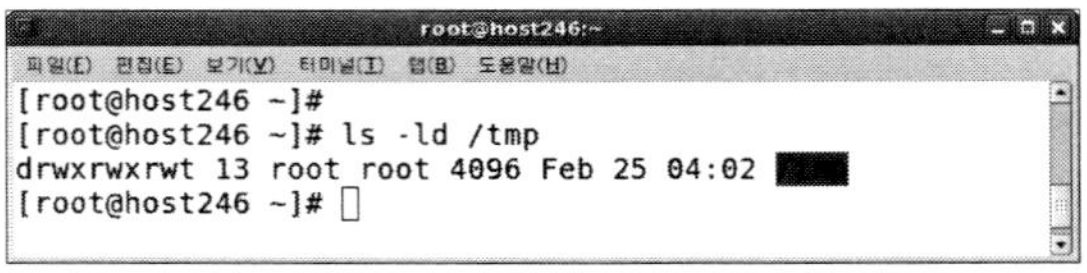

/tmp 디렉터리 퍼미션

/tmp는 보안상의 문제점이 있다고 인식을 하였지만, 리눅스 운영체제 설치 시 대부분의 사용자들은 분할하지 않고 사용하였다. 2010년 10월에 등장한 GNU C Library 취약점(GNU C library dynamic linker $ORIGIN expansion Vulnerability)은 RHEL 5, 6 기반의 /tmp 디렉터리가 분할되지 않는 시스템과 연계된 Local root exploit이었다(CVE-2010-3847). 다음 그림처럼 일반 사용자가 단순히 몇 개의 명령을 입력함으로써 손쉽게 root 권한을 획득할 수 있는 취약점이었다. 이 취약점은 /tmp만 분할 파티션으로 구성만 했어도 막을 수 있는 취약점이다. 이러한 취약점의 등장은 파티션 분할시 /tmp도 반드시 분할해야 한다는 디렉터리로 인지시키는 계기가 되었다.

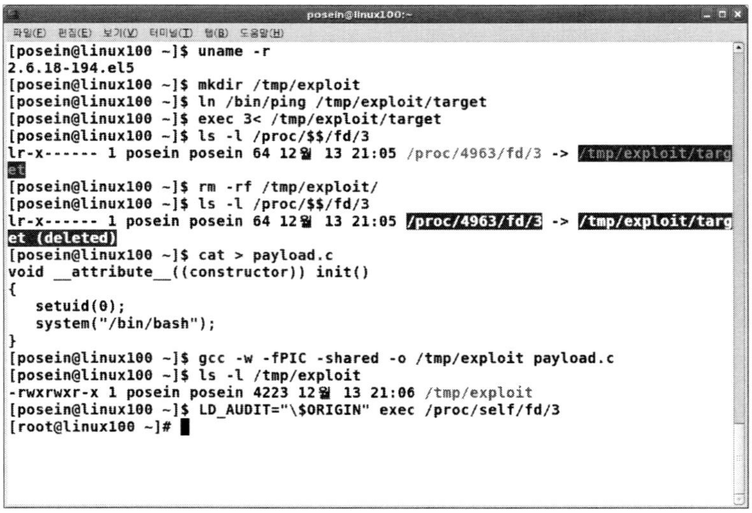

GNU C 라이브러리 취약점

아울러, Local root exploit 공격에 대비하기 위해서는 C 컴파일러인 gcc 사용 제한도 필요하다. su 명령어의 제한처럼 불필요한 일반 사용자의 gcc 명령어 제한도 요구된다.

3.4.2 UID 변경을 통한 일반 사용자를 슈퍼 유저로 만들기

해커가 시스템의 취약점을 통해 root 권한을 획득한 경우 해당 시스템에 지속적인 접근을 위해 다양한 작업을 수행하게 된다. 가장 보편적인 방법으로는 John The Ripper를 이용해서 root 또는 다른 일반 사용자의 패스워드를 알아내거나 임의의 사용자를 생성하여 root 권한을 부여하는 작업을 수행한다.

① 실습 예

① 임의의 계정을 생성한다.

  # useradd hacker

  # passwd hacker

    ◎ 해커가 아는 패스워드를 부여한다.

② vi 편집기를 이용하여 /etc/passwd에 등록된 hacker의 UID와 GID를 0으로 변경하여 슈퍼 유저로 만든다.

  # vi /etc/passwd

  hacker:x:0:0::/home/hacker:/bin/bash

③ 탈취한 일반 계정에서 hacker 계정으로 전환하여 root 권한을 획득한다.

```
                                    root@www:~
파일(F)  편집(E)  보기(V)  검색(S)  터미널(T)  도움말(H)
[posein@www ~]$ su - hacker
Password:
Last login: Mon Jul 13 23:21:12 KST 2020 on :0
[root@www ~]#
```

② 보안 점검

보안을 위해서는 root 이외의 사용자가 UID가 0인지를 반드시 점검해야 한다. 다음의 명령을 실행하면 간단히 찾아낼 수 있다.

```
                                    posein@www:~
파일(F)  편집(E)  보기(V)  검색(S)  터미널(T)  도움말(H)
[posein@www ~]$ cut -d: -f 1,3 /etc/passwd |grep ':0'
root:0
hacker:0
[posein@www ~]$
```

3.4.3 vi 편집기 파일 복사 후에 Set-UID 부여하기

해커가 root 권한 획득 후 자주하는 시도 중에 Set-UID를 이용한 일종의 로컬 셸 백도어(Local Shell Backdoor) 생성이 있다. 리눅스가 처음 대중화되기 시작했던 커널 2.2 시절에는 다음과 같이 셸 파일을 환경 설정 파일인 것처럼 복사한 후에 Set-UID를 부여하였다.

```
# cp /bin/bash /etc/mail.conf
# chmod 4755 /etc/mail.conf
```

그 후 일반 계정으로 해당 파일을 실행하여 root 권한을 획득하였다. 그러나 최근에 사용되는 리눅스 배포판에서는 셸 파일에 Set-UID를 부여해도 root 권한을 획득할 수 없다.

```
posein@www:~
파일(F) 편집(E) 보기(V) 검색(S) 터미널(T) 도움말(H)
[posein@www ~]$ ls -l /etc/mail.conf
-rwsrwxr-x. 1 root root 964600 Jul 13 23:25 /etc/mail.conf
[posein@www ~]$ /etc/mail.conf
mail.conf-4.2$ whoami
posein
mail.conf-4.2$
```

리눅스에서는 주요 정보를 텍스트 파일에 저장하기 때문에 vi 편집기 이용 시 root 권한만 부여되어도 일반 사용자를 슈퍼 유저로 바꾸는 작업 등의 막강한 영향력을 행사할 수 있다. 따라서 최근에는 vi 편집기 파일에 Set-UID를 설정해서 로컬 셸 백도어처럼 사용할 수 있다. 리눅스에서는 vi의 개선 프로그램인 vim을 이용하므로 which 명령으로 해당 파일을 찾아 복사 후에 설정하면 된다. 해당 파일에 직접 설정하면 모든 계정 사용자가 root 권한으로 편집기 사용이 가능해지므로 보통 복사해서 설정한다.

```
root@www:~
파일(F) 편집(E) 보기(V) 검색(S) 터미널(T) 도움말(H)
[root@www ~]# which vim
/usr/bin/vim
[root@www ~]# ls -l /usr/bin/vim
-rwxr-xr-x. 1 root root 2337192  8월   9  2019 /usr/bin/vim
[root@www ~]# cp /usr/bin/vim /etc/cron.conf
[root@www ~]# chmod 4775 /etc/cron.conf
[root@www ~]# ls -l /etc/cron.conf
-rwsrwxr-x. 1 root root 2337192  7월 13 23:27 /etc/cron.conf
[root@www ~]#
```

일반 계정자로 다음 그림과 같이 테스트해본다. cat 명령어로 root 사용자만 접근할 수 있는 /etc/shadow 파일의 내용을 출력하려면 '허가 거부됨'이라는 메시지가 출력된다. 그러나 Set-UID가 부여된 파일을 이용해보면 파일의 내용을 볼 수 있을 뿐만 아니라 수정도 가능해진다.

```
posein@www:~
파일(F) 편집(E) 보기(V) 검색(S) 터미널(T) 도움말(H)
[posein@www ~]$ cat /etc/shadow
cat: /etc/shadow: Permission denied
[posein@www ~]$ ls -l /etc/cron.conf
-rwsrwxr-x. 1 root root 2337192 Jul 13 23:27 /etc/cron.conf
[posein@www ~]$ /etc/cron.conf /etc/shadow
```

find 명령을 이용한 주요 파일 찾기

1 Set-Bit가 설정된 파일 찾기

Set-UID, Set-GID, Sticky-Bit를 통칭해서 Set-Bit라고 부른다. Set-Bit가 설정된 파일은 find 명령의 −perm 옵션을 사용해서 찾을 수 있다. −perm의 인자 값은 +, − 또는 퍼미션 값만 지정할 수 있다. 퍼미션 값만 지정했을 경우에는 해당 퍼미션 값과 일치하는 파일이나 디렉터리를 찾는다. +는 '또는'의 의미로 사용되고, −는 '전부'의 의미로 사용된다. +6000으로 검색할 경우에는 Set-UID 또는 Set-GID 둘 중 하나 이상 설정된 파일이나 디렉터리를 찾는다. −6000으로 검색할 경우에는 Set-UID와 Set-GID 함께 설정된 파일이나 디렉터리를 찾는다.

☀ 사용 예

find / -type f -perm 4755 -ls
  ◎ 최상위 디렉터리에서부터 퍼미션 값이 4755(−rwsr−xr−x)인 파일들을 찾아 상세출력(−ls)한다.

find / -type f -perm +6000 -ls
  ◎ 최상위 디렉터리에서부터 Set−UID와 Set−GID 둘 중 하나 이상이 설정된 파일들을 찾아 상세출력(−ls)한다.

find / -type f − perm -6000 -ls
  ◎ 최상위 디렉터리에서부터 Set−UID와 Set−GID 함께 설정된 파일들을 찾아 상세출력(−ls)한다.

🏵 Set-Bit 목록 저장하기

리눅스 초보 관리자들에게는 Set-Bit가 부여된 파일이나 디렉터리를 찾아낸다고 하더라도 필요한 것인지를 알아내기 쉽지 않다. 이 경우에는 초기 리눅스 설치 후에 Set-Bit가 부여된 파일이나 디렉터리 목록을 만들어서 저장해두면 필요 여부 판별하기 좀 더 용이해진다.
[예] find / -perm +7000 2>/dev/null -ls > set-bit.txt

---

2 소유자나 소유 그룹이 없는 파일 찾기

해커가 침입 후에 특정 계정을 생성한 후 해당 계정으로 백도어 파일을 만들고 계정을 다시 삭제하면 소유자나 소유 그룹이 없는 파일이 된다. 소유자나 소유 그룹이 없는 파일은 이러한 목적일 가능성이 높으므로 검색해서 삭제하도록 한다.

☀ 사용 예

find / -nouser -o − nogroup
  ◎ 소유자나 소유 그룹이 없는 파일들을 찾는다. −o는 or(또는)의 역할을 한다.

3 Change Time 기준으로 파일 찾기

Modify Time은 touch 명령으로 인위적인 조작이 가능하므로 해킹이 의심된다면 Change Time을 기준으로 파일을 찾는다.

● 사용 예

find / -ctime -2 -ctime +1 -ls

◎ 이틀 전부터 하루 이후에 변경된 파일이나 디렉터리를 찾아 상세출력(-ls)한다. 즉 Change Time 기준으로 48시간 전부터 24시간 사이에 변경된 파일을 찾게 된다.

## Chapter 04

프로세스 관리

4.1 시스템의 시작과 종료

4.1.1 부트 매니저와 GRUB

부트 매니저(Boot Manager)란 말 그대로 부팅을 도와주는 역할을 하는 프로그램으로 특히 한 컴퓨터에 리눅스, 윈도우 등 여러 운영체제가 설치되어 있을 경우에 선택하여 부팅할 수 있도록 해준다. 부트 매니저 프로그램은 부트로더(BootLoader)라고도 부르며, 하드디스크의 맨 앞쪽 영역인 MBR(Master Boot Record)에 설치된다. MBR은 부트 섹터(Boot Sector)로 디스크의 첫 번째 섹터(0번 섹터)에 해당하고 크기는 512바이트(byte)이다. 이 영역에는 부트 매니저 프로그램과 파티션 정보과 기록된다.

리눅스에서 사용하는 대표적인 부트 매니저 프로그램에는 LILO(Linux Loader)와 GRUB(Grand Unified BootLoader)가 있다. LILO(Linux Loader)는 리눅스용 부트 매니저 프로그램으로 특정 파일 시스템에 구애받지 않고 플로피 디스크와 하드디스크를 이용한 부팅을 지원하였다. 초창기 리눅스 배포판에서는 LILO를 부트 매니저 프로그램으로 사용하였으나, 현재 대부분의 배포판들은 GRUB을 사용하고 있다. LILO는 하드디스크 접근할 때 바이오스의 정보만을 참고하는데, 초기에 설계된 바이오스인 경우 1024(0~1023)개의 실린더까지만 인식하여 8GB 영역이 넘어가는 곳에 리눅스가 설치되어 있으면 부팅을 못하는 경우가 발생하였다. 또한, 환경 설정 파일인 /etc/lilo.conf를 수정한 뒤에는 반드시 lilo라는 명령을 수행해야 하는 불편함 등으로 인하여 현재는 잘 사용하지 않고 있다.

1 GRUB

GRUB(Grand Unified BootLoader)은 GNU 프로젝트에서 만든 부트로더로 LILO에 비교하여 다양한 파일 시스템을 지원하고, 부팅 시에 커널 인자를 조정하여 동적인 부팅을 지원한다. 또한, 메뉴 인터페이스 방식을 기본으로 사용하지만, Bash와 같은 명령행 인터페이스를 추가로 제공하고 있다. 그래픽 메뉴와 배경 그림 삽입도 가능하다. 이외에도 많은 기능을 제공하는 관계로 현재 대부분의 리눅스 배포판에서는 GRUB을 사용한다. CentOS 6 버전까지는 GRUB 1 버전이 사용되었고, CentOS 7 버전부터는 grub2라는 패키지명으로 GRUB 2 버전이 사용되고 있다.

● GRUB의 부트 화면

GRUB의 부트 화면은 메뉴 목록 형식으로 제공되는데, 일정시간 동안 별다른 키 입력이 없으면 기본 모드로 부팅된다. 제시된 목록에서 상하 방향키를 선택한 후에 [Enter]키를 입력하면 선택한 운영체제로 부팅되고, 메뉴 화면에서 [e]나 [c]를 누르면 커널 인자 값(argument) 조정을 통한 부팅 환경을 수정할 수 있다.

GRUB의 부팅 모드

1 편집 모드

GRUB 목록에서 [e]키를 누르면 설정된 항목들이 나타나면서 사용자가 직접 편집할 수 있도록 해준다. 커서(cursor) 키를 사용해서 편집하고자 하는 부분으로 이동해서 수정하면 된다. 수정 후에 [ctrl]+[x]를 누르면 부팅이 시작되고 [ctrl]+[c]를 누르면 관련 설정을 직접 입력할 수 있는 명령 프롬프트 모드를 호출하게 된다. [ESC]키를 누르면 초기 GRUB 메뉴가 나타나게 된다.

2 명령 프롬프트 모드

GRUB 부트 화면에서 [c]키를 누르면 진입하게 되는 모드이다. 상호대화식으로 직접 입력할 수 있는 모드로 사용 방법은 명령어를 입력하는 환경이 Bash Shell과 유사하다. [TAB]키 이용하여 명령행 자동완성기능을 사용할 수 있고, [ESC]키를 사용하여 취소할 수도 있다. 순차적으로 입력하고 맨 마지막 라인에서 boot라고 입력하면 부팅이 된다. GRUB 2 버전부터는 관련 항목이 많이 늘어나서 초보자들에게 직접 입력하기는 쉽지 않다.

명령 프롬프트 모드 진입 화면

GRUB 환경 설정 파일

CentOS 7 버전에 사용되는 GRUB의 환경 설정 파일은 /boot/grub2/grub.cfg이고, 심볼릭 링크 파일인 /etc/grub2.cfg를 사용해도 된다. grub.cfg 파일은 셸 스크립트 형태로 작성되어 있으며

/etc/grub.d 디렉터리 안에 있는 파일과 /etc/default/grub 파일을 참고하여 동작한다. GRUB 2 버전부터는 환경 설정 파일 수정 후에 grub2-mkconfig 명령을 실행해야 한다. GRUB 운영과 관련된 주요 설정들은 /etc/default/grub 파일에 있으므로 이 파일의 내용을 분석한다.

```
                              root@localhost:~                        _  □  ×
파일(F)  편집(E)  보기(V)  검색(S)  터미널(T)  도움말(H)
[root@localhost ~]# ls /etc/grub.d
00_header  01_users   20_linux_xen       30_os-prober   41_custom
00_tuned   10_linux   20_ppc_terminfo    40_custom      README
[root@localhost ~]# cat /etc/default/grub
GRUB_TIMEOUT=5
GRUB_DISTRIBUTOR="$(sed 's, release .*$,,g' /etc/system-release)"
GRUB_DEFAULT=saved
GRUB_DISABLE_SUBMENU=true
GRUB_TERMINAL_OUTPUT="console"
GRUB_CMDLINE_LINUX="crashkernel=auto rhgb quiet"
GRUB_DISABLE_RECOVERY="true"
[root@localhost ~]#
```

① GRUB_TIMEOUT=5

GRUB 부트 화면에서 대기하는 시간을 초 단위로 지정하는 부분이다. 기본 값이 5로 설정되어 있는데, 이것은 5초 후에 자동으로 부팅한다.

② GRUB_DISTRIBUTOR="$(sed 's, release .*$,,g' /etc/system-release)"

GRUB 부트 화면에서 각 엔트리(entry) 앞에 보여질 리눅스 배포판 이름을 추출할 때 사용한다. /etc/system-release라는 파일에서 'CentOS Linux'라는 문자열을 추출한다.

③ GRUB_DEFAULT=saved

부트 화면에 제시된 목록 중에 기본적으로 부팅할 모드를 선택하는 항목으로 일반적으로 0부터 N에 해당하는 정수 값을 입력한다. 'saved'는 기본 메뉴 목록이 'GRUB_SAFEDEFAULT' 또는 'grub-set-default'에 의해 저장된다.

④ GRUB_DISABLE_SUBMENU=true

grub-mkconfig에서 버전 번호가 가장 높은 커널에 대해 최상위 메뉴 항목으로 생성하고 다른 모드 커널 또는 복구 모드에 대한 대체 항목을 하위 메뉴로 생성한다. true로 설정하면 하위 메뉴를 생성하지 않도록 설정하는 것이다.

⑤ GRUB_TERMINAL_OUTPUT="console"

GRUB이 출력되는 터미널 장치를 설정하는 항목이다. 'console'이 일반적인 출력 장치로 모니터가 해당된다.

⑥ GRUB_CMDLINE_LINUX="crashkernel=auto rhgb quiet"

커널 인자 값(arguments)을 지정하는 항목이다.

⑦ GRUB_DISABLE_RECOVERY="true"

부트 메뉴 엔트리에 복구 모드를 표시할 것인지를 지정하는 항목이다. ‘true’로 설정하면 복구 모드는 엔트리에 나타나지 않는다.

② GRUB의 활용

● root 패스워드를 잊어버렸을 경우

root 패스워드를 잊어버렸을 경우에는 다시 설정하는 방법으로 복구를 해야 한다. 이 작업을 수행하기 위해서는 리눅스를 응급 복구 모드(CentOS 6 이전 버전에서는 단일 사용자 모드)로 부팅해야한다. 응급 복구 모드는 root 패스워드를 재설정하거나 파일 시스템 복구 등 시스템 점검과 관련된 작업을 수행하는 모드로 별도의 아이디나 패스워드 입력 없이 로그인되는데, 기본 사용자 권한이 root가 된다. 따라서 접속 후에 passwd 명령을 이용해서 패스워드를 재설정하면 된다. CentOS 7.5(1804) 기준으로 해당 모드로 접근하는 절차는 다음과 같다.

① 시스템을 재부팅하여 GRUB 부트 메뉴가 나타나도록 한다.

```
CentOS Linux (3.10.0-862.el7.x86_64) 7 (Core)
CentOS Linux (0-rescue-a3817b4354994c6eb8d7c959addd4699) 7 (Core)




















Use the ↑ and ↓ keys to change the selection.
Press 'e' to edit the selected item, or 'c' for a command prompt.
```

② 기본 부트 엔트리에서 [e] 키를 눌러서 커널 인자 값을 수정할 수 있는 편집 상태로 진입한다.

```
setparams 'CentOS Linux (3.10.0-862.el7.x86_64) 7 (Core)'

        load_video
        set gfxpayload=keep
        insmod gzio
        insmod part_msdos
        insmod xfs
        set root='hd0,msdos1'
        if [ x$feature_platform_search_hint = xy ]; then
          search --no-floppy --fs-uuid --set=root --hint-bios=hd0,msdos1 --hin\
t-efi=hd0,msdos1 --hint-baremetal=ahci0,msdos1 --hint='hd0,msdos1'  800f7aa2-8\
3b0-4b18-a4ce-7de8ede7c014
        else
          search --no-floppy --fs-uuid --set=root 800f7aa2-83b0-4b18-a4ce-7de8\
ede7c014

        Press Ctrl-x to start, Ctrl-c for a command prompt or Escape to
        discard edits and return to the menu. Pressing Tab lists
        possible completions.
```

③ 커서를 아래로 이동시켜 커널 인자 값이 있는 줄의 맨 마지막 부분으로 이동한다.

④ 커널 인자 값인 'ro rhgb quite LANG=ko_KR.UTF-8'를 지우고 'rw init=/bin/sh'라고 입력한다.

⑤ [ctrl]+[x]를 눌러서 부팅을 진행한다.

⑥ 사용자 확인 후에 passwd 명령을 사용해서 패스워드를 변경한다.

```
sh-4.2# whoami
root
sh-4.2# passwd
Changing password for user root.
New password:
BAD PASSWORD: The password is shorter than 8 characters
Retype new password:
passwd: all authentication tokens updated successfully.
sh-4.2#
```

◎ whoami 명령을 실행해보면 root 사용자임을 알다. passwd 명령을 사용해서 새롭게 설정할 패스워드를 두 번 입력하는 과정을 통해 변경한다.

⑦ SELinux를 사용하는 경우에는 라벨(label) 변경 명령을 실행해야한다.

```
sh-4.2# touch /.autorelabel
sh-4.2#
```

⑧ 시스템을 재부팅한다.

```
sh-4.2# exec /sbin/init
```

 패스워드 변경 후 재부팅 시 시스템 부팅이 느린 경우

SELinux 설정으로 인해 부팅이 되지 않는 경우가 있다. 이 경우에는 SELinux 설정을 변경하도록 한다. '# vi /etc/sysconfig/selinux' 실행해서 'SELinux=enforcing' 설정을 'SELinux=disabled'로 변경한다.

 init=/bin/sh로 root 패스워드 변경이 되지 않는 경우

USB 키보드를 사용하거나 KVM 및 VirtualBox 기반의 가상 게스트인 경우에는 init=/bin/sh 설정으로 변경되지 않는 경우가 있다. 이 경우에는 init=/bin/sh 대신에 rb.break로 설정한다.

◉ GRUB 패스워드 설정

위의 예를 살펴보면 물리적으로 시스템에 접근할 수 있다면 누구나 손쉽게 root의 패스워드를 임의로 변경할 수 있다. 따라서 응급 복구 모드에 접근할 수 없도록 GRUB에 패스워드를 설정하는 것이 좋다. 패스워드 설정하는 절차는 /etc/grub.d/00_header 파일에 관련 설정을 하고 grub2-mkconfig라는 명령을 실행해서 반영시키면 된다.

① vi나 gedit를 이용해서 /etc/grub.d/00_header 파일을 열고 GRUB 사용자 및 패스워드를 설정한다. GRUB 사용자는 리눅스 계정이랑 상관없이 임의로 지정이 가능하다. 만약 사용자를 posein, 패스워드는 1234로 설정하는 경우에 다음 그림과 같이 4줄을 00_header 파일의 가장 아래 부분에 입력하도록 한다.

```
root@localhost:~
파일(F)  편집(E)  보기(V)  검색(S)  터미널(T)  도움말(H)
[root@localhost ~]# vi /etc/grub.d/00_header
[root@localhost ~]# tail -4 /etc/grub.d/00_header
cat <<EOF
set superusers="posein"
password posein 1234
EOF
[root@localhost ~]#
```

◎ 'vi /etc/grub.d/00_header' 명령을 실행하여 4줄을 입력하고 확인하는 내용이다.

② 'grub2-mkconfig -o /boot/grub2/grub.cfg' 명령을 실행한다.

```
root@localhost:~
파일(F)  편집(E)  보기(V)  검색(S)  터미널(T)  도움말(H)
[root@localhost ~]# grub2-mkconfig -o /boot/grub2/grub.cfg
Generating grub configuration file ...
Found linux image: /boot/vmlinuz-3.10.0-514.el7.x86_64
Found initrd image: /boot/initramfs-3.10.0-514.el7.x86_64.img
Found linux image: /boot/vmlinuz-0-rescue-a49e26661e8f4e96ab5c5355b08daa6d
Found initrd image: /boot/initramfs-0-rescue-a49e26661e8f4e96ab5c5355b08daa6d.im
g
done
[root@localhost ~]#
```

③ 재부팅한 후에 GRUB 부트 메뉴에서 [e]키를 눌러서 편집 모드로 진입해본다.

```
Enter username:
posein
Enter password:
_
```

◎ 위의 그림처럼 사용자명과 패스워드를 입력해야 GRUB 편집 모드로의 진입이 가능하다.

 GRUB 관련 사이트

GRUB은 버전이 2로 올라가면서 굉장히 많은 내용이 추가되었다. 자세한 내용은 https://www.gnu.org/software/grub/manual/grub/grub.html에 접속하면 관련 매뉴얼에서 확인할 수 있다.

4.1.2 부팅(Booting)

1 부팅(Booting)의 개요

부팅은 컴퓨터의 전원이 켜진 후 운영체제가 가동되어 사용자가 컴퓨터를 사용할 수 있도록 만들어주는 과정이라고 할 수 있다. 부팅은 시스템에 장착된 하드웨어를 인식하고 점검하는 하드웨어적 단계와 사용자가 운영체제를 사용하고 다양한 응용 프로그램을 사용할 수 있도록 메모리에 상주시키는 소프트웨어적 단계로 나눌 수 있다. 하드디스크에 설치된 운영체제의 부팅을 간략히 정리하면 다음과 같다.

● 하드디스크에 설치된 운영체제의 부팅 과정

① 컴퓨터 전원을 켜면 바이오스(BIOS)는 컴퓨터에 장착된 하드웨어를 점검한다.

② 바이오스는 하드웨어가 검사가 끝나면 CMOS에 설정된 첫 번째 부팅 하드디스크를 확인한다.

③ 첫 번째 하드디스크의 MBR 영역에 있는 부트 매니저 프로그램을 실행한다.

④ 부트 매니저 프로그램은 관련 환경 설정 파일을 참고하여 운영체제 부팅을 시작한다.

② 리눅스 부트 프로세스의 변화

리눅스는 초창기부터 SyS V 및 BSD 계열 유닉스에서 사용하던 init 프로세스를 사용해서 부팅을 해왔다. init 프로세스 체제는 부팅과 관련된 모든 작업을 init 프로세스에 위임하는 방식이다. 리눅스 시스템이 전원이 켜지고 BIOS(basic input output system) 점검을 마치면 커널이 로드되고, 커널은 우선 루트 파일 시스템(/)을 읽기 전용(read-only) 형태로 마운트하고 검사 후 이상이 없으면 쓰기 가능(read-write) 형태로 다시 마운트 한다. 이 후에 커널은 init 프로세스를 발생시키는데, 리눅스 부팅과 관련된 소프트웨어 구동은 init 프로세스에 위임된다.

init 프로세스는 리눅스 시스템 내부의 최초의 프로세스로서 PID(process identity)가 1번이 할당되고, 그 이 후에 생성되는 프로세스는 모두 fork 방식으로 생성된다. 부팅 후에 생성되는 프로세스들은 전부 init 프로세스의 자식 프로세스 형태로 종속이 되면서 시스템의 종료 및 재부팅이 용이하도록 설계하였다. CentOS 7 버전은 시스템 부팅 및 서비스 관리 프로그램으로 init 대신에 systemd를 사용한다.

● pstree 명령을 이용한 init 및 systemd 프로세스 비교

버전	결과
CentOS 6	

버전	결과
CentOS 7	

● ps 명령을 통한 비교

버전	결과
CentOS 6	
CentOS 7	

③ 로그인과 로그아웃

● 로그인

리눅스는 다수의 사용자가 사용할 수 있는 운영체제이기 때문에 설정한 아이디와 패스워드를 입력하는 로그인 절차가 반드시 필요하다. 로그인은 사용자의 아이디와 패스워드를 입력함으로써 접근 권한과 사용 권한을 획득하는 단계이다. X-Window 기반의 그래픽 로그인 창이 나타나는 경우와 텍스트 기반의 콘솔에 로그인하는 경우로 나눌 수 있다.

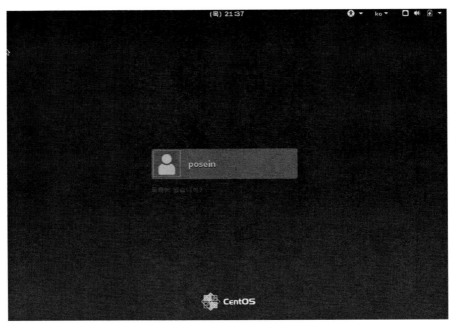

X-Window 기반의 로그인 창

```
CentOS Linux 7 (Core)
Kernel 3.10.0-514.el7.x86_64 on an x86_64

www login: _
```

텍스트 기반의 콘솔 로그인 창

리눅스 초기에 텍스트 기반의 콘솔창을 주로 사용하는 시절에는 [CTRL]+[ALT]+[F1] ~ [F6] 까지 6개의 가상 콘솔을 통해 로그인할 수 있고, X-Window 기반의 그래픽 로그인 모드를 사용하는 경우에는 첫 번째 창인 [CTRL]+[ALT]+[F1]에 그래픽 로그인 창을 사용하고 나머지 다섯 개의 창을 콘솔 로그인창으로 제공된다. 콘솔 기반으로 로그인 하는 경우에는 메시지 파일인 /etc/issue의 내용을 상단에 출력해주고, login 프로그램을 통해 사용자가 입력한 아이디와 패스워드를 확인해서 값이 맞으면 셸(Shell)을 실행시키고, 틀리면 종료된다.

로그인 메시지 관련 파일

파일명	설명
/etc/issue	사용자가 로그인할 때 'login: '이라는 메시지를 보여주기 전에 출력되는 내용을 적는 파일이다.
/etc/issue.net	/etc/issue 파일과 역할은 같다. /etc/issue는 로컬(Local)의 터미널로 접속할 때 출력되는 메시지를 기록하고, /etc/issue.net은 텔넷(telnet)을 통한 네트워크 접속할 때 출력되는 메시지를 기록한다.
/etc/motd	motd는 'Message Of The Day'의 약어로 성공적으로 로그인되었을 때 접속된 사용자에게 보여주는 메시지를 기록하는 파일이다.

◉ 로그아웃

리눅스에 로그인만 되어 있고 작업을 하지 않으면 자원이 낭비될 뿐만 아니라 보안상의 위험을 야기할 수 있다. 그러므로 로그인한 뒤에 작업을 마치면 로그아웃은 필수적으로 수행해야 한다. 사용자가 로그아웃할 경우에 콘솔 모드나 터미널 창에서는 logout 또는 exit 명령어를 입력하거나 [Ctrl]+[D]를 누르면 되고, X-Window에서는 메뉴를 통해 로그아웃을 할 수 있다. 만약 모든 사용자에게 일정시간 동안 작업을 하지 않는 경우 강제적으로 로그아웃되도록 설정하려면 root 권한 상태에서 /etc/profile에 'TMOUT=초'로 지정하면 된다. 예를 들어, TMOUT=60이라고 설정하면 로그인한 후에 60초 동안 작업을 하지 않으면 자동 로그아웃이 실행된다.

4.1.3 systemd

1 systemd의 개요

systemd는 System and Service Manager로서 시스템의 부팅 및 서비스 관리해주는 프로그램으로 CentOS 7 버전부터 사용되고 있다. 기본적으로 CentOS 6 이전 버전까지 사용되었던 init의 역할을 대신하면서 init 프로세스와 동일하게 PID(Process ID)가 1번이 할당된다. systemd는 병렬 처리를 통해 시스템 부팅 속도 증가, 데몬의 On-demand 시작 제공, 서비스의 의존성 자동 해결, 서비스를 시작을 위해 소켓 및 D-BUS 사용, Linux cgroups(control groups)를 사용한 프로세스 추적, 시스템 상태의 스냅샷(snapshot) 및 복원 기능 제공, 마운트 및 자동 마운트 지점 유지, 자체적인 로그 관리 등의 기능을 제공한다. 특히 시스템의 주요 설정인 날짜 및 시간, 호스트명 등을 변경하는 timedatectl, hostnamectl 등의 명령어들도 자체적으로 내장하고 있다.

2 systemd 관련 디렉터리

systemd는 여러 디렉터리에 나뉘어 설치되는데, 주요 디렉터리를 정리해보면 다음의 표와 같다.

경로	설명
/etc/systemd/system	유닛의 환경 설정 파일이 위치하는 디렉터리이다.
/run/systemd/system	런타임(Runtime) 유닛 파일이 위치하는 디렉터리이다.
/usr/lib/systemd/system	설치된 패키지의 유닛 파일이 위치하는 디렉터리이다.
/lib/systemd/system	시스템에서 사용되는 service 및 target 유닛 파일이 위치하는 디렉터리이다.

systemd의 핵심은 유닛(unit)이라는 부르는 일종의 대상(object) 파일이고, 유닛은 service, target, socket, path 등과 같이 다양한 유형(type)을 가지고 있다. 유닛의 환경 설정 파일이 위치하는 디렉터리는 /etc/systemd/systemd이다. 이 디렉터리 내에는 '.wants'라는 디렉터리가 존재하는데, 이 디렉터리는 특정 유닛의 구동에 필요한 유닛들의 설정 파일을 심볼릭 링크로 담고 있다.

```
                                       root@www:~
파일(F)  편집(E)  보기(V)  검색(S)  터미널(T)  도움말(H)
[root@www ~]# ls /etc/systemd/system
basic.target.wants                      display-manager.service
bluetooth.target.wants                  getty.target.wants
dbus-org.bluez.service                  graphical.target.wants
dbus-org.fedoraproject.FirewallD1.service  multi-user.target.wants
dbus-org.freedesktop.Avahi.service      nfs.target.wants
dbus-org.freedesktop.ModemManager1.service  printer.target.wants
dbus-org.freedesktop.NetworkManager.service  sockets.target.wants
dbus-org.freedesktop.nm-dispatcher.service  spice-vdagentd.target.wants
default.target                          sysinit.target.wants
default.target.wants                    system-update.target.wants
[root@www ~]#
```

❸ systemd의 구조

◉ 유닛(unit)

systemd는 유닛(unit)이라 부르는 대상(object)으로 나뉘고 다양한 유형(type)이 존재한다. 유닛 관련 정보는 'man systemd.unit'에서 확인할 수 있고, 주요 유닛의 유형에 살펴보면 다음과 같다.

◉ 주요 유닛

유형	설명
service	관련 파일명이 '.service'로 끝나는데, 서버에서 제공하는 서비스가 해당된다. 이 서비스를 보통 데몬(daemon)이라고 부른다.
target	관련 파일명이 '.target'으로 끝나는 데, 부팅 레벨, 특정 동기화 지점과 같이 유닛을 그룹화할 때 사용한다.
socket	관련 파일명이 '.socket'으로 끝나는데, 프로세스 간 통신에 사용되는 IPC(Inter-process communication) 소켓을 의미한다.
path	관련 파일명이 '.path'로 끝나는데, 특정 파일 시스템이 변경될 때까지 서비스의 활성화를 지연시킬 때 사용된다. 프린팅 시스템의 스풀 디렉터리를 사용하는 서비스에 사용된다.

◉ 서비스(service)

시스템에서 제공하는 서비스, 즉 웹 서버이나 메일 서버 같은 데몬(daemon)을 뜻한다. systemd 체제에서 서비스들은 init 체제에서 chkconfig, service 등 다양한 명령으로 제어된 것과 다르게 systemctl이라는 하나의 명령으로 제어된다. 자세한 설명은 'man systemd.service'에서 확인할 수 있고, systemctl의 주요 사용법은 아래의 명령어 사용법에서 따로 설명하도록 한다. 서비스 관련 상태 정보는 'systemctl status 서비스명'으로 다음과 같이 확인이 가능하고 '.service'는 대부분 생략 가능하다.

```
파일(F) 편집(E) 보기(V) 검색(S) 터미널(T) 도움말(H)
[root@www ~]# systemctl status sshd.service
sshd.service - OpenSSH server daemon
   Loaded: loaded (/usr/lib/systemd/system/sshd.service; enabled)
   Active: active (running) since Mon 2016-03-28 17:57:37 KST; 2 months 22 days
ago
 Main PID: 1291 (sshd)
   CGroup: /system.slice/sshd.service
           `-1291 /usr/sbin/sshd -D

Jun 20 06:34:32 www sshd[15347]: pam_unix(sshd:auth): authentication failur...or
Jun 20 06:34:32 www sshd[15347]: pam_succeed_if(sshd:auth): requirement "ui...r"
Jun 20 06:34:34 www sshd[15347]: Failed password for operator from 91.224.1...h2
Jun 20 06:34:36 www sshd[15347]: Received disconnect from 91.224.160.10: 11...h]
Jun 20 06:34:38 www sshd[15350]: Invalid user webadmin from 91.224.160.10
Jun 20 06:34:38 www sshd[15350]: input_userauth_request: invalid user webad...h]
Jun 20 06:34:38 www sshd[15350]: pam_unix(sshd:auth): check pass; user unknown
Jun 20 06:34:38 www sshd[15350]: pam_unix(sshd:auth): authentication failur...10
Jun 20 06:34:40 www sshd[15350]: Failed password for invalid user webadmin ...h2
Jun 20 06:34:43 www sshd[15350]: Received disconnect from 91.224.160.10: 11...h]
Hint: Some lines were ellipsized, use -l to show in full.
[root@www ~]#
```

◉ 서비스 상태에 대한 주요 값

상태 값	설명
loaded	프로세스 로드되는 유닛의 환경 설정 파일을 나타낸다.
enabled	부팅 시에 활성화됨을 나타낸다.
disabled	부팅 시에 비활성화됨을 나타낸다.
active(running)	프로세스가 하나 또는 그 이상의 프로세스에 의해 동작중임을 나타낸다.
active(exited)	일회성 프로세스를 성공적으로 실행한 경우에 나타난다.
active(waiting)	동작 중인 상태나 특정 이벤트에 의해 대기 중인 상태를 나타낸다.
inactive(dead)	프로세스가 종료된 상태를 나타낸다.
static	활성화가 되지는 않지만, 활성화되는 다른 유닛에 의해 활성화가 가능한 상태를 나타낸다.

◈ 타겟(target)

타겟은 부팅 레벨, 특정 동기화 지점과 같이 유닛을 그룹화할 때 사용한다. 자세한 설명은 'man systemd.target'에서 확인할 수 있고, 부팅과 관련된 주요 타겟은 다음과 같다.

◉ 주요 target

Target	설명
poweroff.target	시스템을 종료시키는 타겟이다.
rescue.target	응급복구 모드(init 체제의 runlevel 1)로 전환하는 타겟이다.
emergency.target	rescue.target과 유사하고, /를 읽기 전용(read-only)으로 마운트한다.
multi-user.target	콘솔 모드(init 체제의 runlevel 3)로 전환하는 타겟으로 텍스트 기반 로그인만 지원한다.
graphical.target	X Window(init 체제의 runlevel 5) 모드로 전환하는 타겟하는 타겟으로 텍스트 기반 로그인 이외에 X 기반의 로그인을 지원한다.
reboot.target	재부팅시키는 타겟이다.
inactive(dead)	프로세스가 종료된 상태를 나타낸다.
static	활성화가 되지는 않지만, 활성화되는 다른 유닛에 의해 활성화가 가능한 상태를 나타낸다.

이전 버전의 init에서는 부팅과 관련된 런레벨을 0~6까지 숫자 값으로 정의했는데, systemd 체제에서는 사용자의 편의를 도모하기 위해 runlevel*n*.target이라는 이름으로 심볼릭 링크를 제공하고 있다. 관련 파일은 /lib/systemd/system 디렉터리에서 확인할 수 있다.

```
root@www:/lib/systemd/system
파일(F)  편집(E)  보기(V)  검색(S)  터미널(T)  도움말(H)
[root@www system]# pwd
/lib/systemd/system
[root@www system]# ls -l runlevel?.target
lrwxrwxrwx. 1 root root 15 Jul 11  2014 runlevel0.target -> poweroff.target
lrwxrwxrwx. 1 root root 13 Jul 11  2014 runlevel1.target -> rescue.target
lrwxrwxrwx. 1 root root 17 Jul 11  2014 runlevel2.target -> multi-user.target
lrwxrwxrwx. 1 root root 17 Jul 11  2014 runlevel3.target -> multi-user.target
lrwxrwxrwx. 1 root root 17 Jul 11  2014 runlevel4.target -> multi-user.target
lrwxrwxrwx. 1 root root 16 Jul 11  2014 runlevel5.target -> graphical.target
lrwxrwxrwx. 1 root root 13 Jul 11  2014 runlevel6.target -> reboot.target
[root@www system]#
```

부팅과 관련된 타겟의 주요 역할은 특정 레벨에서 특정 서비스들이 부팅 시에 자동으로 활성 또는 비활성 여부를 지정하는 것이다. systemctl 명령으로 이 과정을 확인해보면 다음과 같다.

◉ 부팅 시 자동 활성화 명령 예

```
root@www:~
파일(F)  편집(E)  보기(V)  검색(S)  터미널(T)  도움말(H)
[root@www ~]# systemctl enable sshd.service
ln -s '/usr/lib/systemd/system/sshd.service' '/etc/systemd/system/multi-user.tar
get.wants/sshd.service'
[root@www ~]#
```

◉ 부팅 시 비활성화 명령 예

```
root@www:~
파일(F)  편집(E)  보기(V)  검색(S)  터미널(T)  도움말(H)
[root@www ~]# systemctl disable sshd.service
rm '/etc/systemd/system/multi-user.target.wants/sshd.service'
[root@www ~]#
```

부팅 시에 특정 서비스 자동 활성화 여부는 타겟 관련 디렉터리에 실행 파일에 대한 심볼릭 링크 파일을 생성하고, 비활성화는 심볼릭 링크 파일을 삭제하는 방법으로 지정된다.

◉ 소켓(socket)

소켓 유닛은 systemd에 의해 제어되면서 소켓 기반으로 동작하는 파일 시스템 FIFO, 네트워크 소켓, IPC 등이 해당된다. 특히 소켓 유닛은 CentOS 6 이전 버전에서 사용하던 xinetd의 효율적인 메모리 기능을 대체하기도 한다. 텔넷 서비스를 예를 들 수 있는데, xinetd 기반으로 동작하는 텔넷 서버는 클라이언트의 요청이 있으면 관련 데몬을 메모리에 상주시키고 사용이 종료되면 메모리에서 제거하는 기능을 제공하였다. systemd에서는 이러한 서비스를 telnet.soket이라는 유닛으로 제공한다. 추가로 관련 정보는 'man systemd.socket'에서 확인할 수 있고, 시스템에 동작중인 소켓 유닛 정보를 확인해보면 다음과 같다.

```
파일(F) 편집(E) 보기(V) 검색(S) 터미널(T) 도움말(H)
[root@www ~]# systemctl list-units --type=socket --all
UNIT                         LOAD   ACTIVE   SUB       DESCRIPTION
avahi-daemon.socket          loaded active   running   Avahi mDNS/DNS-SD Stack Act
cups.socket                  loaded active   running   CUPS Printing Service Socke
dbus.socket                  loaded active   running   D-Bus System Message Bus So
dm-event.socket              loaded active   listening Device-mapper event daemon
iscsid.socket                loaded active   listening Open-iSCSI iscsid Socket
iscsiuio.socket              loaded active   listening Open-iSCSI iscsiuio Socket
lvm2-lvmetad.socket          loaded active   running   LVM2 metadata daemon socket
rpcbind.socket               loaded active   running   RPCbind Server Activation S
syslog.socket                loaded inactive dead      Syslog Socket
systemd-initctl.socket       loaded active   listening /dev/initctl Compatibility
systemd-journald.socket      loaded active   running   Journal Socket
systemd-shutdownd.socket     loaded active   listening Delayed Shutdown Socket
systemd-...-control.socket   loaded active   running   udev Control Socket
systemd-...d-kernel.socket   loaded active   running   udev Kernel Socket

LOAD   = Reflects whether the unit definition was properly loaded.
ACTIVE = The high-level unit activation state, i.e. generalization of SUB.
SUB    = The low-level unit activation state, values depend on unit type.

14 loaded units listed.
To show all installed unit files use 'systemctl list-unit-files'.
[root@www ~]#
```

4 관련 명령어

systemctl

systemd 기반의 시스템 및 서비스 관리를 제어하는 명령으로 이전 버전의 init 체계에서 사용하던 명령어인 service, chkconfig, init 등의 기능을 합쳐놓은 것과 같은 역할을 수행한다.

사용법

systemctl [option] 명령 [서비스명]

주요 옵션

옵션	설명
-l, --full	유닛 관련 정보를 출력할 때 긴 이름도 약어로 출력하지 않고 전체 출력한다.
-t, --type=	유닛(unit)의 유형(type)을 지정하는 옵션이다. 주요 유형에는 service, target, socket 등이 있으며 사용 가능한 유형의 확인은 '-t help'로 확인할 수 있다.
-a, --all	유닛 정보를 출력할 때 모든 유닛을 지정하는 옵션이다.
--failed	실패한 유닛 정보만 출력한다.

런레벨 관련 주요 명령

명령	설명
get-default	현재 시스템에 설정된 런레벨 target 정보를 출력한다.
set-default 타겟명	시스템의 런레벨을 지정한 target으로 변경한다.
isolate 타겟명	지정한 타겟의 런레벨로 즉시 변경한다.
rescue	응급 복구 모드로 즉시 전환한다. 'emergency'와 유사하다.
poweroff	시스템을 즉시 종료한다. 'halt'와 동일하다.
reboot	시스템을 즉시 재부팅한다. 'kexec'와 유사하다.

📄 상태 정보 관련 주요 명령

명령	설명
list-units	유닛 관련 정보를 출력한다. 아무 옵션 없이 systemctl 명령 사용 시 기본 적용된다. 긴 이름의 유닛인 경우에는 약어로 표기된다.
list-unit-files	설치된 유닛 파일의 목록 및 상태 정보를 출력한다.
list-sockets	소켓 관련 유닛의 정보를 출력한다.
list-dependencies	명시된 유닛의 의존성 관련 있는 유닛 정보를 출력한다. 특별히 명시된 유닛이 없으면 기본 타겟(default.target)의 의존성 정보를 출력한다.

📄 서비스 제어 관련 주요 명령

명령	설명
enable 서비스명	부팅 시에 특정 서비스를 구동시킨다.
disable 서비스명	부팅 시에 특정 서비스를 구동시키지 않는다.
is-enabled 서비스명	부팅 시에 특정 서비스가 구동되는 여부를 확인한다. 구동되면 'enabled'로 표시되고, 구동되지 않으면 'disabled'로 표시된다.
start 서비스명	특정 서비스를 즉시 시작한다.
stop 서비스명	특정 서비스를 종료한다.
restart 서비스명	특정 서비스를 재시작한다.
reload 서비스명	특정 서비스의 환경 설정만 다시 읽어 들인다.
mask 서비스명	특정 서비스의 유닛 파일을 /dev/null로 링크시켜서 시작되는 것을 막을 때 사용한다.
unmask 서비스명	mask 설정된 서비스를 해제한다.
is-active 데몬명	특정 데몬이 활성화되어 있는 지 여부를 검사한다. 활성화되어 있으면 'active'로 표시되고, 비활성화되어 있으면 'inactive'로 표시된다.
status 데몬명	특정 데몬에 대한 상태 정보를 출력한다.
kill 데몬명	특정 데몬의 프로세스를 종료시킨다.
daemon-reload	systemd 매니저 관련 환경 설정을 다시 읽어 들인다.

📄 사용 예

systemctl
◎ 유닛 관련 정보를 출력한다. 옵션 없이 실행한 경우에는 list-units 옵션이 적용되는데, 이름이 긴 유닛인 경우에는 약식으로 표기된다.

systemctl -l
◎ 유닛 관련 정보를 출력한다. 유닛의 긴 이름도 전체 출력한다.

systemctl - t help
◎ 사용 가능한 유닛 유형을 출력한다.

systemctl --failed
◎ 실패한 유닛 정보만 출력한다.

systemctl list-units --type=service
◉ 서비스 관련 유닛 정보만 출력한다.

systemctl list-units --type=service --all
◉ 서비스 관련 모든 유닛 정보를 출력한다. 관련 유닛 파일을 찾지 못해서 활성화하지 못한 유닛 관련 정보도 확인할 수 있다.

```
root@www:~
파일(F)  편집(E)  보기(V)  검색(S)  터미널(T)  도움말(H)
[root@www ~]# systemctl get-default
graphical.target
[root@www ~]#
```

◉ 현재 시스템에 설정된 런레벨 정보를 출력한다.

systemctl set-default multi-user.target
◉ 시스템의 런레벨을 multi-user.target으로 설정한다.

systemctl isolate runlevel3.target
◉ 현재 시스템 런레벨을 multi-user.target(runlevel3.target)으로 즉시 변경한다.

systemctl isolate graphical.target
◉ 현재 시스템 런레벨을 graphical.target(runlevel5.target)으로 즉시 변경한다.

systemctl isolate default.target
◉ 부팅 시에 진입하는 런레벨 타겟으로 전환한다.

systemctl rescue
◉ 응급 복구 모드(runlevel 1)로 즉시 전환한다.

systemctl poweroff
◉ 시스템을 종료시킨다.

systemctl reboot
◉ 시스템을 재부팅시킨다.

systemctl list-unit-files
◉ 설치된 유닛 파일의 목록 및 상태 정보를 출력한다.

systemctl list-sockets
◉ 소켓 관련 유닛의 상태 정보를 출력한다.

systemctl list-dependencies sshd.service
◉ sshd.service 유닛의 의존성 관련 유닛 정보를 출력한다. 참고로 '.service'는 생략가능하다.

systemctl list-dependencies
◉ 기본 타겟(default.target) 유닛의 의존성 관련 유닛 정보를 출력한다.

systemctl enable sshd.service
◎ 부팅 시에 sshd.serivce를 구동하도록 설정한다.

systemctl disable sshd.service
◎ 부팅 시에 sshd.serivce를 구동되지 않도록 설정한다.

systemctl mask sshd.service
◎ sshd.serivce가 관련 명령을 이용해서 시작되는 것을 막는다. 보통 /etc/systemd/system 디렉터리 안에 있는 관련 설정 파일을 '/dev/null'로 심볼릭 링크 설정을 한다.

systemctl unmask sshd.service
◎ sshd.serivce에 설정된 마스크 설정을 해제한다.

systemctl is-enabled sshd.service
◎ sshd.service가 부팅 시에 구동되는지를 확인한다. 구동되면 'enabled'로 표시되고, 그렇지 않으면 'disabled'로 표시된다.

systemctl start sshd.service
◎ sshd.service를 즉시 시작한다.

systemctl stop sshd.service
◎ sshd.service를 즉시 중단한다.

systemctl start telnet.socket
◎ 텔넷 서비스를 즉시 시작한다.

systemctl is-active sshd
◎ sshd 서비스가 활성화되어 있는 지 여부를 검사한다. 활성화되어 있으면 'active'로 표시되고, 그렇지 않으면 'inactive'로 표시된다.

systemctl kill sshd
◎ sshd 프로세스를 종료시킨다.

systemctl -l status crond
◎ crond 서비스에 대한 상태 정보를 자세히 출력한다.

systemctl restart sshd.service
◎ sshd.service를 재시작한다.

systemctl reload sshd.service
◎ sshd.service를 환경 설정 파일을 다시 읽어 들인다.

systemctl daemon-reload
◎ systemd 관련 설정 파일을 다시 읽어 들인다.

✸ systemd-analyze

시스템 부팅과 관련된 성능을 분석해주는 명령으로 부팅에 걸린 시간을 알 수 있다.

◑ 사용법

systemd-analyze [argument]

◑ 주요 인자 값

인자 값	설명
time	부팅 시에 소요된 시간 정보를 출력한다. 크게 커널, 램디스크, 서비스영역 3가지 정보로 출력하고 아무 옵션 없이 명령 실행 시에 이 값이 출력된다.
blame	서비스별로 부팅 시에 소요된 시간을 출력한다.
critical-chain	각 유닛의 시간을 트리 형태로 출력한다. '@' 문자 다음에 표시되는 시간은 유닛이 시작 또는 활성화되기 까지 소요된 시간이고, '+' 문자 다음에 표시되는 시간은 유닛을 시작하는데 소요되는 시간이다.
plot	관련 정보를 SVG(Scalable Vector Graphic) 이미지 파일로 생성한다.

◑ 사용 예

systemd-analyze
　　◎ 시스템 부팅에 걸린 시간을 출력한다.

systemd-analyze blame
　　◎ 서비스별로 부팅에 소요된 시간 정보를 출력한다.

systemd-analyze critical-chain
　　◎ 각 유닛에 소요된 시간 정보를 트리 형태로 출력한다.

systemd-analyze plot > systemd.svg
　　◎ 시스템 부팅에 소요된 시간을 SVG(Scalable Vector Graphic) 이미지 파일로 생성한다.

⑤ 로그 관리

✸ 개요

systemd 관련 로그는 systemd-journald가 생성하고 관리한다. systemd-journald는 로그인 관련 정보를 커널로부터 받고, 사용자 프로세스 관련 정보는 syslog로부터 받는다. 관련 정보는 메타 데이터로 /run/log/journal 디렉터리에 저장되는데, 재부팅하면 관련 정보는 사라진다. 로그 관리는 journalctl이라는 명령을 사용해야 한다. 관련 정보는 'man systemd-journald' 및 'man journalctl'에서 확인할 수 있다.

✸ 관련 명령어: journalctl

ystemd-journald에 의해 생성된 관련 정보를 질의할 때 사용하는 명령이다.

🌑 사용법

journalctl [option] [항목]

🌑 주요 옵션

옵션	설명
-l, --full	출력 가능한 모든 필드의 정보를 출력한다.
-r, --reverse	역순으로 출력해주는 옵션으로 가장 최근 정보부터 출력한다.
-p, --priority=	syslog에 사용하는 로그 레벨을 지정하는 옵션이다. 로그 레벨명이나 숫자 값을 적으면 되고, 지정한 레벨 이상의 정보를 출력한다. 높은 순으로 정리하면 emerg(0), alert(1), crit(2), err(3), warning(4), notice(5), info(6), debug(7)이다.
--since=	특정 날짜 이후의 정보만 출력한다. "2013-05-13 21:13:00" 형식으로 지정한다.
--until=	특정 날짜까지의 정보만 출력한다. "2013-05-13 21:13:00" 형식으로 지정한다.

🌑 사용 예

journalctl
> ◉ 관련 로그 정보를 전부 출력한다.

journalctl /sbin/sshd
> ◉ sshd 관련 로그 정보만 출력한다.

journalctl -p err
> ◉ error 수준 이상의 로그 정보를 출력한다.

journalctl --since=2016-6-20
> ◉ 2016년 6월 20일 0시 이후에 로그 정보만 출력한다.

journalctl --since=2016-6-20 --until=2016-6-22
> ◉ 2016년 6월 20일 0시부터 2016년 6월 22일 0시 이전까지의 로그 정보만 출력한다.

journalctl /dev/sda
> ◉ 장치 파일인 /dev/sda의 로그 정보를 출력한다.

◉ 로그 관리

/run/log/journal 디렉터리는 저장되는 정보는 휘발성 정보이므로 지속적인 로그 관리를 하려면 /var/log 디렉터리 내에 journal 디렉터리를 생성하고 관련 명령을 실행해야 한다. 또한 로그 파일의 환경 설정은 /etc/systemd/journald.conf에서 제어한다. 로그 파일 관련 정보는 'man journald.conf'에서 확인할 수 있다.

🌑 로그 디렉터리 및 파일 생성 예

mkdir -p -m2775 /var/log/journal
chgrp systemd-journal /var/log/journal
killall -USR1 systemd-journald

◉ /etc/systemd/journald.conf 확인 예

```
                            root@www:/var/log
파일(F) 편집(E) 보기(V) 검색(S) 터미널(T) 도움말(H)
[root@www log]# cat /etc/systemd/journald.conf
#  This file is part of systemd.
#
#  systemd is free software; you can redistribute it and/or modify it
#  under the terms of the GNU Lesser General Public License as published by
#  the Free Software Foundation; either version 2.1 of the License, or
#  (at your option) any later version.
#
# See journald.conf(5) for details

[Journal]
#Storage=auto
#Compress=yes
#Seal=yes
#SplitMode=login
#SyncIntervalSec=5m
#RateLimitInterval=30s
#RateLimitBurst=1000
#SystemMaxUse=
#SystemKeepFree=
#SystemMaxFileSize=
#RuntimeMaxUse=
#RuntimeKeepFree=
#RuntimeMaxFileSize=
#MaxRetentionSec=
#MaxFileSec=1month
#ForwardToSyslog=yes
#ForwardToKMsg=no
#ForwardToConsole=no
#TTYPath=/dev/console
#MaxLevelStore=debug
#MaxLevelSyslog=debug
#MaxLevelKMsg=notice
#MaxLevelConsole=info
[root@www log]#
```

6 시스템 설정 주요 명령어

◉ timedatectl

시스템의 날짜 및 시간을 확인하거나 설정하는 명령이다.

◉ 사용법

$ timedatectl [command]

◉ 주요 command

command	설명
status	시스템의 시간 및 RTC(Real Time Clock)의 시간 정보를 출력한다.
set-time	시스템의 시간을 설정하는 명령으로 "2011-12-22 21:05:13" 형식으로 설정한다.
set-timezone	타임존(timezone)을 설정하는 명령이다. 우리나라인 경우에는 'Asia/Seoul'로 지정한다.
set-ntp 값	NTP 사용 여부를 지정하는 명령으로 값을 1로 설정하면 사용이고, 0으로 설정하면 미사용으로 설정된다.

사용 예

```
                                            posein@www:~
파일(F)  편집(E)  보기(V)  검색(S)  터미널(T)  도움말(H)
[posein@www ~]$ timedatectl
      Local time: Thu 2018-03-22 21:31:25 KST
  Universal time: Thu 2018-03-22 12:31:25 UTC
        RTC time: Thu 2018-03-22 12:31:24
       Time zone: Asia/Seoul (KST, +0900)
     NTP enabled: yes
NTP synchronized: yes
 RTC in local TZ: no
      DST active: n/a
[posein@www ~]$
```

◎ 시스템에 설정된 날짜 및 시간 정보를 출력한다.

timedatectl set-time "2018-03-22 22:01:11"

◎ 시스템의 날짜 시간을 2018년 3월 22일 오후 10시 1분 11초로 설정한다.

timedatectl set-timezone Asia/Seoul

◎ 타임존을 대한민국으로 설정한다.

● hostnamectl

시스템에 설정된 호스트명 정보를 출력하거나 설정하는 명령이다.

사용법

$ hostnamectl [command] [설정값]

주요 command

command	설명
status	시스템에 설정된 호스트명과 관련된 정보를 출력한다. command 입력이 없을 경우에 기본 값으로 설정되어 있다.
set-hostname	호스트명을 설정할 때 사용한다.

사용 예

```
                                            posein@www:~
파일(F)  편집(E)  보기(V)  검색(S)  터미널(T)  도움말(H)
[posein@www ~]$ hostnamectl
   Static hostname: localhost.localdomain
Transient hostname: www.linux.or.kr
         Icon name: computer-vm
           Chassis: vm
        Machine ID: a49e26661e8f4e96ab5c5355b08daa6d
           Boot ID: ebdda528592245309c14cff8b6ddf167
    Virtualization: kvm
  Operating System: CentOS Linux 7 (Core)
       CPE OS Name: cpe:/o:centos:centos:7
            Kernel: Linux 3.10.0-514.el7.x86_64
      Architecture: x86-64
[posein@www ~]$
```

◎ 호스트명 및 관련 정보를 출력한다.

hostnamectl set-hostname www

◎ 호스트명을 www로 설정한다.

4.1.4 시스템 종료(Shutdown)

1 셧다운(Shutdown)의 개요

셧다운(Shutdown)이란 시스템의 전원을 끄거나 종료하는 행위를 일컫는다. 일반적으로 가정에서 사용하는 윈도우 운영체제 시스템이거나 데스크톱 리눅스라면 빈번하게 전원을 끄게 되고, 서버로 사용하는 경우에는 시스템의 전원을 끄는 경우가 드물게 일어난다. 리눅스 서버인 경우에는 커널 패치나 업데이트, 시스템 점검, root 패스워드 분실 등의 경우에는 시스템을 재부팅하거나 종료를 해야 한다. 시스템을 재부팅하거나 종료하는 방법은 크게 두 가지 방법으로 나눌 수 있다. 첫 번째 방법은 X-윈도 환경에서 [끄기] 메뉴를 이용해서 재시작이나 종료하는 방법이고, 두 번째 방법은 터미널(Terminal) 환경에서 shutdown, halt, reboot, poweroff, systemctl 등의 명령어를 이용하는 방법이다. 본 교재에서는 위에서 설명한 systemctl 이외의 명령어를 이용하여 시스템을 종료하거나 재부팅하는 방법을 살펴보도록 한다.

2 shutdown

시스템을 재시작하거나 전원을 종료하는 명령어로 root 권한자만 가능하다. 다른 방법에 비해 안전하고 조직적인 방법으로 시스템을 종료하거나 재부팅할 수 있다. 이 명령은 해당 옵션에 따라 적당한 실행 레벨을 인식하고 init 프로세스를 호출하여 요청하게 된다.

☀ 사용법

shutdown [option] 시간 [경고메시지]
   ◉ 시간은 +m 형식으로 사용이 가능한데, m분 후에 셧다운 된다는 것을 의미한다. 또한 hh:mm 형식의 시간을 직접 설정할 수 있다.

☀ 주요 옵션

옵션	설명
-r	시스템을 재부팅할 때 사용한다.(=reboot)
-h	시스템을 종료할 때 사용한다.(=halt)
-c	예약된 셧다운 명령을 취소한다.
-k	실제로 셧다운 하지 않고 경고 메시지만을 접속한 사용자들에게 전송한다.

☀ 사용 예

shutdown -r now
   ◉ 시스템을 즉시 재부팅한다.

shutdown -h now
   ◉ 시스템을 즉시 종료한다.

shutdown - h +10

⊚ 시스템을 10분 뒤에 종료한다. 참고로 10분 동안 다른 작업을 수행하기 위해 'shutdown –h +10 &' 같이 맨 뒤에 &를 붙여서 백그라운드 프로세스로 실행하기도 한다. 최근에는 + 기호 없이 'shutdown –h 10' 이라고 입력해도 동일한 기능을 수행한다.

shutdown -c

⊚ 예약된 셧다운 명령을 취소한다.

shutdown - h 23:59

⊚ 오후 11시 59분에 시스템을 종료하도록 예약한다.

```
[root@www ~]# shutdown -k 10 "system shutdown after 10 minutes"
Shutdown scheduled for 목 2017-06-29 21:38:04 KST, use 'shutdown -c' to cancel.

Broadcast message from root@www (Thu 2017-06-29 21:28:04 KST):

system shutdown after 10 minutes
The system is going down for power-off at Thu 2017-06-29 21:38:04 KST!

[root@www ~]#
```

⊚ 10분 내에 시스템에 종료된다는 메시지를 접속한 사용자들에게 전송한다. 실제 시스템 종료가 발생하지는 않는다.

③ reboot

시스템을 재시작하는 명령어로 대부분의 리눅스 배포판에서 로컬(Local)로 접속한 사용자라면 모두 사용 가능하게 설정되어 있다.

⚙ 사용법

reboot [option]

⚙ 주요 옵션

옵션	설명
−w	시스템을 재부팅을 하지 않고 /var/log/wtmp에 셧다운한 기록만을 저장한다.
−f	init을 호출하지 않고 즉시 시스템을 재부팅한다.

⚙ 사용 예

reboot

⊚ 시스템을 즉시 재부팅한다.

reboot -f

⊚ init을 호출 없이 시스템을 즉시 재부팅한다.

4 halt

시스템을 종료하는 명령어로 대부분의 리눅스 배포판에서 로컬(Local)로 접속한 사용자라면 모두 사용 가능하게 설정되어 있다.

◉ 사용법

halt [option]

◉ 주요 옵션

옵션	설명
-p	시스템 종료하고 전원까지 끄는 경우에 사용하는 옵션이다.(--poweroff)

◉ 사용 예

halt
   ◉ 시스템을 즉시 종료한다.

5 poweroff

시스템 종료 및 전원을 끄는 명령이다.

◉ 사용 예

poweroff
   ◉ 시스템을 종료하고, 전원을 끈다.

6 init, telinit

이 명령은 모든 프로세스의 조상인 init 프로세스에 직접 요청하여 실행 레벨을 변경할 때 사용하는 명령으로 빠르게 실행되지만, 실행중인 프로세스를 무조건적으로 종료하므로 권장하지는 않는다.

◉ 사용법

init *실행레벨*

◉ 사용 예

init 0
   ◉ 시스템을 즉시 종료한다.

init 6
   ◉ 시스템을 즉시 재부팅한다.

init 1
   ◉ 시스템을 즉시 단일 사용자 모드로 전환한다.

1 데몬(daemon)

데몬(daemon)은 주기적이고 지속적인 서비스 요청을 처리하기 위해 계속 실행되는 프로세스로 백그라운드로 실행된다. 리눅스에서는 서버 역할을 하는 프로그램들이 이에 해당하고 보통 이름 뒤에 데몬을 뜻하는 d를 붙인다.

```
                                  root@www:~                        _  □  ×

 File  Edit  View  Search  Terminal  Help
 [root@www ~]# systemctl start httpd
 [root@www ~]# ps aux |grep httpd
 root      3381  1.5  0.4 252948   8708 ?      Ss  16:01   0:00 /usr/sbin/http -DFOREGROUND
 apache    3382  0.0  0.1 254960   3576 ?      S   16:01   0:00 /usr/sbin/http -DFOREGROUND
 apache    3383  0.0  0.2 255032   3856 ?      S   16:01   0:00 /usr/sbin/http -DFOREGROUND
 apache    3384  0.0  0.2 255032   3856 ?      S   16:01   0:00 /usr/sbin/http -DFOREGROUND
 apache    3385  0.0  0.2 255032   3856 ?      S   16:01   0:00 /usr/sbin/http -DFOREGROUND
 apache    3386  0.0  0.2 255032   3856 ?      S   16:01   0:00 /usr/sbin/http -DFOREGROUND
 apache    3387  0.0  0.2 255032   3856 ?      S   16:01   0:00 /usr/sbin/http -DFOREGROUND
 root      3392  0.0  0.0 112648    960 pts/0  S+  16:01   0:00 grep --color=auto httpd
 [root@www ~]#
```

지속적인 서비스 요청을 처리하기 위해 사용하는 데몬 프로세스를 실행하는 방법에는 standalone 방식과 inetd 방식이 있다. standalone 방식은 보통 부팅 시에 실행되어 해당 프로세스가 메모리에 계속 상주하면서 클라이언트의 서비스 요청을 처리하는 방식이다. 웹, 메일 등과 같이 빈번한 요청이 들어오는 서비스인 경우에는 대부분 standalone 방식으로 동작한다. 이 방식으로 동작하는 데몬들은 프로세스의 상태를 확인하는 ps 명령으로 확인해보면 항상 동작중인 것을 확인할 수 있다. inetd 방식은 관련 프로세스가 메모리에 항상 상주하는 것이 아니라, 클라이언트의 서비스 요청이 들어왔을 때 관련 프로세스를 실행시키고 접속 종료 후에는 자동으로 프로세스를 종료시키는 방식이다. 기본적으로 inetd 데몬만 메모리에 상주하면서 inetd 데몬이 관리하는 서비스에 대한 요청에 들어오면 관련 프로세스를 실행하여 메모리에 상주시키고 관련 작업이 종료되면 프로세스를 종료시킨다. 유닉스 시절에 필요는 하지만 자주 사용하지 않는 서비스의 실행과 부족한 메모리를 효율적인 관리하기 위해 사용되었다. 리눅스에서도 커널 2.2 버전까지는 inetd라는 데몬이 이러한 서비스들을 관리했는데, 커널 2.4 버전부터는 inetd의 역할을 확장하여 새롭게 만든 xinetd 데몬이 이 역할을 수행한다. 참고로 최근에는 리눅스 시스템의 메모리 용량이 커지면서 xinetd 기반의 데몬 실행보다는 단독 데몬으로 실행하는 경우가 늘어나고 있다.

2 데몬(daemon)의 실행

데몬은 주기적이고 지속적인 서비스 요청을 처리하기 위한 프로세스이기 때문에 보통 부팅 시에 실행된다. CentOS 6 이전 버전에서는 System V 계열의 init 스크립트를 사용하였다. 부팅과 관련된 정보는 /etc/rc.d 디렉터리에 모아두고, 관련된 데몬들을 init.d 디렉터리와 rc0.d ~ rc6.d 디렉터리를 이용하여 데몬의 실행을 조절하는 방식이다. CentOS 7 버전부터는 systemd 기반으로 동작하므로 systemctl 명령을 이용해서 데몬을 제어하면 된다.

③ 슈퍼 데몬의 개요

리눅스가 본격적으로 서버로 사용되던 시기인 커널 버전 2.2 시절에는 다양한 서비스 제공과 효율적인 메모리 관리를 위해서 inetd(internet daemon) 데몬 방식을 사용하였다. inetd 방식은 자주 사용하지 않는 서비스들을 메모리에 계속적으로 상주시키는 것이 아니라 사용자의 요청이 있을 경우에 해당 데몬을 불러와서 메모리에 상주시키고, 서비스의 이용이 끝나면 해당 프로세스를 메모리에서 제거함으로 효율성을 높이는 방식이다. 이렇듯 다른 데몬을 관리하고 제어하는 역할을 수행하는 inetd를 슈퍼 데몬(super-server daemon)이라고 호칭하였다. inetd 방식은 단독 데몬 방식인 standalone에 비해 처리 속도는 느리지만, 메모리가 부족하고 다양한 서비스를 제공해야 하는 시스템에서는 효율적인 방식이다. inetd는 telnet, rlogin, rsh, tftp, ftp 등의 네트워크 서비스를 /etc/inetd.conf에 설정해서 제어하였다. 그러나 관련 서비스의 사용 유무만을 지정할 뿐 접근 제어 기능은 제공하지 않아 별도의 접근 제어 프로그램을 사용했는데 이 프로그램이 tcp wrapper이다. 리눅스 커널 2.4 버전부터는 inetd의 역할을 확장하여 만든 xinetd 데몬이 이 역할을 수행한다.

CentOS 7 버전에서는 최근 시스템의 성능이 향상되고 메모리도 충분해지면서, 대부분의 서비스를 단독 데몬으로 전환하여 xinetd를 사용하지 않는 경향을 보인다. 또한 systemd가 xinetd 서비스의 핵심이라고 할 수 있는 효율적인 메모리 관리 기능을 socket 기능으로 제공하면서 xinetd의 사용 빈도가 극히 낮아지고 있다.

4.2.2 TCP Wrapper

① TCP Wrapper의 개요

TCP Wrapper는 tcpd라는 데몬이 슈퍼 데몬인 inetd에 의하여 수행되는 서비스들의 접근 제어를 위해 등장하였다. 접속을 허락한 호스트만 접속할 수 있도록 하거나 원하지 않는 호스트의 접근을 막도록 해주는 접근 제어를 담당한다. 초기에는 주로 TCP 연결을 기반으로 하고 inetd에 의해 관리되는 telnet, ftp, rlogin, rsh 등을 감시하고 필터링하였다. 커널 2.4 이후에 사용되는 xinetd에서는 자체적으로 접근 제어를 수행하지만 여전히 tcp wrapper를 사용한 접근 제어도 가능하다. 최근 리눅스 배포판에서는 sshd, vsftpd, smbd, gdm 등 일부 단독 데몬도 접근 제어가 가능하도록 설정되어 있다. TCP wrapper는 접근이 허가된 호스트의 목록 파일인 /etc/hosts.allow 파일과 접근이 금지된 호스트의 목록 파일인 /etc/hosts.deny 파일을 이용한다. 이 두 파일의 검색 순서는 /etc/hosts.allow를 먼저 읽어 들여서 등록된 호스트를 허가하고, /etc/hosts.deny에 설정된 호스트를 금지시킨다. 즉, /etc/hosts.allow 파일에 등록되면 /etc/hosts.deny 파일에 상관없이 허가된다.

TCP Wrapper에 의해 제어되는 데몬의 확인

TCP Wrapper에 의해 관리되는 데몬은 관련 라이브러리인 libwrap.so를 사용하는지 여부로 확인할 수 있다. 다음 그림과 같이 특정 데몬의 실행 파일을 경로를 파악한 후에 ldd 명령 사용해서 확인할 수 있다.

```
                              root@www:~
파일(F)  편집(E)  보기(V)  검색(S)  터미널(T)  도움말(H)
[root@www ~]# which sshd
/usr/sbin/sshd
[root@www ~]# ldd /usr/sbin/sshd |grep libwrap
        libwrap.so.0 => /lib64/libwrap.so.0 (0x00007f7213c76000)
[root@www ~]# which vsftpd
/usr/sbin/vsftpd
[root@www ~]# ldd /usr/sbin/vsftpd |grep libwrap
        libwrap.so.0 => /lib64/libwrap.so.0 (0x00007f4608862000)
[root@www ~]#
```

2 관련 파일 작성 규칙

/etc/hosts.allow 및 /etc/hosts.deny 파일 설정 시에 새로운 줄(줄 바꿈)은 무시되고 줄은 연장할 때는 백슬래시(₩)를 사용해야 한다. 빈 줄 혹은 '#'으로 시작되는 줄은 주석으로 간주되고, 기본 적인 형식은 다음과 같다.

◉ 설정 형식

daemon_list : client_list [: shell_command]

1 daemon_list

한 개 이상의 데몬(서버 프로그램)프로세스 혹은 예약어(와일드카드)를 쓸 수 있다. 여기서 주의할 점은 텔넷 관련 정책을 세울 경우에 telnet이라는 서비스명이 아닌 in.telnetd와 같은 실행 데몬명을 적어야 한다. 여러 데몬을 명기할 때는 ','로 구분한다.

◉ 예약어

예약어	설명
ALL	모든 서비스 또는 모든 호스트를 나타냄
LOCAL	같은 도메인에 있는 모든 호스트로 "." 문자를 포함하지 않는 모든 호스트
KNOWN	이름이 KNOWN인 호스트 또는 이름(주소)를 알고 있는 호스트
UNKNOWN	이름이 UNKNOWN인 호스트 또는 이름(주소)를 모르고 있는 호스트
PARANOID	호스트명과 주소가 일치되는 않는 호스트
가 EXCEPT 나	리스트 "가"에서 "나"를 제외한 모든 호스트

◉ 설정 예

vi /etc/hosts.deny
ALL : ALL

② client_list

한 개 이상의 호스트 이름, 주소, 패턴 혹은 예약어(클라이언트 이름 혹은 주소가 일치하는 것)를 쓸 수 있다. 일반적으로 IP 주소나 도메인을 기입하고, 사용 가능한 네트워크 주소 대역 및 도메인 대역은 다음과 같다.

◉ 사용 가능한 표현 예
192.168.1.
192.168.1.0/24
192.168.1.0/255.255.255.0
.example.com

◉ 설정 예
```
# vi /etc/hosts.allow
ALL : localhost, .posein.org
in.telnetd : 192.168.5.13
in.telnetd@192.168.1.254: 192.168.1.
sshd : .posein.com EXCEPT cracker.posein.com
ALL EXCEPT vsftpd : .ihd.or.kr EXCEPT bad.ihd.or.kr
in.telnetd, vsftpd : 203.247.40., .hnu.kr
ALL : ALL : DENY
```
　◎ 위에 설정된 호스트 이외에는 어떠한 서비스도 받을 수 없다는 설정으로 /etc/hosts.deny 파일 설정 대신에 사용한다.

③ shell_command

Shell_command는 spawn과 twist를 사용할 수 있는데, spawn은 현재 수행 중인 프로세스의 자식 프로세스로 실행되고 twist는 프로세스의 이미지를 교체한 후에 실행된다.

◉ 확장 옵션

확장 옵션	설명
%a(%A)	클라이언트(서버)의 주소
%c	클라이언트의 정보(user@host 또는 user@address)
%d	데몬 프로세스의 이름
%h(%H)	클라이언트(서버)의 호스트명 또는 주소
%n(%N)	클라이언트(서버)의 호스트명(또는 "unknown", "paranoid")
%p	데몬의 프로세스 아이디(PID)
%s	서버의 정보(daemon@host 또는 daemon@address)
%u	클라이언트 사용자명(또는 "unknown")

◉ 사용 예
```
# vi /etc/hosts.deny
ALL : cracker.posein.com : twist (finger -l @%h | mail -s %d -%h root) &
```
　◎ 의심되는 호스트인 cracker.posein.com가 관련 서비스에 접근을 시도할 경우에 접속을 거부하고, 관련 정보를 메일로 전송한다.

프로세스 우선순위와 /proc 디렉터리

1 프로세스 우선순위

하나의 시스템에는 많은 프로세스들이 동시에 실행되는데, 이러한 프로세스들은 우선순위를 부여하여 관리된다. 프로세스의 우선순위 확인은 'ps -l' 명령을 사용한다. 해당 명령을 실행하면 PRI(priority)와 NI(nice)가 나타나는데 이 두 항목이 프로세스의 우선순위와 연관되어 있다. PRI는 커널이 사용하는 우선순위 항목으로 값의 범위는 0부터 139까지이다. 값이 작을수록 프로세스의 우선순위가 높다. 리눅스 배포판에 따라 차이가 있을 수도 있지만 일반적으로 0부터 99까지는 시스템에 예약된 우선순위 값이고, 사용자 공간 프로세스(user space process)는 100부터 139사이의 우선순위 값이 할당된다. PRI는 인위적인 조작이 되지 않고, 시스템 상황에 따라 적절히 부여된다. NI 값은 root나 사용자가 조작하는 우선순위 값으로 -20부터 19까지 설정가능하다. 이 값 역시 작을수록 우선순위가 높고, root만이 값을 낮출 수 있다. NI 값을 설정하면 리눅스는 상황에 따라 PRI 값을 적절히 변경하여 우선순위를 조정한다. 관련 명령어로는 nice, renice, top 등이 있다.

2 프로세스와 /proc 디렉터리

◉ /proc의 개요

/proc는 일종의 가상 파일 시스템으로 시스템에 동작 중인 프로세스의 상태 정보와 기타 시스템 및 하드웨어 정보를 확인할 수 있다. 이 디렉터리는 프로세스와 커널의 내부적인 정보 제공을 위해 만들어진 영역이다. 사용자가 ps 명령어를 사용해 프로세스에 대한 정보를 확인할 때 이 디렉터리에 저장된 정보를 출력한다. 보통 새로운 프로세스가 생성되면 /proc 디렉터리 안에 PID와 동일한 서브 디렉터리가 생성되고 그 안에 해당 프로세스에 관한 정보가 저장된다.

```
                                    root@www:~                          _  □  x

 File  Edit  View  Search  Terminal  Help
[root@www ~]# ls /proc
1      2098  2601  274   2846  3381  576   632    buddyinfo    keys         softirqs
10     221   2660  275   2847  3382  577   642    bus          key-users    stat
1053   2316  2665  2752  2857  3383  578   643    cgroups      kmsg         swaps
1055   2318  267   2757  2860  3384  579   647    cmdline      kpagecount   sys
1059   239   2670  2759  2863  3385  5798  648    consoles     kpageflags   sysrq-trigger
1062   241   2673  276   2864  3386  5888  651    cpuinfo      loadavg      sysvipc
1063   242   268   2764  2865  3387  5953  652    crypto       locks        timer_list
1127   243   269   2770  2866  348   5970  653    devices      mdstat       timer_stats
1168   2437  2692  2771  2878  3696  6     655    diskstats    meminfo      tty
1176   244   2693  2779  2882  371   6040  681    dma          misc         uptime
12     246   27    2782  2885  373   6048  685    driver       modules      version
13     247   270   2784  2890  38    6049  692    execdomains  mounts       vmallocinfo
14     2488  2708  2790  29    381   605   694    fb           mtrr         vmstat
15     2510  2709  2796  2979  40    6062  7      filesystems  net          zoneinfo
16     2511  271   2798  2983  41    615   709    fs           pagetypeinfo
17     2514  272   28    3     42    618   8      interrupts   partitions
18     2521  2722  2805  30    5591  62    849    iomem        sched_debug
19     2522  2723  2814  3009  572   626   9      ioports      schedstat
1971   2592  2725  2823  3045  573   627   94     irq          scsi
2      2596  273   2833  3050  574   629   acpi   kallsyms     self
20     26    2739  2840  3051  575   630   asound kcore        slabinfo
[root@www ~]#
```

⚛ /proc/*PID*의 구조

프로세스 생성 시에 PID가 1222가 할당되었다면, 모든 정보는 /proc/1222에 기록되고 해당 주요 구성 요소로는 다음과 같다.

◉ 주요 구성 요소

구성요소	설명
cmdline	명령행 옵션 정보가 들어있다.
cwd	작업 디렉터리를 가리킨다.
environ	프로세스의 환경에 대한 정보를 담고 있다.
exe	해당 프로세스를 실행시킨 명령어를 가리킨다.
fd	파일 지정자(file descriptor)에 대한 정보를 담고 있는 디렉터리이다.
maps	실행 명령과 라이브러리 파일의 메모리 맵 정보를 담고 있다.
mounts	시스템의 마운트 정보를 담고 있다.
root	해당 프로세스의 루트 디렉터리를 가리킨다.
stat	해당 프로세스의 상태를 나타낸다. 보통 ps 명령에 의해 사용된다.
statm	프로세스의 메모리 상태에 대한 정보를 담고 있다. size(프로그램의 총 크기), resident(할당된 메모리의 크기), shared(공유된 페이지 수), trs(text의 페이지 수), drs(data/stack 페이지 수), lrs(library 페이지 수), dt(dirty 페이지 수)를 나타낸다.
status	프로세스의 상태 정보를 담고 있는 파일로 사람이 보기 쉬운 형태로 되어 있다.

⚛ /proc 디렉터리의 주요 정보 파일 및 디렉터리

파일 또는 디렉터리	설명
acpi	전원 관련 정보를 담고 있는 디렉터리이다.
bus	pci와 같은 bus 정보를 담고 있는 디렉터리이다.
cmdline	부팅 시에 실행되는 커널 관련 옵션에 대한 정보를 담고 있다.
cpuinfo	CPU에 관한 정보를 담고 있다.
devices	현재 커널에 설정된 디바이스 드라이버의 리스트 정보를 담고 있다.
dma	시스템에서 사용 중인 DMA 정보를 담고 있다.
filesystems	커널에 설정된 파일 시스템의 리스트 정보를 담고 있다.
interrupts	시스템에서 사용 중인 인터럽트(IRQ) 정보를 담고 있다.
iomem	메모리 번지별로 할당된 리스트 정보를 담고 있다.
ioports	시스템에서 사용 중인 I/O 주소를 담고 있다.
kcore	시스템에 장착된 물리적 메모리의 이미지로 실제 하드디스크의 용량을 차지하지는 않는다. 이 파일은 프로그램 실행 시 비정상 종료나 프로그램의 디버깅할 때에 유용하게 쓰인다.
loadavg	최근 1분, 5분, 15분 동안의 평균 부하율을 기록하는 파일이다.
meminfo	물리적 메모리 및 스왑 메모리 정보가 들어 있는 파일이다.
misc	기타 장치에 대한 정보가 들어 있는 파일이다.
mounts	시스템에 마운트된 정보가 기록되어 있는 파일이다.
net	Newtork 관련 정보 파일이 들어 있는 디렉터리이다.

partitions	현재 활성화된 파티션 정보를 기록하고 있는 파일이다.
scsi	SCSI 관련 정보를 기록한 파일이 들어 있는 디렉터리이다.
swaps	스왑 파티션 관련 정보를 기록한다.
sys	커널과 관련된 정보를 담고 있는 디렉터리로 sysctl 명령으로 제어한다.
sysvipc	SysV IPC 자원 정보인 Messages Queues, Semaphores, Shared Memory 관련 파일을 정보 파일이 들어 있는 디렉터리이다.
uptime	시스템 가동 시간에 대한 정보를 기록한다. uptime 명령어가 참조하는 파일이다.
version	커널 버전 정보를 기록한다.
mdstat	RAID 사용 시에 관련 정보를 기록한다.

4.2.4 프로세스 스케줄링(Scheduling)

스케줄링이란 특정한 시간에 특정한 작업을 수행하게 하는 것으로 리눅스에서는 at과 cron을 사용한다. at과 cron 모두 데몬으로 실행 중에 있어야 하고, 대부분의 리눅스에서는 atd 및 crond라 하여 기본적으로 동작하고 있다. at은 주로 한번만 실행할 때 사용하고, cron은 주기적으로 프로세스를 실행할 때 사용된다.

■ at의 개요

at은 지정한 시간에 원하는 명령이나 작업이 실행될 수 있도록 해주는데, 보통 한번 실행되는 경우에 주로 사용된다. atd 데몬에 의하여 실행되고, 지정한 작업은 큐(queue)에 저장되며 저장된 작업들은 /var/spool/at 디렉터리 아래 파일로 저장된다. 명령은 기본적으로 표준 입력 장치를 통해 받으며, 원하는 명령을 순차적으로 입력한 후에 [Ctrl]+[d]를 누르면 해당 작업이 예약된다. 또한 기본적인 결과는 root 사용자의 메일로 전송된다.

◉ 사용법

$ at [option] 시간

> 시간 지정은 HHMM, HH:MM 형태로 가능하고 am, pm으로 구분가능하다. am 및 pm의 표기가 없을 경우에는 24시 표현으로 한다. 날짜의 경우는 MMDDYY, MM/DD/YY, MM.DD.YY 형태로 나타낸다. 또한 now(현재시간), tomorrow(내일), today(오늘), teatime(16:00), noon(12:00), midnight(00:00)같은 문자열도 사용가능하다. 특히 now는 +증가시간 설정에 많이 사용되는데 +10minute, +1hour 등으로 사용가능하고, 복수표시인 +3hours라도 표기해도 실행된다.

◉ 주요 옵션

옵션	설명
-q 큐 이름	작업의 대기 큐를 지정한다. 사용할 수 있는 큐는 a-z, A-Z까지이고 지정하지 않으면 기본 큐로 a를 사용한다.
-c 작업	작업 정보를 출력한다.

-d	예약한 작업을 삭제한다.(atrm 명령과 같다.)
-l	큐에 있는 작업을 출력한다. root인 경우에는 모든 작업들의 목록을 출력한다.(atq 명령과 같다.)
-m	실행한 결과를 메일로 통보해준다.
-f	지정한 파일로부터 작업을 읽어온다.

❋ 사용 예

```
                                            posein@www:~
File  Edit  View  Search  Terminal  Help
[posein@www ~]$ at 1:45am tomorrow
at> ls -al > list.txt
at> <EOT>
job 1 at Mon Jul 31 01:45:00 2017
[posein@www ~]$
```

   ◎ 내일 오전 1시 45분에 실행할 작업을 예약한다. 실행하면 'at>' 프롬프트가 나타나고 원하는 작업을 순
     차적으로 입력한 후에 [Ctrl]+[d]를 누른다.

```
                                            posein@www:~
File  Edit  View  Search  Terminal  Help
[posein@www ~]$ at -l
1        Mon Jul 31 01:45:00 2017 a posein
[posein@www ~]$
```

   ◎ 예약된 작업 목록을 출력한다. 작업번호, 예약된 날짜 및 시간, 큐, 사용자 순으로 출력된다.

$ at -d 1

   ◎ 예약된 1번 작업을 삭제한다.

$ at -c 1

   ◎ 1번 작업에 대한 작업 정보를 출력한다.

$ at now+3hours

   ◎ 현재 시간 기준으로 3시간 뒤의 작업을 예약한다.

$ at 23:00 051315

   ◎ 2015년 5월 13일 오후 11시 작업을 예약한다.

$ at 18:00

   ◎ 저녁 6시 작업을 예약한다.

2 at의 관련 명령어

❋ atq

큐에 저장된 작업을 보여주는 명령으로 'at -l' 명령의 실행결과와 같다. 작업번호, 작업이 실행
되는 날짜 및 시간, 작업이 저장되어 있는 큐, 사용자 순으로 출력된다.

사용법

$ atq

atrm

예약된 작업을 취소할 때 사용하는 명령으로 'at -d' 명령의 실행결과와 같다.

사용법

$ atrm 작업번호

사용 예

$ atrm 4

◎ 예약된 4번 작업을 삭제한다.

at 사용자 제한

/etc/at.allow 파일과 /etc/at.deny 파일로 at 사용자를 제한할 수 있다. /etc/at.allow 파일이 존재하는 경우에는 /etc/at.deny 파일 존재 유무에 상관없이 /etc/at.allow 파일에 등록된 사용자만 가능하다. /etc/at.allow 파일이 존재하지 않고, /etc/at.deny 파일만 존재하는 경우에는 /etc/at.deny 파일에 등록된 사용자만 사용이 불가능하다. /etc/at.allow 및 /etc/at.deny 파일이 모두 존재하지 않는 경우에는 일반 사용자는 불가능하고 root만 사용가능하다. 관련 파일에 사용자 등록하는 방법은 한 줄에 한 계정씩 적으면 된다.

```
                                               root@www:~
File  Edit  View  Search  Terminal  Help
[root@www ~]# cat /etc/at.allow
posein
lin
joon
[root@www ~]#
```

③ cron

cron을 이용하여 주기적으로 실행하는 작업은 시스템 운영에 필요한 작업과 사용자의 필요에 의한 작업으로 나눌 수 있다. 시스템 운영에 필요한 작업은 root 권한으로 /etc/crontab에 등록해서 주기적으로 수행할 수 있고, 사용자는 crontab이라는 명령을 수행해서 등록할 수 있다. crontab 파일은 다음과 같이 총 7개의 필드로 구성되어 있다.

minute	hour	day_of_month	month	day_of_week	user-name	command

필드	설정 값 및 내용
minute	분(minute)을 나타내고, 0~59로 설정한다.
hour	시(hour)를 나타내고, 0~23으로 설정한다.
day of month	날(day of month)을 나타내고, 1~31로 설정한다.

month	월(month)을 나타내고, 1~12로 설정한다.
day of week	요일(day of week)을 나타내고, 0~7로 설정한다. 0과 7은 일요일에 해당하고, 1은 월요일, 2는 화요일, 3은 수요일, 4는 목요일, 5는 금요일, 6은 토요일이다. 또한, 직접 sun, mon, tue, wed, thu, fri, sat라고 입력해도 된다.
user-name	사용자 이름을 명기한다. 일반적으로 생략해서 사용한다.
command	실행할 명령어를 기입한다. 명령어 앞에 사용자 이름을 명기해도 된다.

◎ 각 필드는 위의 표에 명기된 설정 값 이외에 '*', '-', ',', '/'를 사용할 수 있다. '*'는 '모든(all)'을 의미하고, '-'는 연결된 설정 값을 지정할 때 사용하고, ','는 연결되는 않는 값을 나열할 때 사용하고, '/'는 연결된 설정 값 범위에서 특정 주기로 나눌 때 사용한다.

✸ crontab

사용자가 주기적인 작업을 등록하기 위해 사용하는 명령으로 실행하면 기본편집기인 vi가 실행된다. 설정된 작업은 '/var/spool/cron/사용자아이디' 파일로 저장된다. 만약 아이디가 posein이면 /var/spool/cron/posein이라는 파일이 생성되면서 관련 정보가 저장된다.

◉ 사용법

$ crontab [option]
$ crontab [option] 파일명

◉ 주요 옵션

옵션	설명
-l	crontab에 설정된 내용을 출력한다.
-e	crontab의 내용을 작성하거나 수정한다.
-r	crontab의 내용이 저장된 파일을 삭제한다.
-u	root 사용자가 특정 사용자의 crontab 파일을 다룰 때 사용한다.
-i	-r 옵션으로 crontab 설정 파일을 삭제하기 전에 질의를 진행해서 y 또는 Y를 입력하는 경우에만 실행되도록 지정한다.

◉ 사용 예

$ crontab -l
  ◉ 설정된 crontab의 내용을 출력한다.

$ crontab -e
  ◉ crontab의 내용을 작성하거나 수정한다.

$ crontab -r
  ◉ 저장된 crontab 설정 파일을 삭제한다.

crontab -e -u posein
  ◉ posein 사용자의 crontab 내용을 작성하거나 수정한다.

$ crontab -ir

    ◉ 저장된 crontab 설정 파일을 삭제하기 전에 질의(y/Y)를 진행한다.

$ crontab schedule.txt

    ◉ schedule.txt 파일에 설정된 내용을 불러와서 등록한다.

◉ **crontab 설정 예제**

0 12 * * 1-5 /home/posein/work.sh

    ◉ 월요일부터 금요일까지 오후 12시에 /home/posein/work.sh라는 스크립트를 실행한다.

10 4 1 1-12/2 * /etc/check.sh

    ◉ 1월부터 12월까지 2개월마다 1일날 오전 4시 10분에 /etc/check.sh라는 스크립트를 실행한다. 날짜 필드 부분의 다른 표기 방법인 '10 4 1 */2 *' 또는 '10 4 1 1,3,5,7,9,11 *'으로 대체 표기 가능하다.

0 10 * * 1 cat /root/notice | mail –s "Notice" posein@naver.com

    ◉ 월요일 오전 10시에 'Notice'라는 제목으로 /root/notice라는 파일의 내용을 지정한 메일주소인 posein@naver.com로 발송한다. 날짜 필드 부분의 다른 표기 방법인 '0 10 * * mon'으로 대체 가능하다.

0 4 * * 1,3,5 find / -name '*.bak' -exec rm –rf {} \;

    ◉ 월, 수, 금요일 오전 4시에 '.bak'로 끝나는 파일을 찾아 삭제한다.

*/10 * * * * /etc/heartbeat.sh

    ◉ /etc/heartbeat.sh를 10분 주기로 실행한다. '0–59/10 * * * * /etc/heartbeat.sh'와 동일하다.

⚛ cron 사용자 제한

/etc/cron.allow 파일과 /etc/cron.deny 파일로 cron 사용자를 제한할 수 있다. /etc/cron. allow 파일이 존재하는 경우에는 /etc/cron.deny 파일 존재 유무에 상관없이 /etc/cron.allow 파일에 등록된 사용자만 가능하다. /etc/cron.allow 파일이 존재하지 않고, /etc/cron.deny 파일만 존재하는 경우에는 /etc/cron.deny 파일에 등록된 사용자만 사용이 불가능하다. /etc/cron.allow 및 /etc/cron.deny 파일이 모두 존재하지 않는 경우에는 CentOS 7 버전 기준으로 일반 사용자는 불가능하고 root만 사용가능하다.

4.2.5 프로세스 관련 명령어

1 ps(process status)

동작 중인 프로세스의 상태를 출력해주는 명령이다. ps의 옵션은 전통적인 유닉스인 System V, BSD, GNU에 따라 결과가 다르게 나타나고 표기법에도 차이를 보인다. 옵션 사용 시 System V 계열은 대시(dash, –)를 사용하고, BSD 계열은 대시(–)를 사용하지 않는다. GNU에서의 옵션 표기는 두 개의 대시(– –)를 사용한다. 따라서 원하는 프로세스의 상태를 출력하려면 정확한 옵션 사용이 중요하다. 간단히 보면 'ps -a'와 'ps a'는 전혀 다른 결과를 출력하게 된다. 특히 동작 중인 전체 프로세스를 출력하기 위해서는 System V 계열과 BSD 계열의 옵션을 정확히 사용해야 한다.

◉ **사용법**

$ ps [option]

◉ **주요 옵션**

옵션	설명
a	터미널과 연관된 프로세스를 출력하는 옵션이다. 보통 x 옵션과 연계하여 모든 프로세스를 출력할 때 사용한다.(BSD 계열)
u	프로세스의 소유자를 기준으로 출력한다.
x	데몬 프로세스처럼 터미널에 종속되는 않는 프로세스를 출력한다. 보통 a 옵션과 결합하여 모든 프로세스를 출력할 때 사용한다.
l	프로세스의 정보를 길게 보여주는 옵션으로 우선순위와 관련된 PRI와 NI 값을 확인할 수 있다.
e	해당 프로세스에 관련된 환경 변수 정보를 함께 출력한다.
f	프로세스간의 상속관계를 트리 구조로 보여준다.
p	특정 PID를 지정할 때 사용한다.(BSD 계열)
-A	모든 프로세스를 출력한다.(-e 옵션과 같다.) (System V 계열)
-e	모든 프로세스를 출력한다.(-A 옵션과 같다.)
-a	세션 리더(일반적으로 로그인 셸)을 제외하고 터미널에 종속되지 않은 모든 프로세스를 출력한다.
-f	유닉스 스타일로 출력해주는 옵션으로 UID, PID, PPID 등이 함께 표시된다.
-C *프로세스명*	지정한 프로세스만 보여준다.
-o *값*	출력 포맷을 지정하는 옵션으로 값으로는 pid, tty, time, cmd 등을 지정할 수 있다.
-p	특정 PID를 지정할 때 사용한다.(SyS V 계열)
-u	특정 사용자의 프로세스 정보를 확인할 때 사용한다. 사용자를 지정하지 않으면 현재 사용자를 기준으로 정보를 출력한다.

◉ **사용 예**

$ ps
　　◎ 사용자와 관련된 프로세스를 출력한다.

$ ps aux
　　◎ 시스템에 동작중인 모든 프로세스를 소유자 정보와 함께 출력한다.(BSD)

$ ps -ef |more
　　◎ System V 계열 옵션으로 시스템에 동작중인 모든 프로세스를 출력한다. 추가로 한 페이지씩 화면에 출력되도록 한다.

$ ps aux |grep sendmail
　　◎ 동작중인 프로세스 중에 sendmail이라는 이름의 프로세스를 찾아서 출력한다.

```
                              posein@localhost:~                        _  □  ×
파일(F)  편집(E)  보기(V)  검색(S)  터미널(T)  도움말(H)
[posein@localhost ~]$ ps aux | head
USER        PID %CPU %MEM    VSZ    RSS TTY      STAT START   TIME COMMAND
root          1  1.7  0.3 128228   6856 ?        Ss   16:17   0:02 /usr/lib/system
d/systemd --switched-root --system --deserialize 21
root          2  0.0  0.0      0      0 ?        S    16:17   0:00 [kthreadd]
root          3  0.0  0.0      0      0 ?        S    16:17   0:00 [ksoftirqd/0]
root          4  0.0  0.0      0      0 ?        S    16:17   0:00 [kworker/0:0]
root          5  0.0  0.0      0      0 ?        S<   16:17   0:00 [kworker/0:0H]
root          6  0.0  0.0      0      0 ?        S    16:17   0:00 [kworker/u2:0]
root          7  0.0  0.0      0      0 ?        S    16:17   0:00 [migration/0]
root          8  0.0  0.0      0      0 ?        S    16:17   0:00 [rcu_bh]
root          9  0.5  0.0      0      0 ?        R    16:17   0:00 [rcu_sched]
[posein@localhost ~]$
```

◉ 최초의 프로세스인 systemd는 PID 번호가 1이다.

$ ps -p 1222 -o comm=

◉ PID가 1222인 프로세스의 이름을 출력한다.

◉ ps 명령의 실행 결과로 나타나는 주요 항목

항목	설명
USER	BSD 계열에서 나타나는 항목으로 프로세스 소유자의 이름
UID	SYSTEM V 계열에서 나타나는 항목으로 프로세스 소유자의 이름
PID	프로세스의 식별 번호
%CPU	CPU사용비율의 추정치(BSD)
%MEM	메모리 사용비율의 추정치(BSD)
VSZ	K단위 또는 페이지 단위의 가상 메모리 사용량
RSS	실제 메모리 사용량(Resident Set Size)
TTY	프로세스와 연결된 터미널
STAT	현재 프로세스의 상태 코드
START	프로세스 시작 시간 또는 날짜
TIME	총 CPU사용시간
COMMAND	프로세스의 실행 명령행
STIME	프로세스가 시작된 시간 혹은 날짜(Sys V)
C, CP	짧은 기간 동안의 CPU사용률(C: Sys V, CP: BSD)
F	프로세스의 플래그(1: exec 호출 없이 fork된 경우, 4: 슈퍼유저 권한 사용자)
PPID	부모 프로세스의 PID
PRI	실제 실행 우선순위
NI	nice 우선순위 번호

◉ 프로세스 상태 코드인 STAT의 주요 값

값	설명
R(Running)	실행 중 혹은 실행될 수 있는 상태(실행 Queue내에 존재)
S(Sleeping)	인터럽트에 의한 sleep 상태로 특정 이벤트가 끝나기를 기다리는 상태
D(Disk wait)	디스크 I/O에 의해 대기하고 있는 상태

T(Traced or stopped)	정지된 상태(suspend)
W	paging 상태(2.6.xx 커널 이후로는 사용 안함)
Z(Zombie)	좀비(zombie) 프로세스를 뜻하는데, 작업이 종료되었으나 부모 프로세스로부터 회수되지 않아 메모리를 차지하고 있는 상태
X	죽어있는 상태를 뜻하는데, 상태 값으로 볼 수 없음
〈	우선순위가 인위적으로 높아진 상태(사용자에 의해 nice된 것은 아님)
N(Nice)	다른 사용자에 의해 인위적으로 우선순위가 낮아진 상태
L	메모리 안에서 페이지가 잠금된 상태(보통 real-time과 일반적 I/O에 의해 발생)
s	session Leader
l	멀티 쓰레드 상태(CLONE_THREAD)
+	포어그라운드 프로세스 그룹

2 pstree

프로세스의 상태를 트리(Tree) 구조로 출력해주는 명령이다. 가장 왼쪽이 부모 프로세스이고, 오른쪽이 자식 프로세스에 해당한다.

◉ 사용법

$ pstree [option]

◉ 주요 옵션

옵션	설명
-a	각 프로세스의 명령행 인자까지 보여준다.
-h	현재 프로세스와 그것의 조상 프로세스를 하이라이트로 강조해서 보여준다.
-n	프로세스 이름 대신에 PID 값으로 정렬해서 보여준다.(Number sort)
-p	PID 값을 같이 보여준다.

◉ 사용 예

$ pstree -h

    ◎ 실행중인 프로세스의 정보를 트리 구조로 출력해주되, 실행한 명령 부분을 진하게 강조해서 보여준다.

3 top

동작중인 프로세스의 상태를 실시간으로 화면에 출력해주는 명령으로 프로세스의 상태뿐만 아니라 CPU, 메모리, 부하 상태 등도 확인할 수 있다. top 명령은 실행 상태에서 다양한 명령을 입력하여 프로세스 상태를 출력하거나 제어할 수 있다.

사용법

$ top [option]

주요 옵션

옵션	설명
-d *갱신시간*	갱신 시간을 설정한다.(초단위)
-p	특정 PID 값을 갖는 프로세스를 모니터링할 때 사용한다.
-b	배치 모드(Batch mode)로 실행하는 옵션으로 다른 프로그램이나 파일에 전송할 때 사용한다. 보통 -n 옵션과 같이 실행한다.
-n 값	top 명령의 실행 횟수를 지정하는 옵션이다.

top의 주요 항목

항목	설명
PID	Process ID
USER	소유자
PR	Priority(우선순위)
NI	Nice Value(-20 ~ 19 사이의 값으로 작을수록 우선순위가 높아짐)
VIRT	작업에 의해 사용된 가상 메모리의 총 사용량
RES	프로세스가 사용하는 실제 메모리양(Resident size(kb))
SHR	프로세스가 사용하는 공유 메모리의 양
S	현재 프로세스의 상태를 나타낸다.
%CPU	CPU 사용량(퍼센트)
%MEM	메모리 사용량(퍼센트)
TIME+	프로세스가 시작하여 사용한 총 CPU 시간(1/100초 단위까지 표시)
COMMAND	프로세스를 실행한 명령

top 실행 상태에서의 명령

항목	설명
[SPACE]	화면을 갱신한다.
h, ?	도움말을 출력한다.
k	kill 명령을 내린다. PID 값을 입력하면 종료 신호를 보낸다.
i	Zombie, idle 프로세스의 출력을 on/off한다.
n, #	출력하는 프로세스의 수를 지정한다.
q	top을 종료
r	Nice 값을 변경
s	화면을 갱신하는 시간을 변경
F, f	보여줄 항목을 추가하거나 삭제
O, o	보여줄 항목의 순서를 바꿈
l	top의 맨 윗줄(uptime)을 on/off한다.

m	메모리의 관련된 항목을 on/off한다.
t	프로세스와 CPU 항목을 on/off한다.
c	Command line의 옵션을 on/off한다.
M	프로세스의 RSS 값을 정렬한다.
P	%CPU 값으로 정렬(기본 값)
T	Time 값으로 정렬
W	바꾼 설정을 저장

✸ 사용 예

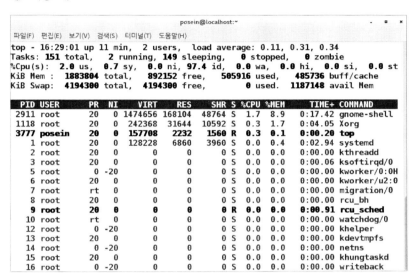

◉ 첫 번째 줄은 현재 시간, 서버 가동 후 유지 시간, 현재 접속한 사용자, 최근 1분, 5분, 15분 동안의 시스템 부하를 나타낸다. 두 번째 줄은 프로세스의 상태, 세 번째 줄은 CPU 사용량, 네 번째 줄은 메모리 사용량, 다섯 번째 줄은 swap 메모리 상태를 나타낸다. 그리고 그 하단에 실시간으로 프로세스의 상태를 출력해준다.

$ top -d 2 -p 1222

◉ PID 값이 1222인 프로세스를 2초 간격으로 관련 정보를 출력한다.

$ top -bn 3 > top.log

◉ top 명령을 배치 모드로 3회 실행하여 top.log 파일에 저장한다.

4 kill

프로세스에 특정한 시그널(signal)을 보내는 명령으로 옵션 없이 실행하면 프로세스에 종료 신호(15, TERM, SIGTERM)를 보낸다. 보통 중지시킬 수 없는 프로세스를 종료시킬 때 많이 사용한다.

✸ 사용법

kill [option] [signal] [PID 또는 %*Job_number*]

주요 옵션

옵션	설명
-l	시그널의 종류를 출력한다.
-s *signal*	시그널의 이름을 지정하는 옵션이다.

사용 예

kill -l
- ◉ 시그널의 종류를 출력한다.

kill 724
- ◉ PID가 724인 프로세스에 기본시그널인 15번 시그널을 보낸다. 같은 명령으로 'kill -15 724', 'kill -TERM 724', 'kill -s SIGTERM 724' 등이 있다.

kill -9 756 757 758
- ◉ pid가 756, 757, 758인 프로세스를 강제 종료한다. 'kill -KILL PID', 'kill -SIGKILL PID'라고 명령을 내려도 된다.

kill -HUP 10118
- ◉ pid가 10118인 프로세스를 재시작한다. 'kill -1 10118'과 같다.

kill %2
- ◉ 작업번호가 2인 프로세스를 종료시킨다.

kill -s SIGTERM 1702
- ◉ PID가 1702인 프로세스에 기본 종료 시그널인 TERM을 보내어 종료한다.

5 killall

같은 데몬의 여러 프로세스를 한 번에 종료시킬 때 사용하는 명령으로 프로세스명을 사용한다. 기본적인 사용법은 kill 명령과 유사한데, 시그널을 지정하지 않으면 종료 시그널(TERM, SIGTERM)이 전송된다.

사용법

killall [option] *프로세스명*

주요 옵션

옵션	설명
-l	시그널의 종류를 출력한다.(--list)
-w	시그널을 받은 프로세스들이 종료될 때까지 기다린다.(--wait)
-v	시그널이 전송된 결과를 출력한다.(--verbose)
-s *signal*	시그널의 이름을 지정하는 옵션이다.(--signal)
-u 사용자명	특정 사용자의 프로세스를 지정할 때 사용한다.(--user)

killall httpd

◉ Apache 웹 서버 데몬인 httpd를 모두 종료한다.

killall -HUP httpd

◉ httpd 데몬을 다시 실행시킨다. 이 경우 주 데몬이 아닌 웹서비스 요청 시 연결을 담당하는 httpd의 프로세스들이 재시작된다.

killall -v -9 httpd

◉ httpd 데몬에 9번 시그널(SIGKILL, KILL)을 전송하고, 전송결과를 출력한다.

killall -9 –u posein

◉ posein 사용자의 모든 프로세스를 강제로 종료한다.

⑥ jobs

백그라운드로 실행중인 프로세스나 현재 중지된 프로세스의 목록을 출력해주는 명령이다.

◉ **사용법**

$ jobs [option]

◉ **옵션**

옵션	설명
-l	프로세스 번호(PID)를 추가로 출력해준다.

◉ **사용 예**

$ jobs

◉ 백그라운드 프로세스를 출력한다.

$ jobs -l

◉ 프로세스 번호를 추가하여 출력한다.

⑦ fg

백그라운드 프로세스를 포어그라운드 프로세스로 전환하는 명령이다.

◉ **사용법**

$ fg [%*Job_number*]
$ fg [*Job_number*]

✤ 사용 예

$ fg
◎ 백그라운드로 수행중인 작업을 포어그라운드로 전환한다. 만약 백그라운드로 수행중인 작업이 여러 개인 경우에는 가장 최근에 수행한 작업(보통 + 기호가 붙어 있는 작업)을 포어그라운드로 전환한다.

$ fg %2
◎ 작업번호가 2번인 프로세스를 포어그라운드로 전환한다. 'fg 2'라고 실행해도 된다.

8 bg

포그라운드 프로세스를 백그라운드 프로세스로 전환하는 명령이다. 포그라운드로 실행중인 프로세스를 [CTRL]+[z]를 눌러 작업을 일시 중지시킨 후에 bg 명령을 사용해서 백그라운드로 전환할 수 있다.

✤ 사용법

$ bg

✤ 사용 예

```
                                posein@localhost:~                          _  ㅁ  x
파일(F)  편집(E)  보기(V)  검색(S)  터미널(T)  도움말(H)
[posein@localhost ~]$ find / -name '*.txt' 2>/dev/null >list.txt
^Z
[1]+  Stopped                     find / -name '*.txt' 2> /dev/null > list.txt
[posein@localhost ~]$ bg
[1]+ find / -name '*.txt' 2> /dev/null > list.txt &
[posein@localhost ~]$
```

9 nice

프로세스의 우선순위를 변경하는 명령으로 NI 값을 설정할 때 사용한다. 프로세스에 설정되어 있는 NI의 기본 값은 0이고, 지정 가능한 값의 범위는 -20 ~ 19까지인데 값이 작을수록 우선순위가 높다. nice 명령으로 지정하는 값은 기존 설정된 값에 증감하는 형식이며, 일반 사용자는 NI 값을 증가만 가능하고, root 사용자만이 NI 값을 감소시켜 우선순위를 높일 수 있다.

✤ 사용법

nice [option] *프로세스명*

✤ 주요 옵션

옵션	설명
-n *값*, -*값*, --adjustment=*값*	프로세스에 설정된 NI 값을 지정한 NI 값과 증감한다. 값을 지정하지 않으면 기본적으로 10이 지정된다.

사용 예

```
                                posein@localhost:~                          _  □  ×
파일(F)  편집(E)  보기(V)  검색(S)  터미널(T)  도움말(H)
[posein@localhost ~]$ ps -l
F S   UID   PID  PPID  C PRI  NI ADDR SZ WCHAN  TTY          TIME CMD
4 S  1000  3508  3507  0  80   0 - 29010 wait   pts/0    00:00:00 bash
0 R  1000  3858  3508  0  80   0 - 37233 -      pts/0    00:00:00 ps
[posein@localhost ~]$ nice -10 bash
[posein@localhost ~]$ ps -l
F S   UID   PID  PPID  C PRI  NI ADDR SZ WCHAN  TTY          TIME CMD
4 S  1000  3508  3507  0  80   0 - 29010 wait   pts/0    00:00:00 bash
0 S  1000  3859  3508  1  90  10 - 29009 wait   pts/0    00:00:00 bash
0 R  1000  3895  3859  0  90  10 - 37233 -      pts/0    00:00:00 ps
[posein@localhost ~]$
```

- ◉ bash 프로세스에 NI 값을 10만큼 증가시킨다. 'nice -n 10 bash', 'nice --adjustment=10 bash'와 같다. nice 명령으로 실행하면 변경된 NI 값이 적용된 프로세스가 추가로 발생하고, exit라고 입력하면 원래의 프로세스로 되돌아간다.

nice --10 bash

- ◉ bash의 NI 값을 -10만큼 감소시켜서 우선순위를 높인다.

nice

- ◉ 설정되어 있는 NI 값을 출력한다.

nice bash

- ◉ bash의 NI 값을 10만큼 증가시켜서 우선순위를 낮춘다.

⑩ renice

실행중인 프로세스의 우선순위를 변경할 때 사용하는 명령으로 프로세스ID(PID), 사용자 이름, 프로세스의 그룹ID를 이용한다. nice는 프로세스명으로 우선순위를 조정하고, 명령을 실행하면 새로운 프로세스가 추가로 발생되지만, renice는 주로 PID를 사용하고 기존의 프로세스를 교체하여 조정한다. 또한, nice는 기존의 NI 값에 증감되는 형태이지만, renice는 기존의 NI 값에 상관없이 지정한 NI 값이 바로 설정된다. nice와 동일하게 root만이 NI 값을 낮춤으로써 우선순위를 높일 수 있고, NI 값의 범위는 -20부터 19이다.

사용법

renice [option] NI값 *PID*

주요 옵션

옵션	설명
-n	NI 값을 지정할 때 사용하는 옵션이지만 일반적으로 생략한다.(--priority)
-p	프로세스 ID(PID)를 지정하는 옵션이다.(기본 값) (--pid)
-u	사용자 이름을 지정하는 옵션이다.(--user)
-g	프로세스의 그룹 ID를 지정하는 옵션이다.(--pgrp)

-v	renice 명령어를 설치한 패키지의 버전 정보를 출력한다.(--version)
-h	명령어의 간단한 사용법을 화면에 출력한다.(--help)

◉ 사용 예

```
                                posein@localhost:~                          _ □ ×
파일(F) 편집(E) 보기(V) 검색(S) 터미널(T) 도움말(H)
[posein@localhost ~]$ ps -l
F S   UID   PID  PPID  C PRI  NI ADDR SZ WCHAN  TTY          TIME CMD
4 S  1000  3508  3507  0  80   0 - 29010 wait   pts/0    00:00:00 bash
0 R  1000  3914  3508  0  80   0 - 37233 -      pts/0    00:00:00 ps
[posein@localhost ~]$ renice 10 3508
3508 (process ID) old priority 0, new priority 10
[posein@localhost ~]$ ps -l
F S   UID   PID  PPID  C PRI  NI ADDR SZ WCHAN  TTY          TIME CMD
4 S  1000  3508  3507  0  90  10 - 29010 wait   pts/0    00:00:00 bash
0 R  1000  3916  3508  0  90  10 - 37233 -      pts/0    00:00:00 ps
[posein@localhost ~]$
```

> ◉ PID가 3508(bash)에 NI 값을 10으로 지정한다. NI 값을 지정하면 PRI는 시스템 상황에 맞게 변경되어 우선순위를 조정한다.

renice 1 987 -u daemon root -p 1222

> ◉ PID가 987, 1222인 프로세스와 사용자가 daemon, root인 모든 프로세스의 NI 값을 1로 지정한다.

11 nohup

사용자가 로그아웃하거나 작업 중인 터미널창이 닫혀도 실행중인 프로세스를 백그라운드 프로세스로 작업될 수 있도록 해주는 명령이다. 실행중인 프로세스의 표준 출력과 표준 에러는 'nohup.out'라는 파일을 생성하여 기록하고, 만약 쓰기 작업이 불가능한 경우에는 '$HOME/nohup.out' 파일을 생성하여 기록한다. nohup는 실행하는 명령을 백그라운드 프로세스로 생성하지 않으므로 사용자가 명령행 뒤에 '&'를 명시해야 한다. 결론적으로 nohup는 백그라운드로 실행되는 명령행 앞에 붙이는 명령이다.

◉ 사용법

nohup *명령*

◉ 사용 예

nohup tar cvf source.tar /opt/src &

> ◉ 'tar cvf source.tar /opt/src'라는 명령을 백그라운드 프로세스로 실행하는데, 사용자가 로그아웃하거나 실행중인 프로세스의 터미널이 닫혀도 계속적으로 작업이 수행될 수 있도록 한다.

12 pgrep

프로세스를 이름 기반으로 검색하는 명령으로 PID 값을 출력한다. 옵션을 이용하면 사용자나 그룹명 등으로도 PID 조회가 가능하다.

사용법

$ pgrep [option] [pattern]

주요 옵션

옵션	설명
-u	특정 사용자가 실행시킨 프로세스의 PID를 출력한다.
-U	특정 UID를 갖는 사용자가 실행시킨 프로세스의 PID를 출력한다.
-g	특정 그룹이 실행시킨 프로세스의 PID를 출력한다.
-G	특정 GID를 갖는 그룹이 실행시킨 프로세스의 PID를 출력한다.
-t	특정 터미널에 실행 중인 프로세스의 PID를 출력한다.
-l	PID 이외에 프로세스명도 같이 출력한다.

사용 예

$ pgrep httpd

⊝ httpd 프로세스의 PID를 출력한다.

$ pgrep -u posein,yuloje

⊝ posein 및 yuloje 사용자가 실행시킨 프로세스의 PID를 출력한다.

$ pgrep -u root sshd

⊝ root 소유의 sshd 프로세스의 PID를 출력한다.

$ pgrep -t tty2

⊝ /dev/tty2 터미널에서 실행 중인 프로세스의 PID를 출력한다.

⒔ pkill

프로세스명을 사용해서 특정 프로세스에 시그널을 보내는 명령이다. kill 명령과 같이 기본 시그널은 15번 시그널인 TERM 시그널이다. 프로세스명과 사용자 및 그룹명 등으로 프로세스를 종료시킬 수 있다.

사용법

pkill [option] [pattern]

주요 옵션

옵션	설명
-u	특정 사용자가 실행시킨 프로세스의 PID에 시그널을 보낸다.
-U	특정 UID를 갖는 사용자가 실행시킨 프로세스에 시그널을 보낸다.
-g	특정 그룹이 실행시킨 프로세스의 PID에 시그널을 보낸다.
-G	특정 GID를 갖는 그룹이 실행시킨 프로세스의 PID에 시그널을 보낸다.
-t	특정 터미널에 실행 중인 프로세스의 PID에 시그널을 보낸다.

사용 예

pkill httpd
- ◎ httpd 프로세스를 모두 종료시킨다. 시그널은 기본 종료시그널인 TERM(15)을 전송한다.

pkill -9 -u yuloje
- ◎ yuloje 사용자의 프로세스에 강제 종료 시그널인 SIGKILL(9)을 전송한다.

4.2.6 프로세스 모니터링 명령어

1 pidof

실행 중인 특정 프로그램의 프로세스 ID를 출력해준다.

사용법

$ pidof 프로그램명

사용 예

```
                                        root@www:~
파일(F)  편집(E)  보기(V)  검색(S)  터미널(T)  도움말(H)
[root@www ~]# pidof httpd
1317 1316 1314 1296
[root@www ~]#
```

- ◉ httpd 프로세스의 PID를 출력한다.

2 vmstat

프로세스(procs), 메모리(memory), 스왑 관련 정보(swap),블록 장치의 I/O(io), 시스템 관련 정보(in, cs), CPU 사용률을 출력해주는 명령이다. CPU 사용률은 전체 100%를 기준으로 각 항목에 대한 퍼센트 비율로 출력된다.

사용법

$ vmstat [options]

주요 옵션

옵션	설명
-n	반복되는 주기를 지정하는 옵션으로 단위는 초이다. 횟수를 지정하지 않으면 계속 실행된다.
-a	활성(active) 및 비활성(inactive) 메모리 정보를 출력한다.
-S	메모리의 단위를 지정할 때 사용하는 옵션이다. 기본적으로 KB 단위로 출력되는데 k(1000), K(1024), m(1000000), M(1048576) 단위의 지정이 가능하다.
-V	패키지 및 버전 정보를 출력한다.

☀ 출력 정보

대항목	소항목	설명
procs	r	실행 시간(run time)을 위해 기다리고 있는 프로세스의 수
	b	계속 잠들어 있는(sleep) 프로세스의 수
memory	swpd	가상 메모리로 사용되고 있는 메모리 양(KB)
	free	사용되고 있지 않은(idle) 메모리 양(KB)
	buff	버퍼에서 사용되고 있는 메모리 양(KB)
	cache	Cache로 사용되고 있는 메모리 양(KB)
	inact	비활성화(inactive)되고 있는 메모리 양(KB) (-a 옵션 사용)
	active	활성화(active)되고 있는 메모리 양(KB) (-a 옵션 사용)
swap	si	디스크로부터 swapped in된 메모리 양(KB/s)
	so	디스크에 swapped out된 메모리 양(KB/s)
io	bi	블록 장치로부터 받은 블록 수(blocks/s)
	bo	블록 장치에 보낸 블록 수(blocks/s)
system	in	클록(clock)을 포함하여 초당 발생한 인터럽트(interrupts)의 수
	cs	초당 발생한 문맥 교환(context switches)의 수
cpu	us	커널 코드에 의해 사용된 시간을 제외한 시간으로 보통 사용자에 의해 사용된 시간(user time, including nice time)
	sy	커널 코드에 의해 사용된 시간(system time)
	id	쉬고 있는 시간(idle time)
	wa	IO를 위해 대기하고 있는 시간(waiting time, 커널 2.5.41 이전에는 idle에 포함)
	st	가상 머신(Virtual Machine)에 의해 빼앗긴 시간(stolen time)

☀ 사용 예

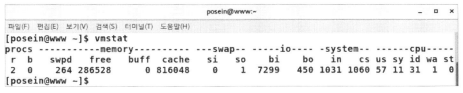

◉ 관련 정보를 1회 출력한다.

$ vmstat -n 3
◎ 관련 정보를 3초 주기로 출력한다.

$ vmstat -n 3 10
◎ 관련 정보를 3초 주기로 10회 출력한다.

$ vmstat -S M
◎ 메모리 단위를 MegaByte 기준으로 출력한다.

③ uptime

시스템이 가동된 후 얼마나 오랫동안 유지되었는지를 확인할 수 있는 명령이다. w 명령의 첫 번째 줄 출력과 동일하다.

⦿ 사용법

$ uptime

⦿ 사용 예

```
                                    posein@www:~
파일(F) 편집(E) 보기(V) 검색(S) 터미널(T) 도움말(H)
[posein@www ~]$ uptime
 10:39:29 up 5 min,  3 users,  load average: 0.33, 1.03, 0.58
[posein@www ~]$
```

　　➲ 현재시간(10:39:29), 시스템이 활성화된 후 누적시간(up 5min), 사용자수(3 users), load average를 보여준다. load average는 지난 1분, 5분, 15분에 대한 부하의 평균이다.

④ iostat

CPU 및 I/O 장치 등의 상태 정보를 출력해주는 명령이다. 만약 해당 명령어가 존재하지 않을 경우에는 sysstat 패키지를 설치하면 된다.

⦿ 사용법

$ iostat [option]

⦿ 주요 옵션

옵션	설명
N	정수 값 N을 입력하면 N초 간격으로 계속 출력한다.
-k	블록 관련 정보를 KB 단위로 출력한다.
-m	블록 관련 정보를 MB 단위로 출력한다.
-c	CPU 정보만 출력한다.
-d	블록 디바이스 정보만 출력한다.

⦿ 출력 정보

대항목	소항목	설명
avg-cpu	%user	사용자 레벨에서 사용한 CPU의 양을 퍼센트 단위로 출력한다. 보통 응용 프로그램이 해당된다.
	%nice	사용자 레벨에서 nice 순위 관련하여 사용한 CPU 양을 출력한다.
	%system	시스템 레벨에서 사용한 CPU의 양을 출력한다. 보통 커널이 이용한 경우가 해당된다.
	%iowait	디스크 I/O 요청한 후에 대기하는데 사용된 CPU 양을 출력한다.
	%steal	하이퍼바이저(hypervisor)가 다른 가상 프로세서를 사용하기 위해 소모된 CPU 양을 출력한다.
	%idle	쉬고 있는 CPU 양을 퍼센트 단위로 출력한다.

Device	tps	디바이스에서 초당 전송된 개수를 나타낸다.
	Blk_read/s	초당 읽어 들여진 블록의 개수를 나타낸다.
	Blk_wtrn/s	초당 쓰여진 블록의 개수를 나타낸다.
	Blk_read	읽어 들여진 블록의 총 개수를 나타낸다.
	Blk_wrtn	쓰여진 블록의 총 개수를 나타낸다.

◉ 사용 예

◉ CPU 및 블록 장치 관련 정보를 출력한다.

$ iostat 3

◉ 3초 간격으로 계속 출력한다.

$ iostat 1 5

◉ 1초 간격으로 5회 출력한다.

$ iostat -k

◉ 블록 디바이스 관련 정보를 KB단위로 출력한다.

5 sar

시스템의 활동에 관한 정보를 수집하고 보여주고 저장하는 명령이다. 이 명령은 OS에서 일어나는 활동 상태를 누적시켜 표준출력으로 기록한다.

◉ 사용법

$ sar [option]

◉ 주요 옵션

옵션	설명
N	정수 값 N을 입력하면 N초 간격으로 계속 출력한다. 0을 입력하면 최근 정보 1회만 출력한다.
-o 파일명	출력 정보를 지정한 파일명으로 저장한다. binary 형태로 저장되고, -f 옵션으로 읽어 들여야 한다.
-f 파일명	바이너리 파일 형태로 저장된 파일에 값을 읽어 들여서 출력한다.
-A	모든 정보를 출력한다.
-b	I/O 및 전송률 관련 정보를 출력한다.

-B	페이징(Paging) 통계 정보를 출력한다.
-e hh:mm:ss	저장된 파일에서 종료 시간을 지정하는 옵션으로 -f 또는 -o 옵션과 같이 사용된다.
-s hh:mm:ss	저장할 파일에 시작 시간을 지정하는 옵션으로 -f 옵션과 같이 사용된다.
-n 키워드	네트워크 관련 상태 정보를 출력한다. 사용 가능한 키워드에는 DEV(네트워크 장치 관련 정보), EDEV(네트워크 장치로부터 에러 또는 실패한 정보), SOCK(소켓 관련 정보), ALL(네트워크 관련 모든 정보) 등이 있다.
-r	메모리 관련 정보를 출력한다.
-S	스왑(Swap) 관련 정보를 출력한다.
-v	아이노드, 파일, 기타 커널 테이블 관련 정보를 출력한다.
-u	CPU 관련 정보를 출력한다. 출력 정보는 iostat 명령과 동일하다.
-w	작업 생성 및 문맥 교환(context switches) 정보를 출력한다.
-W	스왑핑(Swapping) 관련 정보를 출력한다.

◉ I/O 관련(-b) 출력 정보

항목	설명
tps	물리적 디바이스로부터 발생된 초당 전체 전송 요청 개수로 rtps와 wtps를 합한 값이 됨
rtps	물리적 디바이스로부터 발생된 초당 읽기 전송 요청 개수
wtps	물리적 디바이스로부터 발생된 초당 쓰기 전송 요청 개수
bread/s	초당 읽어 들인 블록의 총 개수
bwrtn/s	초당 쓰여진 블록의 총 개수

◉ 메모리 관련(-r) 출력 정보

항목	설명
kbmemfree	사용 가능한 메모리의 양(kilobytes)
kbmemused	사용 중인 메모리의 양(kilobytes), 단 커널에서 사용 중인 메모리 양은 제외
%memused	사용 중인 메모리의 퍼센트 비율
kbbuffers	커널에 의해 버퍼로 사용 중인 메모리의 양(kilobytes)
kbcached	커널에 의해 캐시로 사용 중인 메모리의 양(kilobytes)
kbcommit	현재 작업량(workload)에 필요한 메모리의 양(kilobytes), RAM과 Swap이 얼마나 필요할지 계산한 추정치.
%commit	현재 작업량에 의해 필요한 메모리(RAM+Swap)의 퍼센트 비율. 커널은 보통 메모리를 오버커밋(overcommits)하기 때문에 숫자 값이 100%를 넘을 수도 있음

◉ 스왑 관련(-S) 출력 정보

항목	설명
kbswpfree	사용 가능한 스왑의 양(kilobytes)
kbswpused	사용 중인 스왑의 양(kilobytes)
%swpused	사용 중인 스왑의 퍼센트 비율
kbswpcad	캐시로 사용된 스왑의 양(kilobytes)
%swpcad	캐시로 사용된 스왑의 퍼센트 비율

☀ 아이노드 관련(-v) 출력 정보

항목	설명
dentunusd	디렉터리 캐시에서 사용되지 않은 목록의 수
file-nr	시스템에 의해 사용되는 파일의 수
inode-nr	시스템에 의해 처리되고 있는 아이노드의 수
pty-nr	시스템에 의해 사용되고 있는 가상 터미널의 수

☀ 문맥 교환 관련(-w) 출력 정보

항목	설명
proc/s	초당 생성한 작업의 총 수
cswch/s	초당 수행된 문맥 교환(context switches)의 수

☀ 스왑핑 관련(-W) 출력 정보

항목	설명
pswpin/s	시스템에서 초당 swap in한 페이지의 수
pswpout/s	시스템에서 초당 swap out한 페이지의 수

☀ 사용 예

```
                                    posein@www:~                              _  □  ✕
파일(F)  편집(E)  보기(V)  검색(S)  터미널(T)  도움말(H)
[posein@www ~]$ sar
Linux 3.10.0-1062.18.1.el7.x86_64 (www)        07/14/20        _x86_64_        (1
CPU)

00:00:01        CPU     %user    %nice   %system   %iowait    %steal      %idle
00:10:01        all      0.27     0.00      0.31      0.01      0.00       99.42
00:20:01        all      0.24     0.00      0.25      0.00      0.00       99.51
00:30:01        all      0.24     0.00      0.26      0.01      0.00       99.49
00:40:01        all      0.26     0.00      0.26      0.00      0.00       99.47
00:50:01        all      0.21     0.00      0.24      0.00      0.00       99.55
01:00:01        all      0.23     0.00      0.24      0.00      0.00       99.52
01:10:01        all      0.27     0.00      0.28      0.00      0.00       99.45
01:20:01        all      0.21     0.00      0.22      0.00      0.00       99.57
01:30:01        all      2.21     0.00      0.48      0.00      0.00       97.31
01:40:01        all      0.24     0.00      0.25      0.00      0.00       99.51
01:50:01        all      1.86     0.00      0.46      0.00      0.00       97.68
02:00:01        all      0.22     0.00      0.25      0.00      0.00       99.53
02:10:01        all      0.26     0.00      0.25      0.00      0.00       99.49
Average:        all      0.52     0.00      0.29      0.00      0.00       99.19

10:34:12        LINUX RESTART
[posein@www ~]$ █
```

◎ CPU 상태 정보를 출력한다.

$ sar 0

◎ 최근 CPU 상태 정보를 1회 출력한다.

$ sar 1 5

◎ 1초 간격으로 5회 출력한다.

$ sar 1 10 -o system

  ◉ 1초 간격으로 10회 출력하고 관련 정보를 system 파일로 저장한다.

$ sar -f system

  ◉ system 파일에 저장된 정보를 화면에 출력한다.

$ sar -f system -e 12:00:00

  ◉ system 파일에 저장된 정보 중에 오후 12시까지 기록된 정보만 출력한다.

$ sar -b

  ◉ 블록 I/O 관련 정보를 출력한다.

$ sar -n ALL

  ◉ 네트워크 관련 장치나 소켓 등의 상태 정보를 출력한다.

$ sar -r

  ◉ 메모리 관련 정보를 출력한다.

$ sar -v

  ◉ 시스템에 의해 사용되고 있는 파일 수, 아이노드 수, 가상 터미널 수 등을 출력한다.

$ sar -w

  ◉ 시스템에 의해 생성된 초당 작업 수 및 문맥 교환(context switching) 수를 출력한다.

$ sar -W

  ◉ 스와핑(Swapping) 상태를 출력한다.

 관련 로그

시스템 자원 관련 정보는 /etc/cron.d/sysstat라는 스크립트가 cron 데몬에 등록되어 /var/log/sa라는 디렉터리 안에 파일로 기록된다. CPU 자원 사용률은 해당 디렉터리에 sa*dd* 형식의 바이너리 파일로 저장된다. dd는 해당 날짜에 뜻해서 sa01 ~ sa31 파일명으로 저장되고, 바이너리 파일이므로 sar –f 옵션을 사용해서 정보를 확인해야 한다. 또한 전체적인 정보는 sar*dd* 형식의 텍스트 파일로 저장된다. sa와 마찬가지로 dd는 해당 날짜를 뜻해서 sar01 ~ sar31 파일로 저장되고, 텍스트 파일이어서 cat 명령 등으로 확인 가능하다.

6 mpstat

CPU 관련 정보를 출력해주는 명령어이다.

◉ 사용법

$ mpstat [option] [간격 [횟수]]

⦿ 주요 옵션

옵션	설명
-P	특정 CPU의 정보를 출력할 때 사용한다. 0, 1과 같은 CPU 번호와 ALL 등의 키워드 사용이 가능하다.
-V	mpstat 명령의 버전 및 기본 정보를 출력한다.

⦿ 출력 정보

항목	설명
%usr	사용자 레벨에서 사용한 CPU의 양을 퍼센트 단위로 출력한다. 보통 응용 프로그램이 해당된다.
%nice	사용자 레벨에서 nice 순위 조절 관련하여 사용한 CPU 양을 출력한다.
%sys	시스템 레벨에서 사용한 CPU의 양을 출력한다. 보통 커널이 이용한 경우가 해당되는데, 하드웨어 인터럽트 및 소프트웨어 인터럽트에 소모된 비율을 제외된다.
%iowait	디스크 I/O 요청한 후에 대기하는데 사용된 CPU 양을 출력한다.
%irq	하드웨어 인터럽트에 사용된 CPU 양을 출력한다.
%soft	소프트웨어 인터럽트에 사용된 CPU 양을 출력한다.
%steal	하이퍼바이저(hypervisor)가 다른 가상 프로세서를 사용하기 위해 소모된 CPU 양을 출력한다.
%guest	가상 CPU 실행에 사용된 CPU 양을 출력한다.
%idle	쉬고 있는 CPU 양을 퍼센트 단위로 출력하는데, Disk I/O 요청과 관련된 CPU 사용량을 포함되지 않는다.

⦿ 사용 예

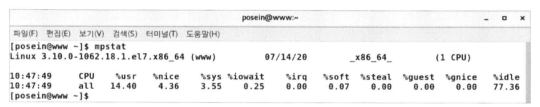

◎ CPU 전체사용량을 기준으로 관련 정보를 출력한다.

$ mpstat -P ALL

◎ 전체 CPU 평균 상태 및 각 CPU별로 관련 정보를 출력한다.

$ mpstat -P ALL 3 5

◎ 전체 CPU 평균 상태 및 각 CPU별 정보를 3초 간격으로 5번 출력한다.

7 pidstat

실행중인 작업들을 PID를 기준으로 CPU 사용량을 출력해주는 명령어이다.

⦿ 사용법

$ pidstat [option] [간격 [횟수]]

주요 옵션

옵션	설명
-u	CPU 사용량 관련 정보를 출력한다.(기본 옵션)
-p	PID 값을 지정할 때 사용한다.
-V	관련 패키지의 정보를 출력한다.

기본 출력 정보

항목	설명
PID	특정 작업의 프로세스 아이디를 나타낸다.
%usr	사용자 레벨에서 사용한 CPU의 양을 퍼센트 단위로 출력한다. 보통 응용 프로그램이 해당된다. NICE 우선순위 변경 및 가상 CPU 실행에 소모된 양은 제외된다.
%system	시스템 레벨에서 사용한 CPU의 양을 출력한다. 보통 커널이 이용한 경우가 해당된다.
%guest	가상 CPU 실행에서 작업에 사용된 CPU 양을 출력한다.
%CPU	작업에 의해 사용된 전체 CPU 양을 출력한다.
CPU	해당 작업에 사용된 CPU의 번호를 출력한다.
Command	특정 작업의 명령 이름을 나타낸다.

사용 예

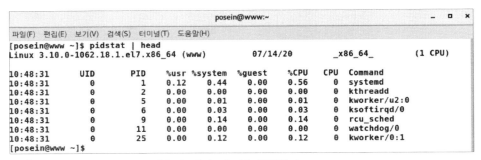

⊙ PID를 기준으로 CPU 사용량 관련 정보를 출력한다.

$ pidstat - p 6545

⊙ PID가 6545인 작업의 관련 정보를 출력한다.

$ pidstat 3 5

⊙ 최근 사용된 관련 정보를 3초 간격으로 5번 출력한다.

8 fuser

파일이나 소켓, 파일 시스템을 사용하고 있는 프로세스의 PID 등을 보여 주는 명령으로 옵션에 따라 프로세스의 소유자를 보여주고, 신호를 보내 제어도 할 수 있다. 파일 시스템 영역에서는 사용자가 해당 파일 시스템을 사용 중인 경우 언마운트가 되지 않을 때 확인하고 종료시킬 때 유용하다.

사용법

fuser [option] [디렉토리명]
fuser [option] 포트명/프로토콜명
fuser [option] 포트번호/프로토콜명

주요 옵션

옵션	설명
-l	fuser 명령에서 사용 가능한 시그널 목록을 출력한다.
-v	관련 프로세스 정보를 ps 명령과 유사하게 PID, USER, ACCESS, COMMAND 형식으로 출력한다.
-k	접근하는 해당 파일에 SIGKILL 시그널을 전송한다.
-n	네임 스페이스(name space)를 기존하는 옵션으로 파일명, udp, tcp를 지정할 수 있고, 기본 값은 파일명이다.
-m	마운트된 파일 시스템이나 마운트된 블록 장치 파일에 사용하는 옵션이다.
-V	fuser 명령의 버전을 출력한다.

ACCESS 출력 정보

값	설명
c	현재 디렉터리(current directory)를 뜻하고, 해당 디렉터리 안에 들어와 있는 경우에 출력된다.
e	해당 파일을 실행 중인 경우에 출력된다.
f	해당 파일을 열고 있는 경우에 출력된다. 기본 모드에서는 생략된다.
F	해당 파일을 쓰기 위해 열고 있는 경우에 출력된다. 기본 모드에서는 생략된다.
r	root 디렉터리를 뜻하는데, 장치 파일이나 데몬에서 관련 정보를 확인할 수 있다.
m	메모리 안에 매핑된 파일이나 라이브러리인 경우에 출력된다.

사용 예

```
                              root@www:~
파일(F)  편집(E)  보기(V)  검색(S)  터미널(T)  도움말(H)
[root@www ~]# umount /backup
umount: /backup: target is busy.
        (In some cases useful info about processes that use
        the device is found by lsof(8) or fuser(1))
[root@www ~]# fuser -v /backup
                     USER        PID ACCESS COMMAND
/backup:             root     kernel mount /backup
                     posein     3153 ..c.. bash
[root@www ~]#
```

◎ /backup 디렉터리의 관련 정보를 출력한다. USER는 사용자 아이디, PID는 프로세스 아이디, ACCESS 는 접근 정보, COMMAND는 관련 명령어 정보를 출력한다.

fuser -v /home/*

◎ /home 하위 디렉터리의 관련 정보를 출력한다.

fuser -km /backup

◎ /backup 디렉터리(마운트된 장치 파일)를 사용 중인 프로세스에 SIGKILL 신호를 보낸다.

```
                              root@www:~
파일(F)  편집(E)  보기(V)  검색(S)  터미널(T)  도움말(H)
[root@www ~]# fuser -v 23/tcp
                        USER          PID ACCESS COMMAND
23/tcp:                 root            1 F.... systemd
[root@www ~]#
```

◎ tcp 기반에서 동작하는 23번(telnet) 포트의 관련 정보를 출력한다.

fuser – k n tcp 80

◎ TCP 기반 80번 포트를 사용하는 프로세스를 종료시킨다.

PAM을 이용한 사용자 프로세스 제한

PAM에서 제공하는 파일인 /etc/security/limits.conf을 이용하면 손쉽게 사용자의 프로세스 생성 개수, 동시 접속 수, 메모리 사용량을 제한할 수 있다. root 권한으로 vi 등의 편집기를 이용해서 해당 파일에서 직접 설정하면 된다. 주요 예제 위주로 살펴보도록 한다.

◉ 로그인 수 제한 설정

*   -   maxlogins   3

  ◎ 사용자별 최대 로그인 수를 3개로 제한한다. 4번째 로그인을 시도하면 차단되고 관련 정보는 /var/log/secure 파일에서 확인할 수 있다.

    ● 확인 예

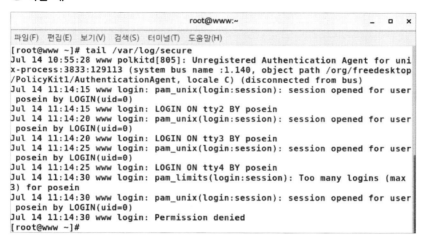

    @insa - maxlogins   5

        ● insa 그룹 사용자들의 최대 로그인 수를 5개로 제한한다.

◉ 생성되는 프로세스 개수 제한

*   hard nproc   20

    ◎ 각 사용자들이 생성할 수 있는 프로세스의 수를 20개로 제한한다.

@admin   soft   nproc   30
@admin   hard   nproc   50

    ◎ admin 그룹에 속한 사용자들이 생성할 수 있는 프로세스의 수를 30개로 제한하고, 최대 50개 이상은 생성할 수 없도록 한다.

◉ 메모리 사용량 제한

* hard rss 5000
  ◉ 사용자들이 이용할 수 있는 최대 메모리 사용량을 5MB로 제한한다.

4.3.2 ▶ ulimit 명령을 이용한 사용자 프로세스 제한

ulimit 명령을 이용해서 시스템 자원에 대해 다양한 사용자 제한을 설정할 수 있다. 리눅스에서 이 명령은 기본 셸인 bash의 내장 명령으로 처리되기 때문에 root를 포함한 모든 사용자에게 적용된다. 명령어 관련 정보는 man bash 명령으로 확인할 수 있다.

◉ 사용법

ulimit [[option] 값]

◉ 주요 옵션

옵션	설명
-H	hard 제한을 설정할 때 사용한다.
-S	soft 제한을 설정할 때 사용한다.
-a	현재 설정된 제한 관련 정보를 출력한다.
-b	최대 소켓 버퍼 크기를 지정한다.
-c	최대 코어 파일 크기를 지정한다.(Blocks)
-d	프로세스의 데이터 세그먼트 크기를 지정한다.
-e	스케줄링 우선순위의 최댓값을 지정한다.(nice)
-f	셸이나 셸의 자식 프로세스에 의해 쓰여 지는 파일의 최대 크기를 지정한다.(Blocks)
-i	보류 시그널(pending signal)의 최대 수를 지정한다.
-l	고정 메모리 주소(locked into memory) 사용의 최대 크기를 지정한다.
-m	최대 메모리 사용량(resident set size)을 지정한다.(KB)
-n	열려지는 파일 디스크립터(file descriptor)의 최대 수를 지정한다.
-p	파이프 크기를 지정한다.(512 bytes)
-q	POSIX 메시지 큐의 크기를 지정한다.(bytes)
-r	실시간 스케줄링 우선순위를 지정한다.
-s	스택 크기를 지정한다.(KB)
-t	초단위의 CPU 최대 시간을 지정한다.(second)
-u	특정 사용자가 생성할 수 있는 최대 프로세스의 개수를 지정한다.
-v	셸에서 사용할 수 있는 가상 메모리의 최대 크기를 지정한다.(KB)
-x	파일 잠금 상태를 만들 수 있는 최대 개수를 지정한다.
-T	쓰레드(thread)의 최대 개수를 지정한다.

사용 예

```
                                        posein@www:/backup
파일(F)  편집(E)  보기(V)  검색(S)  터미널(T)  도움말(H)
[posein@www backup]$ ulimit -a
core file size          (blocks, -c) 0
data seg size           (kbytes, -d) unlimited
scheduling priority             (-e) 0
file size               (blocks, -f) unlimited
pending signals                 (-i) 7873
max locked memory       (kbytes, -l) 64
max memory size         (kbytes, -m) unlimited
open files                      (-n) 1024
pipe size            (512 bytes, -p) 8
POSIX message queues      (bytes, -q) 819200
real-time priority              (-r) 0
stack size              (kbytes, -s) 8192
cpu time               (seconds, -t) unlimited
max user processes              (-u) 4096
virtual memory          (kbytes, -v) unlimited
file locks                      (-x) unlimited
[posein@www backup]$
```

◎ 현재 설정된 관련 정보를 출력한다.

ulimit – Sm

◎ 현재 설정된 최대 메모리 사용량의 소프트 제한 값 정보를 출력한다.

ulimit – Sm 5000

◎ 최대 메모리 사용량 5MB로 제한한다.

ulimit – Sm unlimited

◎ 최대 메모리 사용량의 제한을 없앤다.

ulimit – Su 1000

◎ 사용자가 생성할 수 있는 프로세스 개수의 소프트 제한을 1000으로 설정한다.

ulimit – Hu 10000

◎ 사용자가 생성할 수 있는 프로세스 개수의 하드 제한을 10000으로 설정한다.

ulimit – Sf 50000

◎ 사용자가 생성할 수 있는 파일의 크기를 50M로 제한한다.

일반 사용자에게만 적용하기

ulimit 명령으로 제한을 설정하면 root를 포함한 모든 사용자에게 적용된다. 일반 사용자에게만 적용하려면 /etc/profile의 마지막 부분에 다음과 같은 내용으로 추가해주면 된다.

```
                                        root@www:~
파일(F)  편집(E)  보기(V)  검색(S)  터미널(T)  도움말(H)
[root@www ~]# tail -6 /etc/profile
if [ $LOGNAME != "root" ];
then
     ulimit -Su 100
     ulimit -Sm 5000
     ulimit -Sf 500000
fi
[root@www ~]#
```

프로세스에 의해 열려진 파일의 확인은 lsof 명령을 통해 확인할 수 있다. lsof(LiSt Open Files) 명령은 리눅스뿐만 아니라 AIX, Mac OS, FreeBSD, Solaris 등 다양한 유닉스 시스템에서도 지원한다.

◉ **사용법**

lsof [options] [names]

◉ **주요 옵션**

옵션	설명
-a	선택 옵션들을 AND 연산하여 옵션으로 일반적으로는 OR 연산을 한다.
-c	특정 프로세스가 사용하고 있는 파일들을 보여준다.
-g	프로세스 그룹 아이디(Process Group ID, PGID)를 출력한다.
-i	인터넷 Socket 관련 옵션으로 프로토콜 이름, 호스트와 서비스 이름을 지정해서 실행할 수 있다.
-N	NFS로 연결되어 있는 파일들에 대해서 수행한다.
-U	UNIX domain 내에 있는 모든 Socket들에 대해서 수행한다.
-u	특정 유저가 열고 있는 모든 파일들을 보여준다.
-F	지정한 인자로 필드를 분리해서 출력할 때 사용한다.
-l	사용자명 대신에 UID로 출력한다.
-n	호스트명 대신에 IP 주소(IP address)를 출력한다.
-p	특정 PID를 지정할 때 사용한다.
-P	서비스명 대신에 포트 번호를 출력한다.
-s	파일의 크기를 출력한다.
-r	초 단위로 반복해서 실행할 때 사용하는 옵션으로 기본 값은 15초이다.

◉ **사용 예**

```
[root@www ~]# lsof | head
COMMAND     PID TID     USER  FD     TYPE     DEVICE  SIZE/OFF      NODE NAME
systemd       1          root  cwd     DIR      8,1       262        64 /
systemd       1          root  rtd     DIR      8,1       262        64 /
systemd       1          root  txt     REG      8,1   1624512  18115860 /usr/
lib/systemd/systemd
systemd       1          root  mem     REG      8,1     20064  50502969 /usr/
lib64/libuuid.so.1.3.0
systemd       1          root  mem     REG      8,1    265600  50816049 /usr/
lib64/libblkid.so.1.1.0
systemd       1          root  mem     REG      8,1     90248  50502960 /usr/
lib64/libz.so.1.2.7
systemd       1          root  mem     REG      8,1    157424  50503028 /usr/
lib64/liblzma.so.5.2.2
systemd       1          root  mem     REG      8,1     23968  50503037 /usr/
lib64/libcap-ng.so.0.0.0
systemd       1          root  mem     REG      8,1     19896  50503280 /usr/
lib64/libattr.so.1.1.0
[root@www ~]#
```

◉ 전체 프로세스를 대상으로 사용 중인 파일 정보를 출력한다.

lsof -i

 모든 네트워크 소켓 관련 정보를 출력한다.

lsof -i TCP:22

 TCP 기반 22번 포트를 사용하는 프로세스 정보를 출력한다.

lsof /etc/passwd

 /etc/passwd 파일에 접근하고 있는 프로세스 정보를 출력한다.

lsof -c xinetd

 xinetd 프로세스가 사용하고 있는 파일 정보를 출력한다.

lsof -p 1222

 PID가 1222인 프로세스가 접근하고 있는 파일 정보를 출력한다.

lsof -u posein

 posein 사용자의 프로세스가 열고 있는 파일 정보를 출력한다.

특정 데몬에서 동작 중인 모듈 확인법

최근 데몬 프로그램들이 메모리의 효율적인 사용 등의 이유로 실행되는 프로세스에 특정 기능을 기본적으로 포함시키지 않고, 모듈(라이브러리 형태로 실행)로 제공하는 경우가 늘어나고 있다. 관련 모듈의 사용 여부는 환경 설정 파일에서 모듈 관련 항목의 앞부분에 있는 주석(#)을 제거하고 데몬을 재시작하면 된다. 이 경우 관련 모듈의 동작 여부를 확인 시에 lsof 명령을 사용한다.
예를 들면 rsyslog의 환경 설정 파일인 /etc/rsyslog.conf에서 'MODULES' 영역에 주석 처리되어 있는 immark를 활성화시키려면 해당 줄의 앞부분에 있는 주석(#)을 제거하고 관련 데몬을 재시작한다. 그 후에 관련 모듈의 동작 확인 과정은 다음과 같다.

[사용법]
1 rsyslog 데몬의 PID 확인
  # ps aux |grep rsyslog

2 lsof -p PID로 특정 모듈 동작 확인
  # lsof -p PID |grep immark

3 전체 동작중인 전체 모듈 확인
  # lsof -p PID |grep so

[사용 예]

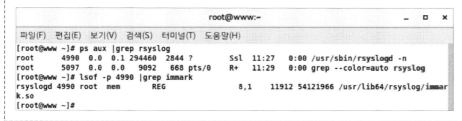

1 접근 제어의 개요 및 종류

접근 제어에는 임의적 접근 제어인 DAC(Discretionary Access Control)과 강제적 접근 제어인 MAC(Mandatory Access Control)이 있다. 표준 리눅스 보안(Standard Linux Security)은 DAC 기반으로 파일과 자원(프로그램이나 프로세스)에 대한 결정권은 오직 해당 객체(object, 파일이나 장치)의 사용자에게 있고, 소유권(Ownership)에 의해 결정된다. 각 사용자와 그 사용자에 의해 실행된 프로그램은 할당된 객체에 대해 전적으로 권한을 갖는다. 이 보안 접근 구조에서는 악의가 있는 일반 혹은 root(Set-UID나 Set-GID가 설정된 파일 포함) 사용자가 실행한 결함 있는 프로그램을 통해 발생한 객체를 막을 수 없으며, 이러한 결함이 시스템 전체에 걸쳐 시행되는 것 또한 막을 수가 없다. 이러한 보안상의 문제점을 최소화하기 위해 등장한 것이 MAC이다. MAC는 프로세스나 객체들을 관리하고 제어할 수 있으며, 단지 인증된 사용자에 의해서가 아니라 이용 가능한 보안 정보에 근거하여 이루어진다.

DAC와 MAC의 비교

DAC(Discretionary Method)	MAC(Mandatory Method)
전통적인 OS의 보안 구조	DAC의 문제점을 보완하기 위해 등장한 방법
사용자 또는 프로그램이 모든 권한을 가짐	사용자 또는 프로그램이 제한적인 권한을 가짐
시스템 보안이 응용 프로그램에 좌우됨	보안정책은 관리자에 의해 세팅되고 시스템에 의해 시행
프로그램은 사용자의 권한을 승계함	프로그램은 별도의 보안정책에 의해 통제됨
root가 모든 권한을 가짐	모든 권한을 갖는root 사용자는 없음

2 SELinux의 개요

SELinux는 오픈 소스인 리눅스 커널의 보안을 강화하기 위해 미국의 NSA(National Security Agency)에 의해 연구된 프로젝트로 2001년 1월 최초로 등장하였다. SELinux의 주목적은 특정 데몬의 버그를 통해 root 권한을 획득하더라도 해당 데몬에만 root 권한을 행사할 뿐 다른 데몬이나 시스템에는 접근이 불가능하도록 하여 시스템의 보안을 강화하는데 있다. 따라서 SELinux는 시스템 해킹에서 보편적으로 쓰이는 취약점이나 exploit을 통해 전체 시스템이 망가지는 것을 방지할 수 있다. 레드햇 리눅스에서는 오픈 버전인 Fedora Core 3에 적극 반영하였고, 커널 2.6 기반으로 만든 정식 사용판인 RHEL(Red Hat Enterprise Linux) 4에서 Linux Security Modules(LSM)로 SELinux를 기본으로 채택한 후에 최근까지 계속적으로 발전시키고 있다.

SELinux는 MAC에 기반을 두고 접근 제어를 한다. 보안 정책을 주체(사용자, 프로세스)나 객체(파일, 디렉터리, 소스)에 대하여 관리 차원으로 규정할 수 있고, 커널에 SELinux를 구현하면 프로세스와 객체를 제어할 수 있다. 또한 권한은 인증된 사용자가 아닌 이용 가능한 보안 관련 정보에 의해 결정된다.

③ Security Context

개요

SELinux는 모든 파일과 프로세스에 보안 문맥(Security Context 또는 Security Label)이라는 것을 설정하여 관리한다. Security Context는 콜론(:)을 필드 구분자로 사용하며 사용자(User), 역할(Role), 유형(Type), 수준(Level)과 같이 4개의 영역으로 구성된다. 파일에 대한 Security Context는 ls 명령의 -Z 옵션으로 확인할 수 있다. Security Context의 수정은 chcon 명령을 사용하고, 기본적인 사용법은 chmod 명령과 유사하다. 파일에 설정된 Security Context는 파일의 아이노드(inode)가 아닌 위치 또는 디렉터리와 연관되고, 파일을 이동하거나 이름 변경 여부에 상관없이 동일하게 유지된다. 또한 Security Context는 확장 파일 시스템(Extended file Attributes) 형태로 지원하는 일부 파일 시스템에서는 이 기능을 지원하지 않는다. 이러한 경우에 커널은 그 파일 시스템의 기본 Security Context를 제공한다. 예를 들면 NFS가 해당되는데, 모든 파일에 대해 "system_u:object:nfs_t"로 표기된다.

◈ Security Context의 확인 예

```
                              posein@www:~
파일(F)  편집(E)  보기(V)  검색(S)  터미널(T)  도움말(H)
[posein@www ~]$ ls -Z /etc/passwd
-rw-r--r--. root root system_u:object_r:passwd_file_t:s0 /etc/passwd
[posein@www ~]$
```

구성

Security Context는 콜론(:)을 필드 구분자로 사용하며 사용자(User), 역할(Role), 유형 (Type), 수준(Level)과 같이 4개의 영역으로 구성되는데, Level을 제외하고는 반드시 기재되어야 한다.

① User

첫 번째 영역은 SELinux User 항목으로 특정 역할을 그룹화할 때 사용할 수 있는데, 보통 "user_u", "system_u", "root"로 표기된다. "user_u"는 시스템에 로그인한 사용자를 나타내고, "system_u"는 부팅 단계에서 발생한 프로세스에 부여되는 사용자를 나타낸다. "root"는 콘솔에서 root 권한으로 로그인한 사용자 같은 SELinux에서의 root 사용자를 나타낸다. 리눅스 설치 시에 생성되는 파일들은 기본적으로 "system_u"로 설정된다.

② Role

두 번째 영역은 역할(Role)을 나타내는데, 프로세스(process)나 도메인(domain)과 관련이 있다. 파일인 경우에는 항상 "object_r"이 부여되는데, 큰 의미가 없다. 프로세스인 경우에는 system_r이나 sysadm_r이 부여되는데, 그룹 보안 유형을 정할 때 사용한다. 관리자는 어떤 종류로 실행할 수 있는지에 대해 정책을 설정할 수 있는데, SELinux에서는 RBAC (Roles Based Access Control)이라고 부른다.

❸ Type

세 번째 영역은 유형(Type)을 나타내는데, 특정 파일 또는 프로세스에 어떠한 주체 (subject, 프로세스가 해당)가 접근할 수 있는지를 결정한다. SELinux의 Security Context 에서 가장 중요한 부분으로 정책 규칙의 대부분이 대상 유형에 대해 어떠한 주체가 접근할 수 있는지를 설정하는 것이다.

❹ Level

네 번째 영역은 MLS(Multilevel Security)라고 부르는데, SELinux에 처음 적용되었던 Fedora Core 4 버전이나 RHEL 4에서는 지원하지 않고 Fedora Core 5 버전부터 지원하였다. 최근 버전에는 MCS(Multi Category System)라는 필드가 추가되면서 'sensitivity: category-set'으로 나타내고 category가 없이 sensitivity만 표기되고 있다. sensitivity 값은 s0만이 존재하고, category는 c0~c1023까지 사용된다. 관련 정보는 /etc/selinux/ targeted/ setrans.conf에 정의되고, 보통 semanage 명령을 사용해서 제어한다.

※ /etc/selinux/targeted/setrans.conf 파일

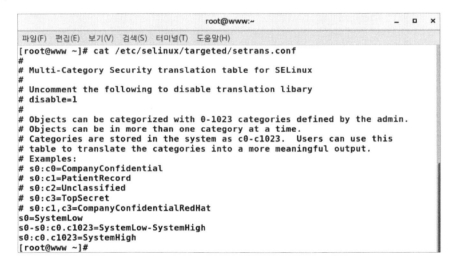

④ SELinux의 구조

① SELinux 환경에서는 리눅스 user와 SELinux user가 각각 존재한다. SELinux user는 SELinux policy의 일부로 관리되고, 리눅스 user는 SELinux user에 매핑되어 관리된다.
② 모든 프로세스와 파일에 Type이다.
③ 프로세스에 부여되는 Type은 보통 Domain을 정의하고, 해당 프로세스는 자신만의 Domain에 서 실행되어 다른 프로세스와 분리된다.
④ SELinux policy는 프로세스와 파일, 프로세스와 프로세스의 상호 작용을 정의하고 SELinux policy rule이 허용하는 경우에만 접근을 허용한다.

⑤ SELinux는 리눅스 커널에 포함되어 동작한다. 특정 프로세스에서 파일을 열거나 보안 관련한 접근이 발생하면 커널 차원에서 프로세스를 가로채어 SELinux policy rule을 참조하여 접근을 통제한다.

⑥ SELinux에서 접근을 허용하거나 금지하는 결정(decisions)은 캐싱(Caching)되는데, 이것을 AVC(Access Vector Cache)라고 한다. 이 캐시를 이용하여 접근 여부 결정 단계가 신속하게 처리되어 성능을 향상시킨다.

5 SELinux의 적용

◉ 개요

CentOS 7 버전인 경우에 SELinux는 설치와 동시에 자동으로 적용된다. 리눅스 설치 후에는 X-window 상에서 system-config-selinux라는 GUI 도구를 이용하여 설정할 수 있다. SELinux 사용유무를 터미널 셸상에서 제어하려면 setenforce 명령을 이용하거나 정책이 저장되는 /etc/selinux/config(또는 /etc/sysconfig/selinux) 파일을 vi 편집기 등을 이용하여 설정하면 된다. 단 setenforce 명령을 실행과 동시에 설정되고, 해당 파일은 부팅 시에 읽어 들여서 적용된다. 세부적인 정책을 조율하려면 X-window상에서 동작하는 GUI 툴을 사용하는 것이 가장 편리하다.

◉ system-config-selinux

X-window에서만 사용 가능한 유틸리티로 RHEL 4에서 사용했던 system-config-securitylevel이라는 명령을 대체하여 RHEL 5 버전부터 사용되고 있다. SELinux 기본 정책 설정이 가능하고, Targeted 정책에서 특정기능은 불(Boolean)대수를 사용하여 제어한다. 참고로 이 도구를 사용하려면 policycoreutils-gui 패키지를 설치해야 한다.

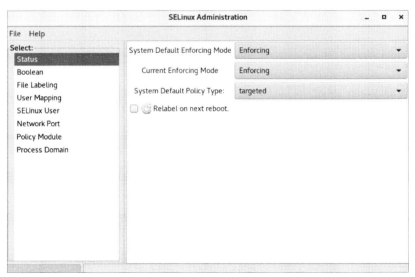

system-config-selinux 실행 예(CentOS 7)

setenforce 명령 사용

셸 상에서는 setenforce 명령을 이용하여 SELinux의 기본 정책 유형을 설정할 수 있다. Enforcing 모드로 설정하는 경우에는 'setenforce enforcing' 하거나 'setenforce 1'하면 되고, permissive 모드로 설정하는 경우에는 'setenforce permissvie' 또는 'setenforce 0'이라고 하면 된다. setenforce 명령은 SELinux의 정책을 즉시 반영하며, 재부팅하면 초기화된다. 참고로 현재 설정된 SELinux 정책은 getenforce 명령으로 확인할 수 있다. 자세한 사용법은 "SELinux 관련 명령어 항목"에서 설명하도록 한다.

getsebool, setsebool 명령 사용

셸 상에서 setenforce 명령은 SELinux의 사용 유무를 결정하는 명령어이고, getsebool 및 setsebool 명령어는 SELinux가 활성화되어 있을 경우 세부 항목을 확인하고 설정하는 명령어이다. GUI 기반인 system-config-selinux 대신에 사용할 수 있다. 자세한 사용법은 "SELinux 관련 명령어 항목"에서 설명하도록 한다.

/etc/sysconfig/selinux 파일 설정

SELinux의 기본적인 정책이 저장되는 파일로 이 파일에 대한 심볼릭 링크 파일이 /etc/sysconfig/selinux이다. 이 파일은 시스템 부팅 시에 읽어 들여지므로 지속적인 정책 설정을 원한다면 이 파일에 설정하는 것이 좋다.

```
root@www:~                                          _  □  ×
파일(F) 편집(E) 보기(V) 검색(S) 터미널(T) 도움말(H)
[root@www ~]# cat /etc/sysconfig/selinux

# This file controls the state of SELinux on the system.
# SELINUX= can take one of these three values:
#     enforcing - SELinux security policy is enforced.
#     permissive - SELinux prints warnings instead of enforcing.
#     disabled - No SELinux policy is loaded.
SELINUX=enforcing
# SELINUXTYPE= can take one of three values:
#     targeted - Targeted processes are protected,
#     minimum - Modification of targeted policy. Only selected processes are protected.
#     mls - Multi Level Security protection.
SELINUXTYPE=targeted


[root@www ~]#
```

이 파일의 설정 항목에는 SELINUX와 SELINUXTYPE이 있다. SELINUX 항목의 값에는 enforcing, permissive, disabled가 있다. enforcing은 SELinux의 정책을 커널에 적용하는 것이고, permissive는 정책들을 체크해서 경고 메시지를 출력한다. disabled는 SELinux를 커널에 적용되지 않도록 설정하는 것이다. SELINUXTYPE은 정책 유형을 나타내는데, 설정 값에는 targeted와 mls가있다. targeted는 특정 데몬들만 목표 정책을 통해 제한하는 것이고, mls는 시스템 전체 프로세스에 대해 제한을 두는 설정으로 전문적인 지식이 없는 사용자에게는 많은 어려움이 따르고, 시스템에 따라 커널 패닉(kernel panic)이 발생할 수 있으니 주의해야 한다.

6 SELinux 관련 명령어

⚇ getenforce

현재 시스템에 설정된 SELinux 모드 상태를 출력해주는 명령이다.

◉ 사용법

$ getenforce

◉ 사용 예

◎ SELinux가 동작중인 상태를 확인할 수 있다.

⚇ setenforce

동작 중인 SELinux의 모드를 변경하는 명령으로 Enforcing 또는 Permissive, 1 또는 0 값으로 지정이 가능하다. disabled는 시킬 수 없고, 재부팅 시에는 명령행에서 설정한 값은 초기화된다.

◉ 사용법

\# setenforce [1 | 0]
\# setenforce [enforcing | permissive]

◉ 사용 예

\# setenforce 0
◉ SELinux 정책을 Permissive로 전환한다. 'setenforce permissive' 명령과 같다.

\# setenforce 1
◉ SELinux 정책을 Enforcing으로 전환한다. 'setenforce enforcing' 명령과 같다.

⚇ sestatus

SELinux 상태 정보를 출력하는 명령이다. 아울러 /etc/sestatus.conf 파일에 등록한 파일이나 프로세스의 Security Context도 출력한다.

◉ 사용법

\# sestatus [option]

◉ 주요 옵션

옵션	설명
-v	/etc/sestatus.conf 파일에 등록한 파일 및 프로세스의 Security Context 정보를 출력한다.
-b	Boolean 정보를 출력한다.

사용 예

```
                                          root@www:~
파일(F)  편집(E)  보기(V)  검색(S)  터미널(T)  도움말(H)
[root@www ~]# sestatus
SELinux status:                  enabled
SELinuxfs mount:                 /sys/fs/selinux
SELinux root directory:          /etc/selinux
Loaded policy name:              targeted
Current mode:                    enforcing
Mode from config file:           enforcing
Policy MLS status:               enabled
Policy deny_unknown status:      allowed
Max kernel policy version:       31
[root@www ~]#
```

◎ SELinux 상태 정보를 출력한다.

sestatus -v

◎ SELinux 기본 상태 정보 및 /etc/sestatus.conf 파일에 등록된 파일 및 프로세스에 대한 정보도 출력한다.

sestatus -b

◎ SELinux 기본 상태 정보 및 Boolean 항목 정보도 출력한다.

● semanage

SELinux policy를 관리해주는 도구이다. 이 명령은 policycoreutils-python 패키지를 설치해야만 사용 가능하다.

● 사용법

semanage [항목] [option]

● 항목

지정 가능한 항목에는 boolean, user, login, module, port, interface, node, fcontext, permissive, dontaudit 등이 있다.

● 주요 옵션

옵션	설명
-l, --list	관련 목록을 출력한다.
-a, --add	관련 정보를 추가한다.
-d, --delete	관련 정보를 삭제한다.
-m, --modify	수정할 때 사용한다.
-r, --range	MLS/MCS Security Range를 지정할 때 사용한다.
-s, --seuser	SELinux user 명을 지정할 때 사용한다.

● 사용 예

semanage user -l

◎ SELinux User 목록을 출력한다.

```
                              root@www:~                        _  □  ×
파일(F)  편집(E)  보기(V)  검색(S)  터미널(T)  도움말(H)
[root@www ~]# useradd -Z user_u lin2
[root@www ~]# semanage login -l

Login Name            SELinux User          MLS/MCS Range          Service

__default__           unconfined_u          s0-s0:c0.c1023         *
lin2                  user_u                s0                     *
root                  unconfined_u          s0-s0:c0.c1023         *
system_u              system_u              s0-s0:c0.c1023         *
[root@www ~]#
```

◉ lin2이라는 계정을 추가하고 이 사용자를 user_u라는 SELinux user로 매핑시킨다. 그 후에 리눅스 user와 SELinux user의 매핑 정보를 출력한다.

semanage user - m - r s0-s0:c0.c1023 user_u

◉ SELinux user인 user_u의 MLS/MCS Range를 수정한다.

semanage login - m - s user_u - r s0-s0:c0.c1023 joon

◉ 리눅스 user인 joon을 SELinux userd인 user_u로 설정하고 MLS/MCS Range를 수정한다.

semanage boolean - l

◉ SELinux 불 항목에 대한 상태 정보, 설명을 출력한다.

semanage fcontext - a - t httpd_sys_content_t /etc/posein.txt

◉ /etc/posein.txt의 Type Context를 httpd_sys_content_t로 정보를 추가한다. 이 정보는 /etc/selinux/targeted/contexts/files/file_contexts.local 파일에 등록된다.

semanage fcontext - d - t httpd_sys_content_t /etc/posein.txt

◉ /etc/posein.txt에 설정한 Type Context 관련 정보를 삭제한다.

⚙ getsebool

SELinux의 boolean 값을 확인할 때 사용하는 명령이다.

◔ 사용법

getsebool [option] [boolean]

◔ 주요 옵션

옵션	설명
-a	SELinux의 모든 Boolean 항목 정보를 출력한다.

◔ 사용 예

getsebool -a

◉ 모든 Boolean 항목 정보를 출력한다.

getsebool ftp_home_dir

◉ ftp_home_dir 항목의 Boolean 정보를 출력한다.

setsebool

SELinux의 boolean 값을 설정할 때 사용하는 명령어이다. 보통 boolean 항목 뒤에 on/off로 설정한다.

🌀 사용법

setsebool [option] boolean on
setsebool [option] boolean off

🌀 주요 옵션

옵션	설명
−P	이 옵션을 사용하면 재부팅한 후에도 계속적으로 설정한 값이 적용된다.

🌀 사용 예

setsebool ftp_home_dir on
  - ◉ 일반 사용자들이 ftp 서버를 통한 홈 디렉터리 접근을 허가한다.

setsebool ftp_home_dir off
  - ◉ 일반 사용자들이 ftp 서버를 통한 홈 디렉터리 접근을 불허한다.

setsebool − P ftp_home_dir on
  - ◉ 일반 사용자들이 ftp 서버를 통한 홈 디렉터리 접근을 허가하고, 재부팅한 후에도 적용되도록 한다.

chcon

파일의 Security Context를 변경하는 명령이다.

🌀 사용법

chcon [option] CONTEXT 파일명

🌀 주요 옵션

옵션	설명
−u, −−user=USER	Security Context의 User를 설정한다.
−r, −−role−ROLE	Security Context의 Role을 설정한다.
−t, −−type=TYPE	Security Context의 Type을 설정한다.
−l, −−range=RANGE	MLS/MCS RANGE Context를 설정한다.
−−reference=RFILE	RFILE의 Security Context 값을 참고하여 설정한다.
−v, −−verbose	변경되는 정보를 자세히 출력한다.
−R, −−recursive	특정 디렉터리의 하위에 있는 모든 파일이나 디렉터리를 한 번에 설정할 때 사용한다.

🌀 사용 예

chcon -u root a.txt
  - ◉ a.txt 파일의 User Context를 root로 설정한다.

chcon -t httpd_sys_content_t index.html

⊙ index.html 파일의 Type Context를 httpd_sys_content_t로 설정한다.

chcon --reference=/var/www/html index.html

⊙ /var/www/html에 설정된 Security Context 값을 index.html에 설정한다.

chcon -l s0-s0:c0.c1023 /home/joon

⊙ /home/joon 디렉터리의 MLS/MCS RANGE 값을 설정한다.

⚜ restorecon

Security Context을 기본 값으로 설정해주는 명령이다. 이 명령은 /etc/selinux/targeted/
contexts/files 디렉터리 내에 있는 파일들에서 관련 정보를 가져오고, 보통 'semanage
fcontext'로 설정한 뒤에 사용하면 유용하다.

◉ 사용법

restorecon [option] 파일명

◉ 주요 옵션

옵션	설명
-v	Security Context가 변경되는 정보를 출력해준다.
-R, -r	특정 디렉터리의 하위에 있는 모든 파일이나 디렉터리를 한 번에 설정할 때 사용한다.

◉ 사용 예

```
                              root@www:~                          _  □  ×
파일(F)  편집(E)  보기(V)  검색(S)  터미널(T)  도움말(H)
[root@www ~]# touch /etc/posein.txt
[root@www ~]# ls -Z /etc/posein.txt
-rw-r--r--. root root unconfined_u:object_r:etc_t:s0   /etc/posein.txt
[root@www ~]# semanage fcontext -a -t httpd_sys_content_t /etc/posein.txt
[root@www ~]# ls -Z /etc/posein.txt
-rw-r--r--. root root unconfined_u:object_r:etc_t:s0   /etc/posein.txt
[root@www ~]# restorecon -v /etc/posein.txt
restorecon reset /etc/posein.txt context unconfined_u:object_r:etc_t:s0->un
confined_u:object_r:httpd_sys_content_t:s0
[root@www ~]# ls -Z /etc/posein.txt
-rw-r--r--. root root unconfined_u:object_r:httpd_sys_content_t:s0 /etc/pos
ein.txt
[root@www ~]#
```

⊙ semanage fcontext로 관련 정보를 등록한 후에 사용하면 유용하다. 한 번 등록하면 해당 파일을
삭제 후에 다시 설정 가능하다.

7 SELinux의 적용 예

① SELinux 기본 정책은 거부이므로 별도의 허용하지 않으면 파일이나 프로세스 접근이 거부된다.
② SELinux는 리눅스 user를 제한할 수 있어서, 리눅스 user를 SELinux의 user_u로 매핑하면
set-UID 응용 프로그램의 실행을 제한할 수 있다. 따라서 su나 sudo 같은 명령을 실행할 수
없게 된다.

③ 각각의 프로세스가 자신만의 Domain에서 실행되므로 침입자가 HTTP Server의 취약점을 이용해 침입하였다고 하더라도 사용자의 홈 디렉터리 파일은 접근할 수 없게 된다.

8 SELinux 관련 에러 발생 시 대처법

SELinux의 제한을 받는 데몬들의 서비스 작동 시 정상적으로 작동되지 않는 경우가 있다. 이 경우에는 관련 로그를 검사해야 한다. 초기 버전에서는 /var/log/messages에 기록하였으나 최근 배포판 리눅스에서는 /var/log/audit/audit.log 파일에 기록된다. SELinux 관련 로그는 avc로 나타나므로 이 부분을 찾아 관련 내용을 살펴본 후에 적절한 조치를 취하면 된다.

🌑 관련 로그

```
                              root@www:~                          _  □  ×
파일(F)  편집(E)  보기(V)  검색(S)  터미널(T)  도움말(H)
[root@www ~]# grep avc /var/log/audit/audit.log | tail -3
type=USER_AVC msg=audit(1594695644.055:399): pid=2234 uid=0 auid=0 ses=1 su
bj=unconfined_u:unconfined_r:unconfined_dbusd_t:s0-s0:c0.c1023 msg='avc:  r
eceived policyload notice (seqno=5)  exe="/usr/bin/dbus-daemon" sauid=0 hos
tname=? addr=? terminal=?'
type=USER_AVC msg=audit(1594695644.056:400): pid=2074 uid=0 auid=0 ses=1 su
bj=unconfined_u:unconfined_r:unconfined_dbusd_t:s0-s0:c0.c1023 msg='avc:  r
eceived policyload notice (seqno=5)  exe="/usr/bin/dbus-daemon" sauid=0 hos
tname=? addr=? terminal=?'
type=USER_AVC msg=audit(1594695644.057:401): pid=781 uid=81 auid=4294967295
 ses=4294967295 subj=system_u:system_r:system_dbusd_t:s0-s0:c0.c1023 msg='a
vc:  received policyload notice (seqno=5)  exe="/usr/bin/dbus-daemon" sauid
=81 hostname=? addr=? terminal=?'
[root@www ~]#
```

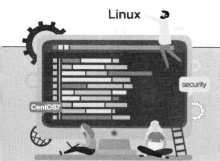

Chapter **05**

소프트웨어
설치 및 관리

5.1 프로그램 설치의 개요

5.1.1 프로그램 설치의 개요

리눅스에 사용되는 프로그램은 리눅스가 공개 소프트웨어라는 특징과 유닉스의 영향으로 C언어로 된 소스(Source) 파일을 tar로 묶은 후에 압축하여 배포된다. 소스 프로그램은 GNU 웹 사이트나 관련 프로그램 사이트에서 무료로 배포되고, 압축 도구에 따라 tar.Z, tar.gz, tar.bz2, tar.xz 등으로 파일 명에 덧붙여진다. 이렇게 배포되는 프로그램들은 대부분 C언어로 작성된 프로그램의 소스코드를 계층 적인 디렉터리 구조로 만들고, 소스 컴파일을 위한 Makefile과 관련 문서들을 포함시킨다. 소스 코드를 비롯하여 컴파일 도구, 관련 문서 등이 포함되어 있어서 전문가 수준의 사용자인 경우에는 원하는 부분을 수정하고 문서를 참고해가면서 유용하게 사용할 수 있으나, 초보자에게는 쉬운 방법은 아니었 다. 소스로 제공되는 프로그램을 설치하기 위해서는 먼저 압축을 풀어야 하고, 디렉터리 이동 후 configure, make, make install의 작업을 거쳐야 한다. 특히, configure의 작업은 사용자의 입맛에 맞게 다양한 환경 설정이 가능하지만, 방법을 모르는 경우에는 설치조차 하기 힘든 상황이 발생하게 된다. 따라서 리눅스 배포판에서는 쉬운 프로그램의 설치, 삭제, 관리 등을 위해 독자적인 패키지 관 리 기법을 만들었는데 레드햇의 RPM, 데비안(Debian)의 dpkg, 수세(SuSE)의 YaST 등이 이에 해당 한다. 최근에는 각각의 리눅스 배포판들이 온라인 기반으로 시스템에서 패키지를 손쉽게 설치, 제거 업데이트 등을 지원하고 있는데 정리해보면 다음과 같다.

❀ **배포판별 패키지 관리 기법**

배포판	기본 패키지 관리 기법	온라인 패키지 관리 기법
레드햇 계열	RPM	YUM
데비안 계열	Dpkg	apt-get
수세 계열	YaST	zypper

5.1.2 소스 파일을 이용한 설치

1 소스 설치법의 개요

리눅스에서 소스 프로그램을 설치하기 위해서는 보통 '압축 풀기 → 디렉터리 이동 → configure

→ make → make install'의 5단계를 거친다. 따라서 tar를 비롯한 압축 도구, GNU C 컴파일러인 gcc, 의존성 검사 도구인 make 등의 응용 프로그램이 필요하다.

✺ 소스 설치의 주요 3단계

설치단계	설명
configure	소스 프로그램의 환경 설정을 하는 스크립트이다. tar.gz 등으로 제공되는 것은 대부분 프로그램 소스이기 때문에 사용자의 환경에 맞게 수정이 필요하다. 그러나 사용자들의 대부분 프로그래머가 아니기 때문에 쉽게 수정할 수 없다. configure는 사용자들이 자신의 환경에 맞도록 손쉽게 수정하도록 제공되는 스크립트이다. 이 스크립트는 대부분 소스 코드의 최상위 디렉터리에 존재한다. 사용자는 이 스크립트를 수정하거나 특별히 설정할 필요는 없다. 이 스크립트는 성공적인 컴파일을 하기 위해 필요한 컴파일러, 라이브러리, 유틸리티, 기타 정보를 시스템에서 찾아낸다. 이 스크립트는 이 정보를 이용해 사용자 시스템에 적당한 소프트웨어 패키지가 생성되도록 Makefile을 만든다.
make	make는 대상 프로그램을 파생시키는 방법을 지정하는 Makefile이라는 파일을 읽음으로써 소스 코드에서 실행 가능한 프로그램과 라이브러리를 자동으로 빌드하는 자동화 도구이다. 보통 configure에 의해 변경된 내용을 반영하고, 타겟(target)과 의존성(dependencies) 관련 작업을 한 후에 최종적으로 실행 파일을 만든다.
make install	컴파일된 실행 파일을 지정한 속성으로 지정된 디렉터리에 설치한다.

✺ 사용 예

[root@www httpd-2.4.29]# ./configure --help
- ⊙ configure로 지원되는 옵션 정보를 출력한다. 아울러 소스 파일의 압축을 풀어서 생성되는 디렉터리는 PATH에 등록되어있지 않으므로 configure 사용 시에는 반드시 앞부분에 './'를 덧붙여서 실행해야 한다.

[root@www httpd-2.4.29]# ./configure --prefix=/usr/local/apache
- ⊙ 설치되는 디렉터리를 /usr/local/apache로 설정한다.

[root@www httpd-2.4.29]# make
- ⊙ configure에 의해 변경된 내용을 반영하고 컴파일 작업을 진행한 후에 최종적으로 실행 파일을 만든다.

[root@www httpd-2.4.29]# make clean
- ⊙ configure 작업으로 생성된 다양한 파일을 제거한다. configure 재작업하기 전에 실행하면 된다.

[root@www httpd-2.4.29]# make install
- ⊙ 컴파일된 실행 파일을 지정한 속성으로 지정된 디렉터리에 설치한다.

2 cmake(cross platform make system)

✺ cmake의 개요

cmake는 소스 컴파일 시 사용되는 Make의 대체 프로그램으로 멀티플랫폼을 지원하기 위한 목적으로 등장한 오픈소스 프로젝트이다. cmake는 make 과정을 수행하지 않고, 지정한 운영체제에 맞는 make 파일의 생성을 목적으로 하고 있다. cmake를 사용하는 대표적인 프로그램에는

mysql이 있는데, configure와 make 작업을 cmake로 통합해서 설치 가능하다.(자세한 설치법의 예는 '웹 서버 구축' 영역에서 MySQL 소스 설치법으로 대체한다.) 유닉스 계열 운영체제에서 사용되는 make는 특정 시스템에서만 사용가능하나, cmake는 유닉스 계열뿐만 아니라 마이크로소프트 윈도우 계열의 프로그래밍 도구도 지원한다. 관련 정보는 http://www.cmake.org에서 확인할 수 있다.

◉ cmake의 특징

① 소프트웨어 빌드에 특화된 언어로 독자적인 설정 스크립트를 이용한다.
② 유닉스 계열 운영체제, Mac OS X, 윈도우 계열 등 다양한 플랫폼을 지원한다.
- GNU Linux
- POSIX system (AIX, *BSD Systems, HP-UX, IRIX/SGI, MinGW/MSYS, Solaris 등)
- Mac OS X
- Microsoft Windows 95/98/NT/2000/XP 등
③ C, C++, Java, Fortran에 대해서는 자체적으로 의존 관계를 분석할 수 있다.
④ SWIG, Qt, FLTK 등을 지원한다.
⑤ 마이크로소프트 Visual Studio .Net 및 Visual Studio를 지원한다.
⑥ 이클립스(eclipse)용 빌드 파일을 생성할 수 있다.
⑦ 타임스탬프를 통해 파일 내용의 변화를 알 수 있다.
⑧ 평행 빌드(Parallel builds)를 지원한다.
⑨ 크로스 컴파일을 할 수 있다.
⑩ Dart, CTest, CPack 등을 포함한다.

◉ cmake를 채택한 프로젝트

cmake를 채택한 프로젝트에는 KDE, MySQL, LMMS, OpenLieroX, OpenSceneGraph, VTK 등이 있다. 특히, MySQL은 소스 파일로 설치할 때 오랫동안 사용했던 configure 및 make 대신에 cmake로 작업해야 한다.

5.1.3 패키지 파일을 이용한 설치

1 RPM의 개요

레드햇사에서 만든 패키지 관리 기법으로 프로그램을 .rpm 형태의 파일로 배포하고, rpm 명령을 사용하여 손쉽게 설치 및 갱신, 제거, 검증, 질의 등의 관리를 할 수 있다. 배포되는 rpm 파일의 형식은 다음과 같다.

> 패키지이름-버전-릴리즈.리눅스버전.아키텍처.rpm

◉ rpm 파일 구성 설명

구성	설명
패키지 이름	어떤 패키지인지를 알려주는 패키지의 이름을 나타낸다.
버전	패키지의 버전을 의미한다.
릴리즈	한 버전의 패키지를 몇 번 빌드했는지를 알려준다.
리눅스 버전	기준이 되는 리눅스 버전을 나타낸다. 例 fc32(fedora 32), el7(enterprise linux 7), centos 등
아키텍처	패키지가 사용 가능한 시스템을 의미한다. 例 i386, i486, i586, i686: 인텔 x86 호환 계열에 사용 ia64: IA–64(Itanium) x86_64: 최근에 사용하는 표기법으로 x86 계열 64bit CPU용을 나타낸다. alpha: Digital 알파 서버용 ppc: 매킨토시 PowerPC용 ppc64: PowerPC 64bit용 sparc: Sun Microsystem용 s390: IBM s/390용

◉ rpm 파일 예

httpd-2.4.41-5.fc29.x86_64.rpm

⊙ 전형적인 rpm 파일의 형식이다.

httpd-2.4.6-90.el7.centos.x86_64.rpm

⊙ 최근에는 아키텍처 부분에 el7과 centos를 함께 표기하기도 한다.

sendmail-8.12.8-6.i386.rpm

⊙ 초기의 rpm 파일 형식으로 리눅스 버전이 명시되지 않고 배포되었다.

1 tar(tape archive)

tar는 테이프 관련 장치를 이용하여 백업할 때 사용하는 명령이었으나, 현재는 여러 파일들을 하나의 파일로 묶어주는 명령으로 사용한다. 파일로 묶을 때 디렉터리를 지정하면 그 디렉터리의 모든 파일과 서브 디렉터리들까지 함께 묶여진다. 또한, 파일의 속성, 하드링크, 심볼릭링크 등도 보존된다. 유닉스에서 사용되던 tar는 파일로 묶거나 풀어주는 기능만을 할 뿐이지만, 리눅스에서 사용되는 GNU tar는 옵션을 이용해서 파일로 묶거나 풀 때 압축 관련 작업을 동시에 진행할 수 있다. 지원되는 압축 형식에는 compress(tar.Z), gzip(tar.gz), bzip2(tar.bz2), xz(tar.xz) 등이 있다.

◉ 사용법

$ tar [option] [파일명]

    ⊙ 옵션 사용 시 '-' 기호를 사용하지 않아도 되지만, 인자 값(argument)이 있는 옵션을 여러 개 지정하는 경우에는 '-' 기호를 사용해야 한다.

◉ 주요 옵션

옵션	설명
-c	지정한 파일이나 디렉터리를 하나로 묶어 새로운 tar 파일을 생성한다.(--create)
-x	생성된 tar 파일을 푼다.(--extract, --get)
-v	어떤 명령을 실행할 때 대상이 되고 있는 파일들을 보여준다. 예를 들면 c 옵션과 함께 사용하면 묶여지는 동안 파일의 이름을 보여준다.(--verbose)
-f *파일명*	작업 대상이 되는 tar 파일의 이름을 지정한다. 파일명 대신 '-'를 쓰면 표준입출력이 된다.(--file=파일명)
-r	기존의 tar 파일 뒤에 파일을 추가한다.(--append)
-t	tar 파일 안에 묶여 있는 파일의 목록을 출력한다.(--list)
-h	심볼릭 링크가 가리키고 있는 원본 파일을 저장한다.(--dereference)
-C	디렉터리를 변경할 때 사용한다.(--directory=디렉터리명)
-p	파일의 생성되었을 때의 권한을 그대로 유지하게 해준다. root 사용자는 기본적으로 적용되는 옵션이다.(--same-permissions)
-Z	compress 관련 옵션으로 예전 UNIX 계열 표준 압축 파일인 tar.Z에 사용한다.(--compress, --uncompress)
-z	gzip 관련 옵션으로 압축 파일인 tar.gz에 사용한다.(--gzip)
-j	bzip2 관련 옵션으로 압축 파일인 tar.bz2에 사용한다.(--bzip2)
-J	xz 관련 옵션으로 압축 파일인 tar.xz에 사용한다.(--xz)
--delete	생성된 tar 파일에서 특정 파일을 삭제한다.

$ tar cvf posein.tar *.c

- ◉ 현재 디렉터리의 .c로 끝나는 모든 파일을 posein.tar 파일로 묶는데, 진행 결과를 출력한다.

$ tar cf posein.tar posein/

- ◉ posein이라는 디렉터리와 서브 디렉터리의 모든 파일을 posein.tar로 묶는다.

$ tar xvf posein.tar

- ◉ 현재 디렉터리에 posein.tar 파일을 푼다.

$ tar rvf posein.tar jalin.txt yuloje.c

- ◉ 현재 디렉터리에 있는 jalin.txt와 yuloje.c라는 파일을 posein.tar라는 파일에 추가로 묶는다.

$ tar tvf posein.tar

- ◉ posein.tar의 내용을 보여준다.

$ tar zcvf posein.tar.gz *.c

- ◉ 현재 디렉터리에서 .c로 끝나는 모든 파일을 gzip 압축과 동시에 posein.tar.gz 파일로 묶는다.

$ tar zxvf php-4.0.4.tar.gz

- ◉ gzip으로 압축된 php-4.0.4.tar.gz 파일을 푼다.

$ tar jxvf php-5.1.4.tar.bz2

- ◉ bzip2로 압축된 php-5.1.4.tar.bz2 파일을 푼다.

$ tar Jxvf php-5.5.4.tar.xz - C /usr/local/src

- ◉ xz로 압축된 php-5.5.4.tar.xz를 /usr/local/src에 푼다.

2 compress, uncompress

전통적으로 유닉스에서 사용했던 압축 프로그램이지만, 리눅스에서는 압축률이 낮아 현재는 거의 쓰이지 않는다. compress는 압축 명령으로 지정한 파일명 뒤에 .Z가 붙고, uncompress는 압축 해제 명령이다. 참고로 대부분의 리눅스 배포판에서 기본 설치 시에는 제외가 되어있는데, 레드햇 계열 리눅스인 경우에는 ncompress 패키지를 설치하면 사용할 수 있다.

● 사용법

$ compress [option] *파일명*
$ uncompress [option] *파일명*

● 주요 옵션

옵션	설명
-c	표준 출력으로 지정하는 옵션으로 보통은 생략하지만, tar 등과 병행해서 사용 시는 반드시 표기해야 한다.
-v	압축 관련 정보를 출력한다.

사용 예

$ compress text.txt

◎ compress 명령을 옵션 없이 사용하면 기본적으로 파일 이름 뒤에 .Z를 붙여 압축 파일을 생성한다.
text.txt라는 파일은 사라지고 압축 파일인 'text.txt.Z'라는 파일이 생성된다.

$ compress posein.tar

◎ posein.tar 파일을 압축한다. 결과로 'posein.tar.Z'이라는 파일이 생성된다.

$ tar cvf - * | compress > backup.tar.Z

◎ 현재 디렉터리의 모든 파일을 tar로 묶고, compress 압축하여 backup.tar.Z 파일로 저장한다.

$ uncompress -c backup.tar.Z | tar xvf -

◎ backup.tar.Z 파일의 압축을 해제하고 tar로 묶여져 있는 파일들을 현재 디렉터리에 푼다.

❸ gzip, gunzip

gzip(GNU zip)은 GNU에서 만든 압축 프로그램으로 유닉스용 압축 프로그램인 compress를 대체하기 위해 만들어졌다. gzip으로 압축 하면 파일명 뒤에 .gz이 붙고, 압축 해제는 gunzip 명령을 사용한다.

사용법

$ gzip [option] *파일명*
$ gunzip [option] *파일명*

주요 옵션

옵션	설명
-d	압축을 풀 때 사용하는 옵션이다.(−−decompress, −−uncompress)
-1	파일의 압축 시간을 줄인다. 이 옵션을 사용하면 압축은 빠르지만 압축률은 떨어진다.(−−fast)
-9	파일을 최대로 압축한다. 압축률은 좋아지지만 시간이 많이 걸린다.(−−best)
-c	결과를 표준 출력으로 보낼 때 사용한다. tar와 병행해서 작업할 때 사용한다.
-l	압축 파일에 대한 정보를 출력하는 명령이다.(−−list)
-r	대상이 디렉터리인 경우에 하위 디렉터리까지 찾아서 처리한다.(−−recursive)
-v	진행 과정을 이름 및 퍼센트와 함께 자세히 보여준다.(−−verbose)

사용 예

$ gzip posein.tar

◎ gzip 명령으로 posein.tar 파일을 압축한다. posein.tar.gz이라는 파일이 생성된다.

$ gunzip posein.tar.gz

◎ posein.tar.gz 파일의 압축을 푼다. 'gzip -d posein.tar.gz' 명령과 같다.

$ gzip -cd yuloje.tar.gz | tar xvf -
   ◎ yuloje.tar.gz 파일의 압축을 해제 후 tar를 사용하여 현재 디렉터리에 푼다.

$ gzip -l posein.tar.gz
   ◎ 압축 되기전 파일명과 크기, 압축된 크기, 압축률에 대한 정보를 출력한다.

 zcat

gzip 패키지에 같이 들어 있는 명령으로 압축되어 있는 텍스트 파일의 내용을 확인할 때 사용한다.

📋 예 $ zcat posein.txt.gz

4 bzip2, bunzip2

bzip2는 버로우즈-휠러 변환(Burrows-Wheeler transform)이라는 블록 정렬 알고리즘(Block sort text compression algorithm)과 허브만 부호화(Huffman coding)을 사용하여 줄리안 시워드(Julian Seward)가 만든 압축 프로그램이다. gzip보다 압축률은 좋지만 압축시간이 더 걸린다. bzip2로 압축 하면 파일명 뒤에 .bz2이 붙고, 압축 해제는 bunzip2 명령을 사용한다.

◉ 사용법

$ bzip2 [option] *파일명*
$ bunzip2 [option] *파일명*

◉ 주요 옵션

옵션	설명
-d	압축을 풀 때 사용하는 옵션이다.(--decompress)
-1	파일의 압축 시간을 줄인다. 이 옵션을 사용하면 압축은 빠르지만 압축률은 떨어진다.(--fast)
-9	파일을 최대로 압축한다. 압축률은 좋아지지만 시간이 많이 걸린다.(--best)
-c	결과를 표준 출력으로 보낼 때 사용한다. tar와 병행해서 작업할 때 사용한다.
-f	bzip2나 bunzip2 명령을 기본적으로 존재하는 파일 덮어쓰지 않는데, 이 옵션을 사용하면 덮어쓰기를 한다.(--force)

◉ 사용 예

$ bzip2 posein.tar
   ◎ bzip2 명령으로 posein.tar 파일을 압축한다. posein.tar.bz2라는 파일이 생성된다.

$ bunzip2 posein.tar.bz2
   ◎ posein.tar.bz2 파일의 압축을 푼다. 'bzip2 -d posein.tar.bz2' 명령과 같다.

5 xz, unxz

xz는 LZMA2(Lempel-Ziv-Markov chain algorithm)라는 알고리즘을 이용하여 만든 데이터 무손실 압축 프로그램이다. gzip 및 bzip2와 비교하여 매우 높은 압축률을 자랑한다. 높은 압축률로

인하여 최근 공개용 소프트웨어 사이트에서 이 압축 포맷을 사용하여 파일을 배포하고 있다. xz로 압축하면 파일명 뒤에 .xz가 붙고, 압축 해제는 unxz 명령을 사용한다.

◉ 사용법

$ xz [option] *파일명*
$ unxz [option] *파일명*

◉ 주요 옵션

옵션	설명
−z	압축할 때 사용하는 옵션이다. 기본적으로 설정되어 있어서 사용하지 않아도 된다.
−d	압축을 풀 때 사용하는 옵션이다.(−−decompress, −−uncompress)

◉ 사용 예

$ xz posein.tar

◎ xz 명령으로 posein.tar 파일을 압축한다. posein.tar.xz라는 파일이 생성된다.

$ unxz posein.tar.xz

◎ posein.tar.xz 파일의 압축을 푼다. 'xz −d posein.tar.xz' 명령과 같다.

압축 프로그램 비교

최근 공개용 프로그램을 파일로 배포할 때 다양한 압축 포맷으로 제공된다. 커널(kernel)사이트인 http://kernel.org 에서 커널 배포시에 gzip, bzip2, xz 등 3가지 압축 파일로 제공하고 있고, PHP사이트(http://php.net)에서도 역시 3가지 압축 파일로 제공한다. 다음의 그림을 보면 xz로 압축한 파일의 크기가 가장 작은 것을 알 수 있다. 단순 수치로 비교해보면 gzip 압축 파일과 xz 압축 파일의 크기는 대략 6MB 정도 차이가 난다.

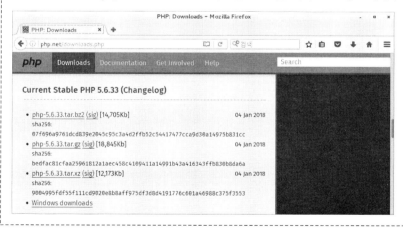

---

6 zip, unzip

zip은 DOS/Windows 계열 운영체제에서 많이 사용되던 압축 프로그램으로 리눅스에서도 zip이라는 명령으로 사용가능하다. zip 명령을 압축하면 파일명 뒤에 .zip이 붙고, 압축해제는 unzip 명령을 사용한다.

◉ 사용법

$ zip [option] *압축파일명 파일명*
$ unzip *압축파일명*

◉ 주요 옵션

옵션	설명
-r	압축 대상이 디렉터리인 경우에 하위 디렉터리를 포함하여 압축한다.

◉ 사용 예

$ zip posein posein.tar

⊙ zip 명령으로 posein.tar 파일을 압축한다. posein.zip이라는 파일이 생성된다.

$ zip - r backup data/

⊙ data라는 디렉터리를 backup이라는 이름으로 압축한다. backup.zip이라는 압축 파일이 생성된다.

$ unzip posein.zip

⊙ posein.zip이라는 압축 파일을 해제한다.

7 gcc(GNU Compiler Collection)

gcc는 GNU 프로젝트에 의해 만들어진 일종의 컴파일러 모음으로 C, C++, Objective-C, Fortran, Java, Ada, Go 등 다양한 프로그래밍 언어를 지원한다. 리눅스 기반에서 가장 손쉽게 이용할 수 있는 C 컴파일러 도구로서 C언어로 작성할 파일을 gcc로 컴파일하면 a.out라는 실행 파일이 생성된다. a.out를 실행할 때 이 파일이 환경 변수 PATH에 등록된 디렉터리에 위치하지 않으면 ./a.out 형태로 실행시켜야 한다.

◉ 사용법

$ gcc [option] 파일명

◉ 주요 옵션

옵션	설명
-o	컴파일할 때 실행 파일의 이름을 지정하는 옵션이다.
-c	링크는 하지 않고 목적 파일만을 만들어 낼 때 사용하는 옵션을 .o 파일을 생성한다.

◉ 사용 예

$ gcc sum.c

⊙ sum.c 파일을 컴파일하여 실행 파일을 생성한다. 특별한 옵션이 없으면 a.out로 생성된다.

$ gcc -o sum sum.c

◎ sum.c라는 파일을 컴파일하여 sum이라는 실행 파일을 생성한다.

$ gcc -c sum.c

◎ sum.c를 컴파일하여 오브젝트 파일을 생성한다. 기본적으로 sum.o로 생성된다.

$ gcc -o LinkedList LinkedList.c Test_LinkedList.c

◎ LinkedList.c 및 Test_LinkedList.c를 컴파일하여 LinkedList라는 실행 파일을 생성한다.

$ gcc -o LinkedList LinkedList.o Test_LinkedList.o

◎ 두 개의 오브젝트 파일을 이용하여 LinkedList라는 실행 파일을 생성한다.

8 make 유틸리티 활용

◉ 개요

리눅스에 사용되는 make는 GNU 프로젝트에 의해 만들어진 프로그램으로 컴파일을 자동화해주는 도구이다. 프로그램의 소스 파일에서 프로그램의 실행 파일 및 기타 비소스(non-source) 파일의 생성을 제어해준다. make는 Makefile(또는 makefile)에서 관련 정보를 가져오는데, 이 파일에는 비소스 파일을 나열하고, 다른 파일을 참고하는 방법에 대한 정보가 기재되어 있다. make는 이 파일의 정보를 토대로 빌드(Build)한다.

◉ 사용법

$ make [option]

◉ 주요 옵션

옵션	설명
-f	Makefile 이외의 다른 파일에서 관련 정보를 참조할 때 사용한다. (--file=파일명, --makefile=파일명)

◉ Makefile

Makefile의 기본 규칙은 맨 왼쪽에 목표 파일(target)을 지정하고 콜론(:)으로 구분한 후에 의존성 있는 파일들을 나열한다. 의존성 있는 파일들은 목표 파일의 생성에 관계되는 모든 파일들을 의미한다. 그 다음 행에는 관련 명령을 기입하면 되는데, 탭(TAB)키 후에 입력하면 된다. 기본적인 구조는 다음과 같다.

◉ 기본 구조

```
목표파일명 : 의존성파일1 의존성파일2 ...
          명령행
          ...
```

◉ 생성 예

```
lin : lin.c
      gcc -o lin  lin.c
```

⊙ 'make lin'이라고 실행하면 된다. 첫 번째 목표파일명인 경우에는 make라고만 입력해도 된다.

◉ 응용 구조

```
TARGET := lin
OBJECT := lin.o
SOURCE := lin.c
$(TARGET) : $(SOURCE)
          gcc -o $(TARGET) $(SOURCE)

clean :
          rm -f $(TARGET) $(OBJECT)
```

⊙ 특정 파일명이 많이 사용되는 경우에는 레이블을 지정할 수 있다. C언어에서 변수 선언하는 것과 유사하다고 생각하면 된다. 기본 선언은 '변수명 := 값' 형식으로 최상단에 지정하고 사용할 때는 '$(변수명)' 형식으로 지정하면 된다. 하단에 clean이라는 타깃을 지정하고 특정 명령을 실행할 수 있다. 'make clean'이라고 실행하면 lin 및 lin.o 파일을 삭제할 수 있다.

◉ 사용 예

```
[posein@www test]$ cat lin.c
#include <stdio.h>

int main()
{
 printf("I love linux\n");
 return 0;
}
[posein@www test]$ vi Makefile
[posein@www test]$ ls
Makefile  lin.c
[posein@www test]$ cat Makefile
lin : lin.c
        gcc -o lin lin.c
[posein@www test]$ make
gcc -o lin lin.c
[posein@www test]$ ls
Makefile  lin  lin.c
[posein@www test]$ ./lin
I love linux
[posein@www test]$
```

⊙ 'I love linux'라는 문자열을 출력하는 lin.c를 작성한 후에 Makefile을 생성한다. make라고 실행하면 lin이라는 실행파일이 생성되는 것을 확인할 수 있다.

● 응용 예

```
$ vi start.c
#include <stdio.h>
int start()
{
    int num;
    printf("Enter a number? ");
    scanf("%d", &num);
    return num;
}
```

```
$ vi end.c
#include <stdio.h>
int end(int num)
{
    int i;
    for ( i=0; i<num; i++)
    printf("I love linux\n");
    return 0;
}
```

```
$ vi main.c
#include <stdio.h>
int start();
int end(int num);
int main()
{
    int n;
    n=start();
    if (!(end(n)))
    printf("Good bye\n");
    return 0;
}
```

```
$ vi Makefile
lin : start.o end.o main.o
        gcc -o lin start.o end.o main.o
start.o : start.c
        gcc -c start.c
end.o : end.c
        gcc -c end.c
main.o : main.c
        gcc -c main.c

clean :
        rm -f *.o lin
```

◎ 현재 디렉터리에 start.c, end.c, main.c, Makefile을 작성한다.

```
[posein@www test2]$ ls
Makefile  end.c  main.c  start.c
[posein@www test2]$ make
gcc -c start.c
gcc -c end.c
gcc -c main.c
gcc -o lin start.o end.o main.o
[posein@www test2]$ ls
Makefile  end.c  end.o  lin  main.c  main.o  start.c  start.o
[posein@www test2]$ ./lin
Enter a number? 3
I love linux
I love linux
I love linux
Good bye
[posein@www test2]$ make clean
rm -f *.o lin
[posein@www test2]$ ls
Makefile  end.c  main.c  start.c
[posein@www test2]$
```

◎ make 명령을 실행하면 실행파일과 오브젝트 파일이 생성되고, make clean을 실행하면 실행 파일 및
오브젝트 파일이 제거된다.

5.2.2 rpm 사용법

① rpm(Red Hat Package Manager) 사용법의 개요

rpm 명령의 사용법은 설치 및 갱신, 제거, 질의, 검증 모드와 소스 rpm(.src.rpm)의 리빌드 (rebuild) 모드 등 총 5가지로 나눌 수 있다.

◉ **사용법**

$ rpm [option] [*패키지_파일명*]

② 설치 및 갱신(install & upgrade) 모드

새로운 패키지를 설치하거나 갱신(upgrade)을 할 수 있다.

◉ **주요 옵션**

옵션	설명
-i	새로운 패키지를 설치할 때 사용한다. 기본적으로 이전 버전의 같은 패키지가 있을 경우 설치가 되지 않는다.(--install)
-U	기존의 패키지를 새로운 버전의 패키지로 업그레이드할 때 사용한다. 만약 설치된 패키지가 없을 경우에도 새로운 버전을 설치할 수 있는데 이 경우에는 -i 옵션과 같다고 볼 수 있다. (--upgrade)
-F	이전 버전이 설치되어 있는 경우에만 설치한다.(--freshen)
-v	메시지를 자세히 보여준다.
-h	설치 상황을 '#' 기호 표시해 준다.(--hash)
--force	기존 버전이 설치되었을 경우처럼 강제로 설치할 때 사용한다. (--oldpackages, --replacefiles, --replacepkgs와 같이 3개의 옵션을 포함한다.)
--nodeps	의존성 관계를 무시하고 설치한다. rpm 설치 시에 의존성 관계에 있는 패키지가 존재하지 않을 경우에는 설치가 되지 않는데, 그런 경우 강제로 설치할 때 사용한다.
-vv	메시지를 아주 자세히 보여준다.
--test	실제로 파일에 기록하는 작업을 제외한 대부분을 테스트할 때 사용한다. 패키지를 실제 설치하기 전에 제대로 설치되는지 테스트해 볼 경우에 사용한다. 보통 -vv와 같이 사용한다.
--rebuilddb	특정한 패키지 설치 후에 rpm 패키지를 검색했으나 나타나지 않을 때 rpm 데이터베이스를 업데이트할 때 사용한다.

◉ **사용 예**

$ rpm -i gftp-2.0.19-fc15.i686.rpm
　◉ 해당 rpm 패키지를 설치한다.

$ rpm -Uvh vsftpd-2.2.2-11.el6_4.1.i686.rpm
　◉ 해당 패키지를 업그레이드 설치해주고, 메시지와 진행상황을 '#' 기호로 출력한다.

$ rpm -Fvh /usr/local/src/*.rpm
　◉ 현재 설치된 패키지만 찾아서 업데이트하고, 메시지와 진행상황을 '#' 기호로 출력한다.

③ 제거(erase) 모드

설치된 패키지를 제거한다. 패키지를 제거할 때는 -e 옵션을 사용하는데, 다른 패키지에 대한 의존성이 발생한 경우에는 제거되지 않는다. 의존성이 발생한 패키지를 제거하기 위해서는 먼저 의존성 관련 패키지를 제거하거나, 추가로 --nodeps 옵션을 지정해야 한다.

● 주요 옵션

옵션	설명
-e	설치된 패키지를 삭제한다. 의존성을 갖는 패키지가 있는 경우에는 삭제되지 않는다.(--erase)
--nodeps	의존성을 갖는 패키지가 존재하는 경우에도 삭제한다.
--test	실제로 제거하지 않고, 테스트를 한다. 보통 -vv 옵션과 함께 사용한다.
--allmatches	동일한 이름을 갖는 패키지가 중복 설치되어 있는 경우에 모두 제거한다.

● 사용 예

$ rpm -e eog

◎ eog라는 패키지를 제거한다. 의존성이 있는 패키지가 존재할 경우에는 제거되지 않는다.

$ rpm -e httpd --nodeps

◎ httpd라는 패키지를 제거하는데, 의존성이 있는 패키지가 존재할 경우에도 제거한다.

④ 질의(query) 모드

패키지 관련 정보를 알아내기 위해 -q 옵션을 사용한다. -q 옵션만 사용하면 패키지 설치 유무나 간단한 버전 정보만 출력한다. 더욱 정확한 정보 출력을 위해서 -i, -a, -l, -d 등의 옵션과 연동해서 쓴다.

```
                              posein@www:~                        _  □  ×
File  Edit  View  Search  Terminal  Help
[posein@www ~]$ rpm -q vsftpd
package vsftpd is not installed
[posein@www ~]$ rpm -q postfix
postfix-2.10.1-6.el7.x86_64
[posein@www ~]$ rpm -qi postfix
Name        : postfix
Epoch       : 2
Version     : 2.10.1
Release     : 6.el7
Architecture: x86_64
Install Date: Wed Jun 28 15:47:01 2017
Group       : System Environment/Daemons
Size        : 12773475
License     : IBM and GPLv2+
Signature   : RSA/SHA256, Fri Jul  4 13:33:15 2014, Key ID 24c6a8a7f4a80eb5
Source RPM  : postfix-2.10.1-6.el7.src.rpm
Build Date  : Tue Jun 10 10:39:36 2014
Build Host  : worker1.bsys.centos.org
Relocations : (not relocatable)
Packager    : CentOS BuildSystem <http://bugs.centos.org>
Vendor      : CentOS
URL         : http://www.postfix.org
Summary     : Postfix Mail Transport Agent
Description :
Postfix is a Mail Transport Agent (MTA), supporting LDAP, SMTP AUTH (SASL),
TLS
[posein@www ~]$ []
```

◈ 주요 옵션

옵션	설명
-q	질의 시에 꼭 사용해야 하는 옵션이다. 패키지를 찾으면 패키지 이름과 버전만 표시한다. (--query)
-i	설치된 패키지의 정보를 출력한다. -p 옵션과 같이 사용하면 rpm 패키지 파일에 대한 정보를 알 수 있다.(--info)
-l	패키지에서 설치한 모든 파일 정보를 출력한다. 역시 -p와 함께 사용하면 rpm 패키지 파일이 설치되는 목록 파일을 알 수 있다.(--list)
-a	시스템에 설치된 모든 패키지목록을 출력한다.(--all)
-p *패키지파일명*	rpm 패키지의 파일에 대한 정보를 보여준다. 이 옵션을 사용하려면 패키지 파일의 정확한 이름을 입력해야 한다.(--package)
-f *파일명*	지정한 파일을 설치한 패키지 이름을 출력한다.(--file)
-c	해당 패키지의 설정 파일이나 스크립트 파일을 출력한다.(--configfiles)
-d	해당 패키지의 문서 파일을 출력한다.(--docfiles)
-R	어떤 패키지에 의존하고 있는지를 보여준다. 즉, 해당패키지가 설치되거나 동작 시에 필요한 패키지 목록을 보여준다.(--requires)
--changelog	특정 패키지의 바뀐 내역을 최근부터 연대순으로 보여준다.
--scripts	설치 및 제거 관련 스크립트를 보여준다.
--filesbypkg	rpm 패키지가 많을 경우 목록으로 보이는 파일 앞에 패키지명을 붙인다.
--queryformat	질의의 결과를 원하는 형태로 출력할 때 쓴다. C언의 printf( ) 함수의 동작 방법과 유사하다.(--qf)

◈ 사용 예

$ rpm -qa
→ 시스템에 설치된 모든 패키지 정보를 출력한다.

$ rpm -qa | grep mail
→ 시스템에 설치된 모든 패키지 중에 mail이라는 문자열이 들어있는 패키지를 출력한다.

$ rpm -qi sendmail
→ sendmail 패키지에 대한 정보를 출력한다.

$ rpm -ql sendmail
→ sendmail 패키지가 설치한 파일 목록을 출력한다.

$ rpm -qc sendmail
→ sendmail 패키지 관련 환경 설정 파일이나 실행 데몬 스크립트를 출력한다.

$ rpm -qf /bin/ls
→ /bin/ls 파일을 설치한 패키지 정보를 출력한다.

$ rpm -qd grub
→ grub 패키지 관련 문서 및 man 페이지 파일 정보를 출력한다.

$ rpm -qR sendmail
- sendmail이 의존하고 있는 패키지 정보를 출력한다.

$ rpm -q --changelog sendmail
- sendmail이 바뀐 내역을 최근부터 연대순으로 보여준다.

$ rpm -q --scripts sendmail
- sendmail의 인스톨 및 언인스톨 관련 스크립트를 보여준다.

$ rpm -qip totem-2.28.6-2.el6.i686.rpm
- 패키지 파일에 대한 정보를 출력한다.

$ rpm -qlp totem-2.28.6-2.el6.i686.rpm
- 패키지 파일에서 설치되는 파일 목록 정보를 출력한다.

$ rpm -qp --filesbypkg *.rpm
- 확인하고자하는 패키지 파일이 많은 경우 각 파일 앞에 패키지 이름을 덧붙여 출력한다.

$ rpm -qa --queryformat "%10{size} %{name}\n"
- 패키지를 사용자가 지정한 형태로 출력한다.

5 검증(Verify) 모드

검증 모드는 rpm 데이터베이스에 저장되어 있는 패키지의 메타데이터(metadata) 정보를 이용하여 변경된 정보를 찾아내는 모드이다. 검증 모드는 -V(--verify) 옵션을 사용하고 파일의 크기, 허가권, 소유권, 파일 형식 등에 대한 변경 정보를 출력한다. 관련 검증 코드는 다음의 표와 같다.

검증 코드

코드	설명
S	파일 크기(File Size) 변경
M	파일 모드(Permission & File Type) 변경
5	메시지 다이제스트(Message Digest) 변경(보통 MD5 값 변경)
D	장치 파일의 메이저 및 마이너 번호 불일치
L	링크 파일 경로 불일치
U	소유자 변경
G	그룹소유권 변경
T	수정시간(Modify Time) 변경
P	권한(Capability) 변경
.	테스트 통과
?	테스트를 수행하지 못했을 경우(예를 들면 허가권 거부 등)

◉ 주요 옵션

옵션	설명
-V	검증 시 사용하는 기본 옵션이다.(--verify)
-a	모든 패키지를 검사할 때 사용한다.

◉ 사용 예

$ rpm - Va

➡ 시스템에 설치된 모든 패키지를 검증한다.

$ rpm - V vsftpd

➡ vsftpd 패키지를 검증한다.

6 리빌드(rebuild) 모드: rpmbuild

rpm 소스 파일인 .src.rpm 파일을 패키지 파일로 만드는 모드로서 rpmbuild라는 명령어를 사용한다.

◉ 사용법

rpmbuild [option] 소스패키지

◉ 주요 옵션

옵션	설명
--rebuild	소스 rpm 파일을 이용해서 rpm 패키지를 생성할 때 사용한다.

◉ 사용 예

rpmbuild --rebuild gftp-2.0.19-8.fc18.src.rpm

➡ root가 실행했을 경우에 /root/rpmbuild 디렉터리 안에 생성한다. 만약 x86_64 기반에서 리빌드 했을 경우 rpm 패키지 파일은 /root/rpmbuild/RPMS/x86_64 디렉터리에 생성된다.

5.2.3 ▶ yum 사용법

1 yum의 개요

yum(Yellowdog Updater, Modified)은 rpm 기반의 시스템에서 패키지를 손쉽게 설치해주고 자동으로 업데이트를 수행하는 명령행 기반의 유틸리티이다. 특히, rpm 패키지 설치 시에 가장 많이 발생하는 의존성 문제를 자동으로 해결해준다. yum은 소프트웨어 저장소(repository)에 관련 패키지들을 모아두고, 네트워크를 통해서 의존성을 검사하여 설치 및 업데이트 등을 수행하다. 데비안 리눅스의 APT(Advanced Packaging Tool)와 유사하다.

② yum 관련 파일 및 디렉터리

yum의 환경 설정 파일은 /etc/yum.conf이고, 설치 및 업데이트를 위한 저장소(repository) 관련
파일들은 /etc/yum.repos.d 디렉터리에 저장된다. 이 디렉터리에는 네트워크 작업용 저장소 파일
인 CentOS-Base.repo, 로컬 시스템에서 CD-ROM이나 DVD-ROM 작업용 저장소 파일인
CentOS-Media.repo 등이 존재한다. CentOS-Base.repo의 주요 항목은 다음의 표와 같다. 마지
막으로 작업과 관련된 정보는 /var/cache/yum/x86_64/7/base 디렉터리에 저장되고, yum 관련
작업의 로그는 /var/log/yum.log에 저장된다.

● 리포지터리 파일의 주요 항목

항목	설명
[base]	yum 패키지 서버의 기본 경로를 설정하는 항목이다.
[updates]	업데이트된 패키지를 위한 경로를 설정하는 항목이다.
[extras]	유용하게 쓸 수 있는 추가 패키지 경로를 설정하는 항목이다.
[centosplus]	존재하는 패키지들의 기능적 확장과 관련 있는 패키지 경로를 설정하는 항목이다.
[contrib]	CentOS 사용자들에 의해 제작된 패키지 경로를 설정하는 항목이다.

```
                                    root@www:~                          _  □  ×
File  Edit  View  Search  Terminal  Help
[root@www ~]# tail /var/log/yum.log
Jul 30 16:03:06 Installed: 1:telnet-0.17-60.el7.x86_64
Jul 30 16:03:15 Installed: 1:telnet-server-0.17-60.el7.x86_64
Jul 30 16:06:57 Installed: 2:xinetd-2.3.15-13.el7.x86_64
Jul 30 16:07:54 Installed: 2:nmap-6.40-7.el7.x86_64
[root@www ~]#
```

③ yum 사용법

● 사용법

yum [option] [command] [*패키지_파일명*]

● 주요 옵션

옵션	설명
-y	모든 질의에 'yes'라고 답한다.(--assumeyes)
-v	자세한 정보를 출력한다.(--verbose)

● command

명령	설명
list [항목]	전체 패키지에 대한 정보를 출력한다. 설치가 되어 있는 경우에는 installed, 업데이트가 가능한 항목은 updates라고 나타난다. 기본 항목 값은 all이고, installed, updates 등의 항목 값을 사용할 수 있다.
info [패키지명]	패키지에 대한 정보를 출력하는 명령이다.

check-update	업데이트가 필요한 패키지를 출력해준다. 'yum list updates'와 같다.
update [패키지명]	패키지를 업데이트할 때 사용한다.
install [패키지명]	패키지를 설치할 때 사용한다. 의존성 관련 패키지도 자동으로 설치해준다.
search [문자열..]	문자열이 포함된 패키지를 찾아준다.
remove 패키지명 erase 패키지명	패키지를 삭제할 때 사용한다.
group list	패키지 그룹에 대한 정보를 출력한다.
group info 패키지그룹명	해당 패키지 그룹명과 관련된 패키지의 정보를 보여준다.
group update 패키지그룹명	지정한 그룹의 패키지를 업데이트 한다.
group install 패키지그룹명	지정한 그룹의 패키지를 설치한다.
group remove 패키지그룹명	지정한 그룹의 패키지를 제거한다.
whatprovides	특정한 파일이나 기능과 관련된 패키지 정보를 검색할 때 사용한다.
clean [값]	yum 관련해서 저장된 정보를 삭제할 때 사용한다. 설정 값에는 all, packages, rpmdb, dbcache 등이 있다.
history [sub-command]	yum 명령을 사용한 작업 이력 정보를 출력한다. 하위 명령어(sub-command)에는 list, info, summary, undo, redo 등이 있고 기본 값은 list이다.

◉ 사용 예

yum list
- ⊕ 전체 패키지에 대한 정보를 출력한다. 기본 값이 'yum list all'이다.

yum list installed
- ⊕ 설치된 패키지에 대한 정보를 출력한다.

yum list updates
- ⊕ 업데이트가 필요한 패키지에 대한 정보를 출력한다. 'yum check-update'와 같은 결과이다.

yum info
- ⊕ 모든 패키지에 대한 정보를 출력한다.

yum info telnet-server
- ⊕ telnet-server 패키지에 대한 정보를 출력한다.

yum update
- ⊕ 전체 패키지를 업데이트할 때 사용한다.

yum update gzip
- ⊕ gzip 패키지를 업데이트할 때 사용한다.

yum install telnet-server

◎ telnet-server 패키지를 설치한다. 의존성 관련 패키지도 자동으로 설치한다.

yum search player music

◎ player과 music이라는 문자열이 들어있는 패키지를 찾아준다.

yum install - y rhythmbox

◎ rhythmbox라는 패키지를 설치하는데, 질의 시 무조건 [y]를 선택한다.

yum remove telnet-server

◎ telnet-server 패키지를 제거한다. 'yum erase telnet-sever' 명령과 동일하다.

yum group list

◎ 패키지 그룹별 설치 정보를 출력한다. 설치된 그룹은 Installed Groups에 표기되고, 설치되는 않은 그룹
은 Avaliable Groups에 표기된다.

yum group info 'High Availability'

◎ 'High Availability'이라는 그룹과 연관된 패키지 정보를 보여준다.

yum group update 'Print Server'

◎ 'Print Server' 그룹의 패키지를 업데이트한다.

yum group install 'CIFS file server'

◎ 'CIFS file server' 그룹의 패키지를 설치한다.

yum group remove Eclipse

◎ Eclipse 그룹에 속한 패키지를 삭제한다.

yum whatprovides portmap

◎ portmap과 관련 있는 패키지 정보를 출력한다.

yum clean all

◎ yum 관련해서 저장된 모든 정보를 삭제한다.

yum history

◎ yum 관련한 작업 이력을 출력한다. 'yum history list' 또는 'yum history list all' 명령과 동일하다.

yum history list 19

◎ ID가 19인 작업의 자세한 작업 정보(Command line)을 출력한다.

yum history undo 20

◎ ID가 20인 작업을 취소한다.

yum history redo 19

◎ ID가 19인 작업을 다시 실행한다.

yum을 이용해서 rpm 패키지 파일 다운로드하기

기본적으로 설치되어 있는 yum-utils라는 패키지에는 yumdownloader라는 명령이 있는데, 이 명령어를 이용하면 rpm 패키지를 다운로드할 수 있다.

예 # yumdownloader --destdir=/usr/local/src vsftpd
   ◎ vsftpd 관련 rpm 파일을 /usr/local/src에 다운로드한다.

 확장 패키지 사용하기

기본 배포판에서 제공되지 않는 기능들은 확장 패키지 관련 리포지터리를 설치하면 사용이 가능하다. 예를 들면 NTFS 파일 시스템을 마운트하는 기능은 기본적으로는 제공되지 않는다. 따라서 관련 패키지의 추가 설치가 요구된다. CentOS 7 버전을 기준으로 설명하면 먼저 확장 기능사용을 위해 EPEL(Extra Packages for Enterprise Linux) repository를 설치해야 한다. EPEL은 레드햇 계열 리눅스인 RHEL(Red Hat Enterprise Linux), CentOS, Scientific Linux, Oracle Linux에서 사용 가능한 확장 패키지 모음으로 Fedora Special Interest Group에서 생성하고 유지 및 관리한다. NTFS를 마운트하기 위해 필요한 패키지는 ntfs-3g인데, 패키지를 추가하고 마운트하는 방법은 순서대로 정리하면 다음과 같다.

① EPEL 리포지터리 설치
   # yum install epel-release

② 관련 패키지인 ntfs-3g를 설치한다.
   # yum install ntfs-3g

③ mount 명령어를 사용해서 마운트한다.
   # mount -t ntfs-3g /dev/sdb1 /mnt
      ◎ 참고로 X 윈도 기반으로 사용하는 경우에는 패키지 설치만 하면 대부분 자동으로 마운트된다.

 Yum 저장소 만들기

리눅스를 설치한 후 패키지를 추가가 필요한 경우에 yum 명령을 이용하면 손쉽게 설치할 수 있다. 그러나 외부 인터넷망을 사용할 수 없는 경우는 yum을 이용한 패키지 설치가 불가하다. 이 때 설치 DVD ISO 파일을 이용해서 로컬 시스템에 저장소(Repository)를 구성할 수 있다. 또한 웹 서버를 구축한 후에 URL 기반으로 저장소를 만들 수도 있다.

1 로컬 저장소(Local Repository) 만들기
   ① 마운트할 디렉터리를 생성한다.
      예 # mkdir /var/iso

   ② ISO 파일을 마운트한다.
      예 # mount -o loop CentOS-7-x86_64-DVD_1804.iso /var/iso

   ③ 저장소(repository) 파일을 생성하고 관련 정보를 등록한다.
      예 # vi /etc/yum.repos.d/local.repo
      [local-repo]
      name=Local Repository
      baseurl=file:///var/iso
      enabled=1
      gpgcheck=0

④ yum 명령을 실행해서 확인해본다.
　　`# yum repolist`

2 웹 서버(Web Server)를 이용한 저장소(Local Repository) 만들기
웹 서버(192.168.5.13)가 구축되어 있는 상태이고 웹 문서가 위치하는 디렉터리가 /var/www/html인 경우에 구성하는 절차는 다음과 같다.

① 마운트할 디렉터리를 웹 디렉터리 안에 생성한다.
　　`# mkdir -p /var/www/html/repos/centos/iso`

② ISO 파일을 마운트한다.
　　`# mount -o loop CentOS-7-x86_64-DVD_1804.iso /var/www/html/repos/centos/iso`

③ yum repository를 생성할 수 있는 패키지를 설치한다.
　　`# yum -y install createrepo`

④ yum repository index를 생성한다.
　　`# cd /var/www/html/repos/centos`
　　`# createrepo  .`

⑤ yum을 사용할 클라이언트 시스템에 저장소(repository) 파일을 생성하고 관련 정보를 등록한다.
　　`# vi /etc/yum.repos.d/centos-web.repo`
　　`[web-repo]`
　　`name=Web Repository`
　　`baseurl=http://192.168.5.13/repos/centos/iso`
　　`enabled=1`
　　`gpgcheck=0`

⑥ yum 명령을 실행해서 확인해본다.
　　`# yum repolist`

5.3 라이브러리(Library) 관리

5.3.1 라이브러리의 개요

라이브러리(Library)란 사전적인 의미로 도서관을 뜻하는데, 도서관은 다수의 사용자가 책을 공용으로 이용할 수 있도록 만든 시설이다. 컴퓨터 프로그램에서도 이와 유사한 개념으로 이용된다. 컴퓨터 분야에서 말하는 라이브러리는 프로그램에서 특정한 기능을 하는 루틴(Routine)들을 모아 놓은 것으로 하나 이상의 서브루틴, 함수(function), 클래스(Class)로 만든다. 프로그램 작성 시에 동일한 기능을 여러 곳에 사용할 경우 반복적인 코드 작성이 필요한데, 이러한 불필요한 코드 작성을 없애기 위해 재사용이 가능한 형태로 만든 것이 라이브러리이다. 이러한 라이브러리들은 프로그램을 개발할 때 사용자의 프로그램과 링크(Link)되어 실행 가능한 형태로 완성된다. 라이브러리는 링크 방식에 따라 정적 링크 라이브러리(Static Link Library)와 동적 링크 라이브러리(Dynamic Link Library)로 분류된다. 일반적으로 사용되는 방식인 정적 링크 라이브러리는 프로그램을 컴파일 할 때 실행 파일에 포함(복사)되어 배포되는 방식이고, 동적 링크 라이브러리는 실행 프로그램에 항상 라이브러리를 포함하는 것이 아니라 필요할 때만 라이브러리를 메모리에 적재하는 방식이다. 정적 라이브러리 방식이 속도가 빠르다는 장점은 있으나 실행 파일의 크기가 커지고 메모리를 많이 차지하게 된다.

운영체제에서도 수많은 명령어(응용 프로그램)가 같은 루틴을 공유하는 것을 공유 라이브러리(Shared Library)라고 한다. 위에서 설명한 것처럼 정적 공유 라이브러리는 컴파일할 때 관련 라이브러리를 프로그램에 넣지만, 동적 공유 라이브러리(Dynamic Shared Library)는 실행 파일 내부에 넣어두지 않고 프로그램을 실행할 때 가져다 사용하므로 메모리의 효율성이 매우 좋다. 따라서 운영체제 입장에서 주로 사용하는 방법이 동적 공유 라이브러리이다. 특히 유닉스 초기에 동적 라이브러리를 이용하여 수많은 명령어에 존재하는 공통적인 부분들을 운영체제의 특정 디렉터리에 포함시켰는데, 이러한 동적 라이브러리를 적극적으로 사용함으로써 디스크의 공간을 효율적으로 사용하는 데에도 기여하였다.

5.3.2 공유 라이브러리 관리

1 공유 라이브러리의 개요

운영체제에서 동일한 라이브러리가 정적으로 링크된 상태로 여러 프로그램이 실행될 경우에는 메모리의 낭비를 초래하게 된다. 이러한 문제를 없애기 위해서 많은 프로그램이 동적 링크를 사용한다. 이러한 프로그램은 동일한 루틴을 이용하지만 파일에 라이브러리 코드가 포함되어 있지 않고 대신 실행 시에만 링크가 된다. 동적 링크는 여러 프로그램이 메모리에서 동일한 라이브러리를 이용할 수 있게 지원하고 실행 파일의 크기도 작게 만든다. 운영체제에서는 많은 응용 프로그램에 동적으로 링크되어 공유되는 라이브러리를 공유 라이브러리(Shared Library)라 부른다.

② 공유 라이브러리의 특징

◈ 의존성

동적으로 링크된 프로그램은 적어도 하나 이상의 공유 라이브러리가 필요하다. 만일 필요한 라이브러리가 존재하지 않거나 찾을 수 없으면 프로그램은 실행되지 않는다. 예를 들면, GNOME 그래픽환경에서 동작하는 응용 프로그램을 실행하려고 할 때 관련된 라이브러리인 GTK+가 설치되어 있지 않으면 실행되지 않는다.

◈ 링크

동적으로 링크된 실행 파일은 실행 시에 공유 오브젝트에 대한 동적 링커인 ld.so에 의해 검사된다. 이 프로그램은 실행 파일을 점검하고 시스템의 공유 라이브러리에 대한 의존성 문제를 해결한다. 만일 ld.so가 지정된 라이브러리를 찾지 못하면 파일은 실행되지 않는다.

③ 공유 라이브러리 관련 디렉터리 및 파일

◈ 개요 및 관련 디렉터리

리눅스 운영체제에서 사용되는 공유 라이브러리는 공유물(shared object)라는 의미로 파일명 뒤에 .so(ld.so*, ld-linux.so* 등)라고 덧붙여져 있다. 공유 라이브러리 파일들의 위치는 전통적으로 /lib와 /usr/lib 디렉터리에 나뉘어져 있었다. /lib 디렉터리에는 ls, mv 등과 같은 기본 명령어 및 시스템과 연관된 라이브러리가 위치하였고, /usr/lib 디렉터리에는 주로 응용 프로그램과 관련된 라이브러리가 위치하였다. 또한 추가적으로 특정 디렉터리의 위치를 라이브러리 관련 디렉터리로 등록하려면 /etc/ld.so.conf 파일을 사용하였다. CentOS 7(RHEL 7) 버전부터는 x86_64용으로만 배포되면서 대부분 공유 라이브러리 파일들을 /lib64 디렉터리 안에 두고 같이 관리하고 있다.

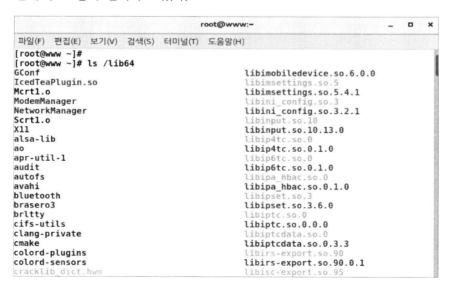

관련 파일

① /etc/ld.so.conf

기본적으로 사용되는 공유 라이브러리 디렉터리인 /lib, /usr/lib, /lib64 이외에 추가로 다른 디렉터리를 등록할 때 사용하는 환경 설정 파일이다. 추가로 등록할 공유 라이브러리 디렉터리를 한 줄씩에 하나씩 명기한 후에 ldconfig라는 명령을 수행해서 관련 정보를 갱신시켜야 한다.

◎ 확인 예

➔ CentOS 7 버전에서는 include 지시자를 이용해서 /etc/ld.so.conf.d 디렉터리 안에 있는 *.conf 파일에 설정된 정보를 추가로 읽어 들인다.

◎ 설정 예

➔ /etc/ld.so.conf 파일에 등록할 라이브러리 경로인 /usr/local/mysql/lib를 추가한 후 ldconfig 명령을 실행한다.

② /etc/ld.so.cache

/lib, /usr/lib 디렉터리뿐만 아니라 /etc/ld.so.conf 파일에 명시한 디렉터리에서 찾을 수 있는 라이브러리 파일 목록 정보를 담고 있는 파일이다.

```
                                    root@www:~
파일(F)  편집(E)  보기(V)  검색(S)  터미널(T)  도움말(H)
[root@www ~]# ls -l /etc/ld.so.cache
-rw-r--r--. 1 root root 85408 Oct 23 11:29 /etc/ld.so.cache
[root@www ~]# file /etc/ld.so.cache
/etc/ld.so.cache: data
[root@www ~]#
```

④ 공유 라이브러리 관련 명령어

● ldconfig

공유 라이브러리 관련 정보를 갱신하고 설정하는 명령으로 주로 변경된 /etc/ld.so.conf 파일의 내용을 갱신할 때 사용한다.

사용법

ldconfig [option] [라이브러리]

주요 옵션

옵션	설명
-p	현재 캐시에 저장되어 있는 공유 라이브러리 목록 정보를 출력한다.
-v	명령 실행과 관련된 자세한 정보를 출력한다.
-f	/etc/ld.so.conf 파일 대신에 다른 환경 설정 파일을 지정할 때 사용한다.

사용 예

ldconfig

◎ /etc/ld.so.conf 파일의 내용을 다시 읽어 들인다. /etc/ld.so.conf 파일의 내용이 갱신된 경우에는 반드시 실행해야 적용된다.

ldconfig -p

◎ 현재 캐시에 저장되어 있는 공유 라이브러리 목록 정보를 출력한다.

ldd

특정 파일이나 프로그램이 의존하고 있는 공유 라이브러리 정보를 출력하는 명령이다.

사용법

$ ldd [option] 파일명

주요 옵션

옵션	설명
-v	관련 라이브러리 정보를 버전 등과 함께 자세히 출력한다.(--verbose)
-f	/etc/ld.so.conf 파일 대신에 다른 환경 설정 파일을 지정할 때 사용한다.

사용 예

```
                              posein@www:~                          _  □  ×
파일(F)  편집(E)  보기(V)  검색(S)  터미널(T)  도움말(H)
[posein@www ~]$ ldd /bin/ls
        linux-vdso.so.1 =>  (0x00007ffc1afa8000)
        libselinux.so.1 => /lib64/libselinux.so.1 (0x00007f428ac7e000)
        libcap.so.2 => /lib64/libcap.so.2 (0x00007f428aa79000)
        libacl.so.1 => /lib64/libacl.so.1 (0x00007f428a870000)
        libc.so.6 => /lib64/libc.so.6 (0x00007f428a4a3000)
        libpcre.so.1 => /lib64/libpcre.so.1 (0x00007f428a241000)
        libdl.so.2 => /lib64/libdl.so.2 (0x00007f428a03d000)
        /lib64/ld-linux-x86-64.so.2 (0x00007f428aea5000)
        libattr.so.1 => /lib64/libattr.so.1 (0x00007f4289e38000)
        libpthread.so.0 => /lib64/libpthread.so.0 (0x00007f4289c1c000)
[posein@www ~]$ ldd /bin/cp
        linux-vdso.so.1 =>  (0x00007ffd65973000)
        libselinux.so.1 => /lib64/libselinux.so.1 (0x00007f3c85e25000)
        libacl.so.1 => /lib64/libacl.so.1 (0x00007f3c85c1c000)
        libattr.so.1 => /lib64/libattr.so.1 (0x00007f3c85a17000)
        libc.so.6 => /lib64/libc.so.6 (0x00007f3c8564a000)
        libpcre.so.1 => /lib64/libpcre.so.1 (0x00007f3c853e8000)
        libdl.so.2 => /lib64/libdl.so.2 (0x00007f3c851e4000)
        /lib64/ld-linux-x86-64.so.2 (0x00007f3c8604c000)
        libpthread.so.0 => /lib64/libpthread.so.0 (0x00007f3c84fc8000)
[posein@www ~]$
```

◎ 특정 명령어가 의존하고 있는 공유 라이브러리를 출력한다.

```
# ldd  -v  /bin/cp
```
　◎ cp 명령어가 의존하고 있는 공유 라이브러리 정보를 버전 등과 같이 자세히 출력한다.

5 공유 라이브러리 관련 환경 변수

공유 라이브러리 관련 환경 변수에는 LD_LIBRARY_PATH가 있다. 특정 프로그램 실행 시 라이브러리 등록이 필요하면 이 변수에 디렉터리 경로를 등록하면 된다.

◉ 사용 예

```
                                    root@www:~
파일(F)  편집(E)  보기(V)  검색(S)  터미널(T)  도움말(H)
[root@www ~]# LD_LIBRARY_PATH=/usr/local/mysql/lib
[root@www ~]# export LD_LIBRARY_PATH
[root@www ~]# echo $LD_LIBRARY_PATH
/usr/local/mysql/lib
[root@www ~]#
```

　◎ 명령행에서 한 줄로 'export LD_LIBARARY_PATH=/usr/local/mysql/lib' 형식으로 입력해도 된다. 해당 설정을 계속적으로 이용하려면 /etc/profile이나 ~/.bash_profile에 등록해야 한다.

관련 보안

공개 소프트웨어의 소스 파일 검증

대부분의 공개 소프트웨어들은 무료이고 소스 파일 형태로 배포되어서, 해커들이 백도어(Backdoor)와 같은 악의적인 코드를 삽입하여 실제 배포되는 이름과 동일하게 유포시키는 경우가 있다. 이러한 문제점을 해결하기 위해 공인된 사이트에서는 정상적으로 배포된 파일임을 증명하기 위한 검증이 요구된다. 대표적인 공개 소프트웨어인 아파치(apache), PHP, MySQL 등은 배포되는 소스 파일 검증을 위해 MD-5 및 SHA 해시 알고리즘을 사용한다.

아파치의 소스 파일 검증에 사용되는 해시 알고리즘

Apache HTTP Server 2.4.43 (httpd): 2.4.43 is the latest available version

The Apache HTTP Server Project is pleased to announce the release of version 2.4.43 of the Apa 2.4.x branch of Apache HTTPD and represents fifteen years of innovation by the project, and is re

For details, see the Official Announcement and the CHANGES_2.4 and CHANGES_2.4.43 lists.

- Source: httpd-2.4.43.tar.bz2 [PGP] [SHA256]
- Source: httpd-2.4.43.tar.gz [PGP] [SHA256]

PHP의 소스 파일 검증에 사용되는 해시 알고리즘

Current Stable PHP 7.4.8 (Changelog)

- php-7.4.8.tar.bz2 (sig) [12,427Kb]   09 Jul 2020
  sha256: 6a48d3a605c003b088984ceb53be5df1e698b8b35ddacadd12fe50f49c0e8062
- php-7.4.8.tar.gz (sig) [16,118Kb]   09 Jul 2020
  sha256: 649f6bcdb60dc38d5edd7f3a7b2905d15d88c1d13e40307e8972ede347cea6ba
- php-7.4.8.tar.xz (sig) [10,041Kb]   09 Jul 2020
  sha256: 642843890b732e8af01cb661e823ae01472af1402f211c83009c9b3abd073245
- Windows downloads

MySQL의 소스 파일 검증에 사용되는 해시 알고리즘

Generic Linux (Architecture Independent), Compressed TAR Archive Includes Boost Headers (mysql-boost-5.7.31.tar.gz)	5.7.31	49.0M	Download

MD5: cd2e0b899e01a425d79a84bcdcd3facf | Signature

리눅스에서는 관련 소스 파일 다운로드 후 명령행에서 md5sum, sha1sum, sha256sum, sha512sum 등과 같은 명령으로 검증할 수 있는데, 공개 소프트웨어들은 해시 알고리즘을 이용해서 공인된 파일임을 증명하고 있다. 다음 그림은 리눅스에서 PHP 소스 파일을 검증하는 과정이다. 시스템 보안을 위해서는 공인된 사이트에서 배포하는 파일임을 꼭 검증하고 설치해야 해킹에 대한 위협을 최소화할 수 있다.

🌑 리눅스에서 PHP 소스 파일 검증 예

```
                                root@www:/usr/local/src
파일(F)  편집(E)  보기(V)  검색(S)  터미널(T)  도움말(H)
[root@www src]# sha256sum php-7.4.8.tar.xz
642843890b732e8af01cb661e823ae01472af1402f211c83009c9b3abd073245  php-7.4.8.tar.xz
[root@www src]#
```

🌑 공개 소프트웨어 검증에 사용되는 알고리즘과 명령어

	Algorithm	Command
Apache	MD5, SHA-1, SHA-256	md5sum, sha1sum, sha256sum
PHP	MD5, SHA-256	md5sum, sha256sum
MySQL	MD5	md5sum

시스템 분석 및 보안 관리

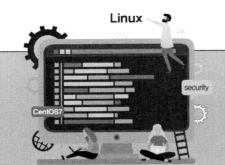

## Chapter 01

로그 관리 및 시스템 백업

1.1 시스템 로그 분석 및 관리

1.1.1 rsyslog

1 시스템 로그의 개요

시스템에서 일어나는 모든 사건이나 이벤트 등은 각 서비스별로 기록되는데, 이러한 기록들을 로그(log)라 부른다. 로그 분석은 시스템 관리 및 보안에 상당히 중요한 역할을 수행하므로 숙지해야할 영역이다.

리눅스 초기에는 로그 기록과 관련된 패키지로 syslog라는 패키지를 사용하였다. syslogd라는 데몬이 /etc/syslog.conf 설정 파일을 기반으로 서비스별 로그 파일을 /var/log 디렉터리에 생성하였다. 최근 리눅스 배포판에서는 rsyslog 패키지로 대체되었다. rsyslog(rocket-fast system for log processing)는 기존에 사용하던 syslog와 유사하게 rsyslogd 데몬이 /etc/rsyslog.conf 설정파일을 기반으로 서비스별 로그 파일을 /var/log 디렉터리에 생성한다. rsyslog는 syslog의 성능을 대폭 강화한 패키지로 멀티스레드(multi-thread) 지원, TCP 지원, SSL 및 TLS 지원, RELP (Reliable Event Logging Protocol) 지원, MySQL·PostgreSQL·Oracle 등과 같은 데이터베이스 지원, 보내는 목록 제한, 메시지 일부 필터링, 출력 포맷 제어 등 다양한 기능을 지원한다.

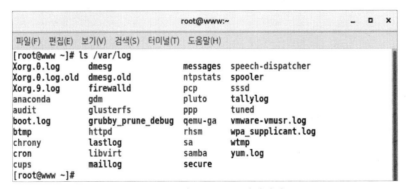

CentOS 7의 /var/log 디렉터리

② rsyslog

● rsyslog의 개요

rsyslog는 rsyslogd 데몬이 동작하면서 로그를 기록하고, 관련 환경 설정은 /etc/rsyslog.conf 파일을 통해서 제어한다.

① 주요 파일

파일명	설명
/etc/rsyslog.conf	rsyslogd 데몬의 환경 설정 파일이다.
/etc/sysconfig/rsyslog	rsyslogd 데몬이 실행과 관련된 옵션이 설정되는 파일이다.
/usr/sbin/rsyslogd	실제 rsyslogd 데몬 실행 명령이다.
/usr/lib/systemd/system/rsyslog.service	systemctl 명령어 의해 제어되는 유닛 파일이다.

② 주요 동작 명령어

systemctl stop rsyslog

　⊚ rsyslog 데몬의 동작을 중단시킨다.

systemctl start rsyslog

　⊚ rsyslog 데몬을 시작한다.

systemctl -l status rsyslog

　⊚ rsyslog 데몬의 상태 정보를 확인한다.

③ rsyslog 데몬 동작의 확인

　⊚ ps 명령으로 rsyslog 데몬이 동작중인지를 확인하면 된다.

④ rsyslog 데몬의 재시작

systemctl restart rsyslog

　⊚ rsyslog 관련 설정을 변경했을 경우에는 관련 데몬을 재시작하면 된다.

⑤ 부팅 시 rsyslog 데몬의 활성화

systemctl enable rsyslog

⁂ /etc/rsyslog.conf 파일

◐ 기본 구성 형식

facility.priority   action

◎ facility는 일종의 서비스를 의미하는데, 메시지를 발생시키는 프로그램의 유형이라고 볼 수 있다. priority는 위험의 정도를 나타내는데, 설정한 수준을 포함해서 높으면 메시지를 보낸다. action은 메시지를 보낼 목적지나 행동들에 관한 설정으로 보통 파일명이나 아이디 등을 적는다. facility의 나열은 콤마(,)를 사용하고 facility.priority의 조합의 나열은 세미콜론(;)을 사용한다. priority 앞에 '='을 사용할 경우에는 해당 수준(priority)의 위험도와 같은 경우에만 메시지를 기록하고, ! 기호와 함께 사용하면 해당 수준(priority)만 제외시킬 때 사용한다.

◐ facility의 종류

facility	설명
cron	cron, at과 같은 스케줄링 프로그램이 발생한 메시지
auth, security	login과 같이 인증 프로그램 유형이 발생한 메시지
authpriv	ssh와 같이 인증을 필요한 프로그램 유형이 발생한 메시지로 사용자 추가 시에도 메시지가 발생함
daemon	telnet, ftp 등과 같이 여러 데몬이 발생한 메시지
kern	커널이 발생한 메시지
lpr	프린트 유형의 프로그램이 발생한 메시지
mail	mail 시스템이 발생한 메시지
mark	syslogd에 의해 만들어지는 날짜 유형
news	유즈넷 뉴스 프로그램 유형이 발생한 메시지
syslog	syslog 프로그램이 유형이 발생한 메시지
user	사용자 프로세스
uucp	UUCP(UNIX to UNIX Copy Protocol) 시스템이 발생한 메시지
local0 ~ local7	여분으로 남겨둔 유형
*	모든 facility를 의미

◐ priority의 종류

priority	설명
none	지정한 facility를 제외. 보통 앞에 다른 facility에 대한 설정을 하고 ;뒤에 특정한 facility를 제외할 때 사용
debug	프로그램을 디버깅할 때 발생하는 메시지
info	통계, 기본 정보 메시지
notice	특별한 주의를 필요하나 에러는 아닌 메시지
warning, warn	주의가 필요한 경고 메시지
error, err	에러가 발생하는 경우의 메시지
crit	크게 급하지는 않지만 시스템에 문제가 생기는 단계의 메시지
alert	즉각적인 조정을 해야 하는 상황
emerg, panic	모든 사용자들에게 전달해야 할 위험한 상황

action의 종류

action	설명
file	지정한 파일에 로그를 기록, /로 시작해서 절대 경로를 기입 (예 /var/log/messages)
@host	지정한 호스트로 메시지를 UDP 기반으로 전달 (예 *.* @192.168.12.22)
@@host	지정한 호스트로 메시지를 TCP 기반으로 전달 (예 *.* @@192.168.12.22)
user	지정한 사용자가 로그인한 경우 해당 사용자의 터미널로 전달 (예 ":omurmsg:root,posein,yuloje")
*	현재 로그인되어 있는 모든 사용자의 화면으로 전달 (예 ":omurmsg:*")
콘솔 또는 터미널	지정한 터미널로 메시지를 전달(예 /dev/tty2)

사용 예

*.=crit;kern.none   /var/log/critical
- 모든 facility가 발생하는 메시지 중에 crit 수준의 메시지만 /var/log/critical 파일에 기록하는데 커널이 발생하는 메시지는 제외한다.

.emerg   :omusrmsg:
- 모든 emerg 수준 이상의 문제가 발생하면 모든 사용자에게 메시지를 전달한다.

authpriv.*   :omusrmsg:root,posein
- 인증 관련 로그를 root 및 posein 사용자의 터미널로 전송한다.

authpriv.*   /dev/tty2
- 인증 관련 로그를 /dev/tty2으로 전송한다.

mail.*;mail.!=info   /var/log/maillog
- mail 관련한 모든 정보는 /var/log/maillog에 기록하는데, info 수준의 로그는 제외한다.

uucp,news.crit   /var/log/news
- uucp 및 news에서 발생하는 crit 수준 이상의 메시지는 /var/log/news에 기록한다.

🌼 rsyslog와 관련 모듈

rsyslog는 모듈식 디자인으로 다양한 모듈을 제공하고 있다. 제공되는 모듈은 크게 om(output module)으로 시작하는 출력 모듈과 im(input module)으로 시작하는 입력 모듈로 나눌 수 있다. 출력 모듈에는 omsnmp, ommysql, omrelp 등이 있고, 입력 모듈에는 imfile, imudp, imtcp 등이 있다. 관련 정보는 'man rsyslog.conf'에서 확인할 수 있다.

로그 파일 관리: logrotate

1 logrotate의 개요

로그 파일은 계속적으로 덧붙여지면서 쌓이는 형태라 파일의 크기도 계속 커지게 된다. 이를 방지하기 위해서 로그 파일을 여러 개로 분할해주는 프로그램이 logrotate이다. logrotate는 로그 파일의 자동 로테이션 기능, 압축 기능, 제거 등을 지원한다. 각각의 로그 파일은 하루, 일주일, 한 달, 연 단위로 로테이션을 할 수 있고, 파일의 크기를 지정하여 로테이션을 실행할 수 있다. 시스템과 관련된 기본적인 로그 설정은 /etc/logrotate.conf에서 제어하고, 응용 프로그램은 /etc/logrotate.d 디렉터리 내에 위치하여 로그 파일을 관리하고 있다. 명령행에서 logrotate를 직접 사용이 가능하지만, 현재 리눅스에서는 /etc/cron.daily 디렉터리에 등록되어서 cron에 의해 스케줄링 되어 실행되고 있다.

● 사용법

logrotate [option] config_file

● 주요 옵션

옵션	설명
-f	강제로 환경 설정 파일을 읽어 들여서 실행한다.(--force)

● 사용 예

logrotate -f /etc/logrotate.conf

2 /etc/logrotate.conf의 주요 설정

● 주요 항목

weekly
- 로그 파일을 일주일마다 로테이트(rotate)한다. 가장 맨 위에 등록되어 있는 경우 특별히 명시하지 않은 로그 파일들은 이 파일에 적용을 받는다. 기간과 관련된 옵션으로는 daily, weekly, monthly, yearly를 사용할 수 있다.

rotate 4
- 최대 4번까지 rotate를 하는 설정으로 기본 logfile, logfile.1, logfile.2, logfile.3, logfile.4 형태로 생성된다.

create
- 로테이트를 한 후에 비어 있는 로그 파일을 생성하도록 설정하는 항목이다.

dateext
- 로테이션으로 생성되는 로그 파일에 해당 날짜를 덧붙여서 생성하는 항목이다. 예를 들면 maillog라면 maillog-20150513 형태로 생성된다.

compress
- 로테이트한 후에 생성된 로그 파일에 대해 압축할 때 사용하는 항목이다.

include /etc/logrotate.d
- /etc/logrotate.d 디렉터리 안에 설정된 파일에 대해서도 로테이트를 적용하는 설정이다.

nomissingok
- 로그 파일이 존재하지 않는 경우에 에러 메시지를 출력한다. 기본 값으로 설정되어 있다.

missingok
- 로그 파일이 존재하지 않는 경우에 에러 메시지를 출력하지 않고 다음 파일로 이동한다.

```
/var/log/wtmp {
    monthly
    create   0644   root utmp
        minsize   1M
    rotate   1
}
```
- 로그 파일명을 명기한 후에 { }로 묶어서 관련 내용을 설정하면 운영이 가능하다. /var/log/wtmp는 한 달마다 로테이트하지만, 파일 크기가 1MB가 되면 그 이전이라도 로테이트를 실행한다. 파일 생성 시에 허가권 값은 0644, 소유자는 root, 소유 그룹을 utmp로 설정한다. 또한 로테이션으로 생성되는 백로그 파일은 1개만 생성한다.

◉ 설정 예

```
/var/log/httpd/access.log {
    rotate 5
    mail posein@gmail.com
    size 100k
    missingok
    dateext
    postrotate
        /usr/bin/killall -HUP httpd
    endscript
}
```
- /var/log/httpd/access.log 파일에 대한 로테이션 설정을 파일의 크기가 100k 일 때 설정한 내용이다. size 옵션은 기간을 지정하는 daily, weekly, monthly, yearly와 함께 사용할 수 없다. mail 항목은 로그 파일이 없을 때 지정한 주소로 메일을 보내도록 설정할 수 있다. postrotate ~ endscript는 로그 파일이 로테이트된 후에 실행될 명령어를 작성할 때 사용한다.

③ 관련 파일: /var/lib/logrotate.status

/var/lib/logrotate.status 파일은 각 로그 파일별로 로테이션된 날짜가 기록된 파일이다. 관련 정보는 다음의 그림과 같다.

1.1.3 로그 관련 파일 및 명령어

1 로그 관련 주요 파일

/var/log/messages

시스템에서 발생하는 표준 메시지가 기록되는 파일로 대부분의 로그가 이 파일에 쌓이고, root 만이 읽을 수 있도록 설정되어 있다. 이 로그는 날짜 및 시간, 메시지가 발생한 호스트명, 메시지 를 발생한 내부 시스템이나 응용 프로그램의 이름, 발생된 메시지(:으로 구분) 순으로 기록된다.

① 로그 예

```
                                          root@www:~
파일(F) 편집(E) 보기(V) 검색(S) 터미널(T) 도움말(H)
[root@www ~]# tail /var/log/messages
Aug  3 21:03:16 www avahi-daemon[730]: Invalid legacy unicast query packet.
Aug  3 21:03:16 www avahi-daemon[730]: Received response from host 203.247.40.125 with inva
lid source port 41658 on interface 'enp1s0f0.0'
Aug  3 21:03:17 www avahi-daemon[730]: Invalid legacy unicast query packet.
Aug  3 21:03:17 www avahi-daemon[730]: Invalid legacy unicast query packet.
Aug  3 21:03:17 www avahi-daemon[730]: Invalid legacy unicast query packet.
Aug  3 21:03:17 www avahi-daemon[730]: Received response from host 203.247.40.125 with inva
lid source port 41658 on interface 'enp1s0f0.0'
Aug  3 21:03:17 www avahi-daemon[730]: Received response from host 203.247.40.125 with inva
lid source port 41658 on interface 'enp1s0f0.0'
Aug  3 21:03:18 www avahi-daemon[730]: Received response from host 203.247.40.125 with inva
lid source port 41658 on interface 'enp1s0f0.0'
Aug  3 21:03:20 www avahi-daemon[730]: Received response from host 203.247.40.125 with inva
lid source port 41658 on interface 'enp1s0f0.0'
Aug  3 21:03:21 www avahi-daemon[730]: Received response from host 203.247.40.125 with inva
lid source port 41658 on interface 'enp1s0f0.0'
[root@www ~]#
```

② /var/log/secure

인증을 기반으로 접속과 관련된 로그가 기록되는 파일로 보통 login(telnet 및 ssh), tcp_wrappers, xinetd 관련 로그가 쌓인다.

③ /var/log/dmesg

시스템이 부팅할 때 출력되었던 로그가 기록되는데, 보통 커널 부트 메시지 로그라고 한다.

④ /var/log/maillog

sendmail, dovecot 등과 같이 메일 관련 작업이 기록되는 로그 파일이다.

⑤ /var/log/xferlog

FTP 접속과 관련된 작업이 기록되는 파일로 로그 포맷은 총 14개의 영역으로 구성되어 있다.

◉ 로그 포맷

영역	설명
current-time	접속한 현재 시간을 나타내고, "DDD MMM dd hh:mm:ss YYYY" 형태로 출력된다. DDD는 요일, MMM은 월의 영문표기 약자, dd는 날짜, hh는 시, mm은 분, ss는 초, YYYY는 연도를 나타낸다.
transfer-time	전송된 총 시간을 나타내면 초 단위표시를 한다.
remote-host	원격 호스트의 IP 주소가 기록된다.
file-size	전송된 크기를 나타내며 단위는 byte이다
filename	전송된 파일 이름이 절대 경로로 표시된다.
transfer-type	전송 형태를 나태면 하나의 문자로 표기되는데 a는 ascii 전송, b는 binary 전송을 나타낸다.
special-action-flag	특정한 action이 발생하는 것을 나타내는데, 하나의 문자로 표기된다. C는 파일이 압축되어진 경우, U는 file이 압축되어 있지 않은 경우, T는 파일이 tar로 묶여진 경우, _는 어떠한 action이 발생하지 않은 경우를 뜻한다.
direction	전송된 지시를 나타내는 것으로 o는 outgoing의 약자로 다운로드된 경우이고, i는 incoming의 약자로 업로드된 경우를 나타낸다.
access-mode	사용자가 어떤 형태로 login 했는지를 나타낸다. a는 anonymous의 약자로 익명 사용자, g는 guest의 약자로 패스워드를 소유한 손님 user를 뜻하고, r은 real의 약자로 인증한 로컬 사용자를 나타낸다.
username	로컬 사용자의 ID가 기록된다.
service-name	발생되어지는 service의 이름이 명기되는데, 보통 ftp라고 기록된다.
authentication-method	인증에 사용되는 방법을 뜻하는데, 0은 none으로 기본인증으로 1은 RFC931 Authentication을 나타낸다.
authentication-user-id	인증방법에 의해 되돌려지는 사용자 계정이 기록되는데, authentication-method와 연계되어 0이면 보통 *로 표시된다.
completion-status	전송 상태를 하나의 문자로 나타내는데, c는 complete의 약자로 완전한 전송을 뜻하고, i는 incomplete의 약자로 불완전한 전송을 나타낸다.

로그 예

```
                                    root@www:~                          _  □  ×
파일(F)  편집(E)  보기(V)  검색(S)  터미널(T)  도움말(H)
[root@www ~]# cat /var/log/xferlog
Tue Jul 14 15:46:58 2020 46 ::ffff:192.168.56.1 4781506560 /home/posein/CentOS-7-x86
_64-DVD-2003.iso b _ i r posein ftp 0 * c
[root@www ~]#
```

⑥ /var/log/cron

cron 관련 정보가 기록되는 파일이다.

⑦ /var/log/boot.log

부팅 시 발생되는 메시지가 기록되는 파일로 보통 부팅 시 동작하는 데몬 관련 정보가 기록된다.

```
                                    root@www:~
파일(F)  편집(E)  보기(V)  검색(S)  터미널(T)  도움말(H)
[root@www ~]# tail /var/log/boot.log
See 'systemctl status postfix.service' for details.
[  OK  ] Started Availability of block devices.
[  OK  ] Started OpenSSH server daemon.
[  OK  ] Started Permit User Sessions.
[  OK  ] Started Command Scheduler.
[  OK  ] Started Job spooling tools.
[  OK  ] Started /etc/rc.d/rc.local Compatibility.
         Starting GNOME Display Manager...
[  OK  ] Started Virtualization daemon.
[  OK  ] Started GNOME Display Manager.
[root@www ~]#
```

/var/log/boot.log의 예

⑧ /var/log/lastlog

telnet이나 ssh을 이용해서 접속한 각 사용자의 마지막 정보가 기록되는 파일이다. 바이너리 파일로 lastlog라는 명령으로 확인한다.

⑨ /var/log/wtmp

콘솔, telnet, ftp 등 이용하여 접속한 사용자 기록, 시스템을 재부팅한 기록 등의 로그가 쌓이는 파일이다. 이 파일도 바이너리 파일로 last라는 명령으로 확인한다.

⑩ /var/log/btmp

wtmp와 반대되는 로그로 접속이 실패한 경우를 기록한다. 바이너리 파일로 되어 있으며, lastb라는 명령으로 확인한다.

🔳 관련 명령어

⚬ last

사용자의 로그인 정보, 재부팅한 정보는 /var/log/wtmp 파일에 저장하는 데, 이 파일은 텍스트 파일인 아닌 바이너리 파일로 생성된다. 이 파일의 내용을 출력하는 명령이 last이다. 재부팅한 정보는 시스템 계정인 reboot을 지정하면 되고, 인자 값으로 정수 값을 주면 로컬의 특정 터미널로 로그인한 정보를 확인할 수 있다.

⚬ 사용법

$ last [option] [사용자명] [tty*n*]

⚬ 주요 옵션

옵션	설명
-f 파일명	로그 로테이션 설정이 되어 있는 경우, 기본 로그 파일 이외의 다른 로그 파일의 기록을 볼 경우에 사용한다.
-n 숫자	가장 최근부터 해당 숫자 값 만큼만 출력한다.('-숫자'와 같다.)
-t YYYYMMDDHHMMSS	지정한 시간 이전에 로그인한 기록을 출력한다.
-R	IP 주소나 호스트명을 출력하지 않는다.
-a	호스트명이나 IP 주소 필드를 맨 마지막에 출력한다. 일반적으로 '-d' 옵션과 함께 사용된다.
-d	리눅스는 외부에서 접속한 기록을 IP 주소뿐만 아니라, 호스트 이름도 저장한다. 이 옵션을 사용하면 호스트 이름이 존재하는 경우에는 IP 주소를 호스트 이름으로 변환하여 출력한다.
-F	로그인 및 로그아웃 시간을 출력한다.
-i	접속한 호스트의 IP 주소로만 출력한다.
-w	사용자의 전체 이름이나 전체 도메인 이름을 전부 출력해준다.

⚬ 사용 예

$ last
  ◉ /var/log/wtmp가 만들어진 후 관련 정보를 출력한다.

$ last posein
  ◉ posein 사용자의 로그인 정보를 출력한다.

$ last reboot
  ◉ 시스템이 재부팅된 정보를 출력한다.

$ last -1 reboot
  ◉ 가장 최근에 재부팅한 정보 하나만 출력한다.

$ last -f /var/log/wtmp.1
  ◉ /var/log/wtmp.1 파일의 정보를 출력한다.

$ last 2
  ◎ 'last tty2'와 동일한 명령으로 /dev/tty2로 로그인한 정보를 출력한다.

● **lastlog**

각각의 사용자가 마지막으로 로그인한 정보를 출력해주는 명령으로 바이너리 파일인 /var/log/lastlog의 내용을 출력한다.

◉ **사용법**

$ lastlog [option]

◉ **주요 옵션**

옵션	설명
-u 사용자명	특정 사용자에 대한 정보만 출력한다.(--user)
-t 날짜수	오늘부터 지정한 날짜수 만큼 거슬러 올라가 그 이후에 로그인한 사용자의 정보를 출력한다.(--time)
-b 날짜수	오늘을 기준으로 지정한 날짜수 이전에 최종적으로 로그인한 사용자 정보를 출력한다.(--before)

◉ **사용 예**

$ lastlog
  ◉ 모든 사용자의 최종로그 기록을 출력한다.

$ lastlog -u posein
  ◉ posein 사용자의 최종로그 기록을 출력한다.

$ lastlog -t 3
  ◉ 최근 3일 내에 로그인한 사용자의 기록을 보여준다.

$ lastlog -b 3
  ◉ 최근 3일 이전에 로그인한 사용자의 기록을 보여준다.

● **lastb**

last와 반대되는 개념의 명령으로 로그인에 실패 정보를 /var/log/btmp에 기록하는데, 이 파일의 내용을 출력하는 명령이다. 기본적인 사용법은 last 명령과 동일하지만, root만 사용가능하다.

◉ **사용법**

lastb [option] [사용자명]

◉ **주요 옵션**

옵션	설명
-f 파일명	로그 로테이션 설정이 되어 있는 경우, 기본 로그 파일 이외의 다른 로그 파일의 기록을 볼 경우에 사용한다.
-n 숫자	가장 최근부터 해당 숫자 값만큼만 출력한다.('-숫자'와 같다.)
-t YYYYMMDDHHMMSS	지정한 시간 이전에 로그인한 기록을 출력한다.
-R	IP 주소나 호스트명을 출력하지 않는다.
-a	호스트명이나 IP 주소 필드를 맨 마지막에 출력한다. 일반적으로 '-d' 옵션과 함께 사용된다.
-d	리눅스는 외부에서 접속한 기록을 IP 주소뿐만 아니라, 호스트 이름도 저장한다. 이 옵션을 사용하면 호스트 이름이 존재하는 경우에는 IP 주소를 호스트 이름으로 변환하여 출력한다.
-F	로그인 및 로그아웃 시간을 출력한다.
-i	접속한 호스트의 IP 주소로만 출력한다.
-w	사용자의 전체 이름이나 전체 도메인 이름을 전부 출력해준다.

◉ **사용 예**

lastb
◉ 로그인에 실패한 정보를 출력한다.

lastb posein
◉ posein 사용자의 로그인 실패 기록을 출력한다.

lastb -3
◉ 가장 최근에 로그인에 실패한 3개 기록을 출력한다.

lastb -f /var/log/btmp.1
◉ /var/log/btmp.1의 로그 기록을 출력한다.

lastb 3
◉ lastb tty3와 같은 명령으로 /dev/tty3에서의 로그인 실패한 기록을 출력한다.

◉ **dmesg**

커널 링 버퍼(kernel ring buffer)의 내용을 출력하고 제어하는 명령이다. 커널 링 버퍼는 커널의 동작과 관련된 메시지를 기록해주는 영역으로 초기에는 4096byte의 크기였으나, 커널 1.3.54 버전에서는 8192byte, 2.1.113 버전 이후에는 16384byte, 2.4.23/2.6 버전 이후에는 커널 설정 옵션으로 지정한다. 레드햇 리눅스 기준으로 살펴보면 RHEL 5는 256KB, RHEL 6는 512KB, RHEL 7은 1024KB가 할당되어 있다.

◉ **사용법**

dmesg [option]

● 주요 옵션

옵션	설명
-c	커널 링 버퍼에 저장된 메시지를 출력한 후에 지운다.

● 사용 예

dmesg
 ◉ 커널 링 버퍼에 저장된 메시지를 출력한다.

dmesg - c
 ◉ 커널 링 버퍼에 저장된 메시지를 전부 지운다.

● logger

명령행에서 로그 시스템에 메시지를 전송할 때 사용하는 명령으로 기본적으로는 /var/log/ message 파일에 기록된다.

● 사용법

logger [option] [message]

● 주요 옵션

옵션	설명
-i	PID를 기록할 때 사용한다.
-f	저장되는 파일명 지정할 때 사용한다.
-t	지정한 태그(tag)를 함께 기록할 때 사용한다.
-s	표준 출력(모니터)에도 메시지를 출력한다.

● 사용 예

logger CentOS 7
 ◉ /var/log/messages 파일에 'CentOS 7'이라는 메시지가 저장된다.

logger -i -f /var/log/messages 'Hello Linux'
 ◉ /var/log/messages 파일에 'Hello Linux'라는 메시지가 저장되는데 PID를 기록한다.

logger -i -t hack 'Success!'
 ◉ /var/log/messages 파일에 'Success!'라는 메시지가 저장하는데, PID와 hack이라는 태그도 덧붙여서 기록한다.

1.2 시스템 백업

1.2.1 시스템 백업의 개요

1 백업(Backup)의 개요

백업은 자료를 보호하는 하나의 방법으로 여러 개의 자료 복사본을 만들어 놓고 자료를 잃어버릴 경우에 대비하는 것으로 시스템 관리자가 최우선적으로 해야 할 작업이다. 자료가 손실되는 경우에는 하드웨어 결함, 소프트웨어의 버그, 사람의 실수나 오동작, 천재지변 등과 같은 자연재해를 들 수 있다. 백업을 실행하는 가장 안전한 방법은 테이프, 제거 가능한 드라이브, 기록 가능한 CD 등을 이용하여 시스템과 떨어진 위치에 저장하는 것이다.

2 백업 전에 고려할 사항

◉ 백업 대상 선택

가능한 많이 백업을 수행하는 것이 좋으나, 쉽게 설치가 가능하거나 항상 자동으로 생성되는 데이터들은 백업할 필요가 없다. 어떠한 영역을 백업할 것인지를 정해야 한다. 예를 들면 리눅스 시스템에서 /etc, /usr, /home, /var 등이 고려할 대상이나 상황에 따라 불필요할 수도 있으니 잘 결정해야 한다.

◉ 백업의 종류

백업에는 전체 백업(Full Backup)과 부분 백업(Partial Backup)으로 나누는데, 전체 백업은 말 그대로 특정 디스크나 파티션 등 전체를 백업하는 것이고, 부분 백업은 선택한 파일들만 백업하는 것이다. 부분 백업은 증가된 내용만 백업하는 증분 백업(Incremental Backup)과 바뀐 부분만을 백업하는 차등 백업(Differential Backup)으로 구분할 수 있다.

◉ 백업 주기

얼마나 자주 백업할 것인지를 결정해야 한다. 또한 전체 백업을 할 것인지 증분 백업을 할 것인지를 결정해야 하는데, 실제로는 이 두 가지 백업 형태를 적절히 혼합해서 사용하는 경우가 많다. 예를 들면 월요일부터 토요일까지는 추가된 부분만을 증분 백업하고, 일요일에는 전체 백업을 실시한다. 또한 매월 1일에는 전체 백업을 실행하여 한 달의 데이터, 1주의 데이터 등의 단위로 백업이 가능하다.

◉ 매체(Media) 선택 여부

어떠한 백업 매체를 사용할 것인지를 결정해야 한다. 매체는 경제성, 효율성, 신뢰성, 편리성, 처리 속도, 가용성 등을 고려해서 선택해야 한다. 백업 매체에는 플로피 디스크, 테이프, 하드 디스크(IDE, SCSI, S-ATA), 광자기 드라이브(CD, DVD, Blu-ray 등), USB Memory, SSD (Solid State storage) 등이 있다.

✷ 백업 방법

어떠한 프로그램을 선택할 것인지를 결정한다. 리눅스에서 사용가능한 백업 프로그램에선 tar, dd, dump, cpio, rsync 등이 많은 유틸리티들이 존재하고, amanda, Arkeia, Bru, Veritas, UniBack, ArcServe 등 상용 프로그램도 이용할 수 있다.

1.2.2 시스템 백업 관련 명령어

1 tar(tape archive)

유닉스와 리눅스 시스템 모두 사용 가능한 유틸리티로 파일이나 디렉터리들을 하나의 파일로 묶어 주는 역할을 한다. 사용이 쉽고 소량의 파일 백업에 좋고 원본 파일을 남겨두므로 안전하다. 전통적인 유닉스 tar는 압축 관련 옵션이 없지만, 리눅스에서 사용하는 GNU tar는 압축을 지원한다.

✷ 전체 백업

◑ 전체 백업 예

tar cvfp home.tar /home
  ◉ /home 디렉터리를 퍼미션 등을 그대로 유지하면서 home.tar라는 파일로 묶는다.

◑ 전체 백업 복원 예

tar xvf home.tar
  ◉ home.tar를 풀어서 현재 디렉터리에 복원한다.

✷ 증분 백업

◑ 증분 백업 예

tar - g list - cvfp home1.tar /home
  ◉ -g는 증분 백업에 사용하는 옵션으로 list라는 파일의 내용을 토대로 증분 백업을 시도하는데, 처음 사용하는 경우에는 전체 백업을 한다.

tar - g list - cvfp home2.tar /home
  ◉ list라는 파일의 내용과 비교하여 증가된 것만 home2.tar로 백업한다.

◑ 증분 백업 복원 예

tar xvf home1.tar - C /
tar xvf home2.tar - C /
  ◉ 처음에 백업한 파일부터 순차적으로 복원하면 된다.

✷ 날짜를 이용한 부분 백업

◑ 부분 백업 예

tar - c - v - N '13 May 2013' -f home.tar /home
  ◉ /home에서 2013년 5월 13일 이후로 변경된 파일만을 home.tar로 백업한다.

◉ 분할 및 압축 백업

◕ 압축 및 분할 백업 예

tar zcvf - /home | split -b 10m - home.tar.gz

◐ /home 디렉터리를 압축하여 10MB 단위로 백업한다. split 명령은 지정한 파일명 뒤에 aa, ab 등의
형태로 파일이 생성되므로 'home.tar.gzaa', 'home.tar.gzab' 등으로 생성된다.

◕ 복원 예

cat home.tar.gza* | tar zxvf -

◐ split 명령은 텍스트 파일 관련 명령어이므로 복원할 때 cat 명령을 사용한다.

② cpio(copy input to output)

tar와 비슷한 유틸리티로 많은 양의 데이터에 대해서는 tar보다 빠르다. 장치 파일이나 네트워크
파일 등의 특수 파일도 백업이 가능하고 백업본의 크기도 작고, 백업본에 손상된 부분이 있더라도
손상된 부분을 제외하고 나머지 부분을 복구한다. 아울러, 기존의 명령어를 사용하여 백업을 진행
하므로 다양한 조건을 활용하여 백업이 가능하다. 단점으로는 증분 백업 기능은 지원하지 않는다.

◉ 사용법

$ [셸명령어 |] cpio option > 파일명
$ cpio option < 파일명

◉ 주요 옵션

옵션	설명
-o	표준 출력으로 보내어 사용한다.(--create)
-i	표준 입력으로 받을 때 사용한다. 백업한 자료를 불러올 때 사용한다.(--extract)
-v	과정을 상세히 출력한다.(--verbose)
-c	아카이브 포맷 형식을 'new SVR4 portable format with no CRC'으로 지정한다. '-H newc' 옵션과 동일하다.
-d	필요할 경우 디렉터리를 생성한다.(--make-directories)
-t	내용만 확인할 때 사용한다.(--list)
-F	표준 입출력 전환 기호 대신에 파일명을 지정할 때 사용한다.(--file=파일명)
-B	입출력 블록사이즈를 조절할 때 사용한다. 기본 512byte이고 최대 5120byte까지 가능하다.
-H 포맷	아카이브 포맷 형식을 지정하는 옵션으로 'bin', 'newc', 'crc' 등의 값을 사용할 수 있다. (--format 포맷)

◉ 사용 예

find /home | cpio -ocv > home.cpio

◐ /home을 home.cpio 파일로 백업한다.

cpio -icdv < home.cpio

⊙ home.cpio의 내용을 현재 디렉터리에 복원한다.

ls *.conf | cpio -ocv > conf.cpio

⊙ *.conf 파일을 conf.cpio로 백업한다.

cpio -ic < conf.cpio

⊙ conf.cpio에 백업된 데이터를 복원한다.

cpio -icvt < conf.cpio

⊙ conf.cpio의 내용만 확인한다.

cpio -icvt "s*.conf" < conf.cpio

⊙ conf.cpio의 내용 중 s*.conf에 해당하는 내용만 보여준다.

ls *.conf | cpio -ocvF conf2.cpio

⊙ 현재 디렉터리에 있는 .conf로 끝나는 모든 파일을 conf2.cpio로 백업한다.

cpio -iF conf2.cpio

⊙ conf2.cpio로 백업된 데이터를 복원한다.

③ dump 및 restore

파일들이 아닌 파일 시스템 전체를 백업할 때 사용하는 유틸리티로 보통 파티션 단위로 백업할 때 많이 사용한다. 전체 백업과 증분 백업을 지원하고, 0~9 단계의 레벨을 가지고 증분 백업을 지원한다. 레벨 0이 전체 백업이고 나머지 레벨들은 부분 백업 시에 사용한다. 백업할 때 /etc/fstab 파일을 참조하며 데이터 복원은 restore 명령을 사용한다. 관련 명령어가 존재하지 않는다면 'yum install dump'를 실행해서 설치하면 사용가능하다. 참고로 ext 파일 시스템 계열인 ext2, ext3, ext4만 지원하고, CentOS 7의 기본 파일 시스템인 XFS는 지원하지 않는다.

● dump

파티션 단위로 백업하는 명령이다.

● 사용법

dump option 파일명 백업대상

● 주요 옵션

옵션	설명
-0~9	레벨을 지정한다.
-f	백업할 매체나 파일명을 적는다.
-u	dump 작업 후에 /etc/dumpdates라는 파일에 관련 정보를 기록한다.

🍃 사용 예

dump -0u -f backup.dump /dev/sda7

◎ /dev/sda7를 backup.dump에 전체 백업하고, 작업 정보를 /etc/dumpdates에 기록한다.

dump -0u -f home.dump /home

◎ /home 디렉터리를 home.dump라는 이름으로 전체 백업하고, 작업 정보를 /etc/dumpdates에 기록한다.

🌼 restore

dump로 백업한 내용을 복원할 때 사용하는 명령이다. 파일 기반으로 백업한 경우에는 복원하고자 하는 파티션 영역에 해당 파일을 복사한 후에 실행하면 된다.

🍃 사용법

restore option 백업파일명

🍃 주요 옵션

옵션	설명
-i	대화식으로 복구할 파일을 선택한 후에 복원할 때 사용한다.
-f	백업할 매체나 파일명을 적는다.
-r	전체 복원 시에 사용한다. 이 옵션 사용 시에는 파일 시스템이 미리 생성되어 있어야 하고, 마운트도 되어 있어야 한다.

🍃 사용 예

restore -rf backup.dump

◎ backup.dump에 백업된 데이터를 전체 복원한다.

```
                          root@localhost:/home              -  �口  x
파일(F)  편집(E)  보기(V)  검색(S)  터미널(T)  도움말(H)
[root@localhost home]# restore -if home.dump
restore > ls
. :
joon/        lin/         lost+found/ posein/

restore > add joon
restore > ls
. :
*joon/        lin/         lost+found/  posein/

restore > extract
You have not read any volumes yet.
Unless you know which volume your file(s) are on you should start
with the last volume and work towards the first.
Specify next volume # (none if no more volumes): 1
set owner/mode for '.'? [yn] y
restore > quit
[root@localhost home]#
```

◎ home.dump에 백업된 데이터를 상호 대화식으로 복원한다. 명령을 실행하면 'restore〉'라는 프롬프트가 나타난다. help라고 입력하면 사용가능한 명령을 확인할 수 있다. ls, add, extract 명령어 등을 이용하여 확인 및 부분 복원이 가능하다.

④ dd(data dumper)

파티션이나 디스크 단위로 백업할 때 사용하는 유틸리티로 사용하기는 쉬우나 많은 시간이 소요된다.

🔹 사용 예

dd if=/dev/sda1 of=/dev/sdb1 bs=1k

➥ 블록사이즈 1KB 단위로 하여 /dev/sda1을 /dev/sdb1으로 백업한다.

dd if=/dev/sda of=/dev/sdb bs=1M

➥ 블록사이즈 1MB 단위로 하여 /dev/sda을 /dev/sdb으로 백업한다.

⑤ rsync(remote synchronous)

네트워크로 연결된 원격지의 파일들을 동기화하는 유틸리티로 예전에 사용하던 rcp(remote copy)에 비해 처리 속도도 빠르고 다음과 기능을 제공한다.

① 링크된 파일이나 디바이스 파일도 복사가능하고, 그룹을 포함한 소유권 및 허가권도 유지하여 복사할 수 있다.
② GNU tar와 유사한 옵션을 사용하며, 특정한 부분만 백업할 수 있다.
③ CVS의 exclude 모드처럼 같은 파일들은 제외할 수 있다.
④ ssh나 rsh을 이용하여 전송가능하고 root 권한이 필요하지 않다.
⑤ 내부 파이프라인을 통하여 전송기간을 줄인다.
⑥ 익명(anonymous) 사용자 및 인증된 사용자를 지원하여 미러링(mirroring)에 이상적이다.
⑦ 로컬 시스템의 백업 시에는 별다른 서버 설정 없이 사용이 가능하다.

🔹 사용법

$ rsync [option] source destination

🔹 주요 옵션

옵션	설명
-r	하위 디렉터리까지 실행한다.(--recursive)
-l	심볼릭 링크를 그대로 보존한다.(--links)
-L	심볼릭 링크가 참고하고 있는 파일을 복사한다.(--copy-links)
-p	퍼미션을 그대로 보존한다.(--perms)
-t	타임스탬프를 그대로 보존한다.(--times)
-g	그룹 소유권을 그대로 보존한다.(--group)
-o	소유권을 그대로 보존한다.(root만 가능) (--owner)
-D	디바이스 파일을 그대로 보존한다.(root만 가능)
-H	하드 링크를 그대로 보존한다.(--hard-links)

−a	−rlptgoD를 한 번에 실행할 때 사용하는 옵션이다.(−−archive)
−v	진행 상황을 자세히 출력한다.(−−verbose)
−u	업데이트된 내용만 전송한다.(−−update)
−z	전송할 때 압축한다.(−−compress)
−b	백업할 때 동일한 파일이 존재하는 경우에 ~를 붙여서 백업 파일을 생성한다.(−−backup)
−e	원격지에서 사용할 셸 명령을 기재한다.(−−rsh=COMMAND)
−−progress	명령이 실행되는 동안의 전송 상황 정보를 출력한다.
−−delete	송신측에서 없는 파일이 수신측의 백업 디렉터리에 존재하면 삭제한다.

⚙ 사용 예

rsync - av /home /home5

◉ /home을 그대로 보존하면서 /home5로 백업한다.

rsync -avz 192.168.0.2:/home /

◉ 원격지인 192.168.0.2의 /home을 압축해서 복사한다. 원격지인 192.168.0.2에서 rsync 데몬을 사용하지 않은 경우에는 기본적으로 ssh을 이용한다.

[posein@backup ~]$ rsync -avz -e ssh root@192.168.0.2:/home ~/backup

◉ 원격지인 192.168.0.2에 ssh를 이용하여 root 권한으로 접속해서 백업을 한다.

rsync -av --delete /home 192.168.5.13:/backup

◉ 로컬 디렉터리인 /home을 원격지인 192.168.5.13의 /backup 디렉터리에 복사하는데, 진행 상황을 출력한다. 아울러 수신측에 /backup 디렉터리 안에 존재하는 /home과 비교해서 송신측에서 보내온 내용에 해당하지 않는 파일들을 삭제한다.

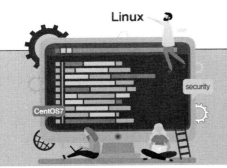

## Chapter 02

시스템 보안 관리

2.1 시스템 보안 관리

2.1.1 리눅스와 보안의 개요

리눅스는 핵심인 커널을 비롯하여 셸, 응용 프로그램까지 거의 모든 프로그램들의 소스가 공개되어 있다. 또한, 비용 부담이 없다보니 활용 분야도 많아지고, 지원되는 응용 프로그램의 수도 급격히 증가되고 있는 추세이다. 각종 소스 공개, 지원되는 응용 프로그램의 수의 증가, 리눅스의 저변 확대 등은 악의적인 목적을 가진 해커들의 공격 대상이 될 가능성이 높여주고 있다. 하지만 다른 관점으로 살펴보면 버그(Bug)에 대한 빠른 발견과 업데이트 등은 하나의 강점이 될 수도 있다. 그러나 리눅스는 여전히 관리자가 지속적인 관심을 가지고 업데이트도 하고, 보안에 대한 설정도 할 수 있는 만큼 강화해야 한다.

① 물리적 보안 설정

보안에 있어 가장 큰 선결 조건은 물리적 보안이다. 소프트웨어적으로 보안을 철저히 했더라도 누구나 쉽게 접근이 가능하다면 소용이 없게 된다. 시스템들은 관리자만 접근할 수 있는 공간에 배치하는 것이 좋고, 안정적인 전원 공급이 가능한 상태로 구성해야 한다. 필요하다면 사용자 확인을 위해 CCTV와 같은 감시 체계를 갖추고, 개별 시스템에 잠금장치를 하거나 잠금장치가 있는 랙(Rack)을 이용하여 불필요한 물리적 접근을 최대한 막아야 한다. 그 다음 설정해야할 것이 BIOS(Basic Input Output System) 보안이다. BIOS는 ROM BIOS 또는 CMOS Setup이라고도 부르는데, 하드웨어를 점검하여 소프트웨어인 운영체제에 연결시켜주는 기능을 한다. 일반적인 시스템에서 부팅 시 [Delete]나 [F2] 등을 누르면 접근 가능 하도록 설정되어 있는데, CD-ROM이나 DVD-ROM 등을 이용한 부팅이 가능하도록 설정할 수 있으므로 암호를 설정해서 시스템을 보호해야 한다.

② 불필요한 서비스 제거

보통 리눅스 설치할 때에 사용자가 일일이 선택하여 설치하기 보다는 기본 메뉴를 선택해서 설치한다. 이 경우에 불필요한 서비스가 설치되는 경우가 있다. 응용 프로그램의 버그를 통한 해킹 시도가 빈번하므로 불필요한 서비스들을 제거해서 위험요소를 최대한 줄일 필요가 있다.

③ 시스템 정보 감추기

로컬이나 외부에서 접속할 때 /etc/issue 및 /etc/issue.net에 설정된 메시지를 로그인 전에 제공한다. 이 메시지 파일에는 기본적으로 리눅스의 버전과 커널 버전이 명시되어 있다. 이 파일의 내용 변경을 통해 시스템 정보 노출을 최소화한다.

④ root 패스워드 변경 제한

root의 패스워드를 잊어버렸을 경우에는 grub을 이용하여 응급 복구 모드로 접근한 뒤에 root의 패스워드를 변경함으로서 복원이 가능하다. 즉 로컬 시스템에 접근이 가능한 사용자라면 시스템 재부팅 과정을 거쳐 손쉽게 root 패스워드의 변경이 가능하다는 것이다. grub에 패스워드를 설정함으로서 임의로 root 패스워드를 변경하는 것을 막을 수 있다.

⑤ 사용자 관리

일반 계정 권한 획득 후에 root 권한 획득은 손쉽게 이루어지므로 각별한 관리가 요구된다. 먼저 일반 계정 사용자이면서 UID가 0인 사용자를 찾아야 한다. 이 사용자는 ID만 일반 계정이지 시스템 내부적으로는 root로 관리되므로 각별히 유의해야 한다. 또한, 손쉬운 암호를 설정한 사용자를 찾아야 한다. 해커가 특정 프로그램의 취약점을 이용한 공격인 익스플로잇(exploit)을 통해 root 권한을 획득한 후에 삭제할 수 없는 계정의 아이디와 암호를 알아내려는 시도를 한다. John the ripper와 같은 도구를 사용해서 손쉬운 암호를 설정한 사용자를 찾아 변경하도록 한다. 또한, 패스워드 없이 아이디만 입력해서 로그인이 가능한 사용자를 찾아야 한다. /etc/shadow의 패스워드 영역인 두 번째 필드가 공백인 사용자는 해커가 의도적으로 만든 계정일 수 있으므로 주의가 필요하다. 마지막으로 su와 같은 명령 제한을 위한 PAM(Pluggable Authentication Modules)을 이용하거나, 일부 명령 할당을 위한 sudo(superuser do) 등의 보안 프로그램을 이용하는 것이 좋다.

⑥ 보안이 강화된 서비스로 대체 이용

외부에서 서버로 원격 접속을 허용하는 경우에는 보안이 강화된 서비스를 이용해야 한다. 예를 들면 텔넷(telnet)보다는 ssh(secure shell)를 이용하도록 한다. 텔넷은 패킷을 평문 전송하기 때문에 tcpdump, ethereal, wireshark 등과 같은 패킷 캡쳐링 도구를 사용한다면 주고받는 메시지가 유출될 수 있으므로 암호화된 메시지 전송을 하는 ssh로 대체하도록 한다.

⑦ 파일 시스템 관리

리눅스 파일 시스템에서는 Set-UID, Set-GID, Sticky-Bit과 같은 특수 권한이 사용되고 있다. 이러한 권한은 시스템 운영에 꼭 필요하지만, 악의적인 목적으로 악용될 수 있으므로 검색을 통해 필요 없는 경우에는 제거해야 한다.

```
                                  root@www:~                          -  □  ×
파일(F)  편집(E)  보기(V)  검색(S)  터미널(T)  도움말(H)
[root@www ~]# find / -type f \( -perm -4000 -o -perm 2000 \) -exec ls -l {} \;
find: '/proc/16413/task/16413/fdinfo/6': No such file or directory
find: '/proc/16413/fdinfo/6': No such file or directory
-rwsr-xr-x. 1 root root 32008 Nov  6  2016 /usr/bin/fusermount
-rwsr-xr-x. 1 root root 61328 Nov  6  2016 /usr/bin/ksu
-rwsr-xr-x. 1 root root 27832 Jun 10  2014 /usr/bin/passwd
-rws--x--x. 1 root root 23960 Nov  6  2016 /usr/bin/chfn
-rwsr-xr-x. 1 root root 64240 Nov  6  2016 /usr/bin/chage
-rwsr-xr-x. 1 root root 78216 Nov  6  2016 /usr/bin/gpasswd
-rwsr-xr-x. 1 root root 41776 Nov  6  2016 /usr/bin/newgrp
-rws--x--x. 1 root root 23872 Nov  6  2016 /usr/bin/chsh
-rwsr-xr-x. 1 root root 44232 Nov  6  2016 /usr/bin/mount
-rwsr-xr-x. 1 root root 32088 Nov  6  2016 /usr/bin/su
-rwsr-xr-x. 1 root root 31968 Nov  6  2016 /usr/bin/umount
-rwsr-xr-x. 1 root root 27680 Nov  6  2016 /usr/bin/pkexec
-rwsr-xr-x. 1 root root 57552 Apr  1  2016 /usr/bin/crontab
-rwsr-xr-x. 1 root root 2409560 Nov  6  2016 /usr/bin/Xorg
-rwsr-xr-x. 1 root root 52960 Nov  6  2016 /usr/bin/at
---s--x--x. 1 root root 130776 Nov  6  2016 /usr/bin/sudo
```

파티션이 분할된 영역인 경우에는 /etc/fstab 파일에 Set-UID나 Set-GID를 설정을 제한하는 nosuid 옵션을 지정함으로서 막을 수 있다.

예 UUID=40743e3da-5555-5acd-92d3-145feb2bce72 /tmp ext4 defaults,nosuid 0 0

2.1.2 커널 매개 변수와 sysctl

1 커널 매개 변수(kernel parameter)의 개요

리눅스 시스템은 핵심적인 역할을 수행하는 커널과 관련된 다양한 매개 변수를 제공하고 있다. 리눅스 관리자는 커널 매개 변수의 값을 변경함으로써 시스템의 성능을 향상시키고 보안을 강화할 수 있다. 리눅스는 커널 제어를 위한 매개 변수들을 /proc/sys 디렉터리에 보관하여 관리하고, 이 디렉터리 안에는 여러 개의 하위 디렉터리가 존재하는 데 주요 디렉터리는 다음 그림과 같다. 이 중에서 시스템의 성능 및 보안과 관련된 디렉터리로는 kernel, fs, net, vm을 손꼽을 수 있다. fs는 커널에서 최대로 사용 가능한 파일의 수 지정과 같은 파일 시스템 관련 매개 변수가 들어 있는 디렉터리이고, kernel은 IPC(inter-process communication)와 관련된 Internal Message Queue, Semaphore, Shared Memory 등을 설정하는 매개 변수가 들어 있다. net은 TCP, ICMP 등 네트워크 관련 매개 변수가 들어 있다. 마지막으로 vm은 스왑(swap), 페이지(page) 등 메모리 관련 변수가 들어 있는 디렉터리이다.

```
                                  root@www:/proc/sys                  -  □  ×
파일(F)  편집(E)  보기(V)  검색(S)  터미널(T)  도움말(H)
[root@www sys]# ls /proc/sys
abi  crypto  debug  dev  fs  kernel  net  sunrpc  vm
[root@www sys]#
```

/proc/sys의 하위 디렉터리

② 커널 매개 변수 값의 확인 및 변경

커널 매개 변수 값을 확인하는 가장 쉬운 방법은 cat 명령을 사용하는 것이다. 예를 들면 커널에서 최대로 사용 가능한 파일의 수를 확인하려면 'cat /proc/sys/fs/file-max' 명령을 실행하면 된다. 일반적으로 매개 변수에 해당하는 수치 값이 명시되어 있는데, 매개 변수와 관련된 기능을 활성화 (on) 또는 비활성화(off)시키는 경우에는 수치 값으로 명시한다. 활성화인 경우에는 1(yes), 비활성화인 경우에는 0(no)으로 표기한다.

```
                                                    root@www:~
파일(F)  편집(E)  보기(V)  검색(S)  터미널(T)  도움말(H)
[root@www ~]# cat /proc/sys/fs/file-max
183483
[root@www ~]#
```

커널 매개 변수의 값을 변경하는 방법은 뒤에서 설명할 sysctl 명령어를 이용하는 방법도 있지만, 가장 쉬운 방법은 /proc/sys 디렉터리 하위에 있는 항목들을 echo 명령과 〉 기호를 이용해서 변경하는 것이다. 예를 들어 ping 명령에 응답하지 않도록 설정하려면 관련 파일인 /proc/sys/net/ipv4/icmp_echo_ignore_all의 값을 변경하면 된다. 파일 이름을 해석해보면 icmp 패킷에 대한 응답을 전부 무시할 것이냐는 뜻이 되는데, 기본 설정 값이 0(no)으로 ping에 응답을 하게 된다. 따라서 이 값을 1(yes)로 변경하면 응답을 하지 않게 된다.

```
                                                    root@www:~                        _  □  ×
파일(F)  편집(E)  보기(V)  검색(S)  터미널(T)  도움말(H)
[root@www ~]# cat /proc/sys/net/ipv4/icmp_echo_ignore_all
0
[root@www ~]# ping -c 2 localhost
PING localhost (127.0.0.1) 56(84) bytes of data.
64 bytes from localhost (127.0.0.1): icmp_seq=1 ttl=64 time=0.055 ms
64 bytes from localhost (127.0.0.1): icmp_seq=2 ttl=64 time=0.064 ms

--- localhost ping statistics ---
2 packets transmitted, 2 received, 0% packet loss, time 999ms
rtt min/avg/max/mdev = 0.055/0.059/0.064/0.008 ms
[root@www ~]# echo 1 > /proc/sys/net/ipv4/icmp_echo_ignore_all
[root@www ~]# cat /proc/sys/net/ipv4/icmp_echo_ignore_all
1
[root@www ~]# ping -c 2 localhost
PING localhost (127.0.0.1) 56(84) bytes of data.

--- localhost ping statistics ---
2 packets transmitted, 0 received, 100% packet loss, time 999ms

[root@www ~]# █
```

③ IPC(Inter-Process Communication)

시스템 성능 향상과 관련된 항목으로 IPC를 손꼽을 수 있다. IPC는 프로세스 간 통신이라는 뜻으로 프로세스들 사이에 서로 데이터를 주고받는 행위 또는 그에 대한 방법이나 경로를 통칭하는 말이다. IPC 방식에는 파일(file), 신호(signal), 소켓(socket), 공유 메모리(shared memory), 메시지 큐(message queue), 세마포(semaphore), 파이프(pipe) 등 다양하다.

◉ 공유 메모리(Shared memory)

공유 메모리 기법은 통신하는 프로세스들 사이에 특정 변수를 공유하고 이 공유 변수를 이용해서 정보를 교환하는 방법이다. 공유 메모리(Shared memory)는 사용자가 단위를 지정하여 한 개 이상의 영역을 나누어 설정할 수 있다. 1개의 공유 메모리 영역을 세그먼트(segment)라고 부른다. 예를 들어 사용자는 10MB로 1개의 세그먼트를 갖는 공유 메모리를 설정할 수 있고 10MB 영역을 10개의 세그먼트를 구성하여 100MB의 공유 메모리를 설정할 수 있다.

🌑 메시지 시스템 기법

메시지 시스템 기법은 운영체제가 프로세스간의 메시지를 교환할 수 있도록 관리하는 방법으로 메시지를 메시지 큐에 저장하여 전달하는 방법이다.

🌑 세마포(semaphore)

운영체제 상에서 프로세스들이 공유 자원에 대한 접속을 제어하기 위해 사용되는 신호를 의미한다. 세마포는 프로세스간의 동기화를 구현하기 위해 사용되는데, 동기화란 특정자원이나 객체에 대해서 한 시점에 하나의 프로세스만이 접근하여 변경 가능하도록 제어하는 것을 의미한다. 일반적으로 조회만 하는 경우에는 동시에 사용 가능하다.
다중 프로그래밍 환경에서 1개의 공유되는 자원에 제한된 개수의 프로세스 또는 스레드만 접근할 수 있도록 한다. 일반적으로 세마포의 카운트를 1이상으로 설정하고 카운트를 조절하여 진입 가능한 프로세스 및 스레드의 수를 조절한다.

🌑 상호 배제(Mutual exclusion, Mutex)

여러 프로세스들이 하나의 공유 자원을 상호 배타적으로 사용할 수 있으나, 동시에 사용할 수 없도록 하는 것이다.

🌑 관련 명령어: ipcs

IPC 관련 항목인 메시지 큐, 공유 메모리 세그먼트, 세마포 관련 정보를 확인할 때 사용하는 명령이다.

🔵 사용법
$ ipcs [option]

🔵 주요 옵션

옵션	설명
-l	관련된 자원의 제한 정보를 출력한다.(--limits)
-q	메시지 큐 관련 정보만 출력한다.(--queues)
-m	공유 메모리 관련 정보만 출력한다.(--shmems)
-s	세마포 관련 정보만 출력한다.(--semaphores)
-a	메시지 큐, 공유 메모리, 세마포 관련 정보를 출력한다. 기본 값으로 설정되어 있다.(--all)

● ipcs 결과에 나타나는 항목

약어	설명
SHMMNI	max number of segments
SHMMAX	max seg size
SHMALL	max total shared memory
SHMMIN	mig seg size
SEMMNI	max number of arrays
SEMMSL	max semaphores per array
SEMMNS	max semaphores system wide
SEMOPM	max ops per semop call
SEMVMX	semaphore max value

● 사용 예

$ ipcs

◎ 메시지 큐, 공유 메모리 세그먼트, 세마포 관련 정보를 출력한다.

```
                              posein@www:~                           _  □  ×

파일(F)  편집(E)  보기(V)  검색(S)  터미널(T)  도움말(H)
[posein@www ~]$ ipcs -l

------ Messages Limits --------
max queues system wide = 3679
max size of message (bytes) = 8192
default max size of queue (bytes) = 16384

------ Shared Memory Limits --------
max number of segments = 4096
max seg size (kbytes) = 18014398509465599
max total shared memory (kbytes) = 18014398442373116
min seg size (bytes) = 1

------ Semaphore Limits --------
max number of arrays = 128
max semaphores per array = 250
max semaphores system wide = 32000
max ops per semop call = 32
semaphore max value = 32767

[posein@www ~]$
```

◎ 메시지 큐, 공유 메모리 세그먼트, 세마포 관련 제한 정보를 출력한다.

4 주요 커널 매개 변수 및 기본 값 확인

커널 매개 변수 값을 항목별로 정리해보면 다음과 같다. 일부 기본 값은 시스템 사양에 따라 달라질 수 있다.

● 파일 시스템 관련

파일 시스템 관련 커널 매개 변수는 /proc/sys/fs 디렉터리에 들어 있고, 주요 변수는 다음과 같다.

커널 매개 변수	기본 값	설명
file-max	183483	커널에서 최대로 사용 가능한 파일의 숫자 값이 들어있다.
file-nr	6592 0 183483	파일을 열 때 사용하는 파일 디스크립터 관련 매개 변수이다. 첫 번째 값은 할당된 파일 디스크립터 수, 두 번째 값은 할당되지 않은 파일 디스크립터 수로 커널 2.6 버전부터는 항상 0으로 표기되어 있다. 마지막 값이 최대로 열 수 있는 파일 디스크립터 수로 file-max 값에 해당한다.

⬤ IPC 지원 관련

IPC 관련 설정은 웹(Web), WAS(Web Application Server), 데이터베이스(Database) 서버 등을 운영하는 경우에는 각각의 서버가 요구하는 사항에 따라 설정해야 한다. IPC 관련 매개 변수는 /proc/sys/kernel 디렉터리에 들어 있고, 주요 변수는 다음과 같다.

① 공유 메모리 관련 변수

공유 메모리 관리에서 사전에 이해해야 하는 용어가 페이지(page)와 세그먼트(segment)이다. 페이지는 주소 공간을 일정한 크기로 나눈 블록(block)으로 최근 리눅스 배포판에서는 4KB를 사용한다. 세그먼테이션은 고정된 단위가 아니고 논리적으로 관련 있는 정보의 단위로 프로그램에서 분할해서 사용한다. 만약 특정 프로그램에서 세그먼트를 10MB로 할당해서 사용한다면 1개 세그먼트의 단위는 10MB가 된다.

커널 매개 변수	기본 값	설명
shmmax	18446744073692774399	프로세스가 사용할 수 있는 공유 메모리의 최대 크기이다. 단위는 byte이며 CentOS 7의 기본 값은 약 16EB이다.
shmmni	4096	시스템 전체에서 사용할 수 있는 공유 메모리 세그먼트의 최대 개수이다.
shmall	18446744073692774399	모든 프로세스가 사용할 수 있는 공유 메모리 페이지의 최대 개수이다.

🌀 리눅스의 기본 페이지(page) 값의 확인

리눅스에서 기본 페이지 값을 확인하는 명령어는 getconf이고 다음과 같이 실행하면 되는데, 최근 리눅스 배포판의 기본 값은 4KB이다.

```
root@www:~
파일(F)  편집(E)  보기(V)  검색(S)  터미널(T)  도움말(H)
[root@www ~]# getconf PAGE_SIZE
4096
[root@www ~]#
```

❷ 세마포 관련 변수

커널 매개 변수	기본 값	설명
sem	250 32000 32 128	이 변수 안에는 4개의 설정 값이 들어있는데, 각각 SEMMSL, SEMMNS, SEMOPM, SEMMNI를 의미한다.

시스템 내에 서버와 클라이언트가 존재할 경우 양단간의 통신 버퍼로 공유 메모리를 사용하는데, 이 때 메모리에 대한 동시성을 제어할 필요가 생긴다. 이 경우에 메모리에 대한 읽기 및 쓰기에 대한 접근 권한의 제어를 위해 세마포 오퍼레이션(semaphore operation)이 발생한다. 세마포 오퍼레이션에 따라 프로세스는 대기 상태가 되거나 진행 상태가 되는데, 이러한 세마포 오퍼레이션은 동시다발적으로 발생되기 때문에 세마포의 개수 및 오퍼레이션에 대한 적절한 커널 매개 변수 값 설정이 중요하다.

⊙ 세마포 변수인 sem의 4가지 항목

항목	기본 값	설명
SEMMSL	250	한 개의 세마포 세트(배열)에 존재하는 세마포의 최대 개수
SEMMNS	32000	전체 시스템 최대 세마포 수
SEMOPM	32	세마포 콜(semop)에서 처리하는 최대 운영(Operation) 수
SEMMNI	128	세마포 세트(배열)의 수

❸ 스와핑(Swapping) 관련 변수

운영체제에서는 성능적인 향상을 위해 사용하는 기술로 스와핑(Swapping)과 캐시(File cache)를 손꼽을 수 있다. 리눅스에서는 이 두 기술과 연관된 커널 매개 변수를 /proc/sys/vm 디렉터리에 저장하고 있다. 먼저 스와핑은 주기억장치보다 더 큰 응용 프로그램이나 데이터 파일을 처리하기 위해 디스크의 일부를 메모리처럼 사용하는 기술이다. 리눅스에서는 swappiness라는 커널 매개 변수를 제공하는데, 이 값의 수치를 조절하여 스와핑 발생 여부를 제어할 수 있다.

커널 매개 변수	기본 값	설명
swappiness	30	스왑 성향을 0-100의 수치로 정의한다. 값이 작을수록 적은 량의 스왑이 발생한다.

❹ 캐시(cache) 관련 변수

캐시는 주기억장치와 보조기억장치간의 속도 차이로 인한 병목 현상을 해소하기 위해 운영체제에서 관리하는 일종의 시스템 버퍼이다. 리눅스 커널은 메모리 공간에 여유가 있을 때 cache를 할당하여 처리 속도를 높인다. cache로 할당되는 항목에는 page cache, inode cache, dentry cache가 있다. page cache는 시스템에서 처리되는 페이지가 저장되고, inode cache는 파일이나 디렉터리 정보를 담고 있는 inode table 관련 정보가 저장된다.

마지막으로 dentry는 directory-entry의 약자로 디렉터리 내의 요소들인 파일, 하위 디렉터리의 이름을 말한다. 각각의 파일 및 하위 디렉터리에 대한 정보는 inode 영역에 저장되기 때문에 해당 inode를 알아낼 수 있는 inode 번호와 함께 저장된다. 이러한 정보들은 파일 시스템 영역의 디스크 블록에 저장되어 있지만 성능 향상을 위해 메모리에 저장하는 데이 영역을 dcache(dentry cache)라고 한다.

리눅스 커널 2.6.16 버전부터는 cache로 사용되는 메모리 영역을 즉시 회수할 수 있는 커널 매개 변수를 제공하는데, 이 변수가 /proc/sys/vm/drop_caches이다. 이 매개 변수를 이용한 캐시 메모리 영역 회수할 때 시스템에 문제가 없는 경우에만 가능하고, 디스크에 쓰기 작업이 실행되기 위해 대기하고 있는 경우에는 회수할 수 없다. 이 경우에는 'sync'와 같은 메모리 동기화 명령을 수행한 후에 다시 실행해야 한다. 아울러 명령을 실행 시에 캐시로 사용된 메모리가 회수됨으로 회수가 필요한 시점에서 반복 실행해야 한다.

커널 매개 변수	기본 값	설명
drop_caches	0	1로 설정하면 page cache를 제거하고, 2로 설정하면 inode 및 dentry cache를 제거한다. 마지막으로 3으로 설정하면 page, inode, dentry cache 모두 제거할 수 있다.

● 캐시 메모리 제거 예

echo 3 > /proc/sys/vm/drop_cache3

캐시 메모리의 회수는 free 명령으로 확인할 수 있는데, 다음 그림은 커널 매개 변수 값 변경 후에 비교한 결과이다. buff/cache 항목의 값이 크게 낮아지고, free 항목의 수치 값이 증가된 것을 확인할 수 있다.

```
[root@localhost ~]# free -h
              total        used        free      shared  buff/cache   available
Mem:           1.8G        484M        529M         10M        826M        1.1G
Swap:          4.0G          0B        4.0G
[root@localhost ~]# cat /proc/sys/vm/drop_caches
0
[root@localhost ~]# echo 3 >/proc/sys/vm/drop_caches
[root@localhost ~]# free -h
              total        used        free      shared  buff/cache   available
Mem:           1.8G        459M        1.2G         10M        173M        1.2G
Swap:          4.0G          0B        4.0G
[root@localhost ~]# cat /proc/sys/vm/drop_caches
3
[root@localhost ~]#
```

◉ 네트워크 관련

네트워크 관련 커널 매개 변수는 /proc/sys/net 디렉터리에 위치하고 있다. 주요 디렉터리에는 core, ipv4, ipv6, netfilter 등이 있다.

```
                            root@www:/proc/sys/net                     -  □  ×
파일(F)  편집(E)  보기(V)  검색(S)  터미널(T)  도움말(H)
[root@www net]# ls /proc/sys/net
core  ipv4  ipv6  netfilter  nf_conntrack_max  unix
[root@www net]#
```

① 주요 하위 디렉터리

디렉터리	설명
core	네트워크의 기본 설정과 관련된 커널 매개 변수가 들어 있다.
ipv4	ipv4 관련 커널 매개 변수가 들어 있다. 하위 디렉터리인 conf에는 all, default, enp0s3(네트워크 장치명) 등과 같은 디렉터리가 존재하는데 모든 장치에 적용되게 하려면 all 디렉터리 내에 있는 매개 변수에 설정한다.
ipv6	ipv6 관련 커널 매개 변수가 들어 있다. 기본적인 구조는 ipv4 디렉터리와 유사하다.
netfilter	iptables 등과 같이 네트워크 필터링 관련 매개 변수가 들어 있다.

② 주요 매개 변수

서버로 사용되는 경우가 많은 리눅스 운영체제의 특성상 네트워크 관련 커널 매개 변수가 상당히 많은 편이다. 본 교재에서는 네트워크 연결 상태와 관련된 값을 지정하는 수치형 매개 변수, 네트워크 관련 작업의 허가 여부를 결정하는 활성/비활성 매개 변수, 기타 매개 변수로 분류하여 분석한다.

◉ 수치형 매개 변수

커널 매개 변수	기본 값	설명
ipv4/tcp_keepalive_time	7200	TCP 연결 상태를 계속 유지시키기 위한 시간 설정으로 초단위이다. Traffic이 없는 상태에서의 Timeout 값이다.
ipv4/tcp_max_syn_backlog	128	TCP 프로토콜에서 하나의 소켓이 동시에 SYN 요청을 처리하기에는 한계가 있는데, 이 한계가 백로그(backlog)이다. 백로그는 연결 요청이 아직 완전히 처리되지 아니한 대기 상태에 있는 큐의 길이이다. 이 백로그 큐가 꽉 차게 되면 이후 들어오는 SYN요청은 무시된다.
ipv4/tcp_fin_timeout	60	TCP 세션 종료 후에 얼마나 세션 연결을 유지하고 있을지를 초단위로 설정한다. telnet이나 ftp 등을 이용하여 서버에 접속하다가 예기치 못한 상태에서 연결이 종료되는 경우가 있다. 이런 경우에 TCP 세션의 연결 상태 지속여부를 결정하는 값이다.
ipv4/tcp_synack_retries	5	일정시간 내에 IP 주소 별로 보내고 받는 SYN 패킷의 재시도 횟수를 제한하는 값이다.
ipv4/tcp_max_tw_buckets	8192	TIME_WAIT을 담을 수 있는 소켓 수이다.
ipv4/tcp_syn_retries	6	활성화된 TCP 접속이 재전송을 시도하기 위한 최초 SYN 시간의 값이다.
ipv4/tcp_retries2	15	살아있는 TCP 연결을 끊기 전 확인하는 횟수이다.

◉ 활성/비활성 매개 변수

커널 매개 변수	기본 값	설명
ipv4/icmp_echo_ingore_all	0	ping과 같은 ICMP 패킷에 대한 응답 여부를 결정하는 매개 변수로 값이 0이면 응답을 하고, 1이면 응답을 하지 않는다.

커널 매개 변수	값	설명
ipv4/tcp_syncookies	1	SYN Flooding 공격을 막을 때 유용한 항목으로 SYN 패킷의 도착빈도가 일정한 횟수보다 많을 때 해당 요청을 허용하지 않을 때 사용한다. 보안을 위해서는 기본 값인 1로 설정한다.
ipv4/ip_forward	1	인터넷 공유나 IP 매스커레이드 등 하나의 서버에서 IP를 공유하여 포워딩을 가능하게 할 것인지 여부를 지정하는 파일이다. 1이면 가능하고, 0이면 불가능한 상태이다.
ipv4/icmp_echo_ignore_broadcasts	1	브로드캐스트 주소에 ping을 전달하여 공격하는 형태인 smurf 공격을 막을 때 사용하는 매개 변수로 값을 1로 설정한다.
ipv4/icmp_echo_ignore_bogus_error_reponses	1	Bad ICMP 패킷을 무시할 때 사용하는 매개 변수로 1로 설정한다.
ipv4/tcp_timestamps	1	외부에서 서버의 날짜 정보를 확인가능하게 할 것인지를 지정하는 변수이다. 1이면 날짜 정보의 확인이 가능하고 0이면 불가능하다.
ipv4/conf/*/accept_redirects	0	ICMP redirect 관련 패킷을 허가할 것인지를 결정하는 변수로 '1'로 허가하도록 0이면 불허한다. ICMP redirect 패킷은 서버의 routing 경로를 확인하는 역할은 하는데, 이러한 패킷을 차단할 수 있다.
ipv4/conf/*/send_redirects	1	서버에서 나가는 ICMP redirect 패킷을 허가할 것인지를 결정하는 파일로 기본 값은 '1'로 허가하도록 되어 있다. 이 값을 '0'으로 설정하면 ICMP redirect가 나가는 것을 막을 수 있다.
ipv/conf/*/secure_redirects	1	게이트웨이로 나열된 시스템에서의 경로 재지정을 무시하도록 구성한다. 리다이렉션은 공격을 수행하는데, 사용될 수 있으므로 값을 1로 설정한다.
ipv4/conf/*/accept_source_route	0	라우팅과 라우팅 프로토콜은 몇 가지 문제점을 생성해 내는데 목적지의 경로에 대한 세부적인 내용을 담고 있는 IP 소스 라우팅은 목적지 호스트에서도 같은 경로를 따라 반응을 해야 한다는 문제점이 있다. 해커가 특정 네트워크에 소스 라우팅 패킷을 보낼 수 있다면 돌아오는 반응을 가로채서 상대방의 호스트와 신뢰받은 호스트처럼 속일 수 있게 된다. 이 기능을 사용하지 못하기 위해 값을 0으로 한다.
ipv4/conf/all/rp_filter	1	IPv4는 인증 매커니즘을 가지고 있지 않기 때문에 Source IP Address를 조작할 수 있다. rp_filter는 패킷이 들어오는 인터페이스와 나가는 인터페이스가 같은지를 검사하려면 값을 1로 설정한다.
ipv4/conf/all/log_martians	0	스푸핑 패킷과 redirect된 패킷의 기록을 남길 지 여부를 지정하는 변수이다. '0'이면 기록을 남기지 않고, '1'로 바꾸면 패킷을 기록한다.

◐ 기타 매개 변수

커널 매개 변수	기본 값	설명
ipv4/tcp_rmem	4096 87380 6291456	TCP 레이어 수신 버퍼 값 설정이다. 단위는 byte로 최솟값, 기본 값, 최댓값 순이다.

ipv4/tcp_wmem	4096 16384 6291456	TCP 레이어 송신 버퍼 값 설정이다. 단위는 byte로 최솟값, 기본 값, 최댓값 순이다.
ipv4/tcp_mem	42528 56704 85056	TCP stack이 메모리를 어떻게 사용할지에 대한 메모리 페이지 단위 설정이다.
core/rmem_default	212992	Network 읽기 버퍼 크기이다.
core/wmem_default	212992	Network 쓰기 버퍼 크기이다.
core/rmem_max	212992	Network 읽기 버퍼 크기의 최댓값이다.
core/wmem_max	212992	Network 쓰기 버퍼 크기의 최댓값이다.
ipv4/ip_local_port_range	32768 60999	시스템에서 TCP 및 UDP를 이용하여 클라이언트 포트로 사용할 수 있는 포트 범위의 값을 설정하고 있는 파일이다.

5 sysctl

개요

sysctl 명령은 커널 매개 변수(Kernel Parameter)의 값을 제어하여 시스템을 최적화할 수 있는 명령이다. 즉 /proc/sys 디렉터리에 존재하는 매개 변수를 제어하는 명령이다. sysctl에서 매개 변수 호출하는 형식은 /proc/sys를 최상위 디렉터리(root)로 인식하고, 하위 디렉터리의 구분은 '.'으로 대체하여 명령을 수행한다. sysctl 명령으로 커널 매개 변수 값을 확인하거나 변경 가능하지만 재부팅하면 초기화된다. 해당 설정을 재부팅 시에도 계속적으로 반영되게 하려면 /etc/sysctl.conf 파일에 등록해야 한다.

sysctl 명령에서 커널 매개 변수 호출 예

/proc/sys/net/ipv4/icmp_echo_ignore_all → net.ipv4.icmp_echo_ignore_all

관련 명령어: sysctl

사용법

sysctl [option] 변수
sysctl [option] 변수=값

주요 옵션

옵션	설명
-a, -A	커널 매개 변수와 값을 모두 출력한다.(--all)
-p [파일명]	환경 변수 파일에 설정된 값을 읽어 들여서 반영하고 출력한다. 파일명이 지정하지 않으면 /etc/sysctl.conf 파일이 적용된다.(--load=파일명)
-n	특정 매개 변수에 대한 값을 출력할 때 사용한다.(--values)
-w 변수=값	매개 변수에 값을 설정한다.(--write)

🔵 사용 예

sysctl -a
  - 적용된 커널 매개 변수와 값을 전부 출력한다.

sysctl -p
  - /etc/sysctl.conf 파일의 내용을 읽어 들여서 반영하고 관련 내용을 출력한다.

sysctl - n net.ipv4.icmp_echo_ignore_all
  - /proc/sys/net/ipv4/icmp_echo_ignore_all의 값을 출력한다.

sysctl - w net.ipv4.icmp_echo_ignore_all=0
  - /proc/sys/net/ipv4/icmp_echo_ignore_all의 값을 0으로 설정한다.

sysctl --system
  - /etc/sysctl.conf를 비롯하여 커널 매개 변수 연관된 환경 설정 파일을 읽어 들여서 적용한다.

🔅 /etc/sysctl.conf

sysctl 명령어에 의해 읽어 들여지는 설정 파일로 이 파일에 등록되면 재부팅 시에도 계속적으로 반영된다. #과 ;으로 시작하는 줄은 주석 처리되고, 기본적으로 '매개변수 = 값' 형식으로 지정한다. 등록 후에 즉시 반영되게 하려면 'sysctl -p' 명령을 실행하면 된다.

🔵 사용 예

```
[root@www ~]# vi /etc/sysctl.conf
[root@www ~]# tail -1 /etc/sysctl.conf
net.ipv4.icmp_echo_ignore_all = 1
[root@www ~]# sysctl -p
net.ipv4.icmp_echo_ignore_all = 1
[root@www ~]#
```

  - vi 편집기를 이용해서 설정하려면 커널 매개 변수를 등록하고 'sysctl -p' 명령을 실행해서 즉시 적용시킨다.

🌻 **CentOS 7과 커널 매개 변수 환경 설정 파일**

CentOS 6 이전 버전에서는 커널 매개 변수 환경 설정 파일로 /etc/sysctl.conf만 사용하였다. CentOS 7 버전에서는 /etc/sysctl.conf 이외에도 /usr/lib/sysctl.d/, /run/sysctl.d/, /etc/sysctl.d/, /usr/local/lib/sysctl.d/, /lib/sysctl.d/ 디렉터리 안의 conf 파일들도 사용한다. 따라서 /etc/sysctl.conf 파일은 주로 사용자가 설정하는 커널 매개 변수를 등록해서 사용하고 있다.

[관련 파일 목록]
/usr/lib/sysctl.d/00-system.conf
/usr/lib/sysctl.d/50-default.conf
/usr/lib/sysctl.d/60-libvirtd.conf
/usr/lib/sysctl.d/99-sysctl.conf

SSH(Secure Shell)

1 ssh의 개요

ssh는 원격 시스템에 로그인하여 명령을 실행하는 프로그램으로 기본적인 사용법은 telnet과 유사하다. telnet은 클라이언트와 서버간의 데이터 전송 시에 일반 텍스트 형태로 패킷을 전달하여 패킷의 내용을 유출당할 수 있지만, ssh는 패킷 전송 시 암호화시키므로 안전하게 전송할 수 있다. ssh는 ssh2와 ssh1 두 가지 버전이 있는데, ssh2는 ssh1을 개선한 것으로 호환은 되지만 기본적으로 호환성을 포함하고 있는 것이 아니므로 ssh1을 지원하려면 ssh1 서버 같이 운영해야 한다. SSH2는 이중-암호화 RSA 키 교환을 비롯하여 다양한 키-교환 방법을 지원한다.

2 ssh의 특징

① 패킷을 암호화하여 다른 원격 로그인 프로그램인 telnet이나 rlogin에 비해 안전하다.
② rlogin처럼 패스워드 입력 없이 로그인이 가능하다.
③ rsh처럼 원격 셸을 지원한다.
④ 원격 복사(scp)를 지원한다.
⑤ 안전한 파일 전송(sftp)을 지원한다.

3 ssh 설치

리눅스에서는 ssh의 공개 버전인 openssh를 사용하는데, SSH 서버와 SSH 클라이언트 프로그램으로 나누어져 있다. 레드햇 계열 리눅스에서는 3개의 패키지로 구분해서 배포하고 있다.

패키지명	설명
openssh	openssh 서버와 openssh 클라이언트에 모두 필요한 핵심적인 파일들이 들어 있는 패키지로 ssh-keygen 명령이 들어 있다.
openssh-server	openssh 서버 관련 패키지로 데몬인 sshd, sftp 서버 등이 들어 있다.
openssh-clients	openssh 클라이언트 관련 패키지로 ssh, scp, sftp 등의 명령어가 들어 있다.

4 ssh 서버 설정

ssh 서버의 환경 설정 파일은 /etc/ssh/sshd_config이고 실행 명령은 'systemctl start sshd. service'이다. sshd_config 파일의 주요 항목을 분석해보면 다음과 같다.

Port 22
◎ ssh 서버가 사용하는 포트를 지정한다.

#AddressFamily any

◉ 접속하는 IP 주소 버전을 지정하는 옵션으로 any는 IPv4와 IPv6 주소 체계 모두 접속이 가능하다. 앞에 있는 주석을 제거하고 any 대신에 inet이라고 설정하면 IPv4 주소만 접속 가능하고 inet6라고 설정하면 IPv4 주소만 접속이 가능하다.

#ListenAddress 0.0.0.0
#ListenAddress ::

◉ sshd 데몬이 허가하는 주소를 설정하는 영역으로 여러 개의 네트워크 인터페이스가 있을 경우 IP 대역과 포트를 지정할 수 있다. "ListenAddress 192.168.1.1:22" 형태로 지정하면 되고, 콜론(:)은 IPv6 주소 체계에서 사용하면 된다.

Protocol 2

◉ ssh 프로토콜의 버전을 지정한다.

HostKey /etc/ssh/ssh_host_key

◉ SSH1의 호스트키 위치를 지정한다.

HostKey /etc/ssh/ssh_host_rsa_key
HostKey /etc/ssh/ssh_host_dsa_key
HostKey /etc/ssh/ssh_host_ecdsa_key
HostKey /etc/ssh/ssh_host_ed25519_key

◉ SSH2의 암호화 방식인 RSA, DSA 등의 호스트키 위치를 지정한다.

KeyRegenerationInterval 1h

◉ 서버의 키는 한번 접속이 이루어진 뒤에 자동적으로 다시 만들어진다. 다시 만드는 목적은 나중에 호스트의 세션에 있는 키를 캡처해서 암호를 해독하거나 훔친 키를 사용하지 못하도록 하기 위함이다. 값이 0이면 키는 다시 만들어지지 않는다는 의미이고, 기본단위는 초 단위이다. m은 분(minute), h는 시(hour)를 뜻한다.

ServerKeyBits 1024

◉ 서버 키의 비트수를 정의한다.

SyslogFacility AUTHPRIV

◉ syslog 관련하여 facility를 지정하는 항목으로 ssh를 통한 접속은 AUTHPRIV로 처리하여 기록한다.

LogLevel INFO

◉ 로그 레벨을 지정 항목으로 기본 값은 INFO이다. 그 외의 값으로 QUIET(기록하지 않음), FATAL(치명적인 오류), ERROR, VERBOSE, DEBUGS 등이 있다.

LoginGraceTime 2m

◉ 유저가 로그인에 실패했을 경우 서버가 연결을 끊는 시간이다. 값이 0이면 제한이 없다.

PermitRootLogin yes

◉ root 로그인 허용여부를 결정하는 것이다. yes는 root로 접속이 가능하다는 의미로 보안을 강화하기 위해서는 no로 바꾼다.

StrictModes yes

◎ 로그인을 허용하기 전에 파일 모드, 사용자 홈 디렉터리 소유권, 원격 호스트의 파일들을 SSH 데몬이
  체크할 수 있도록 해주는 설정이다.

MaxAuthTries 6

◎ 접속할 때 재시도할 수 있는 최대횟수를 지정하는 설정이다.

MaxSessions 10

◎ 네트워크 주소 당 최대 연결할 수 있는 세션수를 지정한다.

RSAAuthentication yes

◎ RSA 인증을 사용할 것인지를 설정한다.

PubkeyAuthentication yes

◎ 공개키를 통한 인증을 허가할 것인지를 설정한다.

AuthorizedKeysFile   .ssh/authorized_keys

◎ 클라이언트에서 생성한 공개키를 저장할 파일명을 설정한다.

RhostsRSAAuthentication no

◎ 프로토콜 1 기반 RSA를 이용할 때 rhost나 /etc/hosts.equiv 파일이 있으면 이것을 사용해 인증을 할
  수 있도록 하는 항목으로 기본 값은 no이다.

HostbasedAuthentication no

◎ rhost나 /etc/hosts.equiv를 이용하여 접속할 때 공개키를 이용하여 접속을 허가할 것인지를 설정할
  때 사용한다. 기본 값은 no이다.

IgnoreUserKnownHosts yes

◎ RhostsRSAAuthentication나 HostbasedAuthentication를 사용한 인증 시에 각 사용자의 홈 디렉터리
  에 있는 .ssh/known_hosts 무시할 것인지를 설정한다. 기본 값은 no이다.

IgnoreRhosts yes

◎ RhostsRSAAuthentication나 HostbasedAuthentication를 사용한 인증 시에 .rhosts 파일을 무시할 것
  인지를 설정한다. 기본 값인 yes는 .rhosts 파일을 무시한다.

PasswordAuthentication yes

◎ 패스워드를 이용한 인증을 허용한다. 기본 값이 yes이다.

PermitEmptyPasswords no

◎ 패스워드 인증할 때 서버가 비어있는 패스워드를 인정 관련 설정이다. 기본 값은 no이다.

ChallengeResponseAuthentication no

◎ Challenge-Response 관련 인증 설정이다.

KerberosAuthentication no
KerberosOrLocalPasswd yes

KerberosTicketCleanup yes
KerberosGetAFSToken no
KerberosUseKuserok yes
- ⊙ Kerberos 인증 관련 설정이다.

GSSAPIAuthentication yes
GSSAPICleanupCredentials yes
- ⊙ GSSAPI 인증 관련 설정이다.

UsePAM yes
- ⊙ PAM을 통해 제어할 것인지를 설정한다.

AllowTcpForwarding yes
- ⊙ TCP를 통한 포워딩을 허가한 것인지를 설정한다.

GatewayPorts no
- ⊙ 포워딩된 포트에 대하여 클라이언트의 접속을 허가할 것인지를 설정한다.

X11Forwarding yes
- ⊙ 원격에서 X11 포워딩을 허용하는 것이다. 이 옵션을 yes로 설정하면 xhost보다 안전한 방법으로 원격에
  있는 X 프로그램을 사용할 수 있다.

X11DisplayOffset 10
- ⊙ X11 포워딩될 때 디스플레이 번호를 지정해준다.

X11UseLocalhost yes
- ⊙ X11 포워딩 서버에 접속할 때 localhost 관련 설정이다.

PrintMotd yes
- ⊙ SSH 로그인시에 /etc/motd 파일의 내용을 프린트되도록 설정한다.

PrintLastLog yes
- ⊙ 로그인시 지난번 로그인 기록을 보여줄 것인지를 설정한다.

TCPKeepAlive yes
- ⊙ 클라이언트의 접속이 끊어졌는지를 체크하기 위해 일정시간 메시지를 전달하도록 하는 설정이다.

UseLogin no
- ⊙ 로그인 세션을 사용한 것인지를 설정한다.

UsePrivilegeSeparation yes
- ⊙ 네트워크 트래픽 발생 시 권한이 없는 자식 프로세스에 의해 생성된 권한을 분리할 것인지를 설정한다.

PermitUserEnvironment no
- ⊙ 사용자 홈 디렉터리의 .ssh/environment나 .ssh/authorized_keys안의 environment= 옵션을 사용하게
  할 것인지를 설정한다.

Compression delayed

◎ 압축을 허가할 것인지를 설정한다.

ClientAliveInterval 0

◎ 클라이언트로부터 전송되는 데이터가 없을 경우 서버는 메시지를 보내게 되는 데, 이 때의 시간을 지정한다. 0이면 메시지를 보내지 않는다.

ClientAliveCountMax 3

◎ 클라이언트에게 전달하는 메시지 횟수를 지정한다.

UseDNS yes

◎ 클라이언트의 호스트 주소를 IP 주소로 해석할 것인지를 설정한다.

PidFile /var/run/sshd.pid

◎ ssh데몬의 PID를 기록하는 파일이다.

Banner none

◎ 배너 관련으로 로그인 전에 보여주는 메시지 파일을 지정하는 부분이다. 예를 들면 텔넷은 etc/issue나 /etc/issue.net 파일을 사용하는데, 이러한 파일을 지정하는 것이다.

Subsystem   sftp   /usr/libexec/openssh/sftp-server

◎ sftp는 프로토콜 버전 2에서 사용되는 것으로 ssh와 같이 ftp의 보안을 강화하기 위해 사용되는 보안 ftp 프로그램이다. sftp 서버를 사용하기 위한 항목이다.

5 ssh 클라이언트 명령어: ssh

리눅스에서는 openssh-clients 패키지를 설치하면 ssh 명령을 이용해서 접속할 수 있고, 윈도우에는 SecureCRT, Xshell 등과 같은 프로그램을 이용해야 한다.

◉ 사용법

$ ssh [option] 호스트명 or IP주소

◎ ssh는 서버로 접속할 때에 같은 계정으로 접속을 시도하므로 클라이언트와 서버의 계정이 같으면 생략해도 된다.

$ ssh 계정이름@호스트네임

◎ -l 옵션 대신에 사용하는 방법으로 클라이언트 계정과 서버의 계정이 다르면 계정 이름을 명기해야 한다.

$ ssh 호스트네임 명령

◎ rsh와 같이 원격 셸을 사용할 수 있는데, 접속 없이 명령만 내릴 때 유용하다.

◉ 주요 옵션

옵션	설명
-l	다른 계정으로 접속할 때 사용한다. 이 옵션 대신 서버 주소 앞에 @를 붙여 사용할 수도 있다.
-p	ssh 서버의 포트 번호가 22번이 아닌 경우 -p 옵션을 사용해서 바뀐 포트를 지정할 때 사용한다.

사용 예

```
                                    posein@localhost:~                        -  □  ×
파일(F) 편집(E) 보기(V) 검색(S) 터미널(T) 도움말(H)
[posein@www ~]$ ssh 203.247.40.248
The authenticity of host '203.247.40.248 (203.247.40.248)' can't be established.
ECDSA key fingerprint is 64:1f:48:2f:bb:eb:41:05:78:db:04:ba:91:ba:02:8c.
Are you sure you want to continue connecting (yes/no)? yes
Warning: Permanently added '203.247.40.248' (ECDSA) to the list of known hosts.
posein@203.247.40.248's password:
Last login: Fri Jan 19 16:44:41 2018 from 124.51.28.214
[posein@localhost ~]$
```

⊙ 203.247.40.246 서버로 클라이언트의 계정과 같은 계정인 posein으로 접속을 시도한다. 관련 키 설정
을 위해 yes라고 입력하고, 원격지 서버의 패스워드를 입력하면 접속된다.

[posein@www ~]$ ssh -l yuloje 192.168.1.1

⊙ 192.168.1.1 서버로 클라이언트의 계정과 다른 계정인 yuloje로 접속을 시도한다.

[posein@www ~]$ ssh yuloje@192.168.1.1

⊙ 192.168.1.1 서버에 yuloje라는 계정으로 접속을 시도한다.

[posein@www ~]$ ssh -p 180 192.168.1.1

⊙ 192.168.1.1 서버의 ssh 포트 번호가 180번인 경우에 사용한다.

[posein@www ~]$ ssh -l yuloje posein.org mkdir data

⊙ 원격에서 posein.org에 yuloje라는 계정으로 접속하여 data라는 디렉터리를 생성한다.

⑥ 인증키를 이용한 SSH 서버 접속: ssh-keygen

SSH 서버를 접속할 때 패스워드를 입력하여 접속하지만 인증키를 이용하여 접속할 수 있다. SSH
클라이언트에서 ssh-keygen 명령을 이용해서 비밀키와 공개키를 생성하고, SSH 서버에 공개키
를 복사하면 된다.

인증키를 이용한 SSH SERVER 접속 가상 설명도

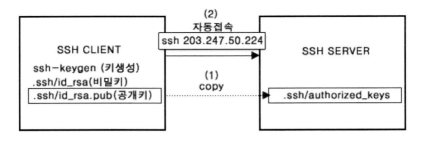

사용법

$ ssh-keygen [option]

● 주요 옵션

옵션	설명
-t	사용할 암호화 알고리즘을 지정하는 옵션으로 rsa, dsa 등을 사용할 수 있다. ssh2 버전에서는 지정하지 않으면 rsa를 사용한다.

● 사용 예

$ ssh-keygen -t dsa

◉ DSA를 이용해서 인증키를 생성한다.

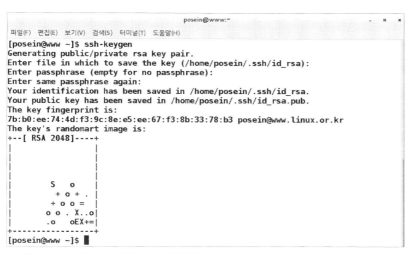

◉ RSA를 이용해서 인증키를 생성한다. id_rsa와 id_rsa.pub 두 개의 파일이 생성되며, 패스워드를 별도로 설정하지 않으면 서버에 접속할 때 패스워드 없이 로그인이 가능하다. 생성된 파일 중에 공개키 파일에 해당하는 id_rsa.pub 파일을 원격지 서버의 홈 디렉터리 안에 .ssh/authorized_keys로 복사해두면 된다.

🌱 원격 셸 및 SCP를 이용해서 작업하기

① 원격지에 .ssh 디렉터리를 생성하고 scp를 이용해서 공개키를 복사한다.

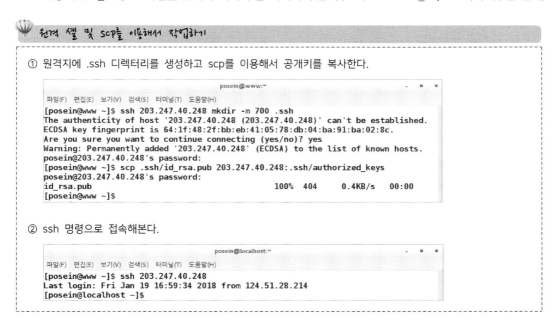

② ssh 명령으로 접속해본다.

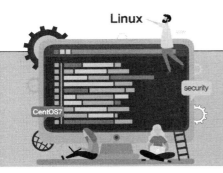

security

CentOS7

네트워크 보안 관리

3.1 네트워크 침해 유형 및 특징

3.1.1 네트워크 침해 유형 및 특징

1 DoS(Denial of Service) 공격

Dos(Denial of Service, 서비스 거부) 공격은 시스템이나 네트워크의 구조적인 취약점을 공격하여 정상적인 서비스를 할 수 없도록 방해하는 것으로 보통 과도한 부하를 발생시켜 데이터나 자원을 잠식한다.

● DoS 공격의 분류

분류	설명
파괴 공격	디스크, 데이터, 시스템 파괴
시스템 자원 고갈 공격	CPU, 메모리, 디스크의 부하 가중으로 인한 고갈
네트워크 자원 고갈 공격	불필요한 패킷 유발을 통한 네트워크 대역폭 고갈

● Ping of Death

Ping을 이용하여 ICMP 패킷을 정상적인 크기보다 아주 크게 만들어 보내는 공격 방법으로 ICMP Flooding의 일종이다. 크게 만들어진 패킷(65,535 bytes)은 네트워크를 통해 라우팅 되어 공격 대상이 되는 네트워크에 도달하는 동안에 아주 작은 조각(Fragment)으로 쪼개어 지고, 공격 대상이 되는 시스템은 작게 조각화된 패킷을 모두 처리해야 하기 때문에 정상적인 ping 보다 훨씬 많은 부하가 걸리게 되어 정상적인 서비스를 할 수 없게 만든다.

● UDP Flooding

UDP 패킷을 대량 발생시켜 특정 시스템의 서비스를 방해하는 공격이다. 소스(Source) 주소가 스푸핑(Spoofing)된 시스템에서 UDP 패킷을 공격 대상이 되는 시스템에 대량 전송하여 네트워크 대역폭(Bandwidth)을 소모하는 형태로 공격이 이루어진다.

● TCP SYN Flooding

네트워크 서비스들이 동시에 접속하는 사용자 수의 제한이 있다는 점을 악용한 공격법으로 특

352 **Part 03** 시스템 분석 및 보안 관리

히 TCP의 Three-way Handshaking과 밀접한 관계가 있다. 공격자가 특정 시스템의 서비스를 방해를 목적으로 짧은 시간에 대량의 SYN 패킷을 보내어 접속 가능한 공간을 소진함으로서 다른 사용자의 접속을 막는 기법이다. TCP 기반으로 운영되는 서버 시스템은 클라이언트로부터 SYN 패킷을 받으면, 클라이언트에게 접속 가능하다는 의미로 SYN+ACK 패킷을 전송을 클라이언트로부터 ACK 패킷이 도착하기 까지 일정시간 대기하게 된다. SYN Flooding 공격은 서버에 설정된 대기 시간 안에 서버가 수용할 수 있는 동시 접속자 수의 이상의 SYN 패킷을 보내고, ACK 패킷을 보내지 않는 형태로 공격이 이루어진다. SYN Flooding 공격의 확인은 서버에서 netstat 명령으로 확인할 수 있는데, 결과의 State 항목에 SYN_RECV가 과도하게 발생했다면 이 공격을 의심할 수 있다.

Teardrop Attack

데이터를 전송하기 위해서는 패킷을 분할하고 시퀀스 넘버를 생성하는 데, 이러한 시퀀스 넘버를 조작하거나 중첩시켜서 패킷화된 데이터를 재조합할 때 혼란을 일으켜 내부에 과부하를 발생시키는 공격방법이다. 유사한 공격으로 Boink, Bonk 등이 있다.

Land Attack

공격자가 임의로 자신의 IP 주소 및 포트를 대상 서버의 IP 주소 및 포트와 동일하게 하여 서버를 공격한다. 이러한 패킷을 공격 시스템에 보내면 해당 시스템은 SYN 패킷의 출발지 주소를 참조하여 응답 패킷의 목적지 주소를 SYN 패킷의 출발지 주소로 설정해서 보내는데, 이 때 패킷은 외부로 나가지 않고 자신에게 되돌아온다. 이 공격법은 SYN Flooding처럼 동시 사용자 수를 증가시키므로 CPU 부하까지 발생시킨다.

Smurf Attack

공격자는 IP 주소를 공격 서버의 IP 주소로 위장하고, ICMP Request 패킷을 브로드캐스트를 통해 다수의 시스템에 전송한다. 이 때 브로드캐스트를 수신한 다수의 시스템은 ICMP Echo Reply 패킷을 공격자가 아닌 공격 대상의 서버로 전송하게 되면서 부하를 발생시킨다.

Mail Bomb

Mail Bomb은 보통 폭탄 메일이라고 부르는데, 스팸 메일 형태의 공격이다. 다량의 메일을 발송하여 메일 서버의 디스크 공간을 가득 채움으로서 더 이상의 메일 수신이 불가능하게 만드는 공격이다.

시스템 자원 고갈 공격

디스크, 메모리, 프로세스에 대한 자원 고갈 공격에 대한 예를 만들어 실행해본다. vi 편집기 등을 작성한 뒤에 gcc를 이용하여 실행 파일로 만든 후 실행하면 된다.

생성 예

vi disk.c
gcc - o disk disk.c
./disk

가용 디스크 자원 고갈 예

```
root@www:~
파일(F) 편집(E) 보기(V) 검색(S) 터미널(T) 도움말(H)
[root@www ~]# cat disk.c
#include <unistd.h>
#include <sys/file.h>
main ()
{
  int fd;
  char buf[1000];
  fd=creat("/root/disk",0777);
  while(1)
  write(fd,buf,sizeof(buf));
}
[root@www ~]#
```

◉ 실행 파일 생성 후에 실행해본다. 용량의 변화는 "df –h"로 확인할 수 있고, 계속적으로 모니터링하려면 "watch df –h"로 확인한다.

가용 메모리 자원 고갈 예

```
root@www:~
파일(F) 편집(E) 보기(V) 검색(S) 터미널(T) 도움말(H)
[root@www ~]# cat memory.c
#include <stdio.h>
main ()
{
  char *m;
  while(1)
    m=malloc(1000);
}
[root@www ~]#
```

◉ 실행 파일 생성 후에 실행해본다. 메모리 사용량의 변화는 "free –m"으로 확인할 수 있고, 계속적으로 모니터링 하려면 "watch free –m"으로 확인한다.

가용 프로세스 자원 고갈 예

```
root@www:~
파일(F) 편집(E) 보기(V) 검색(S) 터미널(T) 도움말(H)
[root@www ~]# cat process.c
#include <unistd.h>
main()
{
 while(1)
  fork();
 return(0);
}
[root@www ~]#
```

◉ 실행 파일 생성 후에 실행 시에 조금 오래두면 시스템이 다운되니 주의해야 한다.

② DDoS(Distributed Denial of Service) 공격

여러 대의 공격자를 분산 배치하여 동시에 DoS 공격을 함으로서 공격 대상이 되는 시스템이 정상적인 서비스를 할 수 없도록 방해하는 공격이다.

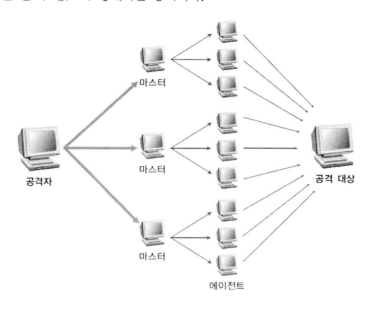

⊛ DDoS 도구

도구	설명
Trinoo	다수의 호스트로부터 통합된 UDP Flooding 공격을 시행한다.
TFN	Trinoo와 거의 유사한 공격 도구로 UDP Flooding 뿐만 아니라, TCP SYN Flooding, ICMP 브로드캐스트 공격도 가능하다. 그러나, 공격자 시스템과 마스터 시스템 간 연결이 암호문이 아닌 평문으로 되어 있어서 공격자가 노출될 가능성이 높다.
TFN 2K	TFN의 발전된 형태로 통신에 특정 포트를 사용하지 않고, 암호화를 사용한다. 프로그램에 의해 UDP, TCP, ICMP가 복합적으로 사용되고, 포트도 임의로 결정한다. UDP Flooding, TCP SYN Flooding, ICMP Flooding, Smurf 공격을 사용한다.
Stacheldraht	독일어로 "철조망"이라는 뜻으로 Trinoo, TFN을 참고하여 만들어졌다. TFN 2K처럼 통신할 때 암호화 기능이 추가되었고, 접속한 시도가 사용자가 올바른 공격자인지 확인하기 위해 패스워드 입력을 요구한다. 특히, 마스터와 에이전트들이 자동으로 갱신되는 특징이 있다. UDP Flooding, TCP SYN Flooding, ICMP Flooding, Smurf 공격을 사용한다.

3.1.2 ▶ 기타 공격

① SSH 무작위 대입(SSH Brute force) 공격

SSH를 기반으로 로그인 시에 무차별적으로 아이디와 패스워드를 대입으로 접근을 시도하는 공격이다. 원시적인 방법일 수도 있으나 실질적이고 직관적인 공격 방법이라고 할 수 있다. 특히 레드햇 계열 리눅스인 경우에는 기본 설정이 root의 접속을 허가하도록 되어 있어서 아이디를 root로 고정하고, 사전 파일(Dictionary File)에 있는 단어들을 패스워드로 대입하는 형태의 공격이 보편화되어 있다.

◉ **공격 예**

```
                              root@localhost:~                        _  ▫  ×
파일(F)  편집(E)  보기(V)  검색(S)  터미널(T)  도움말(H)
[root@localhost ~]# tail /var/log/secure
Jan 19 17:52:45 localhost sshd[19424]: Failed password for root from 58.242.83.11 por
t 5650 ssh2
Jan 19 17:52:45 localhost unix_chkpwd[19479]: password check failed for user (root)
Jan 19 17:52:45 localhost sshd[19424]: pam_succeed_if(sshd:auth): requirement "uid >=
 1000" not met by user "root"
Jan 19 17:52:48 localhost sshd[19424]: Failed password for root from 58.242.83.11 por
t 5650 ssh2
Jan 19 17:52:48 localhost sshd[19424]: Disconnecting: Too many authentication failure
s for root [preauth]
Jan 19 17:52:48 localhost sshd[19424]: PAM 5 more authentication failures; logname= u
id=0 euid=0 tty=ssh ruser= rhost=58.242.83.11  user=root
Jan 19 17:52:48 localhost sshd[19424]: PAM service(sshd) ignoring max retries; 6 > 3
Jan 19 17:52:49 localhost unix_chkpwd[19483]: password check failed for user (root)
Jan 19 17:52:49 localhost sshd[19481]: pam_unix(sshd:auth): authentication failure; l
ogname= uid=0 euid=0 tty=ssh ruser= rhost=58.242.83.11  user=root
Jan 19 17:52:49 localhost sshd[19481]: pam_succeed_if(sshd:auth): requirement "uid >=
 1000" not met by user "root"
[root@localhost ~]#
```

3.2 대비 및 대처 방안

3.2.1 기본적인 대응책

1 DDoS 및 DDoS 공격에 대한 대응책

① 방화벽(Firewall, 침입 차단 시스템)을 이용하여 패킷 및 포트 필터링을 통한 진입 차단
② 침입 탐지 시스템(Intrusion Detection System, IDS)를 이용한 공격 탐지
③ 침입 방지 시스템(Intrusion Prevention System, IPS)를 이용한 대처
④ 취약점 및 버그를 이용한 악성코드 및 침입 방지를 위한 시스템 패치
⑤ 안정적인 네트워크 설계
⑥ 다양한 보안 툴을 활용하여 DoS 공격 탐색과 제거
⑦ 로드 밸런싱을 통한 대용량 트래픽 분산 처리 및 네트워크 성능 강화
⑧ 서비스별 대역폭 제한
⑨ 불필요한 서비스 제거

2 방화벽(Firewall, 침입 차단 시스템)

✹ 방화벽의 개요 및 기능

방화벽의 원래 의미는 화재가 발생했을 때 불길이 다른 곳으로 번지는 것을 막기 위해 설치해 놓은 구조물을 의미한다. 이러한 의미로 컴퓨터 네트워크 분야에서는 내부 네트워크를 보호하기 위해 외부에서의 불법적인 트래픽 유입을 막고, 허가되고 인증된 트래픽만을 허용하는 기능을 가진 하드웨어나 소프트웨어를 일컫는다.

◐ 방화벽의 기능

기능	설명
접근 제어(Access Control)	접근을 허가할 대상과 거부할 대상을 정하는 것으로 패킷 필터링(Packet Filtering) 방식과 프록시(Proxy) 방식으로 나눈다.
로깅(Logging)과 감사 추적(Auditing)	접근 허가 및 거부된 내용을 기록하고 추적한다.
인증(Authentication)	메시지 인증, 사용자 인증, 클라이언트 인증을 통해 허가된 접근을 인증한다.
데이터 암호화	가상 사설망(Virtual Public Network, VPN)을 이용하여 방화벽에서 다른 방화벽까지 전송되는 데이터를 암호화한다.

✹ 방화벽의 종류

① 배스천 호스트(Bastion Host)

배스천(Bastion)이란 중세 성곽의 가장 중요한 수비 부분을 담당하는 곳을 뜻하는데, 배스천 호스트도 방화벽 시스템에서 접근 제어, 응용 시스템의 게이트로서 가상 서버의 설치,

인증, 로그 등을 담당한다. 이 호스트가 외부에 노출되어 공략 대상이 되는 시스템이므로 사용자 계정 등을 만들지 않고 최소한의 서비스만 가능한 상태로 구성한다.

② 스크린 라우터(Screen Router)

스크린 라우터는 방화벽 역할을 수행하는 라우터로서 외부 네트워크와 내부 네트워크의 경계에 위치한다. 이 라우터는 패킷의 헤더 내용을 보고 필터링(스크린)할 수 있는 기능을 제공하는데, 세부적인 규칙 적용이 어렵고 많은 규칙을 적용할 경우에 라우터에 부하가 걸려 대역폭을 효과적으로 이용할 수 없다. 또한 실패한 접속에 대한 로깅을 지원하지 않고, 패킷 필터링 규칙에 대한 검증이 어려워 낮은 수준의 접근 제어를 지원한다고 볼 수 있다.

③ 단일 홈 게이트웨이(Single-Homed Gateway)

스크린 라우터보다 좀 더 발전된 형태의 방화벽으로 이 구조를 배스천 호스트라 부르기도 한다. 접근 제어, 프록시, 인증, 로깅 등 방화벽의 가장 기본적인 기능을 수행하며 리눅스, 유닉스, 윈도우 등과 같은 운영체제에 설치되어 운용된다.

④ 이중 홈 게이트웨이(Dual-Homed Gateway)

최소 2개 이상의 네트워크 카드를 이용해서 구성하는 방화벽으로 하나의 네트워크로부터 전송된 패킷이 다른 네트워크로 직접 전송되지 않고 게이트웨이로 정의된 장치와 통신하게 된다. 양방향의 직접적인 인터넷 프로토콜(IP) 트래픽을 제한하고, 응용 프로그램 패킷을 전달하는 프록시(Proxy) 프로그램이 있어서 클라이언트와 서버가 직접 통신을 하지 않는다. 프록시 프로그램은 패킷의 소스 주소, 목적지 주소, 포트 번호를 이용하여 통신 패킷의 전달을 제한하게 된다.

⑤ 스크린 호스트 게이트웨이(Screened Host Gateway)

스크린 라우터와 단일 홈 게이트웨이를 조합한 형태로 스크린 라우터에서 패킷 필터링을 1차로 수행하고, 배스천 호스트 역할을 수행하는 단일 홈 게이트웨이에서 프록시와 같은 서비스를 통해 2차 방어를 한다. 또한 배스천 호스트는 스크린 라우터를 거치지 않는 모든 접속을 거부하며, 스크린 라우터도 배스천 호스트를 거치지 않는 모든 접속을 거부하도록 설정한다.

⑥ 스크린 서브넷 게이트웨이(Screened Subnet Gateway)

스크린 서브넷 게이트웨이는 외부 네트워크와 내부 네트워크 사이에 완충지대를 두는 방식으로 완충지대의 네트워크를 서브넷이라고 부른다. 완충지대에 보통 DMZ(DeMilitarized Zone)가 위치하고, 방화벽도 이 위치에 설치된다. 이 방식은 다른 방화벽의 장점을 모두 갖추고 있으며 융통성이 매우 뛰어나다. 그러나 다른 방화벽에 비해 설치와 관리가 어렵고, 서비스 속도도 느리며, 비용도 많이 들어간다.

③ 침입 탐지 시스템(Intrusion Detection System, IDS)

침입 탐지 시스템(이하 IDS)은 서버나 네트워크에 대한 공격을 실시간으로 탐지하는 시스템으로 데이터 수집(Raw Data Collection), 데이터 필터링과 축약(Data Reduction and Filtering), 침입 탐지(Analysis and Intrusion Detection), 책임 추적성과 대응(Reporting and Response) 기능을 수행한다. IDS는 설치 위치와 목적에 따라 호스트 기반 IDS(Host-Based IDS, 이하 HIDS)와 네트워크 기반 IDS(Network-Based IDS)로 나눈다. HIDS는 윈도우나 리눅스 등 운영체제에 부가적으로 설치되어 사용자 계정에 따라 어떤 접근을 시도하고 어떤 작업을 실행했는지 기록하고 추적하는 역할을 수행한다. NIDS는 네트워크상에서 하나의 독립된 시스템으로 운영되는데, 네트워크 전반을 감시한다. 침입 탐지 기법에는 오용 탐지(Misuse Detection)와 이상 탐지(Anomaly Detection)로 나눈다. 오용 탐지 기법은 이미 발견된 공격 패턴을 미리 입력해두고, 해당 패턴이 탐지했을 때 이를 알려주는 방법이다. 오탐율이 적어 비교적 효율적이지만, 알려진 공격 외에는 탐지할 수 없고 많은 데이터를 분석하는 데에는 부적합하다. 이상 탐지 기법은 정상적이고 평균적인 상태를 기준으로 급격한 변화를 일으키거나 확률인 낮은 일이 발생할 경우에 알리는 방식이다. 다양한 분석을 통해 정보를 수집해서 탐지하는 방식이 주로 사용되고, 최근에는 인공 지능과 면역 시스템이 개발 중이다.

④ 침입 방지 시스템(Intrusion Prevention System, IPS)

침입 방지 시스템(이하 IPS)은 네트워크에서 공격 서명을 찾아내어 자동으로 모종의 조치를 취함으로써 비정상적인 트래픽을 중단시키는 보안 시스템이다. 수동적인 방어 개념의 침입 차단 시스템이나 침입 탐지 시스템과 달리 침입 경고 이전에 공격을 중단 시키는 데 초점을 둔 시스템으로 침입 유도 기능과 자동 대처 기능이 합쳐진 개념이다. 또한 해당 서버의 비정상적인 행동에 따른 정보 유출을 자동으로 탐지하고 차단 조치함으로서 비정상 행위를 통제할 수 있다.

⑤ 가상 사설망(Virtual Private Network, VPN)

가상 사설망(이하 VPN)은 인터넷과 같은 공중망을 사설망처럼 사용할 수 있도록 해주는 서비스로 암호화 기법을 사용해서 기업 본사와 지사 또는 지사 간에 전용망을 설치할 것 같은 효과를 거둘 수 있다. VPN은 공중망을 통해 데이터를 송신하기 전에 데이터를 암호화하고, 수신 측에서 이를 복호화한다. VPN은 터널링, 암호화, 인증, 접근 제어 등의 기능을 제공한다. 관련 프로토콜로는 PPTP(Point-to-Point Tunneling Protocol), L2TP(Layer 2 Tunneling Protocol) 등이 초기에 사용되었으나, 최근에는 보안 강화를 위해 IPSec 등이 사용되고 있다.
리눅스에서는 FreeSWAN, OpenVPN, Poptop, Openswan 등의 프로그램을 이용해서 VPN 시스템을 구축할 수 있다.

6 리눅스 기반 IDS 및 IPS 시스템

Snort

가장 대표적인 공개형 IDS 및 IPS 프로그램으로 1998년 Sourcefire사의 마틴 로시(Martin Roesch)가 발표하였다. Snort는 Sniffer and more 라는 말에서 유래하였는데, 탐지 룰(Rule)을 기반으로 네트워크 트래픽을 감시하고 분석하여 침입 여부를 탐지해준다. 커뮤니티를 통해 지속적인 탐지 룰을 제공하고 있으며, 멀티 플랫폼에서 실행 가능하고, 관리자가 직접 탐지 룰 설정도 가능하다. 관련 URL은 http://www.snort.org이다.

Snort의 기능 분류

기능	설명
Packet Sniffer	네트워크의 패킷을 읽어 보여주는 기능
Packet Logger	모니터링한 패킷을 저장, 로그 기록 및 트래픽 디버깅에 유용
Network IDS	네트워크 트래픽(패킷) 분석, 공격 탐지 기능
Snort Inline	패킷 분석 및 공격 차단 기능

Suricata

2009년 미국 국토안보부(US Department of Homeland Security)가 자금을 제공하여 설립한 OISF(Open Information Security Foundation)이 2010년에 Snort의 대안으로 개발한 공개형 IDS 및 IPS 프로그램이다. Snort를 근간으로 개발되어 Snort와 내부 동작 방식이 유사하고 기존의 Snort 룰과도 호환된다. 특히 멀티 코어(Multi-Core) 및 멀티 쓰레딩(Multi-Threading) 지원, GPU 하드웨어 가속 지원, LUA 같은 스크립트 언어로 시그니처 작성이 가능하다. 관련 URL은 http://suricata-ids.org이다.

3.2.2 iptables

1 iptables의 개요

리눅스는 등장했을 무렵 초기부터 접속 제한을 위해 UNIX에서 사용하던 TCP Wrapper를 비롯하여, 리눅스 커널 1.0 버전에서는 BSD의 ipfw, 커널 2.0 버전에서는 ipfwadm, 커널 2.2 버전에서는 ipchains, 커널 2.4 버전 이후로는 iptables를 사용하고 있다. iptables는 패킷 필터링(Packet Filtering) 도구로서 방화벽 구성이나 NAT(Network Translation Address)에 사용된다. 사용자가 iptables라는 명령으로 정책을 설정하면 해당 정책에 의거하여 동작하고, OSI 참조 모델의 2,3,4 계층(Data Link, Network, Transport)에서 정책을 수행한다. iptables는 패킷 필터링을 직접적으로 수행하지 않고, 커널에 있는 넷필터(netfilter)라는 모듈이 필터링을 수행한다. 넷필터는 리눅스가 제공하는 모든 종류의 패킷 필터링과 맹글링(mangling) 도구로 네트워크 스택으로 함수를 후킹(hooking)하는데 사용할 수 있는 커널 내부의 프레임워크이다. iptables는 패킷에 대한 필터링을 수행하게 설계된 함수를 네트워크 스택으로 후킹하기 위해 넷필터 프레임워크를 사용한다. 즉 넷필터는 iptables가 방화벽 기능을 구현할 수 있게 프레임워크를 제공한다고 보면 된다. 관련 사이트는 http://www.netfilter.org이다.

2 iptables의 구조

iptables는 커널 2.2에서 사용되던 ipchains의 사슬(Chain) 구조를 그대로 승계했지만, 5계층 구조의 테이블(Table)을 만들어 사용하여 이름을 iptables라 명명하였다. ipchains와 거의 유사하게 사슬에 정책을 설정하여 사용하지만, 기능과 역할을 강화하기 위해 테이블로 확장하여 테이블별로 각각의 사슬을 지정하고 해당 사슬에 정책을 설정하도록 되어 있다. iptables는 filter, nat, mangle, raw, security와 같은 5개의 테이블이 있다. filter는 iptables의 기본 테이블로 패킷 필터링을 담당한다. ipchains 이전 프로그램들은 filter 테이블만 가지고 사용했다고 보면 된다. nat 테이블은 Network Address Translation의 약자처럼 IP의 주소를 변환시키는 역할을 수행한다. ipchains의 FORWARD 사슬 역할을 확장한 것으로 한 개의 공인 IP 주소를 가지고 여러 대의 컴퓨터를 사용하거나, 하나의 공인 IP 주소를 가지고 여러 대의 서버를 운영하고자 할 때 주로 사용한다. mangle은 패킷 데이터를 변경하는 특수 규칙을 적용하는 테이블로 성능 향상을 위한 TOS(Type of Service)를 설정하고, raw는 넷필터의 연결 추적 하위 시스템과 독립적으로 동작해야 하는 규칙을 설정하는 테이블이다. 각 테이블은 자신만의 고유한 사슬 집합을 가지고 있지만, 사용자가 INPUT_ESTABLISHED나 DMZ_NETWORK와 같은 공통 태그와 관련된 규칙집합을 만들기 위해 사용자 정의 사슬을 생성할 수 있다. 마지막으로 security는 리눅스 보안 모듈인 SELinux에 의해 사용되는 MAC(Mandatory Access Control) 네트워크 관련 규칙이 적용된다. 이 테이블은 SECMARK 및 CONNSECMARK에 의해 활성화된 규칙이 등록된다. 현재 security는 filter 테이블 다음에 호출되어 DAC(Discretionary Access Control) 규칙이 MAC 규칙보다 먼저 적용될 수 있다.

⬤ iptables의 테이블과 사슬

사슬(Chain)	테이블(Table)				
	filter	nat	mangle	raw	security
INPUT	O	O	O		O
FORWARD	O		O		O
OUTPUT	O	O	O	O	O
PREROUTING		O	O	O	
POSTROUTING		O	O		

(*커널 2.6.34 버전부터 nat 테이블에 INPUT 사슬 추가됨)

패킷 필터링 및 방화벽 구성은 기본 테이블인 Filter의 3개 사슬에 정책을 설정하면 되고, 다수의 서버 관리를 할 때는 Filter 및 NAT 테이블을 연동해서 사용한다. 특히 NAT 테이블의 PREROUTING과 POSTROUTING 사슬은 커널 내부에서 IP 라우팅 계산을 수행하기 전과 후에 패킷 헤더를 수정하기 위해 사용한다.

사슬	기능
INPUT	패킷 필터링 및 방화벽 관련 정책들을 설정하는 사슬로 실제적인 접근 통제를 담당하는 역할을 수행한다. 커널 내부에서 라우팅 계산을 마친 후 로컬 리눅스 시스템이 목적지인 패킷(즉 로컬 소켓이 목적지인 패킷)에 적용된다.
OUTPUT	다른 시스템으로의 접근을 차단할 때 사용하는 사슬로 리눅스 시스템 자체가 생성하는 패킷을 제어하는 사슬이다.
FORWARD	리눅스 시스템을 통과하는 패킷을 관리하는 사슬로 한 네트워크를 다른 네트워크와 연결하기 위해 iptables 방화벽을 사용해서 두 네트워크 간의 패킷이 방화벽을 통과하는 경우에 사용되고, NAT 기반으로 하나의 공인 IP를 여러 대의 사설 IP를 사용하는 시스템들을 공유해서 사용할 경우 사설 IP를 사용하는 시스템의 접근 제어 정책을 설정할 때 사용한다.

● iptables의 패킷 흐름

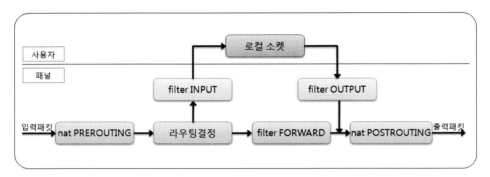

③ iptables의 사용하기

iptables를 이용하여 정책을 설정할 때 가장 중요한 것은 실질적 룰(Rule)에 해당하는 매치(Match)와 타겟(Target)이다. 타겟은 iptables에서 패킷이 규칙과 일치할 때 취하는 동작을 말하고, 매치는 iptables가 규칙 타겟에 의해 명시되는 동작에 따라 패킷을 처리하기 위해서 만족해야 하는 조건들이다. 예를 들어 TCP 패킷에만 적용하려면 –p(– – protocol) 매치를 사용해서 적용시키면 되고, 만약 –p 옵션으로 프로토콜을 명시하지 않으면 모든 프로토콜(tcp, udp, icmp)에 해당 정책에 적용된다.

 firewalld 중단하기

CentOS 7에서는 iptables 기반의 동적 관리 방화벽인 firewalld가 기본적으로 운영되고 있다. 따라서 'iptables -L' 명령을 실행하면 기본 사슬(chain) 이외에 firewalld가 생성한 많은 사슬이 존재하는 것을 확인할 수 있다. iptables 명령을 직접 사용한다면 다음 명령을 실행해서 firewalld의 동작을 중지시킨다.

```
# systemctl stop firewalld
```

아울러 firewalld의 동작을 재부팅 후에도 중지시키려면 다음의 명령을 추가로 실행한다.

```
# systemctl disable firewalld
```

🔅 사용법

iptables [-t table] action chain match [-j target]

◎ 테이블(Table)의 기본 설정은 Filter이고, 다른 테이블 지정할 때에는 -t 옵션을 사용해서 사용한다. 액션 (Action)은 사슬을 지정, 설정, 제어할 때 사용하는데, 주로 -N, -A와 같은 대문자 옵션을 사용한다. 사슬(Chain)을 설정하고 하는 사슬을 명기하는데 INPUT, OUTPUT과 같이 입력하면 되고, 대소문자를 구문한다. 마지막으로 실질적인 룰에 해당하는 매치와 타겟을 지정하면 된다. 매치는 -d, -p와 같은 소문자 옵션을 사용해서 설정하고, 타겟은 -j(--jump) 옵션을 사용하여 설정한다.

🔅 주요 액션

Action	설명
-N	새로운 사용자 정의 사슬을 만든다.(--new-chain)
-X	비어있는 사슬을 제거한다. 단 기본 사슬은 제거할 수 없다.(--delete-chain)
-P	사슬의 기본 정책을 설정한다.(--policy)
-L	현재 사슬의 규칙을 나열한다.(--list)
-F	사슬로부터 규칙을 제거한다.(--flush)
-Z	사슬내의 모든 규칙들의 패킷과 바이트의 카운트를 0으로 만든다.(--zero)
-A	사슬에 새로운 규칙을 추가한다. 해당 사슬에 맨 마지막 규칙으로 등록된다.(--append)
-I	사슬에 규칙을 맨 첫 부분에 삽입한다. 룰 넘버를 사용하여 특정 부분에 삽입할 수도 있다. (--insert)
-R	사슬의 규칙을 교환한다.(--replace)
-D	사슬의 규칙을 제거한다.(--delete)

🔅 주요 매치

Match	설명
-s	출발지 IP 주소나 네트워크와 매칭. 도메인, IP 주소, 넷마스크 값을 이용하여 표기(--source, --src)
-d	목적지 IP 주소나 네트워크와 매칭. 도메인, IP 주소, 넷마스크 값을 이용하여 표기(--destination, --dst)
-p	특정 프로토콜과 매칭. TCP, UDP, ICMP와 같은 이름을 사용하고 대소문자는 구분하지 않음. 이 옵션을 사용하지 않으면 모든 프로토콜이 대상이 됨(--protocol)
-i	입력 인터페이스와 매칭(--in-interface)
-o	출력 인터페이스와 매칭(--out-interface)
!	아닌(NOT)의 의미로 사용하는데, 특정 매칭을 제외할 때 사용
-m	좀 더 세밀하게 제어할 때 사용하는 매칭 옵션(--match)
--state	연결 상태와 매칭. INVALID, ESTABLISHED, NEW, RELATED를 사용
--string	특정한 패턴과 매칭

🔅 기타 옵션

옵션	설명
-n	다른 옵션과 같이 사용되며 출력 정보를 숫자 값으로 표현(--numeric)

-v	다른 옵션과 같이 사용되며 패킷, 바이트수 등을 추가하여 정보를 자세히 출력(--verbose)
--line-number	정책 앞에 번호를 붙여 출력. 삭제나 삽입할 때 유용

◉ 주요 타겟(-j, --jump)

Target	설명
ACCEPT	패킷을 허가하는 것으로 본래 라우팅대로 진행
DROP	패킷을 거부하는 것으로 더 이상 어떤 처리도 수행되지 않고 버림
LOG	패킷을 syslog에 전달하여 기록. 일반적으로 /var/log/messages에 저장
REJECT	패킷을 버리고 동시에 적당한 응답 패킷을 전달. 예를 들면 TCP인 경우 TCP 재설정(Reset) 패킷, UDP인 경우 ICMP 포트 도달 불가(Port Unreachable) 메시지를 전송
RETURN	호출 사슬 내에서 패킷 처리를 계속 진행

◉ 사용 예

iptables - L
◉ 기본 테이블인 Filter의 모든 사슬에 설정된 정책 정보를 출력한다.

iptables - nL
◉ 기본 테이블인 Filter의 모든 사슬에 설정된 정책 정보(포트, 프로토콜 등)를 숫자 값으로 출력한다.

iptables - vL
◉ 기본 테이블인 Filter의 모든 사슬에 설정된 정책 정보를 패킷, 바이트 등을 추가하여 자세히 출력한다.

iptables - L INPUT
◉ 기본 테이블인 Filter의 INPUT 사슬에 설정된 정책 정보를 출력한다.

iptables - t nat - L
◉ NAT 테이블의 모든 사슬에 설정된 정책 정보를 출력한다.

iptables - F
◉ 기본 테이블인 Filter의 모든 사슬에 설정된 정책을 모두 제거한다.

iptables - F INPUT
◉ 기본 테이블인 Filter의 INPUT 사슬에 설정된 정책을 모두 제거한다.

iptables - A INPUT - s 192.168.12.22 -d localhost - j DROP
◉ INPUT 사슬에 발신지가 192.168.12.22이고, 도착지가 localhost인 패킷을 거부(DROP) 시키는 정책을 추가한다.

iptables - A INPUT - s 192.168.1.0/24 - j ACCEPT
◉ INPUT 사슬에 발신지가 192.168.1.0 네트워크 대역에 속한 호스트들을 허가하는 정책을 추가한다.

iptables - A INPUT - s 192.168.5.13 - p icmp - j DROP
◉ INPUT 사슬에 발신지가 192.168.5.13으로부터 들어오는 ICMP 패킷을 거부한다.

```
# iptables  - A INPUT  - s 192.168.5.13 ! - p icmp  - j DROP
```
  ◉ INPUT 사슬에 발신지가 192.168.5.13으로부터 패킷 중에 ICMP 프로토콜을 제외한 모든 프로토콜을 거부한다.

```
# iptables  - D INPUT  - s 192.168.5.13  - p icmp  - j DROP
```
  ◉ INPUT 사슬에 설정한 관련 정책을 삭제한다.

```
# iptables  - L INPUT --line-number
```
  ◉ 기본 테이블인 Filter의 INPUT 사슬에 설정된 정책 정보의 앞부분에 번호를 붙여서 출력한다.

```
# iptables  - D INPUT 2
```
  ◉ INPUT 사슬에 설정한 두 번째 정책을 삭제한다.

```
# iptables  - A OUTPUT  - p tcp  - d www.posein.org --dport 80  - o eth0  - j DROP
```
  ◉ www.posein.org의 웹 사이트에 접속을 차단한다.

```
# iptables  - A FORWARD  - p tcp  - d www.posein.org --dport 80  - o eth0  - j DROP
```
  ◉ 공인 IP 주소를 공유하여 SNAT를 설정했을 경우에 사설 IP 대역 사용자들의 www.posein.org의 웹 사이트에 접속을 차단한다.

4 iptables의 확장 사용하기

리눅스 커널 2.2의 ipchains는 프로토콜 관련 정책 설정이 단순하였으나, iptables는 -p 옵션 뒤에 프로토콜을 지정한 뒤에 추가적으로 사용할 수 있는 옵션이 제공된다.

◉ TCP의 확장

먼저 -p tcp로 프로토콜을 지정하고 추가로 지정할 옵션을 사용한다. 관련 정보는 'iptables -p tcp -h'로 확인할 수 있다.

◉ 주요 옵션

옵션	설명
− −sport	발신지에서의 하나의 포트 또는 포트 범위를 지정 /etc/services에 기록된 포트 이름을 지정하거나 포트 번호로 지정할 수 있고, 범위는 ':'를 사용해서 표기(− −source−port)
− −dport	도착지의 포트를 지정하는 것으로 설정 방법은 − −sport 옵션과 동일(− −destination−port)
− −tcp−flags	TCP flag를 지정하는 옵션. SYN, ACK, FIN, RST, URG, PSH, ALL, NONE를 지정할 수 있음
− −syn	− −tcp−flags SYN, RST, ACK, FIN SYN과 같음

◉ UDP의 확장

먼저 -p udp로 프로토콜을 지정하고 추가로 지정할 옵션을 사용한다. 위에 열거된 TCP의 확장 옵션 중에 − −sport 및 − −dport를 지원한다. 관련 정보는 'iptables -p udp -h'로 확인할 수 있다.

◉ ICMP의 확장

먼저 -p icmp로 프로토콜을 지정하고 --icmp-type을 추가 옵션으로 지정한다. 많이 사용하는 ICMP 타입 값에는 echo-request(8), echo-reply(0), destination-unreachable(3) 등이 있고, 관련 정보는 'iptables -p icmp -h'를 입력하면 확인할 수 있다.

◉ 주요 옵션

옵션	설명
--icmp-type	숫자 값 형태의 ICMP 타입값 또는 코드로 지정

5 iptables를 이용한 설정 예

◉ 들어오는 모든 패킷을 거부하고, 192.168.12.22로부터 들어오는 패킷에 대해서만 허가하기

```
# iptables - P INPUT DROP
# iptables - A INPUT -s 192.168.12.22 -j ACCEPT
```
　◎ -P 옵션을 사용해서 INPUT 사슬에 DROP으로 지정하면 기본 접근 정책이 거부로 변경된다. 그 후에 허가하려는 호스트를 지정하면 된다. 참고로 -P 옵션을 이용하여 INPUT 사슬의 기본 정책을 DROP으로 설정했을 경우에는 TCP의 3-way Handshaking 작업을 수행할 수가 없어서 해당 방화벽 시스템에서 외부로의 관련 서비스 이용 시에 차단되므로 주의해야 한다.

◉ 들어오는 모든 패킷을 허가하고 192.168.1.18로 부터 들어오는 모든 패킷에 대해서 거부하기

```
# iptables -P INPUT ACCEPT
# iptables -A INPUT -s 192.168.1.18 -j DROP
```

◉ 192.168.4.40에서 들어오는 패킷 중에 tcp 프로토콜 관련 패킷만 거부하기

```
# iptables -A INPUT -s 192.168.4.40 -p tcp -j DROP
```
　◎ tcp 기반 서비스인 telnet, ssh 등은 이용할 수 없다. 그러나 ping 같은 icmp 프로토콜을 사용하는 패킷은 허가된다.

◉ 포트 번호 20번부터 30번까지를 목적지로 들어오는 패킷들은 거부하고, ssh 포트인 22번 포트만 허용하기

```
# iptables -A INPUT -p tcp --dport 22 -j ACCEPT
# iptables -A INPUT -p tcp --dport 20:30 -j DROP
```

 iptables 정책 설정 시 주의점

```
# iptables -A INPUT -p tcp --dport 20:30 -j DROP
# iptables -A INPUT -p tcp --dport 22 -j ACCEPT
```
　◎ iptables에서 중복된 설정이 있을 경우에는 먼저 등록된 것의 설정이 반영된다. 따라서 이 순서대로 설정했을 경우에는 22번 포트의 접속이 거부되므로 순서 설정에 유의해야 한다.

6 iptables의 설정 규칙 저장

명령행에서 iptables로 설정한 정책들은 시스템을 재부팅하면 초기화된다. 따라서, 해당 정책을 지속적으로 반영하려면 설정 규칙을 저장해야 한다. 설정 규칙을 저장하는 방법에는 관련 명령어 사용한 저장, 스크립트를 사용한 저장, 사용자가 직접 셸 스크립트를 작성한 저장으로 나눌 수 있다.

☀ 관련 명령어 사용

1 iptables-save

iptables로 설정된 정책을 표준 출력(stdout)에 출력해주는 명령으로 출력전환 리다이렉션 기호인 〉와 조합해서 현재 설정된 정책을 파일로 저장할 수 있다.

◑ 사용법

```
# iptables-save [option]
```

◑ 주요 옵션

옵션	설명
-t	특정 테이블에 설정된 정책만 출력한다.(--table)
-c	출력되는 정책 앞부분에 패킷수와 바이트(byte)를 표시해준다.(--counters)

◑ 사용 예

```
# iptables-save
```
⊕ 현재 설정된 정책을 화면에 출력한다.

```
# iptables-save -t nat
```
⊕ NAT 테이블에 설정된 정책만 출력한다.

```
# iptables-save -c
```
⊕ 설정된 정책의 앞부분에 관련된 패킷수와 바이트(byte)를 함께 출력한다.

```
# iptables-save > firewall.sh
```
⊕ 현재 설정된 정책을 firewall.sh로 저장한다.

2 iptables-restore

iptables의 정책 설정을 반영하는 명령으로 입력 전환 리다이렉션 기호인 〈를 이용해서 iptables-save로 저장된 파일을 불러들일 때 사용한다.

◑ 사용법

```
# iptables-restore [option]
```

◑ 주요 옵션

옵션	설명
-c	기록된 패킷수와 바이트(byte)를 그대로 저장한다.(--counters)
-n	현재 설정된 정책을 초기화하지 않고 추가하는 형식으로 저장한다.(--noflush)

iptables-restore < firewall.sh
  ◎ firewall.sh에 저장된 정책을 읽어 들여서 반영한다.

✤ 셸 스크립트 사용

사용자가 직접 셸 스크립트로 만들어 저장한 후에 반영하는 방법이다. iptables-save로 저장한 내용들이 직관적이지 못하거나, 불러올 때는 iptables-restore 명령을 사용하는 등의 불편함을 해소할 수 있다. 또한, 해당 파일을 /etc/rc.d/rc.local 파일에 등록하면 재부팅하더라도 계속적으로 반영시킬 수 있다.

◉ 작성 예

```
[root@www ~]# vi /etc/firewall.sh
#!/bin/bash

# Filter & NAT 테이블 초기화
/usr/sbin/iptables -F
/usr/sbin/iptables -t nat -F

# 접근 차단
/usr/sbin/iptables -A INPUT -s 192.168.4.20 -j DROP
...(중략)

# NAT 설정
/usr/sbin/iptables -t nat -A PREROUTING -p tcp -d 203.247.50.224 --dport 80
-j DNAT --to 192.168.1.2:80
...(중략)
```

◉ 실행 권한 부여 및 실행 예

```
[root@www ~]# chmod 755 /etc/firewall.sh
```
  ◎ 실행 권한을 부여한다.

```
[root@www ~]# /etc/firewall.sh
```
  ◎ /etc/firewall.sh를 실행하여 방화벽 정책을 적용한다.

◉ 부팅시 적용 예

```
[root@www ~]# echo "/etc/firewall.sh" >> /etc/rc.d/rc.local
[root@www ~]# chmod a+x /etc/firewall.sh
```

7 iptables의 로그 기록

iptables 관련 로그를 남기려면 정책을 설정해야 한다. -j LOG로 선언하면 되고, 로그기록은 /var/log/messages에 남긴다. 특히 선언하는 위치가 중요하며, 보통 선언된 이후의 정책들만 로그로 남긴다.

◉ 사용 예

iptables -I INPUT 3 -j LOG

> ◉ INPUT 사슬의 3번째에 등록되는데, 그 이후 관련 로그들만 /var/log/messages에 기록한다.

8 iptables를 이용한 NAT(Network Address Translation) 구현

◉ NAT(Network Address Translation)의 개요

컴퓨터에서 인터넷을 사용하려면 IP 주소를 부여받아야 하고, 보통 이 주소는 공인 IP라 부른다. 그러나 IP 주소는 폭발적인 인터넷 사용인구의 증가로 인해 부족해지는 현상이 나타났고, 부족한 현상을 해결하는 방안 중의 한 기술이 NAT이다. NAT란 말 그대로 네트워크의 주소를 변환하여 주는 역할을 하는 것이다. 즉 한 개의 공인 IP 주소를 가지고 있는데 여러 대의 컴퓨터의 인터넷 접속이 필요한 경우에, 공인 IP 주소를 공유하여 여러 대의 컴퓨터가 인터넷 접속이 가능하도록 하는 설정이 대표적인 경우라고 할 수 있다.

◉ NAT의 사용 예

① 하나의 공인 IP 주소를 공유하여 다수의 PC에서 인터넷을 사용하는 경우

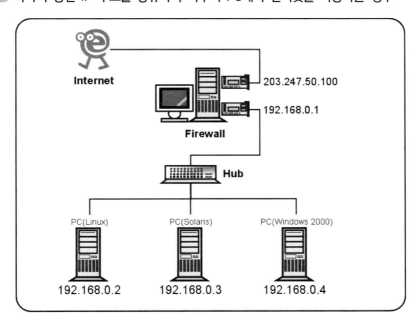

② **하나의 IP 주소를 이용하여 다수의 서버를 연결하여 사용하는 경우**

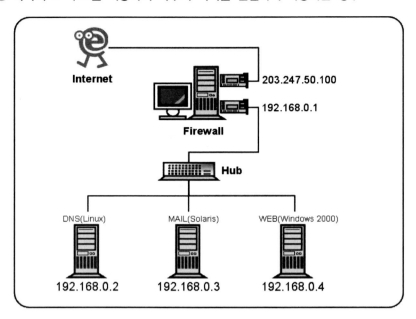

③ **투명 프록시**

Squid와 같은 프록시 서버를 운영하는 경우에는 사용자들의 웹 브라우저에 프록시 서버 설정을 해줘야 한다. 이러한 경우 별도의 설정 없이 해당 시스템을 통과하는 패킷은 자동으로 프록시 서버로 연결시켜서 사용할 수 있다.

● **iptables에서 NAT의 분류 및 설정**

iptables에서 NAT는 SNAT(Source NAT)와 DNAT(Destination NAT)로 구분한다. SNAT는 공인 IP 주소 하나로 다수의 컴퓨터가 인터넷 접속이 가능하게 하는 경우이고, DNAT는 하나의 공인 IP 주소로 다수의 서버를 운영하는 경우가 해당된다.

① **SNAT**

SNAT는 패킷의 소스 주소인 발신지를 변경한다는 의미이다. 방화벽 내부의 사설 IP 주소를 사용하는 192.168.1.2인 컴퓨터가 www.ihd.or.kr과 같은 웹 사이트를 방문하기 위해서는 공인 IP 주소가 필요하다. 이 때 SNAT 정책을 설정하여 방화벽 통과할 때 공인 IP 주소가 부여되도록 설정한다. SNAT는 라우팅 경로가 결정된 이후에 설정된다고 하여 NAT 테이블의 POSTROUTING 사슬에 정책 설정을 한다.

◉ **설정 예**

iptables -t nat -A POSTROUTING -o eth0 -j SNAT --to 203.247.50.3
   ◉ eth0 장치를 통해 나가는 패킷에 203.247.50.3번 주소를 부여한다.

iptables -t nat -A POSTROUTING -o eth0 -j SNAT --to 203.247.50.3-203.247.50.7

◉ eth0 장치를 통해 나가는 패킷에 203.247.50.3번부터 203.247.50.7번 사이의 주소를 부여한다.

iptables -t nat -A POSTROUTING -o eth0 -j MASQUERADE

◉ eth0 장치를 통해 나가는 패킷에 대해 할당된 공인 IP 주소를 부여한다. MASQUERADE는 유동 IP 주소를 사용하는 경우에 설정한다.

② DNAT

DNAT는 패킷의 도착지 주소를 변경한다는 의미이다. 패킷의 목적지 주소가 먼저 변경되고 그 변경된 주소로 새로운 라우팅 경로를 찾는다. DNAT는 라우팅 이전 단계에서 적용된다고 하여 NAT 테이블의 PREROUTING 사슬에 정책을 설정한다.

◉ 설정 예

iptables -A PREROUTING -t nat -p tcp -d 203.247.50.3 --dport 80 –j DNAT --to 192.168.1.11:80

◉ 목적지 주소 203.247.50.3의 80번 포트인 경우에 192.168.1.11의 80번 포트로 연결한다.

iptables -A PREROUTING -t nat -p tcp -d 203.247.50.3 --dport 25 –j DNAT --to 192.168.1.12:25

◉ 목적지 주소 203.247.50.3의 25번 포트인 경우에 192.168.1.12의 25번 포트로 연결한다.

iptables -A PREROUTING -t nat -p udp -d 203.247.50.3 --dport 53 -j DNAT --to 192.168.1.10:53

◉ 목적지 주소 203.247.50.3의 53번 포트인 경우에 192.168.1.10의 53번 포트로 연결한다.

NAT의 사용

리눅스에서 NAT를 사용하려면 관련 설정 파일에 설정이 되어 있어야 한다. cat 명령으로 값을 확인해서 0으로 출력된다면 다음과 같이 설정하면 된다.
echo 1 > /proc/sys/net/ipv4/ip_forward

투명 프록시 설정 예

iptables -t nat -A PREROUTING -i eth1 -p tcp --dport 80 -j REDIRECT --to-port 3128

⑨ iptables를 이용한 공격 대비 설정 예

※ ICMP Flooding 대비

iptables –N ICMP

◉ ICMP라는 이름의 사슬을 생성한다.

```
# iptables  - A  INPUT  - p  icmp  - j  ICMP
```
   ⊙ ICMP 프로토콜 관련 패킷은 ICMP 사슬로 보낸다.

```
# iptables  - A  ICMP  - p  icmp --icmp-type echo-request  - j  DROP
```
   ⊙ icmp echo request 요청은 DROP시킨다.

✸ UDP Flooding 대비

```
# iptables  - N  UDP
```
   ⊙ UDP라는 이름의 사슬을 생성한다.

```
# iptables  - A  INPUT  - p  udp  - j  UDP
```
   ⊙ UDP 프로토콜 관련 패킷은 UDP 사슬로 보낸다.

```
# iptables  - A  UDP  - p  udp --dport 80  - m recent --update --seconds 1 --hitcount
10  - j  DROP
```
   ⊙ 같은 IP 주소에서 1초에 10개 이상 UDP 패킷을 들어오면 DROP 시키는 정책을 UDP 사슬에 추가한다.

```
# iptables  - A  UDP  - j  LOG --log-prefix "UDP FLOOD"
```
   ⊙ UDP 사슬 로그에 "UDP FLOOD"이라고 기록한다.

✸ TCP Flooding 대비

서버에서 제공되는 서비스들의 대부분이 TCP 프로토콜 기반으로 제공되므로 운영 중인 서비스의 상황에 맞게 설정해야 한다. 가장 많이 사용되는 정책으로는 초 당 허용되는 접속 개수 제한, IP 주소 당 허용되는 접속 개수 제한, 특정 IP 주소에서 오는 초 당 요구 수 제한이 있다.

❶ 초 당 허용되는 접속 개수 제한

```
# iptables  - A  INPUT  - p  tcp --dport 80 --syn  - m limit --limit 100/s  - j  ACCEPT
```

❷ IP 주소 당 허용되는 접속 개수 제한

```
# iptables  - A  INPUT  - p  tcp --dport 80 --syn  - m connlimit  --limit -above 30
 - j  DROP
```

❸ 특정 IP 주소에서 오는 초 당 요구 수 제한

```
# iptables  - A  INPUT  - p  tcp --dport 80  - m recent --update --seconds 1
--hitcount 10  - j  DROP
```

✸ SSH 무작위 대입 공격 대비

```
# iptables  - N  SSH
```
   ⊙ SSH라는 이름의 사슬을 생성한다.

iptables - A INPUT - p tcp --dport 22 - m state --state NEW - j SSH
◉ 22번 포트로 접속하는 패킷은 SSH 사슬로 보낸다.

iptables - A SSH - p udp --dport 22 - m recent --update --seconds 60 --hitcount 15 - j DROP
◉ 같은 IP 주소에서 60초 동안에 15번 이상 SSH 접속을 시도하면 DROP 시키는 정책을 SSH 사슬에 추가한다.

iptables - A SSH - j LOG --log-prefix "SSH Brute"
◉ SSH 사슬 로그에 "SSH Brute"이라고 기록한다.

---

iptables를 이용한 제한

1 시간에 따른 접속 횟수 제한(예 60초 동안 5회로 제한)
```
# iptables –A INPUT –p tcp --dport 22 –m recent --set --name ssh --rsource
# iptables –A INPUT –p tcp --dport 22 –m recent ! --rcheck --second 60 --hitcount 5 --name ssh --rsource –j ACCEPT
```

2 분당 3번으로 접속 커넥션 수를 제한
```
# iptables –A INPUT –p tcp --dport 22 --syn –m limit --limit-burst 3 –j ACCEPT
# iptables –A INPUT –p tcp --dport 22 --syn –j DROP
```

◎ 기타 도구

도구	설명
fail2ban	ssh 뿐만 아니라 아파치 웹 등 다양한 서비스에 대한 공격을 차단할 수 있는 도구이다. [관련 URL] http://www.fail2ban.org
sshguard	iptables 등과 같은 방화벽 프로그램을 이용하여 SSH 무작위 대입 공격을 차단하는 도구이다. 일반적으로 특정 시간 내에 특정 횟수의 로그인이 실패했을 경우에 iptables 등을 이용해서 IP 주소를 자동으로 차단한다. [관련 URL] http://sourceforge.net/projects/sshguard
DenyHosts	SSH 관련 로그 파일인 /var/log/secure를 검사하여 /etc/hosts.deny에 추가해서 차단하도록 하는 Python 프로그램이다. [관련 URL] http://denyhosts.sourceforge.net

---

3.2.3 **firewalld**

1 iptables 설정 유틸리티

리눅스 방화벽은 커널 2.4 버전부터 내장된 넷필터(netfilter) 프로젝트에서 만든 iptables가 그 위치를 굳건히 하고 있다. 그러나 iptables의 많은 기능으로 인해 정책 설정이 매우 어렵고 조작하기에도 매우 불편하다는 단점이 있다. 리눅스가 대중화되면서 명령행 기반의 iptables 조작은 초보자들에게는 다루기 힘든 내용이었다. 이러한 불편함을 해소하기 위해 lokkit 및 system-config-firewall이라는 도구들이 등장하였다. lokkit은 대표적인 명령행 기반의 iptables 설정 유틸리티로서 iptables의 정책이 저장되는 /etc/sysconfig/iptables를 편집기로 수정하는 번거로움을 없애준다. 특히 매우 단순한 명령어 구조를 가지고 있으므로 iptables보다 손쉽게 방화벽 정책을 수정할 수 있다.

● CentOS 6에서 lokkit 사용 예

```
# lokkit -s http -s https -s ssh
# service iptables restart
```

lokkit이 CLI(command line interface) 기반의 도구라면 system-config-firewall은 X 윈도 환경에서 실행하는 GUI(graphic user interface)의 도구이다. 명령을 실행하면 메뉴가 나타나고 마우스를 이용해서 원하는 설정을 클릭하면 제어할 수 있다. 그러나 lokkit이나 system-config-firewall은 좀 더 손쉽게 방화벽을 제어할 수 있도록 제공할 뿐이고 기본적인 동작은 iptables 기반에서 수행되므로 정교한 방화벽 작업을 위해서는 iptables의 사용법을 익혀야 한다.

● system-config-firewall 실행 예

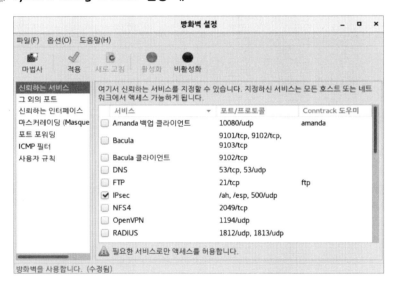

2 firewalld의 개요

firewalld는 D-Bus(desktop bus) 인터페이스가 있는 호스트 기반 방화벽을 제공하는 서비스 데몬이다. 동적 관리 방화벽으로 규칙이 변경될 때마다 방화벽 데몬을 다시 시작할 필요 없이 규칙을 작성, 변경, 삭제할 수 있다. firewalld도 iptables를 기반으로 동작하고 구조는 다음 그림과 같다.

※ 방화벽 동작 구조

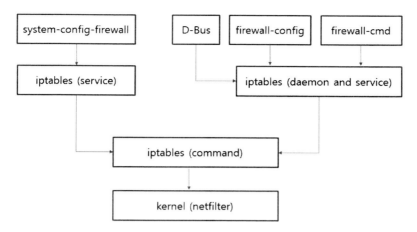

firewalld는 네트워크 연결 또는 네트워크 인터페이스의 수준으로 규칙을 설정하는데, 런타임 (runtime) 및 영구 구성 옵션으로 분리되어 있다. 기본적으로 IPv4 및 IPv6 방화벽 설정, 이더넷 브리지(ethernet bridge) 등을 지원한다. 또한 서비스나 응용 프로그램이 방화벽 규칙을 직접 추가할 수 있는 인터페이스를 제공한다. firewalld는 RHEL(red hat enterprise linux) 7, CentOS 7, Fedora 18 이후 버전 등에서 기본적으로 포함되어 사용되고 있다. 또한 NetworkManager, libvirt, docker, fail2ban 등 다양한 응용 프로그램을 지원하고 있다.

③ iptables 기반 도구와 firewalld의 비교

※ 정적 방화벽과 동적 방화벽

lokkit 또는 system-config-firewall로 방화벽의 정책을 변경한 경우에 이를 적용시키려면 방화벽을 다시 시작해야한다. 이러한 유형을 정적 방화벽(dynamic firewall)이라고 한다. 정적 방화벽의 단점은 방화벽 정책 변화로 인해 재시작을 수행하면 이미 연결된 접속이 종료되는 문제점이 발생한다. 또한 TCP 연결 정보를 기록하고 이 기록을 토대로 관리하는 상태 기반 방화벽(stateful inspection firewall) 기능이 초기화되는 문제점도 발생할 수 있다. 동적 방화벽 서비스 데몬인 firewalld는 방화벽 정책을 실시간 환경(runtime environment)에서 즉시 변경할 수 있다. 서비스나 데몬(daemon)을 재시작할 필요가 없다.

※ 서비스, 응용 프로그램, 사용자의 쉬운 설정

iptables는 특정 서비스나 응용 프로그램에서 방화벽 설정을 조정할 수 없었다. 그러나 firewalld는 D-Bus(desktop bus) 인터페이스를 지원한다. D-Bus는 같은 시스템에서 동시에 실행 중인 여러 프로세스간의 통신을 가능하게 하는 IPC(inter-process call) 및 RPC(remote procedure call)이다. firewalld는 D-Bus 인터페이스를 통해 사용자뿐만 아니라 서비스나 응용 프로그램에서도 손쉽게 방화벽 설정을 조정할 수 있도록 지원한다.

◉ 다양한 방화벽 구성 도구 기본 제공

iptables인 경우에는 iptables라는 명령어 이외에는 특별한 설정 도구가 존재하지 않았다. 이러한 이유로 lokkit이나 system-config-firewall과 같은 도구를 사용하였지만 firewalld는 명령행에서 사용하는 firewall-cmd, GUI 도구인 firewall-config, 주요 설정은 손쉽게 확인할 수 있는 firewall-applet과 같은 다양한 도구를 제공한다.

◔ firewall-config 실행 예

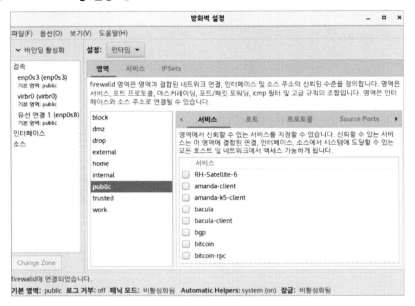

◔ firewall-applet 사용 예

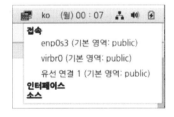

◉ 런타임 및 영구 설정 분할 지원

iptables에서는 방화벽 정책을 설정할 때 런타임 구성 또는 영구 구성 설정이 별도로 분리되어 있지 않다. 그러나 firewalld는 정책을 설정하는 명령어인 firewall-cmd를 사용할 때 지정할 수 있다. 기본적으로 명령행에서 firewall-cmd로 정책을 설정하면 임시적으로 적용되는 런타임 모드라고 보면 된다. 이 경우 firewalld를 재로드(reload) 및 재시작(restart)하거나 시스템 재부팅을 수행하면 해당 설정은 사라진다. 시스템 재부팅을 한 경우에도 특정 방화벽 설정을 유지시키려면 영구 구성으로 설정해야 한다. 영구 구성 설정은 기존의 firewall-cmd 명령에 관련 옵션인 --permanent만 지정하면 된다. 따라서 매우 손쉽게 런타임 및 영구 구성 설정을 나뉘어 적용할 수 있다. 아울러 런타임 모드에서는 일정시간 동안만 특정 정책이 적용되도록 설정할 수 있는데, '--timeout 시간' 형식으로 추가만 해주면 원하는 시간 동안만 특정 서비스를 활성화시킬 수 있다.

🌀 런타임 및 영구 설정 예

```
# firewall-cmd --zone=public --add-service=https
# firewall-cmd --permanent --zone=public --add-service=https
```

🌀 서비스 시간 설정 예

```
# firewall-cmd --add-service=ssh --timeout 15m
```

 CentOS 7에서 lokkit 사용하기

CentOS 7에서는 firewalld가 기본적으로 설치되면서 동작하고 있다. 같은 역할을 수행하는 lokkit과 firewalld는 동시에 사용할 수 없고, lokkit은 기본설치가 되어 있지 않다. 따라서 lokkit을 사용하려면 관련 패키지를 설치하고, firewalld의 사용을 중지시켜야 한다.

① lokkit 설치하기
```
# yum install lokkit
```
　◎ 이 명령을 실행하면 iptables-services 및 system-config-firewall-base 패키지가 설치되면서 lokkit 사용할 수 있다.

② firewalld 서비스 중지시키기
```
# systemctl stop firewall
```

③ iptables 서비스 시작하기
```
# systemctl start iptables
```

---

④ firewalld의 영역(zones)

iptables는 기본 구성이 되는 테이블의 구조를 알아야 하고, 해당 테이블에 존재하는 사슬에 특정 규칙을 설정하는 구조이다. firewalld는 일반 사용자들도 쉽게 이해할 수 있는 영역(zone)에 설정한다. 즉 신뢰할 수 있는 영역(trusted zone)과 비신뢰 영역(untrusted zone)으로 구분할 수 있는데, 각각의 영역에 따라 네트워크 인터페이스를 선택하여 다양한 설정을 할 수 있다. 사전에 정의된 영역(predefined zones)은 /usr/lib/firewalld/zones 디렉터리에 저장되고 사용 가능한 모든 네트워크 인터페이스에 즉시 적용할 수 있다. 이 파일이 수정되면 /etc/firewalld/zones 디렉터리에 복사된다.

🌑 사전에 정의된 영역

영역	설명
block	들어오는 네트워크 연결을 거부할 때 사용한다.
dmz	비무장지대(dmz: demilitarized zone)로 구분된 영역에서 내부 네트워크로 접근이 가능할 컴퓨터를 지정할 때 사용하는 영역으로 지정된 연결만 접근이 허용된다.

drop	들어오는 네트워크 패킷에 대해 메시지 없이 거부한다. 나가는 네트워크 연결은 허가된다.
external	라우터와 같이 마스커레이딩(masquerading)이 사용되는 외부 네트워크에서 사용되는 영역이다. 지정된 연결만 접근이 허용된다.
home	home 영역으로 신뢰할 수 있는 컴퓨터를 등록할 때 사용한다. 지정된 연결만 접근이 허용된다.
internal	내부 네트워크(internal networks) 영역으로 신뢰할 수 있는 내부 네트워크를 지정할 때 사용한다. 지정된 연결만 접근이 허용된다.
public	신뢰하지 않는 공공장소의 컴퓨터를 등록할 때 사용한다. 지정된 연결만 접근이 허용된다.
trusted	이 영역에 등록된 컴퓨터는 모든 네트워크 연결이 허용된다.
work	신뢰할 수 있는 업무(work) 영역으로 지정된 연결만 접근이 허용된다.

5 firewalld의 주요 사용법

firewalld은 firewall-cmd라는 명령행 기반의 명령어를 이용해서 방화벽 규칙을 직접 설정한다. 특별한 영역(zone)을 지정하지 않으면 public 영역을 대상으로 설정된다. 전체적인 명령어 사용법을 확인하려면 'man firewall-cmd' 실행하면 된다. 대부분 직관적인 옵션을 제공하고 있어서 초보자들도 이해하기 쉽게 되어 있다. 주요 사용 예를 정리하면 다음과 같다.

● firewall-cmd 사용법의 확인

firewall-cmd --help
   ◎ firewall-cmd 명령어의 사용법을 확인할 수 있다.

● 최상위 레벨 방화벽 구성 확인 및 적용 명령

firewall-cmd --state
   ◎ 방화벽 동작 여부를 확인할 수 있다. running이면 동작중인 상태이고, 중지된 상태이면 "not running"이라고 출력된다.

firewall-cmd --get--zones
   ◎ 지원되는 영역(zones)을 확인한다.

firewall-cmd --get-service
   ◎ 현재 활성화된 서비스를 확인한다.

firewall-cmd --get-service --permanent
   ◎ 방화벽을 다시 시작해도 영구적으로 활성화되는 서비스를 확인한다.

firewall-cmd --reload
   ◎ 방화벽 정책을 다시 불러들여서 실행한다.

firewall-cmd --panic-on
   ◎ 패닉(panic) 모드를 활성화하는 명령으로 모든 네트워크 트래픽을 차단한다.

firewall-cmd --panic-off

◉ 패닉(panic) 모드를 해제한다.

firewall-cmd --query-panic

◉ 패닉(panic) 모드인지 여부를 확인하는 명령으로 패닉 모드가 활성화되어 있으면 yes, 비활성화되어 있으면 no를 출력한다.

◉ **영역(zones) 관련 명령**

특정 영역을 지정하는 경우에는 '−−zone=영역명' 옵션을 추가하고, 만약 이 옵션을 사용하지 않으면 기본 영역인 public이 대상으로 적용된다.

firewall-cmd --list-all--zones

◉ 모든 영역의 설정 정보를 출력한다.

firewall-cmd --zone=block --list-all

◉ block 영역의 설정 정보를 출력한다.

firewall-cmd --list-all

◉ public 영역의 설정 정보를 출력한다. '−−zone=' 옵션을 사용하지 않으면 기본 값으로 public 영역 정보가 출력된다.

firewall-cmd --get-default-zone

◉ 기본 영역으로 설정된 zone 이름을 출력한다. 기본 영역으로 public이 설정되어 있다.

firewall-cmd --set-default-zone=dmz

◉ 기본 영역을 dmz로 설정한다.

firewall-cmd --get-active-zones

◉ 활성화된 영역(zones)을 출력한다.

firewall-cmd --get--zone-of-interface=enp0s3

◉ 네트워크 인터페이스인 enp0s3와 연관된 영역(zone)을 출력한다.

firewall-cmd --zone=public --add-interface=enp0s8

◉ public 영역에 네트워크 인터페이스인 enp0s8을 추가한다. 네트워크 인터페이스를 추가한 경우에는 'firewall−cmd −−reload'를 실행해야 적용된다.

firewall-cmd --zone=dmz --change-interface=enp0s8

◉ 네트워크 인터페이스인 enp0s8의 영역을 dmz로 변경한다.

firewall-cmd --zone=dmz --remove-interface=enp0s8

◉ dmz 영역에 속해 있던 네트워크 인터페이스인 enp0s8를 제거한다.

firewall-cmd --list-services

◉ public 영역에 활성화된 서비스를 출력한다.

firewall-cmd --zone=dmz --list-services
◉ dmz 영역에 활성화된 서비스를 출력한다.

firewall-cmd --list-services --permanent
◉ public 영역에 영구적으로 활성화된 서비스를 출력한다.

❋ 영역(zones)에 정책 설정하기

❶ 서비스 관련 설정

firewall-cmd --zone=public --add-service=telnet
◉ public 영역에 telnet 서비스를 추가한다. 기본적인 정책 설정은 런타임 모드로서 재시작하면 적용되지 않는다.

firewall-cmd --query-service=telnet
◉ public 영역의 telnet 서비스를 활성화 여부를 질의한다. 활성화되어 있으면 yes, 비활성화되어 있으면 no를 출력한다.

firewall-cmd --zone=public --remove-service=telnet
◉ public 영역에 설정된 telnet 서비스를 제거한다.

firewall-cmd --zone=public --add-service=telnet --permanent
◉ public 영역에 telnet 서비스를 영구 모드로 추가한다.

firewall-cmd --add-service=telnet --timeout=30
◉ public 영역에 telnet 서비스를 추가하는데, 30초 동안만 사용한다.

❷ 포트 관련 설정

firewall-cmd --add-port=23/tcp
◉ public 영역에 TCP 기반 23번 포트를 활성화한다.

firewall-cmd --list-ports
◉ public 영역에 활성화된 포트 정보를 출력한다.

firewall-cmd --query-port=23/tcp
◉ TCP 기반 23번 포트의 활성화 여부를 질의한다. 활성화되어 있으면 yes, 비활성화되어 있으면 no라고 출력된다.

firewall-cmd --remove-port=23/tcp
◉ public 영역에 활성화된 TCP 기반 23번 포트를 비활성화시킨다.

firewall-cmd --zone=dmz --add-port=8080-8088/tcp --permanent
◉ dmz 영역에 TCP 기반으로 포트 번호가 8080번부터 8088번까지 영구적으로 활성화한다.

③ 프로토콜 관련 설정

firewall-cmd --get-icmptypes

◎ 설정 가능한 ICMP 프로토콜의 유형(type) 정보를 출력한다.

firewall-cmd --add-icmp-block=echo-request

◎ ICMP echo-request 패킷을 막는다(blocking). 설정 여부는 'firewall-cmd --list-all' 명령으로 확인한다.

firewall-cmd --query-icmp-block=echo-request

◎ ICMP echo-request 패킷의 블록 설정 관련 정보를 질의한다. 활성화되어 있으면 yes, 비활성화되어 있으면 no를 출력한다.

firewall-cmd --remove-icmp-block=echo-request

◎ ICMP echo-request 블록 설정을 제거한다.

④ 포트 포워딩(forwarding) 설정

firewall-cmd --zone=external \
--add-forward-port=port=22:proto=tcp:toport=22:toaddr=192.168.56.13

◎ 외부(exteranl) 영역에서 TCP 기반 22번 포트로 들어오는 패킷을 IP 주소가 192.168.56.13인 시스템의 22번 포트로 포워딩시킨다. 설정 여부는 'firewall-cmd --list-all' 명령으로 확인한다.

firewall-cmd --zone=external \
--query-forward-port=port=22:proto=tcp:toport=22:toaddr=192.168.56.13

◎ 포트 포워딩 활성화 여부를 질의한다. 활성화되어 있으면 yes, 비활성화되어 있으면 no를 출력한다.

firewall-cmd --zone=external \
--remove-forward-port=port=22:proto=tcp:toport=22:toaddr=192.168.56.13

◎ 활성화된 포트 포워딩 설정을 제거한다.

⑤ 마스커레이딩(masquerading) 설정

NAT 역할을 설정하는 masquerading은 기본적으로 external 영역에는 활성화되어 있다. 다른 영역에 사용할 경우에 지정한다.

firewall-cmd --add-masquerade

◎ public 영역에 masquerade 설정을 활성화한다. 설정 여부는 'firewall-cmd --list-all' 명령으로 확인한다.

firewall-cmd --remove-masquerade

◎ public 영역에 활성화된 masquerade 설정을 비활성화한다.

⑥ 리치 룰(rich rule) 설정

> # firewall-cmd --permanent --zone=public --add-rich-rule="rule family="ipv4" \
> source address="192.168.0.4/24" service name="http" accept"

>> ⊙ 리치 룰은 지정한 조건을 모두 만족해야 적용된다. 지정한 조건으로 영구 적용한다. 설정 여부는 'firewall-cmd --list-all' 명령으로 확인한다.

> # firewall-cmd --permanent --zone=public --query-rich-rule="rule family="ipv4" \
> source address="192.168.0.4/24" service name="http" accept"

>> ⊙ 리치 룰 활성화 여부를 질의한다. 활성화되어 있으면 yes, 비활성화되어 있으면 no를 출력한다.

> # firewall-cmd --permanent --zone=public --remove-rich-rule="rule family="ipv4" \
> source address="192.168.0.4/24" service name="http" accept"

>> ⊙ 활성화된 리치 룰의 지정한 조건을 제거한다.

⑥ firewalld 설정의 확인

firewalld에서 영역(zone)에 영구(permanent) 모드로 정책을 설정했을 경우에는 파일을 통해 확인할 수 있다. 관련 설정은 /etc/firewalld/zones/영역명.xml로 저장된다. 설정 후 확인해보면 다음과 같다.

⊛ 설정 예

```
[root@www ~]# cat /etc/firewalld/zones/public.xml
<?xml version="1.0" encoding="utf-8"?>
<zone>
  <short>Public</short>
  <description>For use in public areas. You do not trust the other computers on netw
orks to not harm your computer. Only selected incoming connections are accepted.</de
scription>
  <service name="ssh"/>
  <service name="dhcpv6-client"/>
</zone>
[root@www ~]# firewall-cmd --add-service=telnet --permanent
success
[root@www ~]# cat /etc/firewalld/zones/public.xml
<?xml version="1.0" encoding="utf-8"?>
<zone>
  <short>Public</short>
  <description>For use in public areas. You do not trust the other computers on netw
orks to not harm your computer. Only selected incoming connections are accepted.</de
scription>
  <service name="ssh"/>
  <service name="dhcpv6-client"/>
  <service name="telnet"/>
</zone>
[root@www ~]#
```

1 nmap의 개요

Nmap은 네트워크 탐지 도구 및 보안 스캐너(security scanner)로 시스템의 서비스 중인 포트를 스캔하여 관련 정보를 출력해준다. 이 도구를 이용하면 운영 중인 서버에 불필요하게 작동하고 있는 서비스 포트를 확인할 수 있다. 특히, 해커들이 대상을 검색할 때도 많이 사용되는데, 불필요하게 시도하면 상대방 시스템의 IDS에 감지되어 IP 차단 등의 불이익을 당할 수 도 있으니 주의해야 한다. 레드햇 계열에 설치되는 nmap 패키지에는 nmap 이외에도 소켓을 리다이렉트 시켜주는 ncat, nmap 스캔의 결과를 비교해주는 ndiff, ping과 유사하세 패킷을 생성해주는 도구인 nping도 포함되어 있다. 관련 정보는 http://nmap.org에서 확인할 수 있고, 동종의 프로그램에는 WPScan, Nikto 등이 있다.

2 nmap의 설치

Nmap은 공식 사이트인 http://nmap.org에서 소스 파일이나 rpm 파일을 다운로드하여 설치할 수 있고, CentOS인 경우에는 'yum install nmap' 명령으로 손쉽게 설치가능하다.

3 nmap 사용하기

◉ 사용법

nmap [option] 대상

> ◉ 대상(Target)에는 scanme.nmap.org 형태의 도메인주소, 192.168.12.22 형태의 IP 주소 이외에 10.0.0-255.1-254 등의 네트워크 주소 대역 표기법, scanme.nmap.org/24 형태의 도메인과 네트워크 주소 대역 혼합 표기법도 가능하다.

◉ 주요 옵션

옵션	설명
-v	상세한 정보를 출력하는 옵션이다.
-p 〈포트 범위〉	스캔하려는 포트 범위를 지정하는 옵션이다. 연속된 포트 번호는 '-' 기호를 사용하고, 연속되지 않는 포트는 콤머(,)로 구분하면 된다. 예를 들면 -p 22; -p 1-65535; -p U:54, T:21-25, 80, 8080 등의 형식으로 지정이 가능하다.
-O	운영체제를 검색해주는 옵션이다.
-A	운영체제, 관련 프로그램 버전, Hop(traceroute의 결과) 등의 정보를 출력한다.
-sT	TCP connect( ) scan이라고 하며 가장 기초적인 형태의 스캔이다. connect( ) 함수를 사용해서 모든 포트에 대해 스캔하는 방식이다. 만약 포트가 listen 상태라면 connect( )는 성공하고 그렇지 않으면 도착하지 않는다.

-sS	TCP SYN scan이라고 하며 이 옵션을 사용하면 full TCP 접속을 하지 않고 스캔한다. TCP에서는 하나의 SYN 패킷을 보내 SYN/ACK 패킷의 응답이 오면 그 포트는 listen 상태임을 나타내고 RST 응답이오면 non-listen임을 나타낸다. 이 옵션은 하나의 패킷을 보내어 SYN/ACK 응답을 받으면 그 즉시 RST 패킷을 보내서 접속을 끊어버린다. 이렇게 하면 접속이 이루어지지 않은 상태에서 접속을 끊었기 때문에 로그를 남기지 않는 경우가 대부분이다. 그래서 이 옵션을 사용한 스캔을 half-open 스캐닝이라고 한다. custom SYN packet을 만들기 위해서는 루트 권한으로 실행해야 한다.
-sU	UDP scan이라고 하며 호스트의 open 되어진 UDP 포트를 찾아준다. 이 옵션을 사용하면 각 포트에 0바이트의 UDP 패킷을 보낸다. 만일 ICMP port unreachable 메시지를 받았다면 이 포트는 closed 상태이며, 다른 경우이면 open이다. 루트 권한으로만 실행 가능하지만 큰 의미는 없다.
-sA	ACK scan이라고 하며 방화벽의 상태를 보여준다. 단순히 들어오는 SYN 패킷을 차단하는 패킷 필터인지를 점검하는데 도움이 된다. 포트에 ACK 패킷을 보내어 RST 응답을 받으면 그 포트는 'unfilter'이며, 아무런 응답이 없으면 'filtered'이다. 화면에는 'filtered'만 표시된다.
-sW	Window scan이라고 하며 TCP window 크기의 변칙 때문에 filtered/nonfiltered 뿐만 아니라 open 포트도 스캔할 수 있다는 점을 제외하고는 ACK scan과 거의 유사하다.
-sR	RPC scan이라고 하며 이 옵션을 사용하면 TCP/UDP 포트에 대해 그들이 RPC 포트인지를 검사하고 서비스를 제공하는 프로그램과 버전을 확인한다. Sun의 RPC program NULL commands를 계속 보내는 형태로 점하는데, 호스트의 portmapper가 방화벽(또는TCP wrapper)안에 있다하더라도 'rpcinfo -p'와 유사한 정보를 얻을 수 있다.
-sF, -sX, -sN	각각 Stealth FIN, Xmas Tree, Null scan이라고 한다. 이 옵션들은 SYN 패킷을 막아놓은 방화벽이나 패킷 필터 또는 Synlogger와 Courtney 같은 스캔을 탐지하는 프로그램들을 무사히 통과할 수 있다. open 포트로 FIN 패킷을 보내면 이 패킷을 무시하고 closed 포트로 보내면 RST 패킷이 온다. 이러한 스캔은 주로 유닉스 계열 OS만 사용 가능하며 루트 권한이 필요하다.
-b	FTP bounce scan이라고 하며 익명 FTP 서버를 이용해 그 FTP 서버를 경유해서 호스트를 스캔한다.
-sn	Ping scan이라고 하며 특정 호스트들이 살아있는지 여부를 빠르게 점검할 때 사용하는 옵션으로 초기 버전에서는 -sP 옵션을 사용하였다. 점검을 위해 ICMP echo request packet을 보내는데 up이면 살아 있는 것이고, down이면 죽어 있는 것이다. 일부 사이트는 ICMP echo request packet에 응답하지 않는 경우가 있는데 up|down 대신에 RST back을 받았다면 이 호스트 또한 살아 있는 것이다.

◉ 사용 예

nmap - O - p 1-65535 localhost

◎ 로컬 호스트(localhost)의 운영체제와 포트 번호 1번부터 65535번까지 열린 포트를 점검해서 결과를 출력한다.

nmap - A 192.168.1.1-100

◎ IP 주소가 192.168.1.1번부터 192.168.1.100번까지 스캔하여 운영체제, 관련 프로그램 버전, 홉(Hop) 등의 정보를 출력한다.

nmap - sR - p 1-40000 192.168.5.13, 192.168.12.22

◎ IP 주소가 192.168.5.13인 호스트와 192.168.12.22인 호스트의 1부터 40000번까지의 포트에서 RPC 포트를 찾아서 관련 정보를 출력한다.

```
# nmap  - sn 192.168.0.0/16
```
◉ 192.168 대역의 호스트들 중에 살아 있는 시스템을 찾아 출력한다.

3.3.2 tcpdump

1 tcpdump의 개요

Tcpdump는 명령행에서 사용하는 네트워크 트래픽 모니터링 도구로서 특정한 조건식을 설정하여 네트워크 인터페이스를 거치는 패킷들의 헤더 정보를 출력할 수 있다. 특히 외부 호스트로부터 들어오는 패킷들을 검사할 수 있는데, 텔넷과 같이 패킷 전송 시에 암호화하지 않는 경우에는 이 프로그램을 이용하여 아이디와 패스워드를 알아낼 수 있다. 관련 정보는 http://www.tcpdump. org에서 확인할 수 있고, 동종의 프로그램에는 ethereal, wireshark 등이 있다.

2 tcpdump의 설치

Tcpdump는 공식 사이트인 http://www.tcpdump.org에서 소스 파일을 이용해서 설치할 수 있고, CentOS인 경우에는 'yum install tcpdump' 명령으로 손쉽게 설치가능하다.

3 tcpdump 사용법

◉ **사용법**

```
# tcpdump [option] [대상]
```

◉ **주요 옵션**

옵션	설명
port	특정 포트의 패킷 정보를 출력한다. telnet과 같은 서비스명이나 23과 같은 포트 번호를 명기한다.
-c 〈개수〉	지정한 개수의 패킷만을 저장할 때 사용하는 옵션이다.
-v	기본 출력 정보보다 자세한 정보를 출력한다. 전체 길이, IP 패킷 정보, IP 및 ICMP 헤더 체크섬(checksum) 등의 정보를 추가로 출력한다.
-vv	-v 보다 더 자세한 정보를 출력한다. NFS reply 패킷, SMB 패킷 등에 대해 추가 정보를 출력한다.
-vvv	가장 자세히 출력하는 옵션으로 보통 -X 옵션과 함께 텔넷 정보를 16진수 값 형태로 출력할 때 사용한다.
-X	각 패킷의 헤더 정보를 추가로 출력하는데, Hex code 및 ASCII 값으로 출력한다.
-x	각 패킷의 헤더 정보를 hex code 형태로 출력한다.
-l	표준 출력으로 나가는 데이터들을 line buffering할 때 사용한다. 보통 다른 프로그램에서 tcpdump로부터 데이터를 받고자 할 때 유용하다. 예를 들면 'tcpdump -l | tee dat'나 'tcpdump -l 〉 dat & tail -f data' 형식으로 사용한다.

-e	출력되는 각각의 행에 대해서 Link level 헤더를 출력한다.
-i	특정 인터페이스를 지정할 때 사용하는 옵션이다. 만약 지정되지 않으면 시스템의 인터페이스 리스트를 검색하여 가장 낮은 번호의 인터페이스를 선택한다.(loopback은 제외)
src	패킷의 발신지(source) 주소를 지정할 때 사용한다.
dst	패킷의 도착지(destination) 주소를 지정할 때 사용한다.
host	패킷의 발신지 또는 도착지 주소를 특정 호스트로 지정할 때 사용한다.
net	패킷의 발신지 또는 도착지 주소를 특정 네트워크 대역으로 지정할 때 사용한다.

◉ 사용 예

tcpdump
◉ 현재 서버의 모든 패킷 정보를 출력한다.

tcpdump port 21
◉ 21번 포트로 들어오는 패킷 정보를 출력한다.

tcpdump -c 2 host www.enber.net
◉ 패킷의 발신지 또는 도착지 주소가 www.enber.net인 패킷 정보 2개만 출력한다.

tcpdump -v -e broadcast
◉ broadcast의 정보를 자세히 출력하고, 출력되는 각각의 행에 대해서 link level 헤더를 출력한다.

tcpdump src 192.168.5.13
◉ 발신지 IP 주소가 192.168.5.13인 패킷 정보를 출력한다.

tcpdump dst 192.168.12.22
◉ 도착지 IP 주소가 192.168.12.22인 패킷 정보를 출력한다.

tcpdump net 192.168.6.0/24
◉ 발신지 및 도착지 주소가 192.168.6.0 네트워크 대역인 패킷 정보를 출력한다.

tcpdump -i eth0 icmp
◉ 이더넷 카드 eth0의 icmp 패킷 정보만 출력한다.

4 tcpdump 응용 예

텔넷(telnet)을 이용한 접속을 허가하는 서버인 경우에는 암호화 되지 않은 패킷을 전송하기 때문에 tcpdump를 이용하면 아이디와 패스워드를 알아낼 수 있다. 테스트 환경은 텔넷 클라이언트의 IP 주소가 203.247.40.248이고, 텔넷 서버의 IP 주소가 203.247.40.246이다. 텔넷 서버에서 다음의 명령을 실행하여 텔넷 포트로 들어오는 정보를 파일로 저장하도록 한다.

◉ 실행 예

[root@server ~]# tcpdump port telnet -l -vvv -x -X > dumpdata & tail -f dumpdata vi 편집기로 dumpdata라는 파일을 열어서 확인하도록 한다. 보통 클라이언트에서 텔넷 서버를 호출하면 login이라는 문자열을 클라이언트에게 전송하므로 vi 편집기 실행 상태에서 '/login'이라고 검색해서 그 이후의 문자열을 점검한다.

```
root@www:~                                                   _ □ x
파일(F)  편집(E)  보기(V)  검색(S)  터미널(T)  도움말(H)
    203.247.40.248.telnet > 203.247.40.246.40140: Flags [P.], cksum 0xea0a (inco
rrect -> 0x5685), seq 129:136, ack 108, win 114, options [nop,nop,TS val 2373656
645 ecr 2373390873], length 7
        0x0000:  4510 003b b71e 4000 4006 99b1 cbf7 28f8   E..;..@.@.....(.
        0x0010:  cbf7 28f6 0017 9ccc d82a 9796 71a1 082f   ..(......*..q../
        0x0020:  8018 0072 ea0a 0000 0101 080a 8d7b 2045   ...r.........{.E
        0x0030:  8d77 1219 6c6f 6769 6e3a 20               .w.[login:.]
22:30:33.406548 IP (tos 0x0, ttl 64, id 5700, offset 0, flags [DF], proto TCP (6
), length 52)
```

'login:'이라는 문자열 이후에 텔넷 클라이언트에서 텔넷 서버로 보낸 패킷을 분석하는 데, seq가 연번인 것을 확인해서 맨 마지막 문자열을 찾는다. 아래의 그림을 살펴보면 seq 번호가 108:109, 109:110, 110:111, 111:112 형식으로 1씩 증가되다가 112:114로 2의 격차가 발생하는 것을 알 수 있다. 또한 그 이후에 텔넷 서버에서 텔넷 클라이언트에서 'Password:' 라는 문자열을 전송한 것을 알 수 있는데, 이것은 아이디로 joon이라는 문자열을 입력한 것이다.

◉ Seq 번호와 문자열 분석

```
root@www:~                                                   _ □ x
파일(F)  편집(E)  보기(V)  검색(S)  터미널(T)  도움말(H)
    203.247.40.246.40140 > 203.247.40.248.telnet: Flags [P.], cksum 0x4bbe (corr
ect), seq [108:109,] ack 136, win 115, options [nop,nop,TS val 2373391601 ecr 2373
656645], length 1
        0x0000:  4500 0035 1645 4000 4006 3aa1 cbf7 28f6   E..5.E@.@.:...(.
        0x0010:  cbf7 28f8 9ccc 0017 71a1 082f d82a 979d   ..(.....q../.*..
        0x0020:  8018 0073 4bbe 0000 0101 080a 8d77 14f1   ...sK........w..
        0x0030:  8d7b 2045 6a                              .{.E[j]
22:30:34.068702 IP (tos 0x10, ttl 64, id 46879, offset 0, flags [DF], proto TCP
(6), length 53)
```

```
root@www:~                                                   _ □ x
파일(F)  편집(E)  보기(V)  검색(S)  터미널(T)  도움말(H)
    203.247.40.246.40140 > 203.247.40.248.telnet: Flags [P.], cksum 0x4334 (corr
ect), seq [109:110,] ack 137, win 115, options [nop,nop,TS val 2373391803 ecr 2373
657347], length 1
        0x0000:  4500 0035 1647 4000 4006 3a9f cbf7 28f6   E..5.G@.@.:...(.
        0x0010:  cbf7 28f8 9ccc 0017 71a1 0830 d82a 979e   ..(.....q..0.*..
        0x0020:  8018 0073 4334 0000 0101 080a 8d77 15bb   ...sC4.......w..
        0x0030:  8d7b 2303 6f                              .{.#.[o]
22:30:34.270786 IP (tos 0x10, ttl 64, id 46880, offset 0, flags [DF], proto TCP
(6), length 53)
```

```
root@www:~                                                   _ □ x
파일(F)  편집(E)  보기(V)  검색(S)  터미널(T)  도움말(H)
    203.247.40.246.40140 > 203.247.40.248.telnet: Flags [P.], cksum 0x41df (corr
ect), seq [110:111,] ack 138, win 115, options [nop,nop,TS val 2373391940 ecr 2373
657549], length 1
        0x0000:  4500 0035 1649 4000 4006 3a9d cbf7 28f6   E..5.I@.@.:...(.
        0x0010:  cbf7 28f8 9ccc 0017 71a1 0831 d82a 979f   ..(.....q..1.*..
        0x0020:  8018 0073 41df 0000 0101 080a 8d77 1644   ...sA........w.D
        0x0030:  8d7b 23cd 6f                              .{.#.[o]
22:30:34.408705 IP (tos 0x10, ttl 64, id 46881, offset 0, flags [DF], proto TCP
(6), length 53)
```

```
                                        root@www:~                              _ □ ×
파일(F)  편집(E)  보기(V)  검색(S)  터미널(T)  도움말(H)
    203.247.40.246.40140 > 203.247.40.248.telnet: Flags [P.], cksum 0x410e (corr
ect), seq 111:112, ack 139, win 115, options [nop,nop,TS val 2373392265 ecr 2373
657687], length 1
        0x0000:  4500 0035 164b 4000 4006 3a9b cbf7 28f6   E..5.K@.@.:...(.
        0x0010:  cbf7 28f8 9ccc 0017 71a1 0832 d82a 97a0   ..(.....q..2.*..
        0x0020:  8018 0073 410e 0000 0101 080a 8d77 1789   ...sA........w..
        0x0030:  8d7b 2457 6e                              .{$Wn
22:30:34.732788 IP (tos 0x10, ttl 64, id 46882, offset 0, flags [DF], proto TCP
(6), length 53)
```

◉ Seq 번호의 격차 발생

```
                                        root@www:~                              _ □ ×
파일(F)  편집(E)  보기(V)  검색(S)  터미널(T)  도움말(H)
    203.247.40.246.40140 > 203.247.40.248.telnet: Flags [P.], cksum 0x9eb3 (corr
ect), seq 112:114, ack 140, win 115, options [nop,nop,TS val 2373392797 ecr 2373
658011], length 2
        0x0000:  4500 0036 164d 4000 4006 3a98 cbf7 28f6   E..6.M@.@.:...(.
        0x0010:  cbf7 28f8 9ccc 0017 71a1 0833 d82a 97a1   ..(.....q..3.*..
        0x0020:  8018 0073 9eb3 0000 0101 080a 8d77 199d   ...s.........w..
        0x0030:  8d7b 259b 0d00                            .{%...
22:30:35.264614 IP (tos 0x10, ttl 64, id 46883, offset 0, flags [DF], proto TCP
(6), length 54)
```

◉ 텔넷 서버에서 전송한 문자열 확인

```
                                        root@www:~                              _ □ ×
파일(F)  편집(E)  보기(V)  검색(S)  터미널(T)  도움말(H)
    203.247.40.248.telnet > 203.247.40.246.40140: Flags [P.], cksum 0xea0d (inco
rrect -> 0xc1a7), seq 142:152, ack 114, win 114, options [nop,nop,TS val 2373658
577 ecr 2373392799], length 10
        0x0000:  4510 003e b724 4000 4006 99a8 cbf7 28f8   E..>.$@.@.....(.
        0x0010:  cbf7 28f6 0017 9ccc d82a 97a3 71a1 0835   ..(......*..q..5
        0x0020:  8018 0072 ea0d 0000 0101 080a 8d7b 27d1   ...r.........{'.
        0x0030:  8d77 199f 5061 7373 776f 7264 3a20        .w..Password:.
22:30:35.299202 IP (tos 0x0, ttl 64, id 5711, offset 0, flags [DF], proto TCP (6
), length 52)
```

그 후에 텔넷 클라이언트에서 텔넷 서버로 전송한 패킷을 분석한다.

◉ Seq 번호와 문자열 분석

```
                                        root@www:~                              _ □ ×
파일(F)  편집(E)  보기(V)  검색(S)  터미널(T)  도움말(H)
    203.247.40.246.40140 > 203.247.40.248.telnet: Flags [P.], cksum 0x3695 (corr
ect), seq 114:115, ack 152, win 115, options [nop,nop,TS val 2373393528 ecr 2373
658577], length 1
        0x0000:  4500 0035 1650 4000 4006 3a96 cbf7 28f6   E..5.P@.@.:...(.
        0x0010:  cbf7 28f8 9ccc 0017 71a1 0835 d82a 97ad   ..(.....q..5.*..
        0x0020:  8018 0073 3695 0000 0101 080a 8d77 1c78   ...s6........w.x
        0x0030:  8d7b 27d1 70                              .{'.p
22:30:36.033678 IP (tos 0x10, ttl 64, id 46885, offset 0, flags [DF], proto TCP
(6), length 52)
```

```
                                        root@www:~                              _ □ ×
파일(F)  편집(E)  보기(V)  검색(S)  터미널(T)  도움말(H)
    203.247.40.246.40140 > 203.247.40.248.telnet: Flags [P.], cksum 0x4237 (corr
ect), seq 115:116, ack 152, win 115, options [nop,nop,TS val 2373393654 ecr 2373
659312], length 1
        0x0000:  4500 0035 1651 4000 4006 3a95 cbf7 28f6   E..5.Q@.@.:...(.
        0x0010:  cbf7 28f8 9ccc 0017 71a1 0836 d82a 97ad   ..(.....q..6.*..
        0x0020:  8018 0073 4237 0000 0101 080a 8d77 1cf6   ...sB7.......w..
        0x0030:  8d7b 2ab0 61                              .{*.a
22:30:36.120623 IP (tos 0x10, ttl 64, id 46886, offset 0, flags [DF], proto TCP
(6), length 52)
```

```
root@www:~                                                              _ □ x
파일(F) 편집(E) 보기(V) 검색(S) 터미널(T) 도움말(H)
    203.247.40.246.40140 > 203.247.40.248.telnet: Flags [P.], cksum 0x2f1c (corr
ect), seq 116:117, ack 152, win 115, options [nop,nop,TS val 2373393849 ecr 2373
659399], length 1
        0x0000:  4500 0035 1652 4000 4006 3a94 cbf7 28f6   E..5.R@.@.:...(.
        0x0010:  cbf7 28f8 9ccc 0017 71a1 0837 d82a 97ad   ..(.....q..7.*..
        0x0020:  8018 0073 2f1c 0000 0101 080a 8d77 1db9   ...s/........w..
        0x0030:  8d7b 2b07 73                              .{+.S
22:30:36.315423 IP (tos 0x10, ttl 64, id 46887, offset 0, flags [DF], proto TCP
(6), length 52)
```

```
root@www:~                                                              _ □ x
파일(F) 편집(E) 보기(V) 검색(S) 터미널(T) 도움말(H)
    203.247.40.246.40140 > 203.247.40.248.telnet: Flags [P.], cksum 0x2dde (corr
ect), seq 117:118, ack 152, win 115, options [nop,nop,TS val 2373393972 ecr 2373
659593], length 1
        0x0000:  4500 0035 1653 4000 4006 3a93 cbf7 28f6   E..5.S@.@.:...(.
        0x0010:  cbf7 28f8 9ccc 0017 71a1 0838 d82a 97ad   ..(.....q..8.*..
        0x0020:  8018 0073 2dde 0000 0101 080a 8d77 1e34   ...s-........w.4
        0x0030:  8d7b 2bc9 73                              .{+.S
22:30:36.438039 IP (tos 0x10, ttl 64, id 46888, offset 0, flags [DF], proto TCP
(6), length 52)
```

```
root@www:~                                                              _ □ x
파일(F) 편집(E) 보기(V) 검색(S) 터미널(T) 도움말(H)
    203.247.40.246.40140 > 203.247.40.248.telnet: Flags [P.], cksum 0x28bc (corr
ect), seq 118:119, ack 152, win 115, options [nop,nop,TS val 2373394138 ecr 2373
659716], length 1
        0x0000:  4500 0035 1654 4000 4006 3a92 cbf7 28f6   E..5.T@.@.:...(.
        0x0010:  cbf7 28f8 9ccc 0017 71a1 0839 d82a 97ad   ..(.....q..9.*..
        0x0020:  8018 0073 28bc 0000 0101 080a 8d77 1eda   ...s(........w..
        0x0030:  8d7b 2c44 77                              .{,.DW
22:30:36.604252 IP (tos 0x10, ttl 64, id 46889, offset 0, flags [DF], proto TCP
(6), length 52)
```

```
root@www:~                                                              _ □ x
파일(F) 편집(E) 보기(V) 검색(S) 터미널(T) 도움말(H)
    203.247.40.246.40140 > 203.247.40.248.telnet: Flags [P.], cksum 0x2f80 (corr
ect), seq 119:120, ack 152, win 115, options [nop,nop,TS val 2373394287 ecr 2373
659882], length 1
        0x0000:  4500 0035 1655 4000 4006 3a91 cbf7 28f6   E..5.U@.@.:...(.
        0x0010:  cbf7 28f8 9ccc 0017 71a1 083a d82a 97ad   ..(.....q..:.*..
        0x0020:  8018 0073 2f80 0000 0101 080a 8d77 1f6f   ...s/........w.o
        0x0030:  8d7b 2cea 6f                              .{,.o
22:30:36.753155 IP (tos 0x10, ttl 64, id 46890, offset 0, flags [DF], proto TCP
(6), length 52)
```

```
root@www:~                                                              _ □ x
파일(F) 편집(E) 보기(V) 검색(S) 터미널(T) 도움말(H)
    203.247.40.246.40140 > 203.247.40.248.telnet: Flags [P.], cksum 0x2b90 (corr
ect), seq 120:121, ack 152, win 115, options [nop,nop,TS val 2373394377 ecr 2373
660031], length 1
        0x0000:  4500 0035 1656 4000 4006 3a90 cbf7 28f6   E..5.V@.@.:...(.
        0x0010:  cbf7 28f8 9ccc 0017 71a1 083b d82a 97ad   ..(.....q..;.*..
        0x0020:  8018 0073 2b90 0000 0101 080a 8d77 1fc9   ...s+........w..
        0x0030:  8d7b 2d7f 72                              .{-.r
22:30:36.843427 IP (tos 0x10, ttl 64, id 46891, offset 0, flags [DF], proto TCP
(6), length 52)
```

```
root@www:~                                                              _ □ x
파일(F) 편집(E) 보기(V) 검색(S) 터미널(T) 도움말(H)
    203.247.40.246.40140 > 203.247.40.248.telnet: Flags [P.], cksum 0x388b (corr
ect), seq 121:122, ack 152, win 115, options [nop,nop,TS val 2373394547 ecr 2373
660121], length 1
        0x0000:  4500 0035 1657 4000 4006 3a8f cbf7 28f6   E..5.W@.@.:...(.
        0x0010:  cbf7 28f8 9ccc 0017 71a1 083d d82a 97ad   ..(.....q..<.*..
        0x0020:  8018 0073 388b 0000 0101 080a 8d77 2073   ...s8........w.s
        0x0030:  8d7b 2dd9 64                              .{-.d
22:30:37.013047 IP (tos 0x10, ttl 64, id 46892, offset 0, flags [DF], proto TCP
(6), length 52)
```

⦿ Seq 번호의 차이 확인

```
      203.247.40.246.40140 > 203.247.40.248.telnet: Flags [P.], cksum 0x8e5d (corr
ect), seq 122:124, ack 152, win 115, options [nop,nop,TS val 2373394677 ecr 2373
660291], length 2
        0x0000:  4500 0036 1658 4000 4006 3a8d cbf7 28f6   E..6.X@.@.:...(.
        0x0010:  cbf7 28f8 9ccc 0017 71a1 083d d82a 97ad   ..(.....q..=.*..
        0x0020:  8018 0073 8e5d 0000 0101 080a 8d77 20f5   ...s.].......w..
        0x0030:  8d7b 2e83 0d00                            .{....
22:30:37.143225 IP (tos 0x10, ttl 64, id 46893, offset 0, flags [DF], proto TCP
(6), length 52)
```

⦿ 서버에서 전송한 로그인 프롬프트 확인

```
      203.247.40.248.telnet > 203.247.40.246.40140: Flags [P.], cksum 0xea22 (inco
rrect -> 0x2d24), seq 244:275, ack 126, win 114, options [nop,nop,TS val 2373662
664 ecr 2373396918], length 31
        0x0000:  4510 0053 b731 4000 4006 9986 cbf7 28f8   E..S.1@.@.....(.
        0x0010:  cbf7 28f6 0017 9ccc d82a 9809 71a1 0841   ..(.....*..q..A
        0x0020:  8018 0072 ea22 0000 0101 080a 8d7b 37c8   ...r."......{7.
        0x0030:  8d77 29b6 0d0a 1b5d 303b 6a6f 6f6e 4077   .w)....]0;joon@w
        0x0040:  7777 3a7e 075b 6a6f 6f6e 4077 7777 207e   ww:~.[joon@www.~
        0x0050:  5d24 20                                   ]$.
22:30:39.386080 IP (tos 0x0, ttl 64, id 5725, offset 0, flags [DF], proto TCP (6
), length 52)
```

결론적으로 아이디는 joon이고, 패스워드는 password로 설정한 것을 알아낼 수 있다.

정성재 배유미, 이광용 공저, "리눅스 관리 및 시스템 보안(2쇄)", 북스홀릭퍼블리싱, 2018년 2월.

정성재, 배유미, 신병웅, 박정수, 신준희, 이광용 공저, "CentOS7으로 리눅스 핵심 이해하기(3쇄)", 북스홀릭퍼블리싱, 2019년 11월.

정성재, "리눅스마스터 1급 2차 실기 정복하기", 북스홀릭퍼블리싱, 2020년 3월.

정성재, "CentOS 7으로 리눅스마스터 1급 정복하기", 북스홀릭퍼블리싱, 2020년 12월.

정성재, "CentOS 7으로 리눅스마스터 2급 정복하기", 북스홀릭퍼블리싱, 2021년 1월.

Linux-PAM system Administrator's Guide,

http://www.linux-pam.org/Linux-PAM-html/Linux-PAM_SAG.html/.

성경, "Firewalld 기반의 리눅스 방화벽 분석", 디지털콘텐츠학회논문지 제21권, 제3호, pp 561-567, 2020년 3월.

Red Hat Customer Portal,

https://access.redhat.com/documentation/en-us/red_hat_enterprise_linux/7/html/security_guide/sec-using_firewalls#sec-Modifying_Settings_in_Runtime_and_Permanent_Mode_with_CLI/.

firewalld, https://firewalld.org/.

Oracle-Base, Linux Firewall,

https://oracle-base.com/articles/linux/linux-firewall-firewalld#installation/.

김영훈, "침입차단시스템 입문(개정판)", 생능출판사, 2018년 2월.